臺灣史前史專論

劉益昌◎主編

中央研究院・聯經出版公司

2015

目次

顏廷伃

陳瑪玲

邱斯嘉

導論

臺灣考古學近年研究及意義

劉益昌[*]

一、前言

　　這本文集代表臺灣考古學界本世紀以來部分研究走向，主題包括史前交通與交換體系、文化變遷、遷徙與適應、生業型態、遺址形成與土地利用、聚落與氣候變遷、史前社會認同、陶器社會意義等不同研究議題。由於主題是臺灣史前史，因此論文主要圍繞臺灣以及從臺灣出發的東南亞、太平洋區域，可說是廣域的南島民族區域，也可以是臺灣史前史的延伸範圍[1]。由於筆者不才，並無能力解說這些研究方向，只能以一篇個人所學範

[*] 中央研究院歷史語言研究所研究員、國立成功大學考古研究所教授、國立成功大學歷史系合聘教授

[1] 史前時代本無國界，只有人群與文化之間的界線，其間的界線也不是截然區分，隨著時間以及文化變遷，往往是一個浮動或交錯，甚至是模糊的邊界，南島人群文化形成之後的擴散與遷徙，從臺灣出發作為起點，是目前學術界討論的重要議題，已有不少學者贊成此一論點。換句話說，從臺灣向呂宋島，並持續向東向南擴散的過程，都和臺灣史前史密切相關，近年來的研究更進一步指出，不只從臺灣向南擴散，

疇的檢討性論文，作為本書的前言，並就教於方家。

　　1998年6月21日筆者曾在日本東南亞考古學會第22次例會於東京大學
發表演講，主題是「臺灣考古學的近況」，會後在1999年6月刊出演講內容
的文本部分，文內主要在於說明臺灣考古學研究簡史，史前文化層序架構，
史前文化與當代原住民族群關連之研究，並指出臺灣史前文化的延續性與
擴張性(劉益昌 1999)。在此之後迄今十多來年間，筆者在2000-2010年負責
中央研究院歷史語言研究所考古學組(門)的學術行政事務，也負責新成立的
考古學研究專題中心的學術行政業務[2]。除了學術行政之外，二十來年之間
也從事不少臺灣考古學主題性的研究工作，由於臺灣考古學界在1990年代
以來，累積資料甚多，且進行中者多，完成者少。因此如何檢討這個世紀
十多年以來的臺灣考古學，筆者難以進行，但可從自我的研究觀察開始，
說明近年來臺灣考古學研究的內容與方向。2010年6月28日筆者再度受山形
真理子教授邀請，在早稻田大學以「臺灣考古學近年研究概要」為講題，
向日本東南亞考古學界的朋友請益，演講內容也發表於《東南亞考古學會
會報》[3]，今參考此一文本增修並加以潤飾而成本文。

(一)臺灣這塊土地

　　人類在臺灣的時間至少從更新世晚期開始，此一期間恰是最近一次冰
期，氣溫以及海水面變化明顯，隨後到來的全新世，因為冰期結束，海水
面快速上升，臺灣海峽形成，隔絕亞洲大陸東南沿海與臺灣。全新世的前

(續)———————————————

　　　構成南島系民族的過程，也證實這些人群的一部分，從菲律賓或環南海區域返還臺
　　　灣，造成臺灣人群與文化的重大變遷。因此廣義而言，東南亞大洋洲的史前研究，
　　　實與臺灣史前史密切相關。

2　中央研究院人文社會科學研究中心考古學研究專題中心已於2012年歸併於歷史語言
　　研究所，從1928年中央研究院成立考古學組，作為實質考古學研究單位以來，歷經
　　84寒暑，正式在中央研究院除名，只留下不具行政組織意義的「考古學門」。

3　當日聽者之中，除了在東京的東南亞考古學會會員和早大的學生之外，當年駐在越
　　南從事考古學研究的西村昌也先生，也在座聆聽，並和筆者討論了許多議題。但西
　　村先生不幸於2013年6月9日於越南河內發生車禍過世，英年早逝，思之甚為難捨。

半，全球海水位高漲，加上臺灣受到地質構造影響，所帶來的海水面升降與海岸線變化，充分影響人類的居住、生業等生活型態。加上土地高度所帶來的物候因子（氣溫梯度），同樣影響人類聚落的選擇，這些條件都影響臺灣史前文化發展。

1999年發生921大地震，地震後的象神（2000）、桃芝（2001）、杜鵑（2003）、敏督利（2004）、碧利斯（2006）、卡玫基（2008）等颱風，以及2009年莫拉克颱風帶來的八八水災，都產生巨大的災害，顯示出臺灣土地的脆弱性，這種土地特性和人群的活動具有密切關連。土地特性導因於臺灣恰在菲律賓海板塊和歐亞板塊交界，地殼變動頻繁，土地隆起迅速，加上位於北迴歸線，季風和颱風所帶來的雨量，使得土石流、地層滑動等災害在山區頻繁發生，這些長期以來土石流動或溪流下切地層所造成的沖積地和河階，經過長時間穩定後，都是當代或史前時期人群活動的重要空間範圍。從17世紀以來，臺灣沿海地帶逐漸擁有較詳細的測繪地圖，海岸地形的變化也顯示出近三、四百年來的變化相當明顯，例如以台江內海為中心的西南平原外側潟湖，已經大部分陸化成為當代人生活空間。

臺灣位在東海與南海之間南北交通的關鍵位置，也是亞洲大陸與太平洋之間的海陸交通聯接位置，本島兩側的臺灣海峽、東臺灣海域，是連繫其間的關鍵海域。就歷史發展的過程而言，也是亞洲大陸文明中心向外的交通路徑所經，追溯至史前時期也是人群沿著海岸向外的重要途徑。15、16世紀以來，世界貿易體系在東亞、東南亞的重要交通動線，幾乎都得從臺灣本島的東、西兩岸通過，也可以說明地理位置的重要性。

但就歷史發展的進程而言，臺灣似乎比鄰近的琉球、日本，甚至菲律賓，都更晚才進入文字紀錄的歷史時期，雖然宋代趙汝适的《諸蕃志》（1225）曾經提到可能是指臺灣的琉球「無他奇貨，尤好剽掠，故商賈不通」，但仍不足以解釋臺灣為何晚至17世紀初才進入文字紀錄的歷史時期，其間的原因仍值得進一步推敲。

（二）臺灣史前文化的時間範疇

臺灣本島正式進入文字歷史的時間晚到17世紀20年代[4]，荷蘭人在1624年從今日臺南安平海岸登陸，建立熱蘭遮城（Zeelandia），逐步統治南部臺灣。1626年西班牙人進入臺灣北部的基隆、淡水，建立聖薩爾瓦多城（San Salvador）與聖特多明哥城（Santo Domingo），統治北部臺灣，使得局部區域進入文字紀錄的歷史。臺灣的考古學者，大都將此一階段以前稱為史前時期（例如，宋文薰 1961、1965、Chang *et al.* 1969、張光直 1977）。但近年來，必須重新考慮原史時代的問題，假若將原史時代的定義當作是外界對於臺灣已有部分文獻記載，但臺灣本島內部仍未有文字紀錄的狀態。如此則可以藉由鄰近區域對臺灣的文字記載，輔助與印證發展過程，就中國的歷代文獻而言，三國時代《臨海水土志》描述的夷州，《隋書・流求國傳》記錄的流求國，宋代趙汝适的《諸蕃志》的琉球，都可能指涉今日的臺灣或臺灣的一部分。更清楚的紀錄則是元代汪大淵的《島夷志略》（1349）以及1603年陳第所寫的《東番記》（曹永和 1979，周婉窈 1997、2007、2009）。除了漢籍文獻之外，西班牙籍神父Pedro Gómez等人在1582年由澳門前往日本途中，因遭逢風雨，船隻擱淺在臺灣本島西海岸，亦曾寫下有關臺灣人群與土地的記載（李毓中主編/譯註 2008：227-243）。

就目前所知，從宋代的文獻紀錄已經可知當時臺灣海峽中的澎湖群島已有不少漢人居住，屬於泉州管轄，從相關記錄也可知當時對於臺灣本島的地理知識已有較充分的了解，所以臺灣的考古學者，也將此一階段以後到17世紀之間稱為原史時期，例如張光直先生在「濁大計劃」時期，就將臺灣中部地區史前文化層序的最晚階段稱為原史階段，但仍歸屬於史前時期（張光直 1977）。基於原史階段的內涵、研究方法及對臺灣歷史研究的重要

4　雖然有學者認為1602-03年陳第所撰《東番記》可說是親身經歷臺灣西南沿海區域寫下的記錄，但如以此一說法，則下述1582年西班牙神父的記錄則更早。

性，因此也可以在史前時期和歷史時期之間加入了原史時期成為三個大階段(劉益昌 2011a)。近年來歷史學者已經開始思考早於17世紀漢人進入臺灣，進行貿易、漁業、短期居住等行為對臺灣原住民族與歷史發展的影響(例如：陳宗仁 2005)，此一原史階段說明臺灣歷史文獻記載與考古學研究之間連續的重要性(劉益昌 2011a)。

二、史前文化發展與變遷

(一)文化層序的兩種型態

　　筆者1999年的論述主題從臺灣考古學研究史到史前文化層以及史前文化與原住民文化關係的議題，最後總結臺灣史前文化的連續性與擴張性(劉益昌1999a)。其中的史前文化層序雖然已有進一步研究成果，目前仍為臺灣史前文化研究必須真切思考的課題。主要在於臺灣的遺址調查工作仍有許多欠缺，雖然從1990年前後開始進行遺址普查工作，然而早期的遺址建檔工作，通常只在於將歷年來學術界已知的遺址進行調查登錄，全面性的調查工作並不充分(連照美、宋文薰 1991，宋文薰等 1992，黃士強等 1993，臧振華等 1994、1995a、1995b，臧振華、葉美珍 2000，李匡悌等 2000，陳仲玉等 2002，劉益昌等 2004a、2004b、2004c)，因此新調查記錄的遺址並不多，甚至有許多其他學者已完成調查記錄的資料，並未納入。不過也有少許調查工作是針對局部區域的全面調查(劉益昌、顏廷伃 2000，劉益昌等 2002)。

　　2005年文化資產保存法大幅度修改，考古遺址成為文化資產中的專門類別，才開始有部分縣市進行較為詳細的調查工作，登錄大量的考古遺址，例如原臺中縣曾於2006年委託筆者進行全面性調查工作，獲得大量考古遺址資料，比較1995年登錄所得的69個遺址，新增遺址及補登錄遺址數量達80處，共記錄149處遺址，並在附錄中加上當時已知的原臺中市的遺址12處(劉益昌等 2007a、2007b)，得以完整理解大臺中遺址分布與文化發展狀態，所建立的遺址調查基準與表格成為後來遺址調查工作的準據，隨後部分縣市也進行全面或局部遺址調查記錄。雖然如此，全臺仍有部分區域的遺址記錄相當缺乏，而且已記錄的遺址也缺乏持續研究與保存維護，致使遺址持續遭到開發破壞，使得考古資料逐漸滅失，當然影響史前文化發展體系的建構以及相關議題的研究。

　　由於史前文化體系的建構可說是所有區域性史前文化研究的基礎，因此仍應為臺灣學者所注重，近二十多年來臺灣史前文化體系大體呈現二種形式，一為根據1980年建立的史前文化層序，加以局部修改，採取較大尺度的史前文化發展體系，直到最近連照美教授仍然採取此種史前文化發展層序體系，用以說明臺灣史前文化的發展（宋文薰、連照美 2004，連照美、宋文薰 2006，連照美 2007、2008）。其次為筆者所建立較為複雜的史前文化層序（劉益昌 2002a、2011a），這是目前臺灣考古學界或教科書較常使用的資料[5]，最近學者也循此一方式修改全臺文化層序（郭素秋 2013a）。此類文化層序較注重地區性的文化發展層序，例如南部科學園區臺南園區的史前文化層序，就以園區內考古發掘所得資料，配合臺灣南部原有史前文化體系，建立的文化發展序列（臧振華 2004，臧振華等 2006），雲林地區的史前文化發展也採取同樣的模式，建立區域性的文化發展序列（劉益昌等 2007）。臺南市曾文溪以北區域進行詳細考古遺址分布調查，同時通過西寮遺址大規模發掘資料，也重新檢討區域性的史前文化層序（劉益昌等 2008a，劉益昌等 2011）。

　　至於新文化體系的建構與檢討也仍持續進行，例如在東海岸南段的三和文化，從1994年筆者提出三和遺址文化內涵有別於卑南文化應作為一個新文化類型，並以首先辨認的遺址為名，稱為「三和類型文化」（劉益昌等 1994），其後歷經卑南文化「三和類型」（葉美珍 1997，李坤修、葉美珍 2001）、三和文化（李坤修、葉美珍 2001，劉益昌2002a，劉益昌等2002，李坤修 2005），目前逐漸得到學界肯定，似未有異見，但有關三和文化的內容，則仍有不

5　但筆者認為2011年的層序仍有許多缺憾，已經在同一著作內開始檢討，也撰述論文
　　持續檢討中，以期更完備此一文化體系。

同意見需進一步探討。又如筆者2000年提出相對於三和類型的富里山類型、平林類型，持續仍為學界探討（李坤修、張振岳2006）或增補新資料（郭素秋2013b）。最近筆者等透過花岡山遺址較大面積發掘確認遺址上層具有一個明確的新文化類型，不同於已往所知花蓮地區的史前文化體系，因此具體提出命名為「花岡山上層類型文化」（劉益昌、趙金勇2010，趙金勇等2013），此一新文化類型之遺物，早在1930年就已經發現，但學界未能辨識，筆者在1990年代初期亦未能辨識出此一新文化體系的部分特質，因此將不同時期遺物圖繪顯示為花岡山文化內涵（劉益昌等1993：36花岡山文化陶器復原圖），直到大面積發掘確認文化遺物、地層堆積加上絕對年代測定結果，始能理

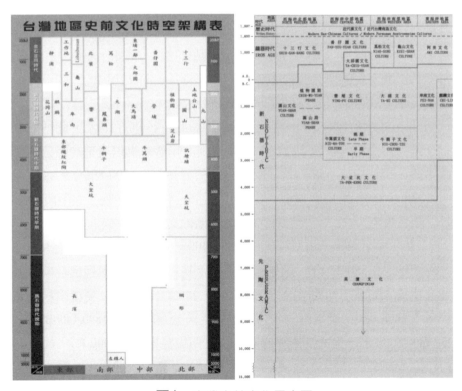

圖1　臺灣史前文化層序圖

（左：引自劉益昌2011a：115，右：引自連照美2008：10）

解其歸屬，進而建立新文化體系，作為討論的基礎。臺灣其他地區當有不少類似的例子，需要考古學界共同努力，才可能逐步完成史前文化的層序體系，作為其他主題式研究的基礎。

(二)文化層序討論的重點

前述近二十多年來史前文化層序建立的狀態，可以看出以下幾點趨勢，簡要說明如下：

1. 複雜化

整體臺灣史前文化從新石器時代初期以來逐漸分化，而且趨向複雜化，尤其是新石器時代晚期、金石並用時代和金屬器時代的階段，文化的時間層次逐漸縮短，因此可以更詳細討論文化變遷的問題。例如，卑南文化晚期階段轉變為三和文化的研究歷程與結果。其實將各史前文化層的時間縮短或區分為早、晚期，從1980年代初期即開始醞釀，但因材料不足的因素，遲至1990年代初期才開始提出將史前文化區分為更細的不同分期的看法。此種觀念在近二十年考古資料大量增多之後，許多史前文化體系得以清楚的區分出早晚不同階段，例如中部地區的番仔園文化，區分為距今1600-800年的番仔園類型，以及800-350年的鹿寮類型，甚至可能區分為早、中、晚三大階段(劉益昌 1999a，劉益昌等 2007)；西南部平原地區的蔦松文化從1998年開始區分為早、中、晚三期，早期的鞍子類型年代在1800-1400年，中期的蔦松類型在1400-550年，晚期年代在550-350年，則未能清楚界定其類型名稱，僅指出晚期當過渡到漢文化進入的歷史初期階段(劉益昌 1998、2002a：115-131)。隨後南科園區大規模考古發掘，所得結果進一步將蔦松文化區分為鞍子期(1800-1400B.P.)、蔦松期(1400-800B.P.)、看西期(800-500 B.P.)、西拉雅期(500-300B.P.)，最後則將西拉雅期改稱為西拉雅文化(臧振華 2004，臧振華等 2006)[6]，此一看法即為前

---

6 筆者並不贊同將史前晚期或原史階段的文化直接以當代(指日治時期以來)原住民族

述筆者區分為早、中、晚三期的進一步修正,將原本蔦松期區分為蔦松期與看西期,並將晚期命名。至於北部地區的十三行文化,在1990年代初期十三行遺址大規模搶救發掘之後,筆者意識到十三行遺址的十三行文化層文化內涵特殊,未能代表全部的十三行文化,因此提出廣義十三行文化的概念,並提出區分為不同區域類型和分期的看法(劉益昌1992),之後並持續局部修改此一看法或討論其涵義(劉益昌1995、1998、2002b)。

2. 地域化

　　1960年代以來臺灣的史前文化層序通常分成北、中、南、東四大區塊討論(宋文薰 1965,Chang *et al.* 1969,宋文薰 1980,黃士強、劉益昌 1980),但從1980年代初期李光周先生詳細調查並試掘墾丁國家公園的史前與舊社遺址,建立以恆春半島南段為中心的小區域史前文化體系(李光周 1984、1985)之後開始改變,筆者也提出宜蘭、竹苗等不同區域史前文化層序,並檢討史前文化建構的問題(劉益昌 1995、1996、2003)。本世紀以來各地區開始出現區域性文化研究的趨勢,例如雲林縣史前文化透過基礎調查資料,已經初步建立史前文化發展體系,也可以確認和西海岸中部地區、南部地區都不盡相同,而有區域性演化的狀態(劉益昌等 2007c)。苗栗縣調查的結果,同樣也指出史前文化發展過程雖然相近,但文化內涵卻和北部、中部地區都有不同之處,同樣也顯示出區域性演化的狀態(劉益昌等 2009)。除此之外,南投縣日月潭鄰近區域在九二一地震後進行的調查試掘,則說明該區域受到濁水溪、大肚溪、大甲溪三大溪流中游史前文化的交互影響(劉益昌等2004d)。阿里山區歷經1990年代到近期的調查研究,也提出山區的史前文化層序(臧振華、張光仁 1996,劉克竑輯補 2012),得以呼應筆者提出的整體東埔一鄰文化可能是以阿里山區為發展中心向北擴及陳有蘭溪流域,向南到

(續)
　　稱命名,其原因在於原住民的族群名稱都是當代政府或學者給予的名稱,原來並無族稱,只有社名或者對於人類或人群的稱謂。

達荖濃溪流域，並可以區分為三大發展段落的說法(劉益昌 2006a)。上述這些地區性的史前文化體系建構逐漸完成，因此得以進行區域之間互動的研究。

3. 海外連結注重

　　日治時期末，考古學者已將臺灣史前文化層連結到東南亞或亞洲大陸(金關丈夫 1943，國分直一 1943，鹿野忠雄 1946)。1950年代末到1960年代臺灣考古界以張光直先生的研究格局較大，經常將臺灣置於較大範圍思考(例如：Chang et al. 1969)。1990年代初期，臺灣學者開始進入東南亞、太平洋地區，進行田野調查或主題式的研究，連帶使得史前文化體系的研究也再度思考與東南亞的關連。在此之前臺灣考古工作者向例把眼光放在亞洲大陸東南沿海，亦即今日中國的浙江、福建、廣東等區域，甚少思考南側菲律賓或東北側的琉球群島。由於前往呂宋島北部進行考古調查與試掘(臧振華 2000、2001)，因此除了進行南島民族遷移的主題研究之外，無疑也必須思考呂宋島與臺灣史前文化發展的關連性，重拾1930-40年代鹿野忠雄的研究。洪曉純女士即利用臺灣與菲律賓呂宋島北部遺址的物質文化，討論兩者之間的關連性(Hung 2005、2008)，也有研究者延續使用1940年代初期鹿野忠雄的說法，直接將臺東地區史前文化晚期之一部分稱為東南亞初期鐵器時代文化(李坤修、葉美珍 2001)，這些海外連結的強調，使得研究者再度思考臺灣與島外的複雜關係。當然研究連結的方向不只南方的菲律賓，西北方向的亞洲大陸沿海以及東北方向的琉球，仍是關注的區域，例如二篇博士論文都討論臺灣和中國東南及東南沿海區域的關聯(陳有貝 1999，郭素秋 2007)，也陸續發表與博士論文相關的論文。至於琉球方面研究雖然不多，但也有碩士論文(盧柔君 2012)以及部分學者的論文(陳有貝 2002，後藤雅彥 2008，劉益昌 2012a)。同時琉球在地研究者也一再注意此一議題(例如：高宮廣衛等 1998、2001，高宮廣衛、宋文薫 1999)，但主要在於討論琉球南部南西諸島的臺灣要素。

4. 議題討論

　　基於史前文化層序而進行的討論之外，也有重要的主題討論，例如括卑南文化的年代、圓山文化的年代等傳統議題的詳細研究。有關卑南文化年代的問題，從1984年卑南遺址發掘獲得碳十四年代測定結果之後，發掘者即提出卑南文化可能早到5000年前開始的說法，而且持續使用此一論點（宋文薰、連照美 1984、1986、2004，連照美、宋文薰 2006，連照美 2007、2008），但從卑南文化的定義以及年代測定結果，無法得到周邊相關資料的支持，因此從1990年代初期開始，筆者根據層位學、年代測定結果以及玉器流行的階段，倡議卑南文化的起始年代當不早於3500年前（劉益昌 1991），此後學界大多採用卑南文化從距今3500年開始（例如：李坤修、葉美珍 2001），其結束的年代近年來已有詳細的研究，可以確知在距今2300年左右逐漸轉變為新的文化體系，學界稱為三和類型或三和文化（劉益昌等 1994、2000a，劉益昌、顏廷仔 2000，李坤修、葉美珍 2001，李坤修 2002，劉益昌等 2002）。再如圓山文化的年代，從1964年圓山遺址首次測定碳十四年代以來，透過圓山遺址與大坌坑遺址圓山文化層的測定結果，將圓山文化的年代置於距今4400-2000年前之間（宋文薰、張光直 1964、1966），長期以來一直為學者遵循引用，作為討論史前文化發展與互動的依據，也作為討論芝山岩文化或卑南文化年代的依據（宋文薰、連照美 1984），甚至作為南島語系民族早期遷移的重要證據（張光直 1988，Bellwood 1978、1999）。直到1990年代中期才因層位堆積的因素，使得學界思考圓山文化的年代似乎偏早，而有討論與重新界定的必要（劉益昌 1996b：74），筆者透過1998年圓山遺址發掘（黃士強等 1999a、b），所得地層堆積層位以及年代測定結果的比對，指出圓山遺址之圓山文化層以貝殼作為測定材料所得年代偏早800-1100年，因而確認圓山文化開始的年代當不早於距今3500-3200年，結束的年代可能在距今2300年（劉益昌 2000b，劉益昌、郭素秋 2000）。除了學界關心的圓山、卑南二大文化體系之外，新石器時代晚期花岡山、麒麟文化的討論，甚至最近關於長濱文化的性質與年代議題，雖尚未完成發掘報告，但也得以透過對於八仙洞大規模發掘取得一定成果(臧振華等 2013)。

這些新的發現與研究，將使我們得以深入思考臺灣史前文化發展，重新解構與建構史前文化發展過程與樣態，得以作為其他相關議題或主題式研究的基礎。

三、當代研究課題

從1970年以來經濟繁榮帶來的自由化風氣，使得臺灣逐漸民主化，1987-88年政府解除戒嚴與報禁，開啟學術研究的契機，在張光直先生主導下，中央研究院則在早一年成立「臺灣史田野研究計劃」，1988年進一步成立「臺灣史田野研究室」，引起臺灣研究的風潮。考古學研究也在張光直先生指引下，思考南島語族遷徙研究等方向(1987、1988a、1988b、1989)，同時也興起臺灣和福建以及東南亞交流研究的議題。加上「濁大計劃」之後留學國外的學者，陸續回台，帶著不同的研究新思維與方向，臺灣考古學界開始進入最近一期「多元思維」的階段(劉益昌 2011a)，在這段時間內筆者認為有幾個重要的研究議題出現，雖然這些議題都仍在研究的歷程，但仍值得特別提出來討論。

(一)南島民族起源與遷移

南島民族起源與遷移的問題，向來為國際學術界注意，歷年來許多討論，其中牽涉二個主要議題，一為南島民族遷移的過程，一為南島民族起源。這二個議題都牽涉南島民族的文化內涵，以及南島民族文化什麼時候成形，南島民族最早是從語言學針對語言分類而來的稱謂，就考古學而言，在於釐清南島文化的演變與成形。臺灣出身的美國考古學者張光直先生，在1980年代提倡臺灣是南島民族的起源地或至少是起源地之一部分，並依大坌坑文化的內涵配合語言學研究的結果，建立大坌坑文化為南島語系民族祖先型文化的基本假設(張光直 1987)。而且推論南島民族祖先從臺灣向菲律賓移民，最後造成南島民族的大遷徙。大致同一時期，澳洲國家大學（ANU）的考古學家Peter Bellwood教授以及夏威夷大學（UH）的語言學家Robert Blust教授，也各自從考古學和語言學的立場持著同樣的看法（陳玉美 2012），有關此一議題研究的資料相當多，本文並不討論此一議題的研究過程，相關討論或回顧可參考李壬癸（2011）、臧振華（2012）。過去此種說法並無考古學的直接證據，但近年研究則有許多證據發現。從1990年代中期開始，臺灣的考古學者也前往菲律賓北部從事考古調查研究，並參酌臺灣南部新出土資料，提出不同的看法（臧振華 2000、2007、2012，Hung 2005、2008）。

　　這個議題其中一個環節在於張光直先生早年提出的大坌坑文化涵蓋範圍較廣，包括亞洲大陸東南沿海今日中國的福建、廣東以及臺灣在內，年代參考金門富國墩與臺南八甲遺址的測定結果，而定位為距今7000-4000年前（Chang 1986，張光直 1987、1988），由於張先生將大坌坑文化的內涵、年代與富國墩遺址代表的遺址類型對應，將年代提早至距今7000年前，因此很難與臺灣出土的大坌坑文化考古資料互相對應（陳仲玉 1999，劉益昌、郭素秋 2005）。此一見解在當時並不為中國學者認同或引用，通常將張光直先生所指涉的福建地區大坌坑文化稱為殼丘頭文化或殼丘頭類型，廣東的大坌坑文化則以珠江三角洲的大灣文化和粵東的新石器時代早期文化作為代表，而大坌坑文化則僅分布於臺灣（例如：吳綿吉 1990、1999，吳春明 1995，林公務 1998）。筆者與郭素秋女士在2005年透過遺物的形制與組成的比較研究，也指出臺灣的大坌坑文化與福建地區的殼丘頭遺址下層、曇石山下層類型有所差異，但陶器製作、質地以及部分的器型紋飾仍有其類似性（劉益昌、郭素秋 2005：179），也許可以向上追溯其共同來源或討論彼此之間的互動關係。此一問題當可以從以下幾個方向探討。

1. 富國墩遺存的定位與釐清

　　張光直先生認為以富國墩遺址為代表的富國墩類型之所以重要，在於它所具備的特性可能可以解決臺灣史前史乃至於東南亞、大洋洲考古學上

一個重要的議題，也就是南島民族起源的問題(張光直 1987、1989)，因此如
何釐清以富國墩遺址為代表的文化遺存，可說是解決這個問題的關鍵。前
述張光直先生以中國東南沿海的金門富國墩遺址和臺灣臺南市八甲遺址，
擁有共同的貝齒緣印紋，同時測年結果亦相近，認為二者之間具有密切的
關連(Chang 1986，張光直 1987、1989)[7]。由於近年來的研究，金門富國墩遺
址與金龜山遺址的年代測定結果，指出年代似乎可以從距今九千年左右就
開始(陳維鈞 2004：48、2006)，延續至距今六千年或稍晚結束(劉益昌、郭素
秋 2005)，當為目前以福建為中心之亞洲大陸東南沿海區域所知年代最早的
新石器時代文化，或可稱為富國墩類型或富國墩文化，最近在閩江口外馬

表1　福建、臺灣史前文化發展簡表[8]

福建[*]	殼丘頭文化	曇石山下層文化	曇石山文化	黃瓜山文化	黃土崙文化
	6500?-5500 B.P.	5500-5000 B.P.	5000-4300 B.P.	4300-3500 B.P.	3500-2700 B.P.
臺灣[**]	大坌坑文化早期	大坌坑文化中期	大坌坑文化晚期	繩紋紅陶文化群	新石器晚期文化群
	6500?-5500 B.P.	5500-5000 B.P.	5000-4300 B.P.	4300-3500 B.P.	3500-1800 B.P.

* 2007年11月15日福建博物院副院長兼曇石山博物館館長林公務先生，於「馬祖群島考古遺址出
土陶瓷器」小型學術研討會中發言。
** 2007年11月15日筆者於「馬祖群島考古遺址出土陶瓷器」小型學術研討會中發言。
*** 臺灣的新石器時代晚期可以根據外來金屬器、玻璃、瑪瑙等物品輸入的時間，再以2400B.P.區
分為前後二段，後段局部區域已有金屬器、玻璃、瑪瑙等物品，進入金石並用時代，也許
2400-1600B.P.可以稱為新石器時代末期或金石並用時代早期。

---

7 臺南市歸仁區八甲遺址大坌坑文化層曾經以採集所得的貝殼進行一件碳十四測年，
以半衰期5730±40計算，結果為5465±60B.P.(黃士強 1974：66)，經最新校正式校
正後分布區間為One Sigma Ranges為5969-6133B.P.，Two Sigma Ranges為5906-6188
B.P.，年代和富國墩遺址的最晚階段相當。

8 此一簡表曾發表於鄧聰、吳春明主編《東南考古研究》第四輯，「臺灣出土的早期
玉器及相關問題」頁178表22-1，但該表有關臺灣的部分文化內涵與年代誤植，今在
此修正之。有關大坌坑文化晚期階段，筆者進一步認為應只存於臺灣西南平原與東
部海岸南段一帶(劉益昌 2014a)。而新石器時代晚期部分區域可能結束於2400-
1600B.P.，此一時段或屬於新石器時代末期或進入金石並用時期最早階段，主要原因
在於此一時期(2400-1600B.P.)，已經輸入金屬、瑪瑙、玻璃等外來物質文化遺物，
並局部影響臺灣史前人群與社會。

祖列島中亮島島尾I遺址的年代(陳仲玉 2013)，都落在富國墩類型文化已知的年代範疇。福建殼丘頭遺址下層、曇石山遺址下層所代表的文化類型與臺灣的大坌坑文化年代均較富國墩遺存為晚，年代可能都在距今六千年至五千年之間，並延續至更晚才結束。尤其是近年學術研究成果逐漸釐清福建閩江下游區域與臺灣之間史前文化發展過程(如表1)，更能清楚理解二地之間史前文化發展的關連性與相互影響關係。

　　如比較同一時期從杭州灣口以南到越南東京灣之間沿海地區數個學者已經初步研究的史前文化遺存(表2)，此一年代序列基本可以顯示富國墩遺存與跨湖橋／河姆渡文化的年代顯然早於其他已知的史前文化，而富國墩遺存可以歸入筆者在1988年提出的華南新石器時代早期階段，從石器與遺

表2　新石器時代早期杭州灣口以南到越南東京灣之間史前文化年代序列表

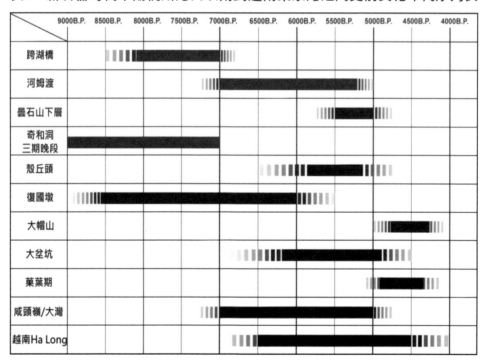

留的生態證據顯示，其生活方式仍以採集和漁獵最為主要，農業的證據並不清楚，聚落範圍較小，因此遺址面積通常不大，遺址通常位在海岸後方稍高的小丘(劉益昌、郭素秋 2005)。

　　從上述資料檢討可知富國墩遺存的年代可以上推至距今八、九千年，就年代以及文化發展的過程而言，結合富國墩與金龜山遺址的內涵與定年結果，可以分為早、晚兩段，早段的年代在距今9000-7000年之間，僅見於金龜山遺址下文化層之下半部[9]，屬於大規模堆積之貝塚遺址，陶器以紅褐色素面夾砂陶為主，得見打製石斧、砍砸石器、石刀、尖狀器、石砧等石器(陳仲玉 1997，陳維鈞 2004)[10]，遺物、遺跡所反映的生業型態當以採集與漁獵為主，農業的證據並不明顯。晚段的測定年代集中於距今6800-5800年，由於地層堆積連續，時間也許可以緊接早段而從距今7000年前開始，晚段得見於富國墩遺址以及金龜山遺址下文化層之上半部，亦得見大規模之貝塚堆積與小範圍之貝堆，陶器包括紅褐色素面夾砂陶以及灰黑陶[11]，器型為罐型器和缽型器，陶器表面得見少量的繩紋、劃紋、波浪型貝齒紋和指甲印紋，石器則見凹石、石砧等，就遺物、遺跡反映的生業型態而言，仍同於早段，當以採集與漁獵為主，是否已有農業，目前仍無清楚證據。最近在馬祖群島的亮島發現史前新石器階段較早遺址，其中島尾I與島尾II遺址發掘，出土重要遺物與墓葬，已有初步研究結果發表(陳仲玉 2013，陳仲玉等 2013)，依據目前結果二個遺址分別代表不同階段史前文化，島尾I遺址年代考慮人骨出土位置顯示其埋藏於貝塚下方土層之中，當早於貝塚，1號人骨的年代顯示在8300B.P.，而貝塚與埋葬於貝塚中的2號人骨的年代，大致可

9　金龜山遺址除歷史時期文化層之外，史前時期文化層包括文化內涵近於浦邊遺址帶有細繩紋陶的上文化層(年代大約在3200B.P.)，以及近於富國墩遺址的下文化層(陳仲玉 1999、陳維鈞 2004、2006)。下文化層堆積甚厚，均為貝塚堆積，依年代測定結果大致可以區分為9000-7300B.P.以及6400-5800B.P.二個階段。

10　筆者親自在中央研究院歷史語言研究所臺灣考古館觀察上述石器，認為打製石斧與石刀並不明確，可能是先前誤判所致。

11　此灰黑陶並非後來典型的灰黑陶，僅為燒製火候所致的灰黑色陶器。

以放在8000-7300B.P.；島尾II遺址的測定年代差距較大，如以二件集中分布的年代及其出土位置，則顯示其時間可能不超過5700B.P.，島尾II遺址從出土生態遺物以及石器、骨器所顯示的生業型態，當以採集、狩獵、捕魚為主要生業，農業未見發展，同樣內涵的遺址當為熾坪壟遺址下文化層以及閩江口外的殼丘頭遺址，同屬於較晚的堆積，其年代亦相近。亮島的二個遺址都出土夾砂陶器，但器型、紋飾略有不同當是時間差距與文化發展所致。

如果就目前富國墩遺址、金龜山遺址下文化層、亮島I遺址出土的石器、骨器等工具以及生態遺物，顯示生業型態為亞熱帶與熱帶海岸採集與漁獵文化，農業的表現並不清楚或尚屬初步，這些資料以及分布年代均與目前所知大坌坑文化、殼丘頭文化、曇石山下層文化、大灣文化不同。如此以富國墩遺存為代表的文化體系應當單獨稱為富國墩文化，而與其他較晚文化有所區隔。設若如此，則富國墩文化的內涵似乎尚未進入農業階段，而與張光直先生所擬測的南島民族祖先型文化略有不同，可能屬於更早階段的文化體系，而屬於張光直先生所謂分布於亞洲大陸東南沿海，亦即今日中國的浙江杭州灣以南到珠江口以東海岸地帶的「富裕的採集者文化」（Chang 1977，張光直 1995：157-188），雖然二具亮島人骨的DNA萃取結果分別屬於E單倍群與R單倍群，而與臺灣原住民的部分族群的母系具有共同祖源，顯示可能有血緣關係（陳仲玉等 2013：23）。但如前述生活型態顯示此一階段只能屬於臺灣原住民所屬的南島民族的祖先之前的型態，當稱「前南島民族」（Pre-Austronesian），而非早期南島民族（Early Austronesian），從文化發展過程，更無法排除也是整個亞洲大陸東南沿海廣大越族系的祖先型文化之一。

參考近年來在福建內陸丘陵地帶的新發現，當可以得見從舊石器時代晚期以來逐步演化為新石器時代初期的狀態。根據中國福建省漳平市奇和洞遺址近年的發現，得見從舊石器時代晚期發展至新石器時代早期的過程，其中第三期文化年代在10000-7000B.P.，又可分為早段（10000-9000B.P.）、晚段（9000-7000B.P.），尤其是晚段出土石器以磨製為主，石製工具的石斧、石鋤、石刀都顯示與開闢山林以及燒墾農業和收穫穀類作物具有密切關

連，加上稻米遺留出土，證實已有稻作農業，陶器以繩紋為主，並有少量
壓印、波浪、鋸齒等紋飾(范雪春 2013)。遺址所在區域為福建中部丘陵區域，
其環境型態與海岸地帶不同，反而和江西、湖南交界一帶丘陵山區類似，
都是中國早期稻作農業起源所在的大區域。奇和洞第三期晚段的年代，恰
可對照前述富國墩文化較早階段年代，但二者生業型態顯然受環境影響而
有很大差異，代表著農業初期發展以及採集海岸資源的二種適應型態。

2. 富國墩遺存的意義

　　如前所述，張光直先生指出富國墩文化(或富國墩類型)的重要性，在於
此一文化體系可能是南島民族的祖先型文化。經由金門富國墩遺址、金龜
山遺址以及近期發現的亮島島尾I遺址，歷次調查結果與內涵比對，可以將
臺灣的大坌坑文化的祖源，亦即南島民族之遠期祖先型文化透過富國墩遺
存而推到亞洲大陸東南沿海地區(Chang 1986，張光直 1988)。近年來研究此
一議題的學者，包括Peter Bellwood(2005)、臧振華(2012、2013)、焦天龍、
范雪春(焦天龍、范雪春 2010，焦天龍 2013)等學者，基本上均認同此一觀點。
不過仍需釐清張光直先生所提大坌坑文化富國墩類型(亦即本文主張的富國
墩文化)與後期諸史前文化的關係，筆者以為在富國墩文化的晚段，亦即距
今7000-5800年之間，奇和洞第三期晚段文化以及跨湖橋／河姆渡文化的人
群，可能與亞洲大陸東南沿海的「富裕採集者」富國墩文化的人們相互接
觸，初步影響帶來少量稻米等穀類作物種植的農業系統，也許富國墩文化
人們原來亦擁有少量的根莖類作物種植的初級農業，從而結合演化成為富
國墩文化晚段之後具有較清楚農業證據的殼丘頭類型(文化)、大坌坑文化，
目前所知殼丘頭類型的年代在距今6500-5500年之間，臺灣大坌坑文化整體
的年代大致在6500-4200B.P.[12]，這些年代的證據，也說明富國墩文化的晚段

12　其中最晚階段的年代在距今5000-4200年之間，僅存在於西南部平原與東部區域，同
　　一時間北部已經進入訊塘埔文化早階段，中部也進入牛罵頭文化早階段。

當是稍早的史前文化體系。至於珠江三角洲的大灣文化，年代大約在距今
6000-5000年之間，可能同時受到富國墩文化晚段以及長江中游湖南地區稻
米耕作文化的影響，逐步發展成為具有根莖類與穀類作物種植的人群[13]。臺
灣海峽二岸以及南海北側的大坌坑文化、殼丘頭文化、大灣文化約略等於
張光直先生所指出的距今7000-6000年前的大坌坑文化較早階段，這些文化
無疑是南島民族前一階段的發展，而屬於南島民族祖先型的文化。如此也
許可以將南島民族的祖先型文化從臺灣大坌坑文化、福建殼丘頭文化、廣
東大灣文化，進一步上推至亞洲大陸東南沿海早一階段的富國墩文化的晚
段，作為從「富裕的採集者文化」發展到農業初起階段的過渡時期。

3. 臺灣新石器時代早期文化的理解

如前所述，距今6500-6000年前，擁有製陶技術、初級農業的新石器人
群進入臺灣西海岸南北二地[14]，根據目前已有的資料，北部地區以淡水河口
和臺北盆地為中心，發現許多大坌坑文化的遺址（劉益昌 1997，劉益昌等
2004），其中芝山岩遺址的大坌坑文化層進行年代測定，其結果為5420B.P.（劉
益昌 2010），芝山岩遺址的大坌坑文化，依據筆者的分期（劉益昌 1997），屬

---

13 根據咸頭嶺遺址的資料（肖一亭 2009：269），似乎說明大灣文化較早的咸頭嶺階段，
   可以早到距今7000年前，如此則有如富國墩文化早晚階段發展與其他文化的演變過程。

14 長年以來地質學界對於更新世末期到全新世初期海水面上漲的過程，都指涉從更新
   世晚期約18000年以來海水面逐步上升，大約8000年前與目前的海水面相當，6000
   年前或稍早到達最高點，但最近學者主張海水面逐步上升，大約在6000年前左右與
   目前海水位相當，並無上升到頂點再略微下降的趨勢，如此一來，海岸線的變遷就
   和已往所知略有不同，距今大約7500年前臺灣海峽才在澎湖海溝附近中線形成海
   域，這也說明距今8000年前臺灣海峽仍為陸地（圖2）。基於近年來福建考古工作的展
   開，已有許多重要發現，確認在丘陵地帶得見完整從舊石器時代晚期逐步發展到新
   石器時代早期、中期的過程（例如奇和洞遺址，參見范雪春 2013）。今日福建沿海地
   帶也同樣發現早期新石器時代的遺址，例如近期發現的亮島島尾遺址（陳仲玉 2013，
   陳仲玉等 2013），因此很難說明當時仍為陸地的部分臺灣海峽以及臺灣西部平原地
   帶為何並未發現距今8000-6500年前甚或更早階段的新石器時代考古遺址。也許這些
   人群也是習慣生活在海岸地帶，因此遺留的遺址都在海水面逐步上漲的過程中淹沒
   於海面之下。

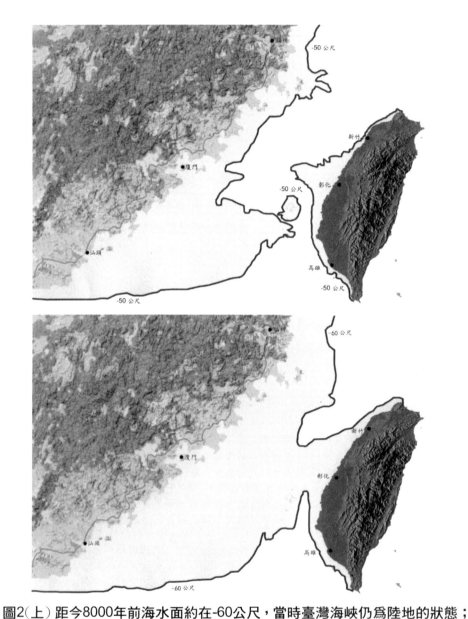

圖2(上) 距今8000年前海水面約在-60公尺,當時臺灣海峽仍為陸地的狀態;
　　(下) 距今8000-7000年前海水面約在-50公尺,當時臺灣海峽出現的狀態。

(臺灣大學地理系林俊全教授提供2012)

於大坌坑文化的中期，因此配合晚一階段訊塘埔文化初起的年代[15]，可以說明北部大坌坑文化的年代至少在距今6500-4500年之間（劉益昌 2010：176），結束的年代甚至可以提早4800B.P.就逐漸轉變為訊塘埔文化。南部地區的大坌坑文化遺址主要分布於竹崎丘陵、新化丘陵到鳳山丘陵邊緣，以及嘉南平原中段古代海岸邊緣較高的沙丘，由於早期測年僅有臺南市八甲遺址測定所得的6000年左右年代，其餘的年代均屬5000年以內的晚期階段，因此其分期尚無明確的依據，其結束年代延續至4300-4200年之間才轉換為下一階段的新石器時代中期文化（臧振華等 2006）。假若將南部的大坌坑文化根據已有測定年代只區分成早、晚二段，則其年代為6000-5000年、5000-4200年，若考慮最近發表較早的少量年代證據（顏廷仔 2013），起始年代提早，或可區分為早、中、晚三段，則其年代分別為6500-5500年、5500-5000年、5000-4200年（劉益昌 2010）[16]。

就目前已有的資料而言，距今5000-4800年前後稻米、小米等穀類作物進入臺灣，成為農業耕作的主體，目前在南科臺南園區的考古工作結果，可以證實農業型態的改變，類似的改變也出現在臺灣其他地區。同一時期臺北地區似乎已經逐漸轉變為新石器時代中期的訊塘埔文化，也出現相當數量收穫穀類作物的石刀（劉益昌等 2008b），加上大竹圍遺址花粉分析結果說明可能為栽培穀類作物花粉（林淑芬 2001），這些遺址所顯示的生業型態和張光直先生（1987）擬測的南島民族早期生活型態相當類似，說明此一階段才

---

15 訊塘埔文化的年代初步依碳十四年代測定結果置於4500-3600B.P.，但近年臺北市植物園遺址（劉益昌等 2006）、大龍峒遺址發掘，得知部分較早年代可至4800B.P.（朱正宜等 2012）。就整個文化發展而言，大體以4200-4100B.P.界分為早、晚二段。

16 筆者論文〈臺灣出土的早期玉器及相關問題〉曾於《東南考古研究》第4輯發表，其中表22-1福建、臺灣史前文化發展簡表有關臺灣部分文化說明錯位誤植，將應位於表格最右側的新石器晚期文化群錯移至表格最左側，致使所有文化與年代均錯位，其年代與文化應以本文為準。不過此一最早年代係以臺南市八甲遺址之一件貝殼所做的碳十四定年重新校正結果在6000B.P.左右，已如前述。最近南科臺南園區的研究者重新調整大坌坑文化菜葉期的年代為5000-4200B.P.（臧振華等 2013），如此中晚期的界線亦可能在5000-4800B.P.之間，以下均依此一新定年修改。

屬於南島民族文化的早期階段。換句話說，南島民族可能是早期大坌坑文化在距今5000-4800年前後受到外來文化影響，接受穀類作物種植的農業耕作，影響生業型態改變，並產生文化變遷之後才形成的文化體系。從陶器形制、紋飾的變化一脈相承，可知當為前一階段的人群接受外來農業文化後的改變。穀類作物種植出現，相應也在生產工具發生重要改變，石斧、石鋤以及石刀出現在生產的工具套之中。陶器則在口緣與肩部擁有豐富劃紋，口緣並有向外側突出的脊部，腹部則為拍印繩紋與劃紋。這些文化內涵顯示與語言學家透過古南島語擬測的南島民族祖先的文化內涵相近（張光直 1987、1988），因此可以說明南島民族文化大致在西南平原大坌坑文化的晚期（菓葉期）以及中北部繩紋紅陶早期階段逐漸形成，也就是大坌坑文化從早期到晚期的演變，可說是南島民族演化成形的關鍵階段。

到了南部大坌坑文化最晚階段的菓葉期以及北部訊塘埔文化、中部牛罵頭文化的早階段，無疑可說是南島民族的文化已經成形，並且在臺灣沿著海岸逐漸擴張其勢力，也沿著淡水河或大肚溪等可以行船的溪流向中、上游擴張，例如埔里盆地內的水蛙堀遺址，就可以發現相當數量大坌坑文化式樣的陶器（劉益昌等1999），其他溪流上游山區也都發現此一時期的遺址（劉益昌2007）。沿著海岸擴張的型態，極可能導致人群也順著季風和洋流的方向擴張到菲律賓呂宋島北部，不過目前年代僅知最早在4200-4000B.P.左右（Hung 2008，Carson et al. 2013），尚無法肯定是否可以早到距今4800-4200年前左右的大坌坑文化晚期以及訊塘埔文化早期階段。

目前學術研究指出南島系民族的遷徙與擴張，可能與臺灣本島史前新石器時代早期大坌坑文化具有密切關連，根據前述說明可知，大致在大坌坑文化晚期到繩紋紅陶文化早期之間，南島民族的祖先文化形成，隨後展開人群擴散與分布的過程，其族群遷徙與擴展植基於海洋交通體系，此一體系又與島嶼群、季風、黑潮和沿岸流、洋流具有密切關連。族群的遷徙往往不是單一方向，而具有雙向互動甚至多元方向往來，值得進一步深入探討。筆者曾經指出臺灣史前時代重要的人群遷徙及其可能方向（劉益昌

2007），說明在大坌坑文化最晚階段以及諸繩紋紅陶文化早期，聚落數量增加與面積擴大，顯示了人口增加的現象，就目前所知的遺址分布，說明當時人群開始遷移，其策略至少包括以下二種：

（1）尋找相同生態區位

大坌坑文化早期人群為居住在海岸邊的人群，其生業型態也以海岸資源採集、平原或沼澤邊緣耕作的農業為主體[17]，在大坌坑文化晚期階段，人群開始沿著海岸找尋相同生態區位的土地，作為聚落遷移的地點，例如臺灣西南平原地區大坌坑文化晚期以及菓葉期（5000-4200B.P.）的人群，循著海岸遷移到臺東平原或東部海岸平原南段，形成卑南遺址、長光遺址等大坌坑文化晚期聚落。又如北部地區大坌坑文化的人群，亦沿著北海岸向宜蘭、花蓮地區遷移，在新北市雙溪河口內寮遺址、宜蘭縣蘇澳新城遺址以及花蓮縣上美崙遺址，都得見與北部淡水河口區域內涵相近的大坌坑文化晚期聚落。隨著各區域的大坌坑文化晚期逐漸轉變為新石器時代中期以細繩紋陶為主的各史前文化，相同的人群遷移與互動依然發生在海岸地帶。因此在臺灣各海岸地區都可以發現相當數量的新石器時代中期的遺址，周邊的各島嶼亦得見相同的人群遺留的考古遺址，透過澎湖出產的橄欖石玄武岩石材製作的石器在西南平原遺址分布狀態（國分直一 1940、1941，洪曉純 2000）以及花東縱谷北側中央山脈東麓產出的玉器、玉材在臺灣各地分布狀態（劉益昌 2003、2006b、2011b、2012a），都可以作為人群互動交換的往來證據。菲律賓北部呂宋島卡加揚河流域Nagsabaran遺址，得見與臺灣此一階段相當類似的文化遺留（洪曉純 2005，Hung 2005、2008），充分顯示新石器時代中期人群沿著海岸尋找相同生態區位的行為，也擴散到呂宋島北部。

（2）移居不同生態區位適應

17　臺灣西南平原海岸變遷劇烈，從大坌坑文化早期距今約6000年的高海水位之後，海水面逐漸穩定，因此海岸平原向外加積相當迅速。因此談及海岸必須以史前文化所存在的當時海線為考量，例如6000年前的海岸線大約在今日海拔高度約35公尺左右，距今日海岸線已有20-30公里（陳文山等 2004）。

　　除了選擇找尋相同生態區位之外，史前時期人群也從大坌坑文化晚期開始向丘陵地區遷移，甚至深入到距離海岸甚遠的埔里盆地，南投縣埔里鎮水蛙堀遺址發現相當數量具有大坌坑文化特徵的陶器（劉益昌等 1999），雖然未能發現其文化層，但已充分顯示當時人群應已上到中低海拔山區。隨後的新石器時代中期階段，則在臺灣西半部各大溪流中上游區域都發現此一階段人群遷移到中高海拔山區形成長久居住的聚落（劉益昌 2007），例如海拔1750公尺大甲溪上游的七家灣遺址，其底層的繩紋陶層，年代在距今4200年左右（劉益昌 1999b），曾文溪上游阿里山區的Yingiana遺址位於海拔高度1100-1150公尺左右的高位河階，測得的二個碳十四年代經校正後都在4400-4100B.P.（何傳坤、洪玲玉2004：67，劉克竑輯補2012：276-279），最近濁水溪中上游也發現繩紋紅陶時期（或屬牛罵頭文化）早階段的遺存，中游集集鎮長山頂II遺址的年代可早至4800-4400B.P.（屬以壯、顏廷仔2012：56），上游姊原遺址與曲冰遺址附近的Tabuluk石器製造地點同樣也得見年代早至4500-4200B.P.的遺存出土（趙金勇2014 個人談話）。這些遺址的內涵都屬於新石器時代中期繩紋紅陶文化階段，說明繩紋紅陶初期階段人群早已沿著溪流向上游分布到今日臺灣原住民聚落分布相同高度的生活空間（鹿野忠雄1937）。此種選擇不同生態區位適應的方向，造成第一批往山地地區遷移的人群。此後這種向不同生態區位遷移適應而發展出不同文化型態的狀態持續發生，上山的人群無疑帶著已經演化成為南島民族的文化體系，並且適應不同的自然及人文條件，從而逐漸發展出複雜的文化體系，成為今日居住在山區原住民的一部分祖先來源。

（二）史前時代交通與交換體系

　　全新世以後臺灣海峽形成，六千多年前遷移到臺灣的新石器時代初期住民，並未因為海峽的隔絕而孤立，反而與擁有相同環境與文化背景的亞洲大陸東南沿海地區，也就是今日中國的浙江南部、福建、廣東地區的人群，有著清楚的互動關係（劉益昌、郭素秋 2005：185-186）。此一時間島內人群的移動，也大都沿著海岸和大型溪流，以海域和河川、溪流作為交通孔道，形成人群遷移與交換的互動關係體系，從新石器時代早期末至中期初以來，人們除了依舊以海域、海岸作為交通孔道之外，也開拓了往本島內部深入的陸路交通體系。

　　臺灣海域的交通與交換體系早在1940年代初國分直一先生就已經提出，新石器時代中期澎湖和臺灣本島西南部沿海地區因為石材取用所形成的互動關係，指出臺灣西海岸平原從臺中以南到恆春半島之間，都發現產於澎湖群島的玄武岩質石器，尤其臺南地區遺址出土的繩蓆紋陶器和澎湖良文港遺址的陶器相當類似，顯示兩地之間必有密切往來關係(國分直一1940、1941)。最近研究資料進一步指出，時間可以推早到大坌坑文化晚期，亦即年代距今5000-4200年間的菓葉期(臧振華等 2006)。其次，從日治時期末也逐步理解臺灣東部出產的閃玉質石器出現於全臺各地(鹿野忠雄 1942、1946)，但未進行詳細研究。直到1980年代卑南遺址出土大量玉器以後，才重啟此一研究，目前已有豐富的研究成果(劉益昌 2011b)。戰後1960年代以來關於北部金屬器時代十三行文化的研究，初步理解十三行遺址的人群藉由煉製鐵器並作為交換商品所形成的互動體系，幾乎涵蓋大半個臺灣的海岸地區(林朝棨 1965，臧振華、劉益昌 2001)。目前更清楚得知擁有煉鐵技術的人群分布在淡水河口到花蓮之間的海岸地帶(劉益昌 2011a)。

　　石材、玉材和金屬這三種物質交換所形成的交通與交換體系是其中大型的系統，其次在各地區亦有頁岩、基性火成岩(具黑色裂紋的變質玄武岩)所形成的較小型交通與交換體系(洪曉純 2000)，更說明臺灣本島各史前文化之間複雜的互動關係。近年來有關玉器的研究有較多的成果，初步理解在新石器中晚期以臺灣閃玉材料、半成品以及玉器所形成的全臺互動交通與交換的體系，甚至擴張到環南海的局部區域，目前所知最遠到達泰國南側南海與印度洋之間的狹窄區域(Hung *et al*. 2007，洪曉純等 2012)。

　　從1980年卑南遺址大規模發掘發現大量玉器以來，有關玉器研究逐漸在臺灣形成風氣，1998年在香港舉辦有關東亞玉器的學術研討會議，臺灣學者連照美教授提出有關卑南玉器的研究(連照美 1998)，陳仲玉先生亦以臺灣玉器工業為題發表論文(陳仲玉 1998)，同年筆者亦前往臺灣玉器主要生產基地的平林遺址進行發掘(劉益昌 2003、2012a)，形成臺灣玉器研究的風潮。從玉器質地以及產地、製造、運輸到使用的複雜交換體系，目前各段落都有研究成果，得以逐步建立玉器研究的完整體系(劉益昌 2003、2011b、2012a)。

　　有關玉器的來源、產地等的研究，涉及玉材資源控制、交換與交通體系及人群文化交流等相關議題的討論，透過大量遺址出土玉器和當地礦場採集玉料進行拉曼光譜、X光繞射、PIXE及氬氬雷射定年等不同分析方法所得成份分析比對，已有相當清楚的研究成果，都指出臺灣史前時代的玉器和當代花蓮萬榮、豐田閃玉礦區的成分相近(Liou 2003，劉瑩三等 2004，劉瑩三 2005，劉益昌 2010)，加上產地附近即有大型玉器製造遺址，出土豐富玉器廢料以及製造工具，無疑可以說明臺灣和部分東南亞地區出土的臺灣玉器來源當為臺灣東部花蓮縣知亞干溪(壽豐溪)以及荖溪流域所在的區域。至於環南海的菲律賓、越南等地區出土的玉器，也經過分析或目驗，指出材料當為花蓮豐田地區的臺灣閃玉(Yoshiyuki & Hung 2005，Hung et al. 2007，洪曉純等 2012)。

　　筆者曾透過對於玉器製造技術、形制以及使用年代的分析與討論，初步將臺灣玉器的製造與使用區分為早期(5500-4500B.P.)、中期(4500-3500B.P.)、晚期(3500-2000B.P.)、末期(2000-1000B.P.)等四大階段(劉益昌 2003)，雖然年代較為粗略，但大抵說明臺灣玉器的演化階段，隨後亦指出臺灣最早玉器出現的年代當為大坌坑文化階段，年代至少在距今5500年左右，至於玉器裝飾品出現，則以新石器時代中期距今4500年左右開始，並指出臺灣玉器可能是受到石器與貝器製造技術影響而產生，墾丁遺址出土的貝器之製造方式和玉器相同，顯然兩者之間具有密切關連(劉益昌 2010)。同時透過各地區出土玉器，也說明在新石器時代中期階段以環、墜飾作為主要裝飾品，塊形器尚屬稀少，北部的訊塘埔文化出土以玉墜和玉環為主，並見少量管珠(劉益昌 2001，劉益昌等 2008b)，中部地區的牛罵頭文化除出土少量玉環外，在臺中市西大墩遺址出土相當數量器型特殊的梳形玉飾，以及長條柱狀玉飾，並與大量三連杯一起出土（屈慧麗等 2010、2011，屈慧麗 2012），南部地區的牛稠子文化在南部科學園區臺南園區右先方遺址出土的裝飾品以寬帶狀的玉環為主（臧振華等 2006），至於日治時期已經發掘的墾丁遺址則以墜飾、鈴形玉珠為主（連照美 2007），顯示各地區均有不同型態的玉製裝飾品，也顯示出文化的選擇與多樣。

筆者曾經指出距今3500-2000年之間，新石器時代晚期是玉器使用的高峰階段，此一期間以北臺灣圓山文化、丸山文化，花東地區花岡山文化、麒麟文化、卑南文化和中部丘陵淺山地帶的大馬璘文化，是玉器使用的主要史前文化，不但使用大量的玉製工具，同時也使用大量的玉製裝飾品，作為儀式用品或身分表徵（劉益昌2003）。玉器是此一時期上述各文化中極為重要的元素，除了在於裝飾用品之外，也大量出現在儀式行為，墓葬通常擁有豐富的陪葬品，玉器是其中最重要的陪葬品之一，不但形制多元且各文化間具有相當區隔。近年來的研究更進一步細緻此一年代體系，確認新石器時代晚期到末期的年代在3500-1800B.P.之間，且詳細研究的區域均可以再區分為二～三個發展段落，這些大量使用玉器的史前文化，年代似乎可以框列在3500-2300B.P.，從2500-2300B.P.之間由於外來物質文化進入，而使得玉器出現衰退的跡象。就玉器製造的花岡山文化而言，目前至少得見早、晚二期的發展，若加上「平林類型」，則有三個發展段落（劉益昌2012a、2012b），其中的花岡山文化和「平林類型」在玉器製造技術具有明顯傳承，但也見差異以及外來物質進入的影響。

同一時間西海岸中部以南平原區域，以灰黑陶為主體的營埔文化和大湖文化以及以彩陶和磨光黑陶為主要特徵的鳳鼻頭文化[18]，玉製工具和裝飾品的數量較少，顯示和前述北、東部地區的各史前文化具有明顯的差異。

---

18 最近筆者指出大湖與營埔文化之間的雲林、嘉義平原區域，似有另一灰黑陶文化體系，暫稱「雲嘉灰黑陶文化」，也可以嘉義縣太保市魚寮遺址為代表稱為「魚寮文化」（劉益昌 2014b），也在此一範圍內。

除了玉器的差異以外，同樣在日用的陶器各文化之間也有極大的區別，從彩陶、黑陶到各類的素面陶器，或不同裝飾或不同器型，均出現在各個文化之中。這些現象顯示新石器時代晚期臺灣的複雜形貌，可能受到地區性演化和外來文化影響的雙重作用。

如前所述，玉器的製造技術可能來自於石器與貝器的製造技術，目前所知打剝、磨製、直線切鋸、鑽孔、拋光等製造技術，從新石器時代早期末到中期初距今5000-4000年之間已經開始，且技術相當純熟，但圓形切鋸或稱管狀旋截的技法，似乎在新石器時代中期後段約距今4000年左右或稍早開始出現，至此玉器各種製造方法可說已經全部出現(劉益昌 2006b)。這些製造技術與生產基本上只出現在玉器的製造區域，在製造區域以外的玉器使用區域，可說是玉器的消費區域，目前臺灣玉器製造區域大致在花東縱谷北側以平林遺址為中心的鄰近區域，其中以平林遺址和重光遺址的規模最大。新石器時代晚期距今2800年前後，部分製造玉器的群體曾經遷移到中央山脈西側埔里盆地附近，結合在地的營埔文化形成大馬璘文化(劉益昌 2013a)。就新石器時代晚期而言，從製造到交換與消費的整體交換關係體系，可說相當完整，以花蓮縣平林遺址為中心的花岡山文化區域是較大規模的玉器製造地點，中央山脈西側埔里盆地及鄰近區域的大馬璘文化，包括曲冰、水蛙堀、大馬璘等遺址都是較小規模的玉器製造地點，至於其他圓山文化、丸山文化、麒麟文化、卑南文化的遺址基本上屬於玉器的消費，僅見極少量的製玉廢料或工具，可能只是修理玉器或極小規模製造，同時期其他史前文化則是玉器消費的外圍區域。此種情形顯示出玉器工業上游與下游、生產與消費的相互關係，以平林遺址、重光遺址為中心的東部繩紋紅陶文化和花岡山文化(包括平林類型)，是玉器製造的主要人群，其他史前文化人群除大馬璘文化外，都屬於使用消費者(劉益昌 2011b)。這些透過玉器而來的交通與交換關係，必然造成人群與文化之間的互動與影響。

目前有關玉器的研究，仍然持續在學者之間進行，同時擴及於東南亞地區出土玉器的研究，此類議題不僅是前述玉器的各種課題，還隱含了人

群遷移與交換體系等課題。在臺灣各文化之間的研究已有初步成果，目前
開始針對海外的臺灣閃玉製品進行研究，歷年來學者調查出土於臺灣本島
以外，環南海區域的玉器、半成品、原料以及廢料，大都經過肉眼判識和
科學成分分析證實來自臺灣花蓮豐田地區。此一研究結論也說明可能存在
臺灣與環南海的交通與交換關係體系，當然也不排除可能造成人群遷徙
（Hung & Carson 2013）。根據目前的資料，玉製飾品在臺灣各文化體系從距今
2500-2300年前之間開始逐漸減少，初步研究可能和玻璃、瑪瑙以及金屬器
引入具有密切關連（劉益昌 2006b），不過同一時期玉器仍然繼續生產，而且
相當興盛，主要的遺址即為花蓮縣平林遺址上文化層。除了玉器之外，並
以玉材、玉料或半成品的形式出現在環南海區域，顯示出兩地之間不同材
質的交換關係體系，此種交換形式在距今2500-2300年前後首先出現在臺灣
東部地區，並擴張至北部區域，其時間延續至距今1500年左右仍然相當盛
行，並可持續至距今一千年前左右，（劉益昌 2010，Hung & Carson 2013）。這
些資料都可以說明史前時期海島臺灣並不孤立，透過南島民族祖先早有的
遷移以及交通交換體系，長期形成與鄰近區域穩定的互動關係。直到10-12
世紀開始，中國東南沿海的商人崛起，透過華商建立的貿易動線，切斷南
島民族原有的交通與交換體系，才造成臺灣被孤立以及「無他奇貨，尤好
剽掠，故商賈不通」的刻板印象。

（三）史前人群與當代原住民

臺灣考古學界通常認為史前文化人群是目前原住民族的祖先，或與原
住民族有密切關係，但這只是一個基本假設，必須進一步驗證（劉益昌
1995），因此多年以來考古學者積極進行史前文化晚期與當代原住民族群關
聯的研究。近年來考古學者除了進行考古學的學術研究，也必須面對學術
以外的政治要求，因此從學術研究證明史前文化或原史時代的文化與原住
民有關之外，也必須面對政治上的族群正名的議題（劉益昌 2006a）。

史前人群與當代原住民族是長期以來臺灣考古學的重大議題之一，目

標在於連結與解釋史前時代人群與當代人群的關係，延伸臺灣人群歷史於更長遠的時間與更廣闊的空間，歷年來主要根據17世紀初期以來早期文獻，以及民族學文獻記錄，理解距今1000年到350年之間的史前文化分佈狀態和原住民族群分佈的關係(劉益昌 1995)。1995年筆者檢討研究方法，提出「假設性的穩定狀態」作為研究的基本概念與方法，開始思考此一議題，透過文化內涵、分布區域的比對，聯繫史前晚期的最後階段和當代原住民族的關係，迄今已經有不少研究。例如學界對於西南平原的蔦松文化和西拉雅族之間關係長期關注，討論也最多，因此已經得以說明二者之間關連。考古學研究的史前文化最晚階段在西南平原當屬蔦松文化，而蔦松文化末期逐漸過渡到歷史文獻記載的階段[19]，透過考古學發掘資料不但可以得知文化內涵，而且得以確認文化發展連續，且與15、16世紀大發現以來的世界史可以明確接軌(劉益昌 2002a，臧振華等 2006)。

同樣的研究也在臺灣各個不同區域之間進行，例如十三行文化舊社類型的人群分別和北海岸的巴賽人以及蘭陽平原的噶瑪蘭族具有密切關連，西海岸中部番仔園文化晚期鹿寮類型和拍瀑拉族具有密切關連，東海岸靜浦文化靜浦類型和部分阿美族具有密切關連，貓兒干文化也得以確認和巴布薩族密切關聯(劉益昌 2011a、2012c)。這些研究都在近年逐步得到更多的考古資料支持而得以完成，並且說明考古資料得以延長歷史初期原住民族的時間深度，將史前末期和歷史初期連接完整，已經逐漸將筆者1995年提出的假設圖像修改完成至一定程度，相信持續研究一定可以將歷史初期的人群上推至史前文化發展的最晚階段，完成臺灣人類活動歷史的延續性。

此外，最近筆者透過歷史初期以來的文獻紀錄和日治時期豐富的民族誌資料，初步完成有關「存在他者記憶人群」的系列論述，指出西海岸中

19　近期南部科學園區臺南園區的研究成果指出，距今500-300年左右屬於西拉雅文化(臧振華等 2006：80)，此一時間大約在A.D.1450-1650年，筆者仍稱為蔦松文化最晚階段，亦即蔦松文化末期，主要的原因在於歷史初期並無西拉雅此一族稱，因此仍以考古學命名方式為宜。

部濁水沖積扇區域距今800年以內的人群，屬於考古學所稱的貓兒干文化，也是荷治時期文獻所記載的Favorlang（費佛朗），主要的大社是Favorlang社以及鄰近的Bazecon社，而Favorlang實是分布於西海岸南部平原地帶的敵對人群和統治者對於此一人群的蔑稱，因此從西元1661年鄭成功驅逐荷蘭人開始，Favorlang此一稱呼或相近的漢語譯音即不存在於鄭氏、清代的漢人文獻，反而是一群自稱為Babuza（巴布薩）的人群，主要聚落則稱為南社、貓兒干社，透過位置分布與文化內涵比對可知南社即為Favorlang社，貓兒干社即為Bazecon社，這個人群在1823年受漢人壓迫大規模移民埔里盆地之後，迄今已逐漸消失於漢文化之中，因而僅存其人群記錄於他者（劉益昌2012c）。同樣的例子也發生在桃園市復興區淡水河支流大漢溪流域中上游，透過考古學調查發掘得知原有一群距今1800-300年前的人群居住，留下大量遺址[20]，在二百多年前受到泰雅族北遷的影響而遷移或消失，這群人目前僅存在於泰雅族的口傳和日治時期以來學者的民族誌記錄（移川子之藏等 1935，廖守臣 1984），此一人群被稱為Skamajun（希卡馬甬）。筆者透過考古學研究，指出史前文化和此一人群的可能關連，透過出土遺物的年代、分布區位，將考古遺址出土遺物背後的人群連結到泰雅族記憶中的人群，進一步指出可能與龜崙人或賽夏族人有關（劉益昌 2009）。

　　透過考古學進一步深入的研究，可以清楚理解所謂當代族群分類的意義，在於17和20世紀分類的差異，也可以指出「族」的分類是當代政府和研究者給予的稱謂體系，所以在討論族群問題或史前文化與當代族群關係議題，研究的重點在於當代族群以語言、風俗習慣等要素為之，17世紀以來歷史階段則以歷史紀錄的內容為之，回溯荷治、清治的分類，當然也得見以語言和風俗習慣、物質文化作為分類的依據，但若向更早追溯人群的分類，在無文獻記錄時期則必須運用考古學資料才能進行。貫穿此類研究

20　此一遺址群以高義蘭社所在的高義蘭遺址為代表，或可稱為「高義蘭類型文化」（劉益昌 2009）。

主題，確認聚落所在區位無疑在於考古學研究的結果。換句話說，只有考古學的研究才能延伸族群或區域歷史於更長遠的時空，完成史前與民族誌記錄人群關連的研究，建立完整的區域人類活動史。

四、當代研究的新方向——歷史考古學與文化資產

觀察本世紀以來臺灣考古學的研究方向，除了學術研究走向之外，也可以從碩博士論文的撰述理解可能的方向，筆者以為當代研究的新方向以歷史考古學和文化資產的研究為主，舊社研究亦有不少著墨。舊社是文獻或口傳記錄可追溯的社址，在時間屬性而言，當在歷史階段，但基於原住民舊社的特質，學界往往與歷史階段的考古學脫鉤，而單獨討論[21]。因此除前述的三個研究主題仍持續擴大與深化，筆者特別提出歷史考古學、遺址保存維護以及舊社研究的興起，作為臺灣考古學未來研究方向的指標。

(一)歷史考古學

臺灣考古學研究歷史時期遺址，雖始自日治後期，但戰後並未持續此一研究方向。1980年代中期，考古學者研究澎湖群島移民，除討論史前時代之外，亦將宋、元以來人群遺留的考古遺址作為討論的對象(Tsang 1986、1992，臧振華 1997)，開始歷史考古學研究的腳步，隨後在張光直先生提倡臺灣史田野研究的理念引導下，考古學者提出臺灣早期漢人與平埔族聚落的考古學研究，選擇左營舊城、十三行、崁頂(貓兒干)等三處遺址作為研究地點，目的在於連繫史前晚期與早期歷史之間(臧振華等 1988)，可惜本案並未完成第一階段三個遺址的試掘工作，就受到十三行遺址搶救考古發掘的影響而停止進行，未能開啟史前末期與歷史初期階段人群連結的研究。

---

21 雖然歷史考古學有廣義與狹義的定義，廣義係指各區域文字歷史記錄時期以來的考古學研究。狹義則往往指涉16、17世紀以來殖民歷史的考古學。本文採取廣義的定義。

　　隨後雖陸續有小規模的歷史考古學研究，但都未能成為體系性的研究。歷年來臺灣考古學界並未把歷史考古學作為研究主體，1960年代宋文薰教授研究澎湖群島，調查的考古遺址以史前時期為主，歷史時期遺址調查相當粗略，宋教授曾經以澎湖歷史時期遺址出土宋朝銅錢，回答歷史學者曹永和教授的詢問，指出澎湖地區七處近代漢文化的貝塚遺址，可以說明華南沿海一帶的移民已經到達了澎湖，貝塚中發現大量魚骨、陶質的魚網墜，「這些事實都可以拿來當作，曹先生的推斷『其實已有定居的漁戶』的證據吧！」貝塚也出土宋代的熙寧元寶和政和通寶，也就是西元1111-1117年之間的錢幣，所以可以確定年代至少早到宋代，可以「全面支持了曹先生的結論『早在南宋……時起，澎湖確已有國人移殖。』不知曹先生覺不覺得滿意？」(宋文薰 1965：153)，這段對話說明考古學如何提供歷史學證據，但當時並未實質進行歷史考古學的研究。同一時期進行的大坌坑遺址發掘，雖然在十三行文化地層中出土不少宋元時期瓷片、硬陶(Chang *et al.* 1969)，但並未受到研究者重視，直到最近才因調查、試掘資料的解讀，重新思考此批材料，並指出材料所具有宋元與琉球之間交通與貿易的意義(王淑津、劉益昌 2010)。基於研究時間在於史前時期，主題又不及於陶瓷相關議題，因此在1980年代中期之前，臺灣考古學者幾乎不考慮發掘所得的瓷片、硬陶，通常僅簡單數語帶過，當然就少有歷史考古學研究。

　　雖然曹、宋二位學界前輩的對話，說明對於歷史學和考古學的看法，但當代的考古學對於歷史考古學的看法已經不只是印證歷史記錄與研究，而是將文字無法記錄的歷史部分，透過考古學研究方法，建構意涵不同的歷史。最近十年間筆者曾經率隊或參與熱蘭遮城(2003-2006)、左營舊城(2004)、西大墩窯(2003-2004)、水堀頭(2002、2004、2008、2010)、臺北機器局(2007-2008、2010-2011)、臺南小東門(2009-2010)等幾個代表不同時期歷史遺址或建築物的發掘研究，時間跨度從17世紀初年到20世紀30年代，遺址性質從統治城堡、城內空間、貿易港口、城牆、窯址到手工業遺址和行政空間，基本代表臺灣歷史發展的不同面向，希望得以從幾個發掘的結果，理出臺灣歷史變化的不同思考，進一步重新構築臺灣歷史的風貌。例如，水堀頭遺址是一處已經埋沒多時的清代初期到中葉的港口，由於僅露出少量的三合土結構，因此引起許多臆測，甚至形成民俗傳說，指涉與宗教信仰之間的複雜關係，透過詳細的考古發掘與比對研究，證實這是一處港口，而且是見諸清代以來志書紀錄的麻豆港所在（林玉茹、劉益昌 2003，劉益昌等 2005、2008c），重新改寫這一段已經模糊的歷史，同時將麻豆港與倒風內海的變遷，聯繫上更早的史前階段，得以構成完整的歷史發展過程，目前也已經完成一個史蹟公園和小規模的「麻豆古港-倒風內海故事館」，作為展示此一歷史場景的館所。同樣的歷史考古工作與理念，也運用於17世紀台江的研究（翁佳音等 2010，劉益昌等 2011），考慮的觀念主要在於17世紀台江是臺灣當代漢文化人群與文化的入口，也是臺灣重要的歷史場域，如何思考短短一百年內所具有的原住民自主(1601-1623)、國際貿易(1624-1682)、大清帝國國內(1683-)等三個段落，各自代表臺灣不同時段，以及對於當今臺灣歷史文化的影響。

　　陸地的歷史考古工作在這十年之間，除了筆者參與的研究之外，南部科學園區臺南園區長期大規模搶救考古工作，也進行部分史前末期原住民遺址、歷史時期遺址的發掘與保存工作（臧振華等 2006），臺灣大學和宜蘭縣政府合作進行淇武蘭遺址長期發掘工作，也獲得史前末期到歷史時期一個原住民聚落連續性的豐富資料（陳有貝 2002，陳有貝等 2005、2008a、2008b），足以重新建構此一區域的人群活動史。由於臺灣歷史界逐漸往早期追溯，加上考古出土資料的解讀，臺灣考古學逐漸從史前時期、歷史時期的研究，也進一步思考二個時間段落聯繫的原史時期，2012年中央研究院舉辦的「世界臺灣研究大會」，其中一個場次主題是「原史時代的臺灣與世界」，說明臺灣考古學界進一步思考歷史的連續性，足以打破長期以來臺灣歷史以「漢人開拓史」、「殖民統治史」為主的思維。

　　除了陸地的考古工作，由於1987年解嚴以後，海岸與海域逐漸解禁，為了發展多元的臺灣海洋文化，行政院在2004年成立「海洋事務推動委員

會」，海洋文化歷史以及水下文化資產也成為重要的研究與發展項目，於
是水下考古工作也在政府大力支持之下開始進行，除了積極增修有關水下
文化資產的法律之外，也進行實質的調查工作，由行政院文建會委託中央
研究院進行三年期的「澎湖海域水下文化資產普查及人才培訓計畫」（李麗
芳編 2008），並持續進行至今，針對臺灣領有海域進行水下文化資產的普查
工作，雖只是初起階段，但目前在各個區域都有重要發現，尤其在澎湖附
近海域發現重要古代沉船的跡象，說明澎湖從史前時期以來到歷史時期的
不同階段，在交通路徑上所具有的重要意義（臧振華 2006、2013、2014）。

（二）遺址保存維護

由於考古學研究的對象是考古遺址，從1982年文化資產保存法公布實
行以來，法令規定逐漸詳細，同時臺灣也在這個階段進行大規模開發，相
對的遺址保存受到嚴酷的挑戰，因此許多考古學者同時也投入遺址保存維
護工作，從參與修訂法律到實際進行遺址調查以及搶救發掘，當然也在其
他相關的政府部門參與遺址的保存工作，例如透過環境影響評估法令規定
逐步要求送請環境影響評估的開發案，必須進行遺址調查，又如國家公園
內的考古遺址必須詳細調查並設法保存維護，這些動作都牽涉到遺址是否
經過充分的調查研究並擷取資料予以保存，以維護遺址的完整性。

張光直先生1992年針對臺灣考古學發展的議題，在座談會中向臺灣年
輕的考古學者提出「臺灣考古何處去？」的演說內容，指出臺灣考古學界
下一步的幾個方向，包括：1. 臺灣考古學必須積極培植吸收人才，2. 以臺
灣為考古工作中心，但擴大研究視野，3. 資料優先，4. 理論多元化、方法
系統化、技術國際化（張光直 1992：1-5）。其中資料優先的部分就在於說明臺
灣考古遺址面臨開發的嚴重破壞，和全世界的狀態一致，都必須考慮以資
料的保存為優先，特別指出「不論哪一個學派的考古，說到最後都必須倚
仗資料……。如果不在建設工程前面搶救，資料丟失了便永遠不能彌補。」
（張光直 1992：4）因此從1992年開始，臺灣的考古學者在宋文薰先生的領導

下，首先進行臺灣重要遺址的篩選，提出109處考古遺址，要求政府即刻依法指定予以保存維護(宋文薰等 1992)，隨後開始進行以縣市為單位的全面性遺址普查工作，直到2004年完成第一輪的各縣市遺址資料的登錄以及相關保存維護的建議。同時，也因為2005年文化資產保存法大幅修改，主管機關從原有的內政部、教育部、經濟部以及文建會、農委會，將文化部分統整由文建會(今文化部)主管，自然地景由農委會主管，遺址成為文化資產項目之一，在文化資產保存法中單獨提列為一章，並增加遺址指定、遺址監管保護以及遺址發掘審議等相關子法，就法律規範而言已經相當完整，只可惜執法並不確實，而且在文化資產各個類目中屬於不受青睞與關注的部分，歷年來主管機關針對考古遺址保存投注的經費與人力可說相當稀少，也未針對考古遺址的特性提出應有的保存維護措施，致使遺址的破壞仍然相當嚴重(劉益昌 2012d、2013b)。由於考古學工作者人數太少，而且分工不明確，考古遺址的保存維護仍然耗費考古學研究者大量的心力。除了考古學工作者的數量嚴重不足以外，對於遺址保存維護無法區別不同層次，使得學術單位的研究學者除了研究之外，必須奔走於遺址調查、搶救、評估、監管等各個不同的文化資產處理項目，也必須協助應由政府機關或博物館專業人員進行的遺址保存維護、社會及展示教育等等不同項目，致使考古學者無法專心從事任何一個項目而使得考古學術研究以及遺址管理維護、行政作為等項目，均無法完成與持續，造成遺址研究與保存維護的雙重困境。

(三)舊社研究

　　舊社一般係指臺灣原住民口傳可以追溯並確定位置的部落舊址，從考古學的角度進行舊社研究，最早是日治後期鹿野忠雄在1931年發掘布農族郡大社的舊址，1941年發掘鄒族楠仔腳萬社故址、Vuyio遺址與Yingiana遺址，也提到曾經試掘卑南族卑南社北方約4公里處的Vuno遺址，指出此一遺址與傳說的阿美族某一系統的原先居住區域完全相符(宋文薰譯 1955：

95-96），鹿野先生發掘的主要目的在於連結現存原住民族舊社遺址出土石器與史前時期出土石器的關係。之後臺灣考古學有關原住民舊社遺址的研究就相當罕見，雖然遺址調查曾經觸及原住民舊社或以舊社為名作為史前文化類型的稱謂，但並非針對舊社遺址研究，而是將舊社遺址的遺存作為考古學調查時可以得見遺物，作為遺址的表徵(盛清沂 1962、1963)。1980年進行全臺灣考古遺址與舊社的調查，有關舊社調查仍不充分，只舉出魯凱族好茶舊社作為研究與保存維護的例子(黃士強、劉益昌 1980)。真正將舊社作為一個考古學研究的主題，始於1980年代前期李光周先生在恆春半島墾丁國家公園範圍內的考古調查，在文化層序表中加入阿美文化相、排灣文化相、西拉雅文化相，並將某些遺址歸屬於上述各族群文化相(李光周 1985)，可說是舊社考古調查的先聲。1990年以後的幾個區域性的調查研究，將原住民舊社遺址作為調查研究項目(曾振名 1991，劉益昌、吳佰祿 1994、1995)，並提出舊社研究的意義與方法(劉益昌等 2000)，2005年以後考古學者更從聚落型態研究的角度切入，進行原住民舊社的研究(陳瑪玲 2005)，此一研究的途徑持續至今，可說方興未艾。2013年中央研究院歷史語言研究所受到立法委員質詢的壓力，由院方補助考古學門同仁進行原住民舊社的相關研究，可說進一步擴大考古學對於舊社研究的方向。

　　由於舊社為原住民族當今人群仍可追溯的聚落舊址，因此相關研究當然具有各種不同的面向，也有不同的意義，例如從1980年代原住民運動以來，有關前往舊社址祭祖溯往的行動及其記錄，就與考古學研究有相當大的差距。其次，舊社研究最重要的目的恐怕在於臺灣原住民早期歷史建構，得以透過仍存在於當代人群記憶中的系絡關係，連結史前時代末期與民族誌記錄初期的人群關連，建立歷史的連續性。不過基於舊社的特質除了是過去的聚落以外，通常也是埋葬祖先的所在，因此研究者必須對於原來主人及其後裔給予充分的尊重。換句話說，研究者與被研究者之間的關係必須充分予以考慮，避免產生爭議，筆者曾經指出可能的解決之道在於努力培養原住民族的子弟從事原住民早期歷史的研究，也得以從事舊社遺址的考古發掘(劉益昌 2006a：85)，可惜至目前為止仍難產生功效。

五、臺灣考古學研究的基本思考

考古學研究除了學科的哲學、理論、方法論、技術等方面，基於學科本質得以共通於世界之外，考古學對於人類活動史的研究則具有基本意義，此一基本意義無疑必須落實在小區域人類活動史的建構。就本文和筆者而言，考古學的學科本質和目的不是討論的重點，而是作為一個考古學研究者如何思考這門學科和研究成果，對臺灣這塊土地的意義。日本考古學對於研究成果如何成為建構日本歷史的重要基礎，並使得考古學的文化資產處理變成一種知識產業，已經是一個成熟的體系，反觀臺灣目前仍在起步，需要完整的學科思維以及文化資產體系的思考。其次，考古學的另一方面，在於考古學研究對土地、人群的積極意義，應該在於從土地出發的人類活動史，畢竟土地是定著的，人群是可以遷移的。因此臺灣人類活動史的問題在於當代臺灣學界長期以漢人族群史觀解讀歷史，因此造成史前和歷史的斷裂，人類和土地互動過程的延續性缺如，如何從原史階段的研究結果重新解讀，連續史前和文字記錄的歷史，是筆者的期望，因此最後提出以下觀點，就教於考古學研究者。

(一)臺灣歷史的書寫與作成

當代臺灣歷史書寫受到漢文化主體思維的深刻影響，只以漢人族群、遷移開發以及文字紀錄為主體，不過就筆者概念而言，因為臺灣的歷史並不是連橫在《臺灣通史》(1920)所說「臺灣固無史也，荷人啟之，鄭氏作之」，反而需從張光直先生在1986年鼓吹成立中央研究院臺灣史田野研究室時，愷切提到的意見，亦即臺灣文字紀錄歷史的時間很短，必須依賴其他非文字資料或田野蒐集的非文獻資料(張光直 1986：1)，考古學恰好扮演了其中重要的角色與地位，未來考古學者應該為共同建構一部完整的臺灣人類歷史而努力。考古學者在歷史書寫的部分不只是處理無文字的史前時代，可以和歷史學者共同思考原史時代臺灣歷史，也可以和歷史以及其他學科的學者共同書寫文字記錄以來的臺灣歷史。

（二）臺灣人性格的形成

除了舊石器時代人群族屬尚不明朗，從新石器時代早期大坌坑文化演變而來的臺灣南島文化體系，是一群擁有多元文化的族群。這些具有多元性格的複雜族群，其實和明代以來從亞洲大陸東南沿海向外擴散的閩南人、客家人一起形塑了今天臺灣人和臺灣文化的性格，臺灣人不但擁有東亞大陸農業文明的性格，也擁有以島嶼東南亞和太平洋作為生活天地的南島海洋文化性格。今天追溯臺灣文化形成的過程，不免要認真思考除了漢文化以外的另外一個源頭，那就是南島文化祖先的大坌坑文化及其發展演變的多元史前文化，而這個文化可能也是當今世界廣布於海域的南島民族的祖先或至少是祖先來源之一。

單就臺灣目前分類的各原住民族群或人群而言，也都各自具有不同的社會組織、生業型態以及人群特質，也就是多元複雜的人群性格，究竟如何形成在臺灣這個不大的島嶼及周邊小島之上。例如歷史學者透過早期文獻的爬梳，可以說明Basai是一群具有商業性格的人群(翁佳音 1999)，也進一步研究指出人群之所以具有商業性格，可能是在15世紀末到16世紀作為華商的仲介者(broke)，從而習得做生意的方法(陳宗仁 2005)。但從考古學研究回溯，可以明瞭居住於北海岸的Basai人的祖先，早就具有貿易與交換的特質，其時間至少可以推早至距今一千多年前十三行文化中的一部分人群(劉益昌 2011a)。類似這樣的研究，正可逐步解開臺灣人群多元複雜的成因與過程，釐清整體臺灣人群文化與性格的形成。

參考文獻

王淑津、劉益昌

　2010　〈大坌坑遺址出土十二至十四世紀中國陶瓷〉,《福建文博》2010.1=70：
　　　　45-61。

朱正宜、邱水金、戴瑞春、鍾亦興、張益生、邵美華、宋昱潔、莊詩盈、劉鵠雄、
蔡佳輔、戴志家、吳凱鈴、楊月萍、張筱眉、謝幸蓁、王心怡、鍾曉琪、詹茹芳、
王怡智、劉益助、翁佩琪、何嘉玲、郭欣宜、李冠嫻、葉沛明(朱正宜等 2012)

　2012　《大龍峒遺址搶救發掘及施工監看計畫成果報告》,臺北市政府文化局委
　　　　託財團法人樹谷文化基金會之報告。

宋文薰

　1961　〈臺灣的考古遺址〉,《臺灣文獻》12(3)：1-9。

　1965　〈臺灣西部史前文化的年代〉,《臺灣文獻》16(4)：144-155。

　1980　〈由考古學看臺灣〉,《中國的臺灣》：93-220,陳奇祿等著,臺北：中
　　　　央文物供應社。

宋文薰、尹建中、黃士強、連照美、臧振華、陳仲玉、劉益昌(宋文薰等 1992)

　1992　《臺灣地區重要考古遺址初步評估第一階段研究報告》,中國民族學會專
　　　　案研究叢刊(一),內政部委託中國民族學會之研究報告。

宋文薰、連照美

　1975　〈臺灣西海岸中部地區的文化層序〉,《國立臺灣大學考古人類學刊》
　　　　37/38：85-100。

　1984　《卑南遺址發掘資料整理計畫　第一卷　遺址發掘與陪葬品分析》,教育
　　　　部委託國立臺灣大學文學院人類學系之研究報告。

　1986　《卑南遺址發掘資料整理報告第三卷：遺址堆積層次及文化層出土遺物之
　　　　分析研究》,教育部委託國立臺灣大學文學院人類學系之研究報告。

　2004　《卑南考古發掘1980-1982：遺址概況、堆積層次及生活層出土遺物分
　　　　析》,臺北：國立臺灣大學出版中心。

宋文薰、張光直

1964　〈圓山文化的年代〉，《國立臺灣大學考古人類學刊》23/24：1-11。

1966　〈圓山貝塚碳十四年代更正〉，《國立臺灣大學考古人類學刊》27：36。

李壬癸

2011　《臺灣南島民族的族群與遷徙(增訂新版)》，臺北：前衛出版社。

李光周

1984　〈墾丁國家公園所見的先陶文化及其相關問題〉，《國立臺灣大學考古人類學刊》44：79-147。

1985　《墾丁國家公園考古調查報告》，內政部營建署墾丁國家公園管理處保育研究報告第17號。

李匡悌、周必雄、邱鴻霖、潘怡仲(李匡悌等 2000)

2000　《台閩地區考古遺址普查研究計畫第五期研究報告》，內政部委託中央研究院歷史語言所之研究報告。

李坤修

2002　〈卑南遺址的新發現及新問題〉，《臺東文獻》復刊7：40-71。

2005　《臺東縣舊香蘭遺址搶救發掘畫期末報告》，臺東縣政府文化局委託國立臺灣史前文化博物館之報告。

李坤修、葉美珍

2001　《臺東縣史‧史前篇》，陳建年監修、施添福編纂，臺東：臺東縣政府。

李坤修、張振岳

2006　《臺東縣原住民舊社及遺址普查計畫第一期計畫期末報告》，臺東縣政府委託國立臺灣史前文化博物館之計畫報告。

李毓中主編/譯註

2008　《臺灣與西班牙關係史料彙編I》，南投：國史館臺灣文獻館。

李麗芳編

2008　《海洋臺灣新視界──台法合作水下文化資產調查及人才培訓成果專輯》，臺北：行政院文化建設委員會文化資產總管理處籌備處。

肖一亭

2009　《南海北岸史前漁業文化》，香港：中國評論學術出版社。

金關丈夫

1943 〈臺灣先史時代に於ける北方文化の影響〉，《臺灣文化論叢》第一輯：1-16，臺北：清水書店。

吳春明

1999 《中國東南土著民族歷史與文化的考古學觀察》，中國廈門：廈門大學出版社。

吳綿吉

1990 〈閩江下游早期幾何印紋陶遺存〉，《東南文化》1990(3)：91-97。

1999 〈關於曇石山文化界定的重新思考〉，王培倫、黃展岳主編《冶城歷史與福州城市考古》，中國福州：海風出版社。

何傳坤、洪玲玉

2004 《阿里山民族考古學研究計畫報告》，臺中：國立自然科學博物館。

周婉窈

1997 《臺灣歷史圖說──史前至一九四五年》，臺北：中央研究院臺灣史研究所籌備處。

2007 《図説台湾の歴史》，東京：平凡社。

2009 《臺灣歷史圖說》，增訂本，臺北：聯經出版公司。

屈慧麗

2010 《臺中市西屯區12期重劃區西墩里公兼兒六基地遺物內涵調查工作執行計畫成果報告》，文英基金會委託國立自然科學博物館之研究報告。

2012 〈梳理的文明–再看西大墩遺址牛罵頭文化特色〉，《田野考古》15(2)：17-46。

屈慧麗、何傳坤、趙啟明(屈慧麗等 2010)

2010 〈臺中市西墩里公兼兒六考古的新發現〉，「2009臺灣考古工作會報會議論文集」，中央研究院歷史語言研究所主辦，2010.03.19。

屈慧麗、楊小青、科博館考古團隊(屈慧麗等 2011)

2011 〈梳理的文明－再看西墩里的牛罵頭文化特色〉，「2010年臺灣考古工作會報研討會論文集」，中央研究院人文社會科學研究中心考古學研究專題中心主辦，2010.05.28-30。

林公務

1998　〈福建境內史前文化區系類型初論〉，于炳文主編《跋跕集　北京大學歷史系考古專業七五屆畢業生論文集》：98-113，北京圖書館出版社。

林玉茹、劉益昌

2003　《疑似舊麻豆港水堀頭遺址探勘暨歷史調查研究計畫報告》，臺北：中央研究院臺灣史研究所籌備處。

林朝棨

1965　〈臺灣凱達格蘭族之鑛業〉，《臺灣鑛業》17(4)：1-22。

林淑芬

2001　〈附錄三：大竹圍遺址孢粉分析研究〉，收錄於《宜蘭縣大竹圍遺址受北宜高速公路頭城交流道匝道影響部分發掘研究報告》，宜蘭：宜蘭縣政府。

范雪春

2013　〈福建漳平奇和洞遺址〉，「八仙洞國定遺址保護與研究國際學術研討會」文化部文化資產局、臺東縣政府、中央研究院歷史語言研究所主辦，2013年3月28-31日，臺東：國立臺灣史前文化博物館。

洪曉純

2000　《臺灣、華南和菲律賓之石錛研究》，國立臺灣大學人類學研究所碩士論文。（未出版）

2005　〈到呂宋島卡加煙河流域考古〉，《亞太研究論壇》27：39-45。

2013　〈從中國東南沿海到太平洋──由考古學新證據看南島語族史前史〉，《東亞考古學的再思──張光直先生逝世十週年紀念論文集》，頁279-332，臺北：中央研究院歷史語言研究所。

洪曉純、楊淑玲、阮金容、飯塚義之、Peter Bellwood（洪曉純等 2012）

2012　〈海外出土的臺灣玉及其卑南文化要素〉，《田野考古》15(1)：19-40。

後藤雅彥著，邱鴻霖譯

2008　〈從沖繩考古學的現狀看與臺灣考古學的接點〉，《考古人類學刊》68：137-148。

連照美

1998　〈臺灣卑南玉器研究〉，《東亞玉器》I：350-367，鄧聰主編，香港中文大學中國考古藝術研究中心專刊十，香港：香港中文大學中國考古藝術研究中心。

2007 《臺灣新石器時代墾丁寮遺址墓葬研究報告》，臺北：國立臺灣大學出版
中心。

2008 《臺灣新石器時代卑南墓葬層位之分析研究》，臺北：國立臺灣大學出版
中心。

連照美、宋文薰

1991 《臺灣地區史前考古資料調查研究計畫第一年度工作報告》，教育部委託
國立臺灣大學人類學系之研究報告。

2006 《卑南遺址發掘：1986-1989：1986-1989》臺北：國立臺灣大學出版中心。

高宮廣衞、宋文薰

1999 〈臺灣臺東縣麻竹嶺遺跡採集の狹刃型石斧二例〉，《南島文化》21：1-10。

高宮廣衞、宋文薰、劉益昌（高宮廣衞等 1998）

1998 〈臺灣中部南投縣における先史遺跡の調查〉，《南島文化》20：1-24。

高宮廣衞、宋文薰、連照美（高宮廣衞等 2001）

2001 〈澎湖群島の考古調查〉，《南島文化》23：93-111。

翁佳音

1999 〈近代初期北部臺灣的商業與原住民〉，《臺灣商業傳統論文集》：45-80，
臺北：中研院臺灣史研究所籌備處。

翁佳音、劉益昌、黃文博、許清保（翁佳音等 2010）

2010 《台江國家公園及周緣地區人文歷史調查及保存之先期規劃成果報告》，
台江國家公園管理處委託中華民國國家公園之研究報告。

郭素秋

2007 《彩文土器から見る台湾と福建・浙江南部の先史文化》，東京大學人文
社會系研究科基礎文化研究考古學專門分野博士論文。（未出版）

2013a 〈繩文時代に並行する臺灣の繩蓆文土器とその文化樣相について〉，今
村啟爾、泉拓良編《講座日本の考古學3繩文時代（上）》，東京：青木書
店。

2013b 《掃叭遺址與公埔遺址範圍及內涵研究計畫成果報告》，花蓮：花蓮縣文
化局。

焦天龍

2013 〈東南沿海史前經濟考古的再思考〉，《東亞考古學的再思——張光直先生逝世十週年紀念論文集》，頁20-1~14，臺北：中央研究院歷史語言研究所。

焦天龍、范雪春

2010 《福建與南島語族》，閩商文化研究文庫・學者文叢第1卷，蘇文菁主編，北京：中華書局。

張光直

1977 〈濁水溪大肚溪流域考古——「濁大計劃」第一期考古工作總結〉，《臺灣省濁水溪與大肚溪流域考古調查報告》，頁409-436，張光直編，中央研究院歷史語言研究所專刊七十，臺北：中央研究院歷史語言研究所。

1986 《考古學專題六講》，北京：文物出版社。

1987 〈中國東南海岸考古與南島語族起源問題〉，《南方民族考古》1：1-14。

1988a 〈中國東南海岸考古與南島語族的起源〉，《當代雜誌》28：12-25。

1988b 〈臺灣考古學者該與福建和東南亞交流了〉，《中國時報》：9月14日。

1989 〈新石器時代的臺灣海峽〉，《考古》1989(6)：541-550，轉569。

1992 〈臺灣考古何處去？〉，《田野考古》3(1)：1-8。

1995 《中國考古學論文集》，臺北：聯經出版事業股份有限公司。

國分直一

1940 〈南部臺灣に於ける橄欖石玄武岩を用ひたる石器の分布に就いて〉，《臺灣地學記事》11(3/4)：111-118。

1941 〈臺灣南部に於ける先史遺跡とその遺物〉，《南方民族》6(3)：45-62。

1943 〈有肩石斧，有段石錛及び黑陶文化〉，《南方》5(6)：40-58。又載《臺灣文化論叢》，第一輯，頁17-45，臺北：清水書店。

曹永和

1979 《臺灣早期歷史研究》，臺北：聯經出版事業股份有限公司。

黃士強

1974 〈臺南縣歸仁鄉八甲村遺址調查〉，《考古人類學刊》35/36：62-68。

黃士強、臧振華、陳仲玉、劉益昌(黃士強等 1993)

1993 《台閩地區考古遺址普查研究計畫第一期研究報告》，中國民族學會專案研究叢刊(二)，內政部委託中國民族學會之研究報告。

黃士強、劉益昌

1980 《全省重要史蹟勘查與整修建議——考古遺址與舊社部分》，交通部觀光局委託國立臺灣大學考古人類學系之研究報告。

黃士強、劉益昌、楊鳳屏(黃士強等 1999a、1999b)

1999a 《臺北兒童主題公園圓山遺址考古調查研究計畫》，臺北市立兒童育樂中心委託國立臺灣大學人類學系之研究報告。

1999b 《圓山遺址史蹟公園範圍區考古發掘研究計畫》，臺北市立兒童育樂中心委託國立臺灣大學人類學系之研究報告。

陳文山、宋時驊、吳樂群、徐澔德、楊小青(陳文山等 2004)

2004 〈末次冰期以來臺灣海岸平原區的海岸線變遷〉，《國立臺灣大學考古人類學刊》62：40-55。

陳玉美

2012 〈南島語族的擴散：蘭嶼觀點〉，「第四屆國際漢學會議」論文，中央研究院主辦，2012.6.20-22。

陳仲玉

1997 《金門島考古遺址調查研究》，金門國家公園管理處委託中央研究院歷史語言研究所研究之研究報告。

1998 〈臺灣玉器工業〉，《東亞玉器》I：336-349，鄧聰主編，香港：香港中文大學中國考古藝術研究中心專刊十，香港：香港中文大學中國考古藝術研究中心。

1999 〈福建金門金龜山與浦邊史前遺址〉，《東南考古研究第二輯》：52-61，鄧聰、吳春明主編，中國廈門：廈門大學出版社。

2013 《亮島人DNA研究》，南竿：連江縣政府。

陳仲玉、邱鴻霖、游桂香、尹意智、林芳儀(陳仲玉等 2013)

2013 《馬祖亮島島尾遺址群發掘及『亮島人』修復計畫》，南竿：連江縣政府文化局。

陳仲玉、劉益昌、藍敏菁(陳仲玉等 2002)

2002 《臺閩地區考古遺址：金門縣》，內政部委託中央研究院歷史語言研究所
之研究報告。

陳有貝

1999 《中国東南地方における新石器時代の地域関係と文化接觸》，日本九州
大學大學院比較社會文化研究科博士論文。（未出版）

2002 《宜蘭縣礁溪鄉淇武蘭遺址搶救發掘始末簡報》，宜蘭縣政府文化局委託
國立臺灣大學人類學系之研究報告。

陳有貝、邱水金、李貞瑩（陳有貝等 2005、2008a、2008b）

2005 《淇武蘭遺址出土陶罐圖錄》，宜蘭：財團法人蘭陽文教基金會。

2008a 《淇武蘭遺址搶救發掘報告1：基礎資料篇・坑穴與木柱群篇》，宜蘭：
宜蘭縣立博物館。

2008b 《淇武蘭遺址搶救發掘報告2：墓葬篇上、下》，宜蘭：宜蘭縣立博物館。

陳宗仁

2005 《雞籠山與淡水洋：東亞海域與臺灣早期史研究：1400-1700》，臺北：
聯經出版事業公司。

陳瑪玲

2005 〈Saqacengalj聚落形態與形貌——一個舊社的考古學研究〉，《國立臺灣
大學考古人類學刊》63：50-91。

陳維鈞

1999 《金門島史前遺址調查研究（一）》，內政部營建署金門國家公園管理處委
託中央研究院歷史語言研究所之研究報告。

2004 《金門縣金龜山遺址考古發掘報告》，金門：金門縣文化局。

2006 《金門縣金龜山貝塚遺址考古發掘》，金門：金門縣文化局。

曾振名

1991 《臺東縣魯凱、排灣族舊社遺址勘察報告》國立臺灣大學人類學系專刊第
18種，臺北：國立臺灣大學人類學系。

盛清沂

1962 〈臺灣省北海岸史前遺址調查報告〉，《臺灣文獻》13（3）：60-152。

1963 〈宜蘭平原邊緣史前遺址調查報告〉，《臺灣文獻》14（1）：92-152。

鹿野忠雄

1930 〈臺灣東海岸巨石文化遺跡に就て（一）（二）〉，《人類學雜誌》45（7）：
273-285；9：362-374。

1937 〈臺灣原住民族の人口密度分布並に高度分布に關する調查〉，《地理學
評論》14(8/9)：649-796。

1942 〈臺灣東海岸の火燒島に於ける先史學的豫察〉，《人類學雜誌》57（1）：
10-34。

1946 《東南亞細亞民族學先史學研究 第Ⅰ卷》，東京：矢島書房。

1952 《東南亞細亞民族學先史學研究 第Ⅱ卷》，東京：矢島書房。

鹿野忠雄原著，宋文薰譯

1955 《臺灣考古學民族學概觀》，臺北：臺灣省文獻委員會。

葉美珍

1997 〈臺東的史前文化〉，《臺東文獻》復刊2：14-27。

移川子之藏、宮本延人、馬淵東一（移川子之藏等 1935）

1935 《臺灣高砂族系統所屬の研究》，臺北：臺北帝國大學土俗人種學研究室。

臧振華

2000 〈呂宋島考古與南島語族起源與擴散問題〉，蕭新煌主編《東南亞的變
貌》：3-26，臺北：中央研究院東南亞區域研究計畫。

2001 〈從 "Polynesian Origins：Insights from the Y Chromosome" 一文談南島民
族的起源和擴散問題〉，《語言暨語言學》2(1)：253-260。

2004 《臺南科工業園區道爺遺址未劃入保存區部分搶救考古計畫期末報告》，
南部科學園區管理局委託中央研究院歷史語言研究所之研究報告。

2006 〈臺灣南科大坌坑文化遺址的新發現檢討南島語族的起源地問題〉，《浙
江省文物考古研究所學刊第八輯》：3-26，中國北京：文物出版社。

2007 "Recent Archaeological Discoveries in Taiwan and Northern Luzon:
Implications for the Austronesian Dispersal," in Scarlett Chiu and Christophe
Sand, eds., *From Southeast Asia to the Pacific: Archaeological Perspectives on
the Austronesian Expansion and the Lapita Cultural Complex* (Taipei:
Research Center for Humanities and Social Sciences, Academia Sinica. 2007),

pp. 63-91.

2012　〈再論南島語族的起源問題〉，《南島研究學報》3(1)：87-119。

2013　〈再思大坌坑文化圈與南島語族的起源地問題〉，《東亞考古學的再思——張光直先生逝世十週年紀念論文集》，頁1-20，臺北：中央研究院歷史語言研究所。

2014　〈臺灣水下考古新發現與相關問題〉，發表於「明代海洋貿易、航海術和水下考古研究新進展國際學術研討會」，香港海事博物館主辦，2014.6.7-8。

臧振華、李匡悌、朱正宜(臧振華等 2006)

2006　《先民履跡—南科考古發掘專輯》，新營：臺南縣政府。

臧振華、高有德、劉益昌(臧振華等 1988)

1988　《臺灣早期漢人及平埔族聚落的考古學研究計劃第一年研究進度報告》，行政院國家科學委員會委託中央研究院歷史語言研究所之研究報告。

臧振華、張光仁

1996　〈曾文溪上游流域史前文化遺址遺物整理及嘉義縣阿里鄉Yingiana遺址試掘簡報〉，周昌弘主編《中央研究院環境科學專題研究計畫 臺灣西部環境變遷及資源管理之研究：(1)曾文溪流域 85年度研究成果期末報告》，頁373-397。

臧振華、陳文山、李匡悌、曾于宣、劉崇宇(臧振華等 2013)

2013　《臺東縣長濱鄉八仙洞遺址調查研究計畫(第三年)子計畫一「第三年八仙洞考古調查研究計畫」期末報告》，臺東縣政府委託中央研究院歷史語言研究所之研究報告。

臧振華、陳仲玉、劉益昌(臧振華等 1994)

1994　《臺閩地區考古遺址：臺南縣市、高雄縣市、屏東縣》，內政部委託中央研究院歷史語言研究所之研究報告。

臧振華、陳仲玉、劉益昌(臧振華等 1995a)

1995a　《臺閩地區考古遺址：彰化縣、雲林縣、嘉義市》，內政部委託中央研究院歷史語言研究所之研究報告。

臧振華、陳仲玉、劉益昌(臧振華等 1995b)

1995b　《臺閩地區考古遺址：臺中縣、臺中市》，內政部委託中央研究院歷史語言研究所之研究報告。

臧振華、葉美珍

2000　《台閩地區考古遺址普查研究計畫第四期研究報告》，內政部委託中央研
　　　　究歷史語言研究所、國立臺灣史前博物館之研究報告。

臧振華、劉益昌

2001　《十三行遺址：搶救與初步研究》，臺北縣政府文化局委託中央研究院歷
　　　　史語言研究所之研究報告。

劉克竑輯補，何傳坤、洪玲玉著

2012　《嘉義縣阿里山鄉考古遺址調查與試掘》，臺中：國立自然科學博物館。

劉益昌

1991　〈試論鳳鼻頭文化的性質與卑南文化的年代〉，《考古與歷史文化——慶
　　　　祝高去尋先生八十大壽論文集(上)》：327-341，宋文薰、李亦園、許倬
　　　　雲、張光直主編，臺北：正中書局。

1992　《臺灣北部地區史前文化的新資料及其檢討》，中央研究院歷史語言研究
　　　　所學術講論會演講稿。

1995　〈臺灣北部沿海地區史前時代晚期文化之探討〉，《平埔研究論文集》：
　　　　1-20，臺北：中央研究院臺灣史研究所籌備處。

1996a　〈新竹市志　土地志　第五篇史前遺址篇〉，《新竹市志》：350-376，新
　　　　竹：新竹市政府。

1996b　〈芝山岩遺址1995-1996年的新發現〉，《臺灣考古百年紀念研討會會議
　　　　論文及工作報告》：63-77，中央研究院歷史語言研究所主辦。

1997　《臺北縣北海岸地區考古遺址調查報告》，臺北縣立文化中心委託中國民
　　　　族學會之研究報告。

1998　〈再談臺灣北、東部地區的族群分佈〉，劉益昌、潘英海編，《平埔族群
　　　　的區域研究論文集》：1-28，南投：臺灣省文獻委員會。

1999a　《存在的未知》，豐原：臺中縣立文化中心。

1999b　《七家灣遺址內涵及範圍研究》，行政院退輔會武陵農場委託之研究報告。

2000a　〈東部地區史前文化層序之檢討〉「臺東縣後山文化學術研討會」：
　　　　65-103，臺東：臺東縣文化局，2000.10.15-16。

2000b 〈圓山文化年代檢討──兼論臺北盆地史前文化變遷〉,《北臺灣鄉土文化學術研討會論文集》:71-112,周惠民主編,臺北:國立政治大學歷史學系。

2001 〈臺灣北部新辨認的訊塘埔文化〉,「珠江三角洲與臺灣地區考古──近年來的新發現和新評估研討會」論文,中研院歷史語言研究所東南亞考古研究室主辦。

2002a 《臺灣原住民史史前篇》,南投:國史館臺灣文獻館。

2002b 〈臺灣史前文化層序研究的省思〉,《石璋如院士百歲祝壽論文集》:349-362,臺北:南天書局。

2003 〈臺灣玉器流行年代及其相關問題〉,臧振華主編《史前與古典文明》:1-44,第三屆國際漢學會議論文集歷史組,臺北:中央研究院歷史語言研究所。

2006a 〈臺灣考古學與原住民研究〉,《國立臺灣大學考古人類學刊》66:70-93。

2006b 〈"臺灣玉器製造技術"與研究方法的初步檢討〉,許倬雲、張忠培主編《新世紀的考古學──文化、區位、生態的多元互動》:471-496,北京:紫禁城出版社。

2007 〈初期南島語族在臺灣島內的遷移活動:聚落模式以及可能的遷徙動力〉,《東南亞到太平洋:從考古學證據看南島語族擴散與Lapita文化之間的關係》臺北:中央研究院人文社會科學研究中心考古學專題中心。

2009 《桃園縣復興鄉考古遺址調查與初步研究計畫報告書》,桃園縣政府文化局委託臺灣打里摺文化協會之研究報告。

2010 〈台灣出土的早期玉器及相関問題〉《东南考古研究》:170-184,厦门:厦门大学出版社。

2011a 《臺灣全志(卷3)住民志考古篇》,南投:國史館臺灣文獻館。

2011b 〈臺灣史前玉器研究的回顧與前瞻〉,「2011臺灣花東地區玉石藝術季──兩岸原住民玉石文化學術研討會」,花蓮縣兩岸少數民族玉石文化促進會主辦,2011.10.25。

2012a 〈東臺灣海域人群互動與交流──以玉器為中心〉,「臺灣與亞洲:與福建文化的交流為中心國際學術研討會」,國立臺灣大學藝術史研究所主辦,2012.12-14-15。

2012b 《花蓮縣縣定遺址——萬榮・平林遺址內涵及範圍調查研究計畫成果報告書》，花蓮縣文化局委託中央研究院歷史語言研究所之報告。

2012c 《濁水沖積扇區域史前文化與人群關係之研究》，南投：國史館臺灣文獻館。

2012d 〈臺灣考古遺址保存的歷程與困境〉，發表於「第四屆海峽兩岸文化遺產保護論壇：文化遺產的法制與管理」，文化部指導，文化資產局主辦，財團法人沈春池文教基金會承辦，2012.6.7-8。

2013a 〈大馬璘文化的研究及其相關問題〉，《東亞考古學的再思——張光直先生逝世十週年紀念論文集》：83-107，臺北：中央研究院歷史語言研究所。

2013b 〈遺址保存的意義——從臺灣遺址的保存狀態談起〉，發表於「第五屆海峽兩岸有形文化遺產論壇-考古與遺產地管理」，文化部指導，文化資產局主辦，財團法人沈春池文教基金會承辦，2013.11.4-5。

2014a 〈從史前文化談原住民聚落分布與文化構成〉，「2014年臺灣原住民族國際學術研討會：當代面貌的探索」會議論文，頁1-26，臺北：中央研究院民族學研究所、行政院原住民族委員會、順益臺灣原住民博物館主辦。

2014b 〈營埔文化研究的再思考〉，「宋文薰教授九秩華誕慶祝學術論壇」，國立臺灣大學人類系主辦，2014.3.21。

劉益昌、邱水金、戴瑞春、王美玉、李貞瑩（劉益昌等 2001）

2001 《宜蘭縣大竹圍遺址受北宜高速公路頭城交流道匝道影響部分發掘研究報告》，宜蘭：宜蘭縣政府。

劉益昌、林俊全、劉得京（劉益昌等 1993）

1993 《史前文化》，臺東：交通部觀光局東部海岸風景特定區管理處。

劉益昌、林美智、伍姜燕（劉益昌等 2009）

2009 《苗栗縣考古遺址補查計畫成果報告書》，苗栗縣政府國際文化觀光局委託臺灣打里摺文化協會之報告。

劉益昌、吳佰祿

1994 《雪霸國家公園人文史蹟調查研究（一）：大安溪上游部分》，東勢：內政部營建署雪霸國家公園管理處。

1995 《雪霸國家公園人文史蹟調查研究（二）：大安溪、後龍溪上游部分》，東

　　　勢：內政部營建署雪霸國家公園管理處。

劉益昌、吳佰祿、鄭安晞、陳秋香、許懿萱（劉益昌等 2000）

　　2000　《臺灣原住民舊社遺址調查研究》，行政院原住民委員會委託中國民族學
　　　　　會之研究報告。

劉益昌、郭素秋

　　2005　〈金門富國墩遺存在亞洲大陸東南沿海的地位及其意義〉，「中國東南沿
　　　　　海島嶼考古學研討會」，連江縣政府文化局、中央研究院人文社會科學研
　　　　　究中心考古學研究專題中心共同舉辦，2005.10.29-30。

劉益昌、郭素秋、林淑芬、林美智（劉益昌等 2006）

　　2006　《臺北植物園及南海學園地下遺址之考古探勘專業分析評估計畫》，行政
　　　　　院農委員林業試業所委託之報告。

劉益昌、郭素秋、盧瑞櫻、戴瑞春、陳得仁（劉益昌等 2004）

　　2004　《台閩地區考古遺址：臺北縣市、基隆市》內政部委託中央研究院歷史語
　　　　　言研究所之研究報告。

劉益昌、郭素秋、戴瑞春、簡史朗、邱水金（劉益昌等 1999）

　　1999　《水蛙窟遺址內涵及範圍研究》南投縣政府委託中央研究院歷史語言研究
　　　　　所之研究報告。

劉益昌、郭素秋、簡史朗（劉益昌等 2004d）

　　2004　〈九二一震災後Lalu遺址發掘及其意義〉，《災難與重建──九二一震災
　　　　　與社會文化重建研討會論文集》：405-435，臺北：中央研究院臺灣史研
　　　　　究所籌備處。

劉益昌、許清保、吳建昇、郭俊欽（劉益昌等 2011）

　　2011　《臺江國家公園及周緣地區人文歷史調查及保存規劃研究期中報告書》，
　　　　　臺江國家公園管理處委託。

劉益昌、許清保、顏廷仔（劉益昌等 2008a）

　　2008　《臺南縣考古遺址調查與研究計畫(第一期──溪北地區)結案報告》，行
　　　　　政院文化建設委員會指導，臺南縣政府文化處委託臺灣打里摺文化協會之
　　　　　報告。

劉益昌、陳仲玉、郭素秋、吳美珍、張彥祥、林三吉、鄭安晞、簡史朗（劉益昌等 2004b）

2004b 《台閩地區考古遺址：南投縣》，內政部委託中央研究院歷史語言研究所之研究報告。

劉益昌、陳俊男、曾宏民、李佳瑜（劉益昌等 2007a）

2007b 《臺中縣考古遺址普查與研究計畫研究報告》，臺中縣文化局委託中央研究院人文社會科學研究中心考古學研究專題中心之研究報告。

劉益昌、陳俊男、鍾國風、宋文增、鄭德端（劉益昌等 2004c）

2004c 《台閩地區考古遺址：花蓮縣、宜蘭縣》，內政部委託中央研究院歷史語言研究所之研究報告。

劉益昌、陳俊男、顏廷仔（劉益昌等 2002）

2002 《臺東縣史前遺址內涵暨範圍研究——臺東平原以南與蘭嶼地區》臺東縣政府文化局委託中央研究院歷史語言研究所之研究報告。

劉益昌、曾宏民、李佳瑜（劉益昌等 2007b）

2007a 《臺中縣考古遺址普查與研究計畫遺址登錄表》，臺中縣文化局委託中央研究院人文社會科學研究中心考古學研究專題中心之研究報告。

劉益昌、曾振名、高業榮等（劉益昌等 1994）

1994 《國道南橫公路路線研選文化遺址調查報告》，中華顧問工程司委託之研究報告。

劉益昌、劉瑩三、顏廷仔、鍾國風（劉益昌等 2005、2008c）

2005 《麻豆古港及水港頭史蹟文化園區專案——舊麻豆港水堀頭遺址探勘計畫報告》，行政院文化建設委員會指導、臺南縣政府委託臺灣打里摺文化協會之研究報告。

2008 《麻豆水堀頭遺址考古調查發掘研究計畫》，臺南縣政府委託臺灣打里摺文化協會之研究報告。

劉益昌、趙金勇

2010 《花蓮市花岡山遺址》（四冊），「花崗國中校舍新建工程遺址搶救發掘計畫」報告，花蓮縣文化局委託中央研究院歷史語言研究所之研究報告。

劉益昌、鍾亦興、顏廷仔（劉益昌等 2008b）

2008 《東西向快速公路八里新店線八里五股段工程影響訊塘埔遺址緊急考古發掘與資料整理分析計畫》，臺北：交通部臺灣區國道新建工程局。

劉益昌、顏廷伃

2000 《臺東縣史前遺址內涵及範圍研究——海岸山脈東側與綠島》，臺東縣政
府委託中央研究院歷史語言研究所之研究報告。

劉益昌、顏廷伃、林美智、陳卉婷（劉益昌等 2007c）

2007 《雲林縣考古遺址普查計畫遺址成果報告書》，雲林縣政府委託臺灣打里
摺文化協會之研究報告。

劉益昌、顏廷伃、顏妏晏、蕭清松、許怡婷（劉益昌等 2011）

2011 《東西向快速公路北門玉井線西寮遺址搶救發掘工作成果報告書 第一部
分發掘總述 第一冊序說、地層與遺跡》，交通部公路總局高南區工程處
委託中央研究院歷史語言研究所之研究報告。

劉瑩三

2005 《臺灣與鄰近地區閃玉礦及古玉器之地球化學特徵研究》，行政院國家科
學委員會委託國立花蓮教育大學鄉土文化研究所之研究報告。

劉瑩三、羅清華、劉益昌（劉瑩三等 2004）

2004 〈臺灣北部地區史前遺址玉器材料來源初探〉，「中國地質學會年會暨學
術研討會」，中華民國地球科學聯合會主辦，花蓮，2004.5.17-20。

廖守臣

1984 《泰雅族的文化：部落遷徙與拓展》，臺北：世界新聞專科學校觀光宣導
科。

厲以壯、顏廷伃

2012 《新建野生動植物復育及急救園區基地內遺址調查評估成果報告》，行政
院農業委員會特有生物研究保育中心委託臺灣打里摺文化協會之報告。

盧柔君

2012 《臺灣東海岸與琉球列島之史前文化比較暨相關問題研究》，國立臺灣大
學人類學研究所碩士論文。（未出版）

趙金勇

2014 個人談話，資料來源：趙金勇、陳仲玉、鍾亦興〈仁愛鄉Tabuluk石器作
坊遺址的製造模式分析與研究〉（未發表）。

趙金勇、劉益昌、鍾國風（趙金勇等 2013）

2013　〈花岡山遺址上層類型議〉，《田野考古》16（2）：53-79。

顏廷伃

2013　〈高雄市路竹區新園遺址考古試掘結果暨相關研究問題〉，《田野考古》16（1）：85-118。

Bellwood, Peter

1978　Man's Conquest of the Pacific--The Prehistory of Southeast Asia And Oceania. Auckland: Collins.

1999　5000 Years of Austronesian History and Culture: East Coast Taiwan to Easter Island, Festival of Austronesia Cultures in Taitung 1999.

Carson ,Mike T., Hsiao-Chun Hung , Glenn Summerhayes & Peter Bellwood

2013　"The Pottery Trail From Southeast Asia to Remote Oceania," *The Journal of Island and Coastal Archaeology* 8: 1, 17-36.

Chang , Kwang-chih

1977　"A New Prehistoric Ceramic Style in the Southeastern Coastal Area of China," *Asian Perspectives* XX（2）: 179-182.

1986　*The Archaeology of Ancient China* （Fourth Edition）. Yale University Press.

Chang , Kwang-chih and the others

1969　*Fengpitou, Tapenkeng, and the Prehistory of Taiwan*. Yale University Publications in Anthropology , No. 73, Published by the Department of Anthropology Yale University.

Hung, Hsiao-Chun

2005　"Neolithic Interaction between Taiwan and Northern Luzon: The Pottery and Jade Evidences from the Cagayan Valley," 《南島研究學報 *Journal of Austronesian Studies*》1（1）: 109-133.

2008　Migration and Cultural Interaction in Southern Coastal China, Taiwan and the Northern Philippines, 3000 BC to AD 100: the Early History of the Austronesian-speaking Populations, Department of Archaeology, Research School of Pacific & Asian Studies, Australian National University, Canberra,

Australia.

Hung, Hsiao-Chun & Yoshiyuki Iizuka, Peter Bellwood, Kim Dung Nguyen, Berenice Bellina, Praon Silapanth, Eusebio Dizon, Rey Santiago, Ipoi Datan & Jonathan H. Manton（Hung *et al.* 2007）

2007 "Ancient Jades Map 3000 Years of Prehistoric Exchange in Southeast Asia," *Proceedings of the National Academy of Sciences*, 104: 19745-50.

Hung, Hsiao-Chun & Carson

2013 "Ancient Jades Map 3000 Years of Prehistoric Exchange in Southeast Asia," *Proceedings of the National Academy of Sciences*, 104: 19745-50.

Liou, Ying-San

2003 "Some Characteristics of Archaic Jade Artifacts from Eastern Taiwan and their Implications on Raw Materials Source Provenance," *Western Pacific Earth Sciences*, 3（2）: 119-142.

Tsang, Cheng-hwa

1986 "The colonization of the P'eng-hu Islands: an archaeological study of regional-local interaction," Thesis（Ph. D.）, Boston : Harvard University.

1992 *Archaeology of the Peng-hu Islands*, Institute of History and Philology Academia Sinica Special Publication No.95, Taipei: Institute of History and Philology, Academia Sinica.

2002 "Maritime adaptations in prehistoric southeast China: implications for the problem of Austronesian expansion," *Journal of East Asian Archaeology* 3, 1-2,（2002）, pp. 15-45.

2007 "Recent archaeological discoveries in Taiwan and their implications for the Austronesian dispersal," in *From Southeast Asia to the Pacific: Archaeological Perspectives on the Austronesian Expansion and the Lapita Cultural Complex*. Taipei: Research Center for Humanities and Social Sciences, Academia Sinica. 2007, PP. 63-91.

Iizuka, Yoshiyuki and Hsian-chun Hung

2005 "Archaeomineralogy of Taiwan Nephrite: Sourcing Study of Nephrite Artifacts from the Philippines," 《南島研究學報 *Journal of Austronesian Studies*》1（1）: 35-81.

澎湖七美島史前玄武岩石器工業與其貿易體系

臧振華[*]

　　考古學者在七美島上發現了南港、東湖和西北灣三處史前石器製造場，以及南港史前聚落遺址。這些石器製造場規模龐大，暴露大量石器的原料、廢料、成品和工具，是迄今臺灣所發現年代最早、規模最大的石器製造場，彌足珍貴。本文藉由三處史前石器製造場及南港史前聚落遺址的內容，重建七美島史前石器工業的內涵，並說明4500到3800年前，史前人類已經將七美島的石器運到80公里外的臺灣西南部，甚而可能到達140公里遠的福建東山島，見證了當時人類對自然資源的辨識、開採及利用的智慧與技術，以及長距離航海運輸的能力，同時也顯示基於玄武岩石材的開採與利用，所形成的一個史前石器貿易體系。

一、前言

　　澎湖群島位於臺灣本島和中國大陸之間，由90個島嶼所組成，其中除

　＊　中央研究院院士、歷史語言研究所特聘研究員。

了花嶼主要是由安山岩所組成外，其他各島都是由玄武岩熔岩流與沉積岩
層之互層所構成的火山群島。澎湖的火山活動乃是由於南中國海的擴張所
引起，其發生年代大約是在中新世中期至晚期，最晚不超過上新世早期。
初期之玄武岩流多以海底火山噴出岩為主，形成具水平板狀節理之多孔質
玄武岩，後因地盤上升，露出海面，仍陸續有熔岩噴出，其特徵為具有顯
著之柱狀節理(莊文星 1992)。這些由玄武岩熔岩流凝固所形成之柱狀節理，
在雞善嶼、錠鉤嶼和小白沙嶼等島嶼上形成了極為特殊的景觀。為了保護
這些宏偉壯麗、儀態萬千的自然地景，行政院農業委員會於民國81年依據
「文化資產保存法」公告成立「澎湖玄武岩自然保留區」。次年澎湖縣玄
武岩自然保留區又獲文建會甄選為「臺灣世界遺產潛力點」之一，屬於其
中的「自然遺產」[1]。

　　澎湖群島的玄武岩，在自然景觀上，固然宛如鬼斧神工，有世界級的
水準，在文化上，亦呈現重要的特色。玄武岩是宋朝以來澎湖居民生活中
最常用的石材。無論是民生用品、風水製品、起厝材料或宮廟石作，主要
都是使用玄武岩所製做。所以，以「烏石」(即玄武岩)作為材料之打石業，
在澎湖曾盛極一時(鄭昭民 1998)，非常具有特色。此外，在玄武岩孔隙中所
產生的文石，經研磨後，花紋呈同心圓狀，絢爛多彩，可製作各種美麗的
工藝品、裝飾品和印材，成為澎湖的一項特產，並聞名於世(洪瑞全 2002)，
在世界上僅義大利所產者可與之媲美(林朝棨 1967)。而近來，在澎湖七美島
上發現了甚為稀見而珍貴的史前時代的玄武岩石器製造場遺址(臧振華、洪曉
純 2001)，更將澎湖群島上人類利用玄武岩的歷史推早到四千多年以前，大
幅提升了澎湖玄武岩的文化特色和意義。所以，如果將澎湖玄武岩的自然
景觀，結合玄武岩所呈現的文化特色和意義，當更能加強其列入「世界遺
產」的潛力。

　　本文旨在說明在澎湖七美島上所發現的史前玄武岩石器製造場，並指

1　參見行政院文化部文化資產局網站(http://wwww.hach.gov.tw)。

出其在臺灣史前史上的重要意義，特別是在臺灣海峽史前海上交通及貿易
體系上所呈現的意涵。

二、澎湖七美島史前石器製造場的發現與研究經過

本文作者於1983年在澎湖七美島進行考古調查，在七美人塚北方、魟鯉
港西邊之海階上發現了南港遺址，並進行了試掘。當時依據地表採集及發
掘出土眾多玄武岩石器、打製石器廢料、大量陶片、貝殼，以及一座墓葬，
推測此遺址是一處史前的聚落遺址，但是也可能同時是一處史前石器製造
與供應中心，因為該址所發現玄武岩石器的數量非常多，似乎超過這個遺
址居民可能消耗的數量。從相伴出土之陶器及碳14測定年代推測，這個遺
址是屬於澎湖鎖港文化期的遺址，年代大約在4500BP左右（Tsang 1992：
167）。但當時受限於經費和時間，未能進一步研究。

南港遺址的報告引起夏威夷大學人類學系Barry Rolett 的注意。Rolett
曾與陳維鈞及John M. Sinton合作研究在臺灣西南部數處史前遺址所採集玄
武岩石器（Rolett, *et al.* 2000）。他們利用X射線螢光分析（X-ray fluorescence,
XRF）法，對五件採自臺灣西南部的玄武岩石器進行了成分分析，並將之與
得自臺灣邊緣島嶼之地質標本進行比較，發現臺灣西南部的玄武岩石器，
從材質上來看，有可能是來自澎湖。

為了進一步瞭解澎湖群島是否確為臺灣玄武岩石器的原料產地，2000
年5月臧振華與Barry Rolett和中央研究院地球科學研究所研究員葉學文等人
前往七美南港遺址採集玄武岩石器標本和玄武岩地質標本，準備作X射線螢
光分析，以找尋臺灣和澎湖所發現玄武岩石器的礦源時，又在七美島上發
現了南港、東湖和西北灣三處石器製造場遺址（圖1）。這些石器製造場遺址
規模龐大，暴露大量石器的原料、廢料、成品和工具，在臺灣尚屬首次發
現，甚為珍貴（臧、洪 2001）。

圖1　七美島遺址及石器製造場分布圖

　　為了進一步了解七美島上史前時代的石器製造活動及其意涵，筆者在國科會的補助下，於2002-2003年分別對三處石器製造場進行調查並對南港遺址進行了範圍鑽探及一次小規模考古發掘，2005年澎湖縣政府又補助進行一次發掘。

三、南港遺址概況

　　南港遺址位在七美島上陳氏宗祠後方，經過三次發掘。第一次發掘於

1985年進行，共發掘四處探坑面積9.5平方公尺。出土的文化遺物包含大量的細繩紋陶片、石器、骨貝器和玉器遺物，並且發現貝塚和墓葬等遺跡。此次發掘由於遺址中出土大量石錘、石子器、各類的石片、大量斷折未完全打剝成形的斧鋤型器殘件，曾推測南港聚落遺址除了是一處居住的聚落外，還可能是一處石器製造場地點(Tsang 1992: 148-168, 330, 482)。第二次發掘是在2002和2003年，進行南港聚落遺址的分布範圍鑽探，確定遺址之範圍約為60,000平方公尺，並進行試掘，面積為24平方公尺。第三次發掘在2005年，進行較大範圍連續性探坑的發掘，對七個連續分布的探坑進行平面性的發掘(圖2)。

圖2　七美南港聚落遺址發掘現場

綜合三次試掘或發掘的結果可知，南港遺址的地層堆積清楚，文化層中的遺物密集膠結，顯示該遺址曾經連續而長期的居住（圖3）。出土遺物，包含數量龐大的陶片及石器。陶片的礦物岩相學分析顯示，南港聚落遺址的陶器包括在七美島當地製作和可能由臺灣西南部地區輸入等兩種來源。石器主要為打製橄欖石玄武岩斧鋤型器製造過程中，所產生的各類石核、石片，打製石器原型、殘破石器，以及製作石器所丟棄的工具，包括石子器與石錘。另有石網墜、磨石及非常少數磨製的斧鋤型器成品。在南港遺址中也發現兩件以臺灣閃玉所製造的玉錛及玉鑿。

圖3　南港石器製造場

南港遺址出土的生態遺物主要是貝類，以鮑螺科、鐘螺科和蜑螺科等貝類最多，其他還包括蜷螺科、蟹守螺科、旋螺科、笠螺科、青螺科、蜑螺科、寶螺科、芝麻螺科、骨螺科、芋螺科、麥螺科、牡蠣科、筍螺科、硨磲蛤科、硨磲牡蠣科、魁蛤科、簾蛤科和鸚鵡螺科等，大都是從潮間帶和礁岩地區採集而來。在貝器方面，僅見到一件貝珠和一件可能芋螺製的刮器。在動物骨骸遺留方面，南港遺址有大量的魚類骨骸遺留和少量的海龜骨，其中以鯊魚脊椎骨最多，另外還包括鸚哥魚、河豚、隆頭魚等魚類的骨骸。骨製的器物不多，主要是漁鉤。

在南港遺址中僅發現一座仰身直肢、頭向朝南的成人墓葬，因保存狀況較差，性別難以鑑定。不過，從骨骸所作碳13和氮15同位素數值分析顯示，當時的居民可能是以海洋動物及非動物性的海洋食物，如海菜和海帶等。

關於南港遺址的年代，由放射性碳14年代測定的資料[2]，以及所出土陶器特徵來看，可以確定南港遺址的年代是在距今4000年前左右，大致是在4200年前至3800年前之間。不過，從遺址底層也發現少量澎湖菓葉期的陶器來看，這個年代也許可以更早到4500年前。

歸納上述南港聚落遺址的內函，可以推測南港聚落遺址是為一處為了開採並製造玄武岩石器而形成的史前產業聚落。

---

2 作者從南港遺址發掘所獲得的碳14年代數據

實驗室編號	出土位置	標本	原始數據	校正年代	年代範圍（1 Sigma）
NTU-3767	南港E1S2，東牆地表下約60公分處	貝殼	3960±30B.P	3950B.P	3978-3895B.P
NTU-3761	南港W1S2，地表下約60公分處	貝殼	3860±40B.P	3821B.P	3864-3760B.P
NTU-3774	南港W4S19，南牆貝塚層20公分處	貝殼	3930±30.B.P	3897B.P	3953-3858B.P
NTU-3765	南港W1S9，地表下約50公分處	貝殼	4100±60B.P	4139B.P	4230-4068B.P
NTU-3777	南港W4S19S，南牆貝塚層40公分處	貝殼	4060±40B.P	4082B.P	4140-4041B.P
NTU-3773	南港W4S18，地表下約40公分處	貝殼	3990±30B.P	3976B.P	4051-3937B.P
NTU-3950	南港W1S2-EXT，地表下約80公分處	貝殼	3880±60B.P	3834B.P	3914-3762B.P
NTU-3956	南港W1S2-EXT，地表下約50公分處	貝殼	3810±40B.P	3736B.P	3816-3686B.P
GX-381819	南港E1S1，貝塚層地表下約70公分	貝殼	3880±50B.P	—	3881-4063B.P*

* 此校正年代是依據 M. Stuiver and R.Reimer, Calib Radiocarbon Calibration Program, 5.0.2 校正。

四、三處史前石器製造場概況

(一)南港石器製造場

依據本文作者過去在南港遺址調查的報告(Tsang 1992)，南港遺址包含了至少A至E五處地點，其中B地點散布陶、石器遺物，有清楚的文化堆積層，並出現貝塚和墓葬遺跡，面積約有15,000平方公尺，推測可能是聚落史前聚落遺址之所在。但是大量石片廢料的殘留，顯示當時除了住居，也有製造石器的活動。南港石器製造場是在臧振華原先所界定D地點的範圍之內，位於B地點之西南，七美人塚對面之海崖邊。由七美人塚建築群入口前方右側小徑往海邊行約60公尺，在路邊之斷面上，即可見打製石器和製造石器之廢料。至海崖邊折向東沿崖邊行約50公尺，在約100公尺長的海崖斷面上，約20-70公分的表土層下，可見厚約40-100公分之製造石器的堆積層；而且在崖下崩塌的石堆中，隨處可撿拾到石子器、石核、石片和以及完整或殘破的打製石器等，顯示這裡在當時確是一處製造石器的場所(圖3)。此外，在七美人塚和七美燈塔之北側各有較小範圍的石器製造場，地表都散布打製石器之廢棄石片和石子器等遺物，沒見到堆積層。由於接近大規模的南港石器製造場，所以將之歸入其中一部分。

(二)東湖石器製造場

位於七美東湖村海崖邊大崎牛母坪的海崖邊。該處地表散布大量石料、石核和大大小小的石片，以及完整和殘破的石器。

從這些石料和石器散布的狀況來看，東湖石器製造場係沿海崖邊緣成條狀分布，長約200公尺，寬約30公尺。但是此一遺址已被過去的道路工程破壞了大半。目前殘存的部分，可看到層疊的石塊和石片堆積，其中偶見完整和殘破的石器和石子器，在局部地帶，還見密集的石片碎屑堆積。堆積層的厚度大約有30-100公分(圖4)。在此採集的標本包括了大量的石料、石片、石子器、石坯或成器、殘器、砥石等。

圖4　東湖石器製造場

（三）西北灣石器製造場

位於七美島的北岸的海崖邊。此一遺址是七美島目前所發現三座石器製造場遺址中保存最完好者，似乎從其形成之後，即未曾受到較為嚴重的破壞。這裡的地形是略微高起的海崖，北邊是面海的峭壁，南邊為一半月形的凹地。在海崖上和南邊凹地的坡面和底部，滿布石片和石料，石子器和石器也很多。在北邊的崖壁上，亦滿布由崖頭上滾落的石片和石器。這一石器密集分布的範圍，長約100公尺、寬約20公尺，從遠處望之，整個崖頭布滿石器，頗為壯觀(圖5)。

圖5　西北灣石器製造場

　　綜之，七美三處石器製造場遺留的石製品極為豐富，其數量多得不可
勝數。然而由於澎湖終年多風，土壤瘠薄、這些難以計數的石製品，除了
一部分疊壓堆積外，大都暴露於現在的地表。所以，即使尚未進行考古發
掘，這些地表的材料，在相當程度上，可以反映遺址的性質和內涵。在這
三處遺址的地表和石堆中所出土或出現之遺物都是與製造石器有關之器
物，可大別為塊狀石料、石核、石片，素材、石毛坯、石殘器、石子器和
砥石等七大類(圖6)，幾乎完全不見陶器或其他類別的文化與生態遺物。可
以顯示這三處地點確實為史前人類刻意選擇作為石器製造活動的地點。

圖6-1塊狀石料

圖6-2石核

圖6-3目的石片

圖6-4打斷型石片

圖6-5打製石器之毛坯

圖6-6打製石器成器之殘件

圖6-7用以打製石器之石子器

圖6-8砥石

圖6　三處石器製造場(南港、東湖、西北灣)出土七大類石器

五、七美島史前玄武岩石器工業的內涵

上述從南港史前聚落遺址和三處石器製造場所發現的資料顯示，史前人類利用七美島上的玄武岩石材製造石器的年代可以遠溯到大坌坑時代的晚期(菓葉期)，距今至少4500年前，持續發展到3800年以前的細繩紋陶文化時期(鎖港期)，並且在此一時期達到高峰。而考古資料顯示，此一石器製造工業的內涵，主要包含以下數端。

（一）石材的選擇

澎湖群島除花嶼之外，處處可見玄武岩。澎湖玄武岩如果依氧化鈉(Na_2O)和氧化鉀(K_2O)的含量可以細分為「矽質玄武岩」(Tholeiite Basalt)和「鹼性玄武岩」(Alkalic Basalt)兩大類(陳培源、張郇生 1995：78；莊文星 1999：120)。地質學者對七美島玄武岩的化學分析結果顯示，概屬鹼性玄武岩，化學成分中以橄欖石礦物為特徵，顏色灰黑至深灰微褐色，岩石表面可見橄欖石與斜輝石斑晶，部分有良好的板狀裂理，無氣孔，質地緻密(陳培源、張郇生1995：79)。這樣緻密的玄武岩非常適宜於製造石器。由於構成澎湖群島的骨幹主要是多氣孔，易風化的矽質玄武岩，而七美島上的玄武岩，不但是細緻狀的鹼性玄武岩，而且其岩層厚度超過40公尺，在其南岸、東岸與北岸，又有高達數十公尺的柱狀節理的玄武岩，可以提供非常豐富而且方便的石材來源。所以，史前人類對於澎湖群島的玄武岩石材，似乎已有很好的辨識能力，他們之所以選擇七美島作為製造石器的地點，石材的適用性、豐富性及開採方便性無疑是重要的因素。

（二）製造工序

上述在七美島南港遺址及三處石器製造場所採集的標本，都是史前居民就地製造石器所產生的廢棄石材、殘破成品，以及丟棄的打製石器工具

等，涵蓋了石器製造的全部過程，是一批極為珍貴的考古資料，可藉由它們來分析、探討和復原當時的石器製造程序與技術。

首先是關於石料的開採技術。七美島三處石器製造場皆位於海崖上，附近都有柱狀節理發育所形成的粗大玄武岩石柱。由於受到風化和侵蝕作用，這些石柱的板狀裂理甚為發達，從石柱上所崩落的玄武岩塊，多具有平直的裂理面，很適於搬運和人工操作。推測當時的居民可能是採集這類自然崩落的石塊為原料製造石器。

其次，關於石器製造的技術程序。從三處石器製造場所採集標本之分析，可以將當時的石器製造程序復原如下（圖7）：

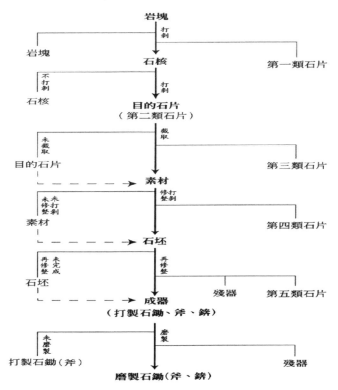

圖7　石器製造程序復原圖（原圖引自臧振華、洪曉純，2001）

　　第一步：在採取母岩後，將欲剝取石核部分的表面略為打剝平整，並利用厚重的石子器，將其裂理面作為打擊台，打下所要採用的石核。

　　第二步：利用石核之粗厚端為打擊台，打下較薄的目的石片。

　　第三步：將目的石片打截成大致規整的素材，通常為長方形或梯形，便於進一步打出石坯。

　　第四步：沿長方形或梯形素材的週緣鈍邊用中型之石子器打剝，使之出現石器之雛型。

　　第五步：沿石坯邊緣，用小型之石子器加以重複修琢，使之規整，並於功能端，打剝出鋒刃成為器物。

　　第六步：磨製器身或器刃。

　　至於七美石器製造場所產生的石器類別為何？由於在所採集的標本中，成形的器物僅見打製斧鋤形器，推測當時所生產的器物，主要是打製斧鋤形器，惟只是器物的原型，並未進行細緻的加工或打磨。史前人類將粗製的打製斧鋤形器原型運回聚落中加工，或運銷到其他地區後再加工成所要的器類。

（三）石器生產的空間安排

　　七美島所發現的三處石器製造場的位置、南港聚落遺址的位置，彼此間之關係，及其與七美島自然環境區位之關係，共同構成七美史前石器生產製活動的空間安排，包括三個方面：

1. 石器製造場位置的認知和選擇

　　三處石器製造場分別位於七美島的東南，東北和北端海岸。如前所述，這幾處海岸都是由高聳而連續的玄武岩海崖所構成，並都具有發達的柱狀節理和板狀裂理的玄武岩石柱。從石柱上崩塌下來具有水平裂理的玄武岩塊，形狀平整，大小適中，質地緻密，可以作為很好的石材。具有這樣條件的地點，即可能是當時人類選擇為石器製造場的主要原因。

2. 南港遺址位置的選擇

南港遺址位於七美島的東南角，可以肯定是該島上所發現最主要，也可能是唯一的史前人類聚落遺址。這裡不但是在七美島的背風面凹地，而且是處於魟鯉灣淺灘之濱。除此之外，七美島的地勢東高西低，玄武岩海崖主要是分布在從西北灣繞過東北角到大灣之間的東北到東南部，玄武岩石材豐富。據此推測：聚落避風、出海容易、接近石材，應該是當時人類選擇聚落地點的主要因素。

3. 石器製造場與聚落遺址之間的關係

三處石器製造場遺址，幾乎都未發現石器以外的任何其他類別遺物；顯然，採石和製石是當時人類在該地最主要的活動。而南港遺址所出土的大量陶、石遺物，以及貝塚和墓葬等遺跡，則反映出捕魚、採貝、種植、埋葬等各種日常活動，是聚落的所在。此外，三處石器製造場雖有大量製造石器之遺留，卻沒有發現完整的石器製品，可能是因為當時人類已將完工的成品帶返聚落當中。而在南港遺址中，出土大量製造石器的石片碎屑以及包括石子器、尖鏟、磨石和石砧等工具，反映出這個聚落也作為石器磨製加工或進一步處理的場所。

所以，從上述的空間關係來看，石器的製造可以說是七美島史前人類活動的重心，南港遺址無疑是七美島史前人類的生活基地，三處石器製造場則是接近石材的生產工場。推測遠在四千多年前，僻處海隅的七美島上可能已經出現了一個以生產石器為主要目標的產業化聚落。

六、玄武岩石器所反映之貿易體系

1940年7月，日本考古學家國分直一氏在澎湖良文港發現了貝塚以及包含在其中的「繩蓆紋土器」和石器等，並於《南方民族》第2卷第4號（1942）發表了報告。在這篇報告中，國分氏不但詳細描述分析了良文港的出土遺物，而且更進一步從玄武岩石器及其在臺灣西南部的分布，推測澎湖群島和臺灣西海岸，在先史時代可能有密切的交往關係。

　　然而，關於澎湖與臺灣的關係，一直到筆者於1983至1985年在澎湖群島進行密集的考古調查之後，才有了更詳細的資料，並作了進一步的討論（Tsang 1992）。筆者認為：

> 澎湖的史前文化，基本上與臺灣西南沿海地區的史前文化有著較密切的關聯。菓葉期文化，基本上與高雄縣林園鄉遺址下層所代表的粗繩紋陶文化最為接近；但是從年代上看，可能要晚於臺灣本島的粗繩紋陶文化，是此一文化的末期。鎖港期與臺灣西南沿海地區的細繩紋陶文化（或稱繩紋紅陶）文化密切相關，年代也大致同時。赤崁頭期文化的陶器與臺灣西南部夾砂紅陶與灰黑陶文化的陶器頗有類似之處，而且在年代上也大致相當。（頁485）

　　除了與臺灣西南部沿海的關係，筆者也就澎湖史前文化與大陸東南沿海史前文化的關係作了討論：

> 「雖然繩紋陶文化被認為廣泛分布在華南和東南亞大陸，但是與澎湖菓葉期繩紋陶文化特徵相似的遺址，僅見於廣東沿岸，……這些遺址的文化特徵……，都與澎湖菓葉期的文化特徵一致。
> 澎湖鎖港期的文化特徵，也可以在廣東和福建沿岸的繩紋陶遺址中找到類似之處。尤其值得注意的是，鎖港期的陶器和石器特徵，與福建大帽山的極為相似，……。（頁485）

　　關於澎湖與臺灣西南沿海及大陸東南沿海地區在文化上的密切關係，也因近來台南科學工業園區南關里、南關里東、右先方（臧振華等 2006），以及牛稠子（李德仁 1992，陳有貝 2008）等遺址的發掘，以及福建東山島大帽山遺址的發掘(焦天龍、林公務 2004)而更獲得加強。從這些遺址的內涵生業型態、聚落型態、墓葬習俗等來看，南關里與南關里東遺址與澎湖菓葉期文化無疑是屬於同一文化傳統，而右先方、牛稠子及福建東山大帽山與澎湖鎖港期文化，也都具有密且的文化親緣關係。這些親緣關係自然也都顯現在工藝技術上。在陶器方面，無論是在類別、形制與風格上都非常類似，而在石器方面，這些遺址所具有的共同特性，即是有極高比例的斧鋤形器及錛鑿形器都是以玄武岩製造。

不過，有關澎湖與其兩岸地區關係的更具體證據是來自對出土器物質材來源所做科學的分析。筆者曾請臺灣大學地質學系的陳正宏教授對澎湖出土陶器與石器以顯微鏡及電子微探的方法作了化學與礦物成分分析，結果顯示從澎湖菓葉、鎖港、南港、內垵、赤崁、鯉魚山、赤崁頭等遺址出土陶器的大部分，可能是來自外地，而與台南網寮與牛稠子遺址出土的摻和料成分類似。在石器方面，菓葉、鎖港、鯉魚山、東安，以及花嶼一件石鋤的石材，都是源於澎湖當地的橄欖石玄武岩，而台南網寮與牛稠子的石鋤材質，同樣都是來自澎湖的橄欖石玄武岩(Tsang 1992: 333-339)。筆者曾對這個結果作了討論：

在菓葉期，澎湖與其他地區並沒有明顯的交易，因為這一時期的澎湖居民，從其他地方(臺灣西南地區)來到澎湖，只作短期的停留和開採，他們也許隨身攜帶一些陶質容器和簡便的工具，遇有需要其他的石器工具，則利用當地的石材製造。

到了鎖港期，交換型態有了顯著的改變，所有的證據顯示，這一時期的居民，廣泛地與群島內與群島外的地區，特別是臺灣西南沿海地區進行交易。除了陶器以及石器的原料和成品之外，他們還可能交易其他的物品和食物。(頁487)

以後，Barry Rolett、陳維鈞及Sinton，利用X射線螢光分析，對五件採

自臺灣西南部的玄武岩石器進行了成分分析，並將之與得自臺灣邊緣島嶼
之地質標本進行比較，發現臺灣西南部的玄武岩石器，從材質上來看，不
是源自臺灣，而有可能是來自澎湖(Rolett, *et al.* 2000，Rolett, *et al.* 2002)。

　　2000年，筆者與Barry Rolett及葉學文為了進一步瞭解澎湖群島是否確
為臺灣玄武岩石器的原料產地，在七美三處石器製造場及南港遺址採集玄
武岩石器標本和玄武岩地質標本，進行了X射線螢光分析，並與臺灣西南部
的資料進行比較，其結果顯示臺灣西南部的玄武岩石器無疑都是來自七美
(Rolett, *et al.* 2002, Yie, n.d.)。Zhengfu Guo等(2005)也對福建大帽山遺址的六
件玄武岩石錛以X光射線螢光分析儀、感應耦核電漿質譜分析儀(ICP-MS)及
岩相切片分析等方法，進行來源分析，並從微量元素的比對，推測大帽山
遺址玄武岩石器的石材可能是源自澎湖[3]。

　　綜合上述，七美島玄武岩石器工業的發現，不僅顯現了在這個海隅荒
陬上，史前人類所留下來的重要文化遺產，更見證了遠在四千年前，人類
已經有能力乘風破浪，將澎湖的玄武岩石器與石材運到80公里外的臺灣西
南部，甚而可能到達140公里遠的福建東山島。這種情景，也反映出遠在四
千年前的臺灣海峽上已經存在了一個以玄武岩為中心的貿易體系。有趣的
是：這個玄武岩石器體系的內容與性質如何？關於這個問題，需要從幾個
方面的資料來加以理解。第一是七美島上生產者與生產工作的性質，第二，
產品的內容與性質，第三，產品運輸的工具與航線，第四，產品到接受地
後的使用與銷售情形。以下分項略加討論。

(一)生產者的性質

　　要瞭解七美玄武岩石器的生產者，必須要從其所居住的聚落來獲得資
訊。南港遺址的發掘顯示，這個遺址出土的文化遺物最主要是陶器的殘留，

3　由於該項分析未與七美的玄武岩石器進行微量元素的比較，不能將石材的來源地範圍
　縮小到七美。

包含大量的破碎陶和一些陶環，石器主要是捕魚用之網墜、砍鋤用之石鋤、石斧，以及非常少數的玉器、貝器和骨器。在生態遺物方面，主要是採自於潮間帶之各種貝類和海洋中的魚類。另外還發現墓葬和製造石器的工具與廢棄物等。這些資料清楚地說明南港遺址與七美島上其他石器製造場最大的不同是：南港遺址是一處聚落的遺址。當時的人類在此聚落中生活，不過仍然進行製造石器的活動。但是從製造石器有關石器廢料的數量與比例來看，似乎比較著重於石器毛坯的進一步加工修整。這也反映了南港遺址除了是一處住居之聚落，也是一處產業之聚落。

透過鑽探，可以推測南港遺址的主要活動範圍大約有六萬平方公尺，不過由於發掘的面積還太小，並且未發掘出任何房屋等之遺存，所以很難從具體的證據來推測當時聚落內的人口數目，但是可以從得自於其他史前遺址的訊息，提供類比的線索。台北八里之十三行遺址，透過出土的房屋柱洞群和民族志資料之類比，筆者曾推測該聚落遺址的人口大約在200-300之間。由於十三行遺址的面積亦為六萬餘平方公尺，與南港遺址相同，因此，筆者認為南港遺址的人口數目，似可與十三行相比較。但是，如果考量南港遺址所處之自然環境因素及其時代的古老，則這個聚落的人口應該遠少於十三行之人口數。

至於這些居民的生計方式，從南港遺址位處海邊，並且在遺址中出土之大量貝塚和魚骨來看，當時的人無疑是以海洋資源為主要的生計來源。南港遺址出土墓葬人骨之穩定同位素分析結果顯示，當時人類的食譜確是以海洋性生物（包含魚貝類和海藻類）為主。但是，也有一項證據顯示，當時的居民可能也吃稻米[4]，不過估計當時澎湖當時的氣候應與今日無大差異，並不適宜稻穀的生產，稻米可能是來自外地。有了稻米，就可以避免氣候對於食物來源的限制，而可以在澎湖長年居住。李匡悌對南港遺址貝類所作氧同位素值的分析，也顯示南港遺址史前人群的採貝行為似乎一年四季

---

4 在南港遺址出土的陶器上曾發現稻穀的印痕。

都不曾間斷過，反映南港遺址應該屬於長年居住的聚落遺址（李匡悌等 2003）。

由七美三處石器製造場遺址所採集的石製品標本，包括製造石器的廢料和石器成品來看，它們無論在形式和風格上似乎都呈現出相當程度的標準性，而這種標準性很可能是出自於專業化的石匠。

以上這些訊息顯示，三、四千年前在七美島上的居民可能都是一些具有製造石器專業技術的工匠。他們長年生活在島上，聚居在島上的西南窪地，鄰近便於出海的海灣，以魚、貝及外來的稻米為生，專以製造石器為業。

（二）產品的內容與性質

七美各處石器製造場所遺留與製造石器有關的遺物，數量龐大，尤其是製造石器所產生的石核與石片，多到難以計數。顯示當時所製造石器數量之多，明顯超過了當地的使用需求量。但是其中的類別卻相當單純，除了石材、各類製造石器過程中所產生的石片，以及圓礫石鎚之外，能夠看得出器形的石器，都僅有長方形打製石鋤一類。在南港遺址出土的遺物，也以打製石鋤為主，磨製者甚為稀有。而大多數打製石鋤的形制相當粗糙。從這些現象推測，當時七美史前人類所生產的石器，主要為打製石鋤的原型，並未做精細的加工或打磨，其目的顯然是要將之運銷至他處之後再作加工。

（三）產品運輸的工具與航線

如前所述，三處石器製造場所遺留製造石器的相關遺物，數量龐大到難以統計，反映出相當龐大的石器生產量。這樣一個生產量，顯然不是專為七美一處聚落來使用，而極可能是作為一個石器供應中心，運銷到其他地區。這些地區從前述澎湖玄武岩的分布來看，主要是臺灣西南部海岸地帶及澎湖其他島嶼，也可能包括福建南部東山島一帶的沿海。所以，當時人類已經有航行能力從澎湖七美穿越臺灣海峽到達臺灣西南部，甚而福建的沿海。

至於當時所使用的航行工具為何？由於至今無論在臺灣或澎湖都還沒有發現有關史前船隻的考古學直接證據，無法確知。但是從中國的文獻記載可知，在臺灣海峽近海一帶早有漁民以筏捕魚，而臺灣的原住民也很早就利用本地盛產的竹子編筏以渡過河川，或掛了帆航行於海上（陳政宏2008）。據此推測，史前人類利用帆筏來運輸玄武岩石器的可能性是很高的。

（四）產品到接受地後的使用與銷售

臺灣西南部大坌坑文化與牛稠子文化遺址中所出土的玄武岩石器，與澎湖七美所運出的打製石鋤，在形制與類別上有了很大的差異。最主要的是：臺灣西南部所出土的玄武岩石器種類較多，包括長方形石鋤、帶肩石斧、石鏟、石錛、石刀等，製造方式以磨製為主，甚而有精磨者，而打製者則甚稀。顯然，澎湖七美所輸出的打製石器到了接受地之後，又再經過加工。當然，從臺灣西南部的若干遺址（如牛稠子）也發現了未加工的玄武岩石材來看，上述的石器中也有可能利用來自澎湖的玄武岩石材直接製造者。此外，由於臺灣西南部大坌坑及牛稠子時期的玄武岩各類石器，在形制與風格上大都相當類似，很可能是出自相同的作坊，顯示來自澎湖的石器原型或石材，運到臺灣後，可能是先集中到一個作坊進行加工或製造，然後運銷到各個村落去。

基於上述幾點觀察，筆者認為澎湖七美玄武岩石器的製造，只是代表臺灣史前玄武岩石器貿易體系的一部分，而當時此一貿易體系的中心應該是在臺灣西南沿海的某地，他們派遣專業的製造石器的工匠長年住在七美，進行玄武岩石器原型的打製，然後將這些石器原型及石材，運輸到臺灣的生產中心進行加工，再進行臺灣島內的貿易。

七、結論

　　在澎湖七美島上所發現的史前玄武岩石器製造場不但是臺灣地區所發現年代最早的石器製造場，也是規模最大的石器製造場。而作為七美島製造石器活動基地的南港遺址，代表了臺灣地區年代最早的產業聚落。這些發現首次提供了完整而具體的證據，得以復原臺灣史前時代石器之製造技術。同時，透過對七美島玄武岩石器礦物成分之分析與比對，確認臺灣西南部所發現的史前玄武岩石器都是來自七美澎湖群島；甚而福建東山島大帽山遺址的玄武岩石器，也可能是來自澎湖。這不但提供了史前時代臺灣海峽長距離海上航行以及史前石器貿易體系的具體證據，對於南島民族海上擴散的歷史，也有重要的意涵。

引用書目

李匡悌

　　2006　〈從碳氧同位素分析論古代臺灣貝類採集與古環境的含意〉，收入許倬雲，張忠培主編《新世紀的考古學──文化、區位、生態的多元互動》，北京：紫禁城出版社，頁107-162。

李德仁

　　1992　《台南牛稠子遺址發掘報告》，臺灣大學人類學碩士論文。

林朝棨

　　1967　〈臺灣外島之地下資源〉，《臺灣銀行季刊》18.4：257-268。

洪瑞全

　　2002　〈澎湖特有產業——文石業簡介〉，《硓古石》27：60-73。

莊文星

　　1999　《臺灣之火山活動與火成岩》，國立自然科學博物館。

國分直一

　　1942　〈澎湖島良文港に於けるる先史遺跡に就いて〉，《南方民族》6.4：50-56。

陳有貝

　　2008　《台南縣政府文賢3-1、3-2道路工程——牛稠子遺址試掘計畫期末報告》，台南縣政府委託、國立臺灣大學人類學系執行。

陳政宏

　　2008　〈臺灣筏的前世與今生〉，國科會科普知識網站。

陳培源、張郇生

　　1995　《澎湖群島之地質與地史》，澎湖縣立文化中心。

臧振華、洪曉純

　　2001　〈澎湖七美島史前石器製造場的發現和初步研究〉，《中央研究院歷史語言研究所集刊》72.4：889-940。

臧振華、李匡悌、朱正宜

　　2006　《先民履跡——南科考古發現專輯》，臺南縣政府。

鄭昭民

　　1998　〈西溪打石業的興衰〉，《西瀛風物》5：52-65，澎湖採風文化學會。

Guo, Zhengfu, Tianlong Jiao, Barry V. Rolett, Jiaqi Liu, Xuechun Fan, and Gongwu Liu

　　2005　"Tracking Neolithic Interactions in Southeast China: Evidence from Stone Adze Geochemistry," *Geoarchaeology: An International Journal*, 20.8: 765-776.

Rolett, Barry V., We-chun Chen & John M. Sinton

　　2000　"Taiwan, Neolithic seafaring and Austronesian origins," *Antiquity* 74: 54-61.

Rolett, Barry V., Jiao Tianlong, Lin Gongwu

　　2001　"Early Seafaring in the Taiwan Strait and the Search for Austronesian origins," *Journal of East Asian Archaeology*. Brill, Leiden.

Tsang, Cheng-hwa

　　1992　*Archaeology of the Penghu Islands*. Special Publication No. 95. Taipei: Institute of History and Philology, Academia Sinica.

Yeh, Hsueh-Wen

    n.d.   "Geochemistry of Chi-Mei workshop debris and sourcing the Neolithic Basaltic artifacts of Southwest Taiwan." Unpublished Manuscript.

玉器的交換體系研究
——製造與資源控制

劉益昌[*]

一、前言

　　史前與原史時代人類社會的交換和貿易的研究，長期以來就是考古學重要的研究項目，對於考古學者而言，人工製品除了反應生活體系以外，也可以提供更深入的研究訊息，尤其是科學進步，成分分析的方法日益增進，目前已有許多化學和其他的科學技術可以鑑定器物成分，加上地質科學對於礦物岩石成分分析日益精密，原料來源累積的資料亦達一定程度，因此分析已可確定產地特徵，最後將可確定人工製品的來源。這些科學技術進步累積，可以使得考古學對於交換貿易的研究成為可能，基本上交換體系涵蓋製造、交換到使用等三個不同的階段，而交換本身又隱含著物質的交換，以及非物質(或是訊息)交換的不同型態，因此有關此一方面的研究，通常建基於細密的年代學資料和詳細的物質文化研究，才得以達成。

[*] 中央研究院歷史語言研究所研究員、國立暨南國際大學東南亞學系合聘教授、國立成功大學歷史系合聘教授。

　　有關台灣史前時代交通與交換體系的研究，從日治時期以來就是學者研究的項目之一，最有名的研究是1940年國分直一先生針對台灣西南部平原地區出土「橄欖石玄武岩石器」的遺址與澎湖地區關係的研究（國分直一1940），此一研究議題持續至今日，成為學術界關注的課題。同一時期台灣玉器的製造與研究，也是學者研究的議題之一，鹿野忠雄在1929年前往今日花蓮縣萬榮鄉平林遺址進行試掘調查，在遺址地表下0.5-1公尺的黑色土遺物包含層中，出土大量綠泥片岩製的亞三角形磨製石鏃、石刀、斜刃方角石錛、橫斷面正方形管玉、斷面圓形的小形環等文化遺物，除此之外，最值得注意的是管狀穿截器製作加工的綠泥片岩製石器及其斷片，包括大形圓盤乃至圓筒狀的遺物，也有一些較薄的管狀穿截殘片，同時發現許多透明的水晶細片，認為此一地點是管狀穿截器工作場遺址，同時指出在埔里盆地中的大馬璘遺址，也有類似的綠泥片岩系岩石材料所形成的管狀穿截器文化遺址，由於中央山脈以西並未發現這種岩石，因此指出大馬璘遺址的人群，可能和平林遺址具有往來關係，推測材料是經由翻越中央山脈搬運而來（鹿野忠雄1946）。這篇文章雖然是戰後1946年才出版，但是實際上的構想，應該在平林遺址發掘之後就已經成形，鹿野先生指出他自己調查過具有管狀穿截器使用石製品出土的遺址，包括平林遺址、油子湖遺址、都蘭遺址、加路蘭遺址、卑南遺址、圓山貝塚、大馬璘遺址、Iraralai遺址等八處，這些遺址他的調查年代都在20年代後半與30年代，因此可以說明鹿野先生對此一問題的看法當始於30年代，對於遺址之間透過遺物交換關係而彼此往來的看法，至少也成形於此一階段。同一時間台北帝國大學土俗人種學教室，針對墾丁寮遺址出土之石棺進行發掘，其中也發現不少玉器，不過當時認為這些玉器年代較晚，可能是搶來的或者是沉船撈起的遺物，材質屬於硬玉，當由台灣以外的地區輸入（宮原敦 1931，宮本延人 1939、1963），因此並未考慮這些遺物與本地之間的關係。

　　針對台灣玉器的交換體系研究，無疑必須從玉器材料的認識著手，當然也需要年代學或器物形制的相關研究，才能進一步討論擁有這些器物同一時代聚落之間的互動關係或者交換體系，進而理解台灣本島以及島外之間的交通與交換關係體系。

二、玉器交換體系研究的基本條件

(一)玉材的認識與研究

　　從前言所述可知，日治時期學者基本上對於台灣史前時代玉器材料並無清楚認識，即使具有地質學、地理學深厚知識的著名學者鹿野忠雄，在1940年代初期撰述有關管狀穿截器製作加工的論述時[1]，仍將絕大部分是台灣玉的製品稱為綠泥片岩，他在1942年撰述綠島(火燒島)遺址調查研究結果時，就已清楚指出綠島出土的各類型石器材質，其中包括砂岩、粘板岩、安山岩、青灰色珪質砂岩以及軟玉、珊瑚礁石灰岩，其中軟玉質的製品主要都是裝飾品，包括管玉、耳輪(玦形耳飾)與垂飾、腕輪(腕環)，以及圓盤和廢料，主要出土於油子湖遺址(鹿野忠雄 1942)，顯示出此一時期，鹿野先生對於玉質飾品具有判斷的能力，但為何將台灣本島各遺址，尤其是平林遺址出土的遺物，均稱為綠泥片岩，這是值得進一步追究的課題。總之，日治時期主要研究此一議題的學者們，並未完全理解台灣玉的產地與材質，因此大多數學者均將目前判斷為台灣玉製造的各類器物，認為屬於綠泥片岩質石器，或者是外地輸入的產物。

　　戰後台灣有關玉器的研究不多，而且也只是零星調查或試掘資料，出土玉器的數量不多，雖然劉茂源先生曾經發掘平林遺址(1954)，但並未引起研究風潮，直到1975年黃士強先生針對玦形器進行比較研究，其中部分敘述台灣出土各類玦形器，指出台灣玦形器的材料以軟玉為主，偶爾也用板岩和石灰岩製造(黃士強 1975：64)，不過黃先生在文內也一再提到台灣玦形

1　鹿野先生有關管狀穿截器的論述，在戰前並未發表，不過從有關《東南亞細亞民族學先史學研究》(1946、1952)編輯過程，可知當在1943年前往菲律賓之前就已完成的論述。

器標本為蛇紋岩製，顯然對於蛇紋岩和軟玉的界定尚未清晰。

對於台灣玉材的理解過程筆者已有敘述(劉益昌 2003、2006)，指出玉器材質來源問題的研究，涉及玉材資源控制、交換與交通體系及族群文化交流相關議題的討論，但是長久以來有關玉器來源的探討並不多，特別是台灣地區考古遺址中發掘出土的玉器材料的來源，雖然大多主觀認為是由花蓮縣豐田、萬榮(西林)地區所出產而來，然而是否有其他國內的來源或是國外的來源，則少有論述探討，也多未進行標本成分分析。不過從90年代以來，考古學者對於遺址中出土的標本，逐步進行成分分析，或和地質學者合作完成，或者請材料科學者協助分析，其結果不但做為報告內容的附錄，同時也在論文或報告中進行討論，得以逐步建立台灣的玉器材料資料庫。

就玉材的來源而言，90年代以來相關的研究是依據玉器材料的礦物成分、顏色及比重等性質，來推測卑南遺址中玉器材料的來源是豐田及西林地區的玉礦產區(Lien *et al.* 1996，譚立平等 1997，連照美等 1998)，或是以氫氧同位素的地球化學特性來瞭解玉材的可能來源(Yui *et al.* 2001)。由於早期有關玉材來源的研究集中在大量出土玉器的卑南遺址，無法進一步得知其他遺址中出土玉器的相關資料，以進一步討論其間的關係。隨後在玉器質地的認識與鑑定方面，經由非破壞性拉曼光譜的研究，已經對古玉可能的材質(即廣義的玉)、礦物組成建立光譜以為鑑定的依據(Xu *et al.* 1996，徐濟安等 1998，Lien *et al.* 1996，譚立平等 2001，方建能等 2001)，或者應用穩定同位素的特徵，做為辨識玉材來源的重要參考依據(Wen and Jing 1996，Yui *et al.* 2001，金生今、聞廣 2001)，或應用氬氬雷射定年方法，來決定玉器材料與玉礦產區之年代，作為判斷玉器來源的另一種對比參考，以推論玉材的來源(黃士強、周述蓉 2001，周述蓉 2002)。

由於前人的研究，得知花蓮豐田、萬榮(西林)地區所產蛇紋岩、閃玉及其他伴生的礦物具有礦物學上及生成的年代的特徵(Tan *et al.* 1978，Yui *et al.* 1988，俞震甫 1984，Yui and Lo 1996)。加上前述有關考古遺址出土玉材來源的各項研究，在2001-2003年之間劉瑩三與劉益昌藉由上述已知的地質科學方面的特性，選取臺灣各地區、不同時期可獲得玉器或玉器廢料的考古遺址，以及現代豐田理想礦場的閃玉標本，進行顏色、組織等物理性質的觀察，並分別進行拉曼光譜、X光繞射及氬氬雷射定年的分析工作(劉瑩三等2002、2004，劉瑩三、劉益昌 2002，劉瑩三 2002、2003、2004、2005)。分別對(1)臺灣東部地區(宜蘭、花蓮及台東)的9個考古遺址：包括宜蘭縣的大竹圍、丸山及海岸遺址、花蓮縣的月眉、月眉II、平林、新社及公埔遺址與台東縣的杉原遺址；(2)台灣北部地區新石器時代的6個考古遺址：包括新北市龜子山、萬里加投及土地公山遺址、台北市的芝山岩及圓山遺址與苗栗縣的山佳遺址；(3)台灣中南部地區的7個考古遺址：包括台中市牛罵頭遺址、南投縣的大馬璘、水蛙窟、曲冰以及Lalu 遺址，屏東縣墾丁與北葉遺址，所發掘出土的玉器/廢料進行分析工作，所得的結果如下：

(1) 由拉曼光譜及X光繞射儀分析玉器及玉器廢料所得的礦物組成，是以閃玉的主要組成礦物透閃石(tremolite)或陽起石(actinolite)構成玉器的材質，但有部分是由纖蛇紋石或葉蛇紋石所組成，同時亦得到鉻鐵礦及綠泥石的礦物組成。由玉器/廢料所得的礦物結果，與許多地質學者對於豐田、萬榮地區玉礦的研究結果(Huang 1969，Tan *et al.* 1978，Tan and Chuay 1979，Yui and WangLee 1980，Yui and WangLee 1982，WangLee and Yui 1982)具有相似的礦物組成，顯示此為臺灣地區遺址中史前人類所使用的材質均屬於廣義玉器的範圍，且玉材來源應為花蓮豐田、萬榮的玉礦區。

(2) 以岩石與玉器/廢料的組織而言，臺灣地區各遺址出土的玉器或玉器廢料多呈片狀及纖維狀組織，為花蓮變質岩產區玉礦的重要特徵，隱示著玉材的來源應為花蓮豐田、萬榮地區。

(3) 以氬-氬定年法分析玉器/廢料所得的結果為7-150 Ma，並可以將這些年代分為<12 Ma、12-80 Ma、80-120 Ma及>120 Ma四群，且以年代在80-120 Ma的結果最多且與豐田、萬榮玉礦的形成年代一致(Lo and Yui 1996，Yui *et al.* 2001)，氬-氬定年的結果<12Ma及12-80Ma的年代為受到蓬萊造山運

動影響，使得記錄在礦物之中的氬同位素系統產生部分的重置現象(Lo and Yui 1996)，>120 Ma的年代推測是礦物中含有超氬(excess argon)的結果。有關臺灣鄰近地區的玉礦區及玉礦形成的年代包括中國新疆和闐及瑪納斯碧玉(~205 Ma)，青海閃玉(~205-65Ma)、遼寧岫岩閃玉(~200 Ma)、江蘇溧陽小梅嶺(~120 Ma)、四川汶川龍溪(~408-360Ma)、俄羅斯貝加爾湖閃玉(>200 Ma)及韓國春川(~220 Ma)。從玉礦形成的年代而言，青海閃玉及江蘇溧陽小梅嶺玉礦具有與花蓮豐田、萬榮玉礦可能相同的時間，但以閃玉的附屬礦物(如鉻鐵礦)及片狀與纖維狀組織而言，所分析的臺灣地區考古遺址的玉器/廢料，玉材的來源應為花蓮豐田、萬榮地區。

2005、2007年時飯塚義之和洪曉純合作以電子微探儀對花蓮豐田的玉料進行分析，得到鉻鐵礦包裹體中錳元素(含量可達9 wt.%)(wt.%：重量百分比)及鋅元素(含量可達7 wt.%)，作為花蓮豐田玉料與其他地區(如菲律賓、越南)玉料的對比(Yoshiyuki and Hung 2005，Hung et al. 2007)。同時國立臺灣史前文化博物館也請中央研究院地科所的飯塚義之針對卑南出土玉器進行成分分析，所得結果亦同(Yoshiyuki et al. 2005)。

除上述研究之外，許多遺址發掘、調查報告也針對出土石器、玉器或陶器進行成分分析，其中有關玉器的部分至少包括南科園區南關里東遺址出土玉環等玉器的分析，台中市Babao遺址、新北市訊塘埔遺址、雲林縣林內坪頂遺址、南投縣赤崁頂II遺址、花蓮縣崇德遺址等，均進行拉曼光譜或X光繞射儀分析等成分分析方法，所得結果和前述資料相同，指出玉材的來源應為花蓮豐田、萬榮地區。加上有關玉器製造場的調查研究結果，使得台灣史前遺址出土玉器和部分海外地區得見玉器來源確定，因此得以進行更進一步遺址之間或區域之間的交通與交換關係研究。

(二)細密的年代學資料

筆者曾經指出詳細的年代學資料，是玉器研究以及交通與交換關係研究的根本(1991、2003)，從1960年代碳14定年法在台灣實施以來，大部分遺址材料都只有少數幾個年代測定結果，發掘面積龐大的卑南遺址，其測定結果也相當少，直到90年代以後，絕對年代測定的碳十四樣本數不但增加許多，同時也大量使用陶器熱釋光定年，近年來碳十四定年更有許多利用加速器定年的結果出現，不只使得微量的定年得以完成，同時也增加其準確性。有關台灣玉器研究的年代，事實上即為台灣新石器時代的年代學體系，目前學界對於台灣史前時代的年代學體系仍有不同意見，例如大坌坑文化起始的年代為何？究竟是利用台南市八甲遺址測定所得的資料略為上推，指出開始年代為距今6500年，或是摒除此一定年結果認為大坌坑文化開始的年代在距今5000年。其次，有關圓山文化年代，究竟根據所有定年結果認為始於距今4400年，或是根據貝類與木炭不同定年結果，選擇以木炭定年結果和層位學比較所得之距今3200年。再者，與玉器研究關係極為密切的卑南文化年代，是如發掘者宋文薰、連照美二位教授所言，從距今5000年開始，還是如筆者研究所得，從距今3500年開始。這些不同看法年代差距至少都在千年以上，假若沒有詳細的測定年代資料得以比對，將無法進行研究。

近年來較多的定年資料逐漸公布，例如丸山遺址(劉益昌 2000b)、七家灣遺址(劉益昌1999，劉益昌等 1999b，劉益昌等 2000)、南科遺址群(臧振華2004，臧振華等 2006)、Babao遺址(劉益昌等 2008)、惠來遺址(屈慧麗、何傳坤2002，何傳坤、屈慧麗 2004)、訊塘埔遺址(劉益昌等 2008)、大馬璘遺址(劉益昌 2000a，何傳坤等 2001、2004)等，加上其他已進行調查研究遺址的年代也逐漸公布，已經得以說明台灣史前文化發展體系中絕對年代資料。筆者曾經從新石器時代晚期幾個出土較多玉器遺址的年代比較(劉益昌 2003)，指出3200-2000B.P.之間是台灣玉器製造使用最為興盛的時期，出土豐富玉器的圓山文化、卑南文化、丸山文化、大馬璘文化的年代，大多數落在此一階段(表1)，花岡山文化居於上述諸文化之間，極可能是製造玉器的文化體系，雖然沒有大量的年代測定結果，不過其年代大致也在3200-2000B.P.之間。

同一階段台灣西南部地區，帶有灰黑陶特徵的營埔文化、大湖文化、鳳鼻頭文化，相對使用玉器的數量較少，近年來亦有較多的年代測定結果，尤其是西南平原地區的大湖文化，在台南縣境內平原區域的台南科學園區以及西寮遺址、烏山頭遺址，定年結果年代大致也在3200-2000B.P.之間。這些資料均使得新石器時代晚期階段各文化之間或聚落之間的互動研究得以進行，當然其他階段的年代資料也因數量增加，可以檢討其文化延續過程，同時進一步區分為年代間距較小的時期，例如金屬器與金石並用時代，就可以區分出早、中、晚期，其中早期階段大致在1800-1000 B.P.之間，此一階段台灣局部地區，仍然延續玉器的傳統，繼續製造與使用玉器，最有名的例子就是南投縣Lalu遺址（劉益昌等 2004a、2006）。

表1　台灣史前時代晚期玉器出土重要遺址相關年代

（引自劉益昌 2003）

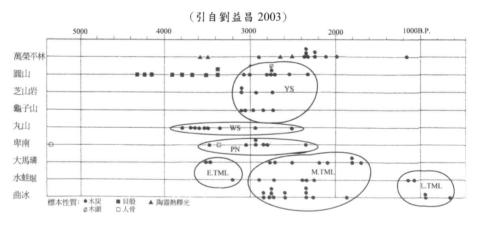

（三）器物的詳細研究

　　關於出土玉器的整體性研究，始於1975年黃士強教授對於玦形器的研究，隨後由於卑南遺址發現大量玉器，開始有關玉器形制學的研究（宋文薰、連照美 1984，宋文薰 1989a）。卑南遺址的研究資料，除歷年來發表的報告與論文，同時部分集結為論文集(連照美 2003)之外，近年亦逐步出版正式的發掘報告(宋文薫、連照美 2004，連照美、宋文薫 2006)，加上其他關於卑南遺址與卑南文化玉器研究資料(例如臧振華、葉美珍主編 2005)，因此得以針對整體器物的形制進行詳細研究。此外除卑南玉器的研究之外，連照美教授也針對1931年墾丁遺址[2]出土墓葬與陪葬品的一系列研究，並集結成專書(連照美 2007)，其中有關玉器的研究，說明石棺內出土之鈴形玉珠與冊型玉飾(墾丁型玉墜)的形制與製造，並提出其類緣關係和年代。

洪曉純女士則針對海外出土玉器、玉料進行成分分析，同時進行傳播路線與範圍的研究，指出從4000年以來直到一千多年之間，台灣透過東海岸向南經過巴丹群島，連接菲律賓呂宋島北端之間的往來動線，同時擴張到環南海區域之東西二側(Yoshiyuki and Hung 2005，Hung *et al.* 2007，Hung 2008)，所依賴的研究資料，主要在於形制和成分分析的結果。

筆者則從台灣玉器製造場花蓮縣萬榮鄉平林遺址的研究出發，進行遺址發掘資料分析，提出有關玉器流行年代及其相關問題的論述，初步完成整體玉器製造使用之年代架構，並進一步提出玉器研究之主要問題與研究方向，其中包括玉器製造地點與技術的問題、玉器所形成的交通與交換體系、玉器製造場的資源控制，以及玉器衰退的因素(劉益昌 2003)，目前筆者已經完成玉器衰退因素的討論(劉益昌 2004)以及玉器製造過程的研究(劉益昌 2006)，並針對西海岸中部地區埔里盆地群出土玉器製造過程資料最多的大馬璘文化，進行系列的討論與研究(劉益昌等 1999，劉益昌 2000a，劉益昌等 2004b)。有關大馬璘文化的研究，得以提出總體研究成果，指出埔里盆地群與東部地區玉材產地之間的交通動線與密切關係，並提出大馬璘文化的製玉工匠，可能來自花蓮花岡山文化的看法(劉益昌 2013)。

2　連教授稱為墾丁寮遺址(2003、2007)，此為依據日治時期原調查所命名的遺址名稱，應予尊重。但墾丁為戰後以來所使用的遺址名稱(例如宋文薫等 1967，李光周 1985 等)，因此筆者仍稱為墾丁遺址。

三、各階段玉器製造與使用及其交換關係

筆者曾經透過對於玉器製造技術、形制以及使用年代的分析與討論，可以初步將台灣的玉器使用分為四大階段（劉益昌 2003）。雖然此一分期的年代間距較大，而且年代採用較大尺度計算，未來可能針對較多測年資料予以細緻化，不過其演化階段當大致無誤。本文沿用筆者提出的玉器使用分期，進一步討論四大階段玉器的製造、使用與文化之間可能的互動狀態，進而討論交換體系。

（一）早期

早期為玉器使用的萌芽期，年代在5500-4500B.P.，局部地區並可能沿續至距今4200年左右才結束，文化屬於大坌坑文化中晚期階段，出土玉器遺址僅有少數幾處，製作的器物為簡單的工具，如斧、錛、鑿，尚未發現裝飾品。製造技術包括打剝、磨製、鑽孔以及直線切鋸（劉益昌 2003）。

目前已知台灣玉器出土的紀錄，若從伴出的其他文化遺物顯示其文化期相屬於大坌坑文化的遺址不多，以筆者所知花蓮縣壽豐鄉月眉II遺址出土玉質的打製石斧、磨製石錛各二件，伴出的陶器具有典型的大坌坑式繩紋陶的劃紋特徵，質地為泥質陶，亦相近於大坌坑文化，但口緣已無大坌坑文化帶凸脊的特徵，因此筆者初步歸之於大坌坑文化晚期（劉益昌 1991，劉益昌等 1993：21），近年調查在同一地點進一步發現不少玉質磨製斧、錛（劉益昌等 2004c），此一文化如以同一區域內涵相近的秀姑巒溪口北岸的港口遺址，發現了新石器時代早期與中期交接階段的文化層，根據發掘者指出包括大坌坑文化及大坑文化[3] 兩個不同的文化之繩紋陶層，其年代測定結果為

3　大坑文化根據葉美珍女士的意見，當為筆者所稱東部繩紋紅陶文化的北部類型，但並非原來所稱之花岡山文化，因此其年代分布當屬於新石器時代中期階段。

4500年前至3900年前（葉美珍 2008），如此大坌坑晚期文化層測定年代，也許在距今4500-4200 B.P.。其餘的遺址在台灣西北海岸的淡水地區，新北市淡水區水碓尾遺址為一處具有大坌坑文化早晚期堆積的遺址，發掘出土相當數量典型的大坌坑式陶罐及陶鉢，在發掘過程中出土一件玉質石錛，地表採集亦得到一件玉質磨製石器殘件（劉益昌 1999：6、26）；鄰近的莊厝遺址也在試掘坑的大坌坑文化層中出土一件玉質石錛（劉益昌 1997：26）。這些遺址雖然沒有碳十四測年的絕對年代資料，但莊厝遺址的熱釋光定年（TL）所得年代為4240±810B.P.、4940±1090B.P.（劉益昌 1997：27），配合相對層位較為晚期的北部地區繩紋紅陶時代的訊塘埔文化起始年代約在4600-4500B.P.左右（劉益昌 2001，劉益昌等 2008），大致可將北部地區這個階段定在5500-4500 B.P.。這個階段三個遺址出土玉質材料的遺物都是斧、錛、鑿等工具，尚未發現裝飾品；製造方式包括打剝、直線切鋸以及磨製、鑽孔，但未見圓形切鋸技術（或稱為管狀旋截法），可見屬於較為早期的階段。

2002-3年發掘的台南市南關里東遺址大坌坑文化層發現玉錛、玉箭頭，其中的玉錛全面精磨，整體呈長方形，剖面方角形，刃線平整；玉箭頭則為三角形，平底，近尖端處有一鑽穿的圓孔，此一遺址的年代經測定在4700-4200B.P.，屬於大坌坑文化最晚階段（臧振華等 2006：111、112）。以同時期出土的遺物而言，裝飾品主要為貝類製品，包括有玦形器、貝珠、貝環等，此外有鯊魚牙齒穿孔的飾品、豬獠牙頸飾（臧振華 2004，臧振華等 2006）。

上述這些記錄指出新石器時代早期大坌坑文化的晚階段，已有玉器之製造與使用，如以全台灣計算，此一階段的年代始於距今5500年，結束於距今4200年。少量玉質製品之一部分曾經拉曼光譜和其他方法鑑定，確知屬於台灣閃玉（劉瑩三 2002，劉瑩三、劉益昌 2002），就目前資料台灣閃玉唯一已知產地在東部花蓮縣豐田、平林地區，位於花蓮溪下游右岸的花蓮縣月眉Ⅱ遺址史前人群，可能透過橫斷礦脈的溪流知亞干溪（今稱壽豐溪）與清水溪及其下游的花蓮溪河床取得玉質原料，並加工製造為簡單形制的玉器，做為日常的工具使用。由於至目前為止並未發現此一階段任何玉器製造場遺址或製造遺留，從器物表面遺留的製造方式觀察，除直接以小型礫石之玉材打剝或加磨之外，亦得見直線切鋸殘留的痕跡，同時也可見圓形的鑽孔，從南關里東遺址出土標本的圖像觀察似乎是鑽穿。淡水地區以及南科園區的玉器，必然由外地取得，其可能來源當然是豐田、平林地區，如此其交通動線依大坌坑文化時期人群居住於海岸平原的型態，推論最可能為海路，不過很難得到直接的證據。

（二）中期

中期為玉器使用的發展期，年代在4500-3500B.P.之間，部分區域或可晚至3200 B.P.，近年來有較多資料指出大坌坑文化的最晚階段，可以延續至距今4200年，因此本期的起始階段，可能在部分區域晚至4200年才開始。本期屬於廣義的「繩紋紅陶文化」時期的各個文化，出土玉器遺址數量已經相當多，製作的器物以扁平的錛、鑿、鏃等工具為主，但已可見裝飾品出現，本期較晚階段的遺址出現多樣的飾品。從器物殘留的製造痕跡可見打製、直線切鋸、磨製、鑽穿、圓形切鋸等不同的方式（劉益昌 2003）。

目前已知出土玉器較多的遺址，通常都是經過較大面積發掘的遺址，其次則為東部地區調查、採集或小面積試掘的遺址，以下擇要敘述。

1. 訊塘埔文化

此一文化為分布於台灣北部地區的文化體系，目前已有的碳十四測年集中在4600-3600B.P.，經較大面積發掘的遺址為宜蘭縣大竹圍遺址、新北市訊塘埔遺址，此外新北市萬里加投遺址亦經小規模發掘，且有年代測定結果。此一階段出土的玉器以工具類為主，尤其是錛鑿形器佔大多數，其次為箭鏃，裝飾品較為少見。以大竹圍遺址為例，1999-2000年所進行的考古發掘工作，總共發掘217平方公尺，出土豐富石器與陶器，其中工具類中錛鑿形器共有88件為閃玉質地，佔全部錛鑿形器93件的絕大部分；刀形器58件中僅有5件為閃玉質地，且其形制較為特殊，呈現柳葉形；矛鏃形器58

件中僅有2件為閃玉質地；裝飾品中環玦形器26件中僅有3件為玉製；墜飾12件中則有9件為閃玉製；此外，共出土92件閃玉質殘件，因過度殘碎無法分辨器物種類，另有4件閃玉質帶有切鋸痕的廢料。訊塘埔遺址出土玉質器物中，鑄鑿形器閃玉質佔大部分，切割刀與矛鏃形器則有少量閃玉質地，裝飾品得見玉墜1件、玉璧1件、玉環4件，以及少量殘件但未見帶有切鋸痕的廢料。

2. 牛罵頭文化

目前已有部分較大規模發掘的遺址，重要的發掘當為台中市惠來遺址與牛罵頭遺址，但其面積都不大，而且整體報告皆尚未完成，從初步之資料，亦可窺知係以鑄鑿形器所佔的比例為最多，另見少量矛鏃與裝飾品，目前所知的裝飾品，包括環及墜飾。就中部地區而言，僅有牛埔遺址發現較多玉料，出土十多件花蓮豐田地區生產的玉器，部分並得見切鋸痕，其中包括長度在30公分以上的大型玉料(郭素秋等 2008)。從玉料的相關內涵而言，似乎屬於該遺址的牛罵頭文化層，如此可以歸於本期，這是目前中部地區單一遺址發掘最多的玉料，且該遺址位於大肚溪流出台中盆地的出口南側紅土階地，相對應的北側階地則為同一時期重要的下馬厝遺址，其文化內涵亦與牛埔遺相近，同時也都伴出具有大坌坑文化要素的陶器，都屬於牛罵頭文化較早階段，年代將可至於4000年前後或稍早。中部地區偏南的雲林縣梅林遺址，屬於此一階段晚期，年代在3900-3400B.P.發掘出土玉器僅有1件玉鏃(劉益昌、林美智 1999)，雖文化內涵和牛罵頭文化或牛稠子文化略有差異，但仍屬於「繩紋紅陶文化」階段。

3. 牛稠子文化

目前在台南科學園區內有大規模發掘的台南市右先方遺址，其年代約距今3800-3300年，出土的工具中少量為閃玉質，就已知資料而言得見鑄鑿形器，裝飾品為寬扁的玉環(臧振華 2004，臧振華等 2006)，不過目前報告尚未出版，無法確認其數量。就牛稠子文化整體而言，玉器最重要發現於墾丁遺址，日治時期1931年台北帝國大學發掘所得資料，經過六十多年後重新整理，在墓葬中得見鈴形玉珠至少在12件以上，冊型玉飾（墾丁型玉墜）3件，此外1977年李光周先生發掘墾丁遺址，亦獲得一件鈴形玉珠（連照美2007）。就筆者歷年來調查恆春半島同一階段遺址採集記錄之資料，可知亦有不少錛鑿形器和少量矛鏃形器，屬於閃玉質。其他牛稠子文化遺址中，筆者調查亦常見閃玉質錛鑿形器及少量玉環。

澎湖群島此一階段屬於鎖港期的鎖港遺址，亦出土玉錛、玉鑿以及小型之玉墜飾，年代經測定為4300-4700B.P.(Tsang 1992)，近年來進一步校正後可以修正為距今4200-3800年（臧振華等 2004、2006），由於此一階段澎湖與台灣本島西海岸之間具有密切的往來關係，石器、玉器以及陶器，均可以說明二地之間的互動與往來。

4. 東部繩紋紅陶文化

東部地區此一階段的繩紋陶文化，大致可以秀姑巒溪為界，區分為南北二個文化類型[4]，此一文化體系較大規模發掘的是台東縣富山遺址，根據發掘的資料，出土相當數量的玉器，其中工具類中錛鑿形器共有42件為蛇紋岩或閃玉質地，佔全部錛鑿形器45件的絕大部分；矛鏃形器29件中僅有7件為蛇紋岩質地；裝飾品中管珠1件為蛇紋岩質地，耳飾3件為蛇紋岩質地，玉墜1件為台灣玉；此外，出土72件閃玉質或蛇紋岩質殘件，為製造過程所留下來的零星碎片（李坤修、葉美珍 1995）[5]，就圖片所見而言，本遺址的月牙型玉飾可能為墜飾，另有方形及块形耳飾，此外，從出土砥石標本或用途不明的磨製石器，都可確認當為玉器或石器製造的工具。與富山遺址相鄰

4　史前館的同仁稱呼此一文化體系為富山文化，最近葉美珍女士提出北部的類型應稱為大坑文化（葉美珍 2008），唯這兩個文化名稱都有商榷的必要。

5　本文所稱蛇紋岩或玉，並未充分界定，根據目前成分分析資料，幾可確認絕大部分為台灣閃玉。

的杉原Ⅱ遺址，也出土大量玉器廢料與製造所需的切割刀或砥石(劉益昌、顏廷仔 2000，劉益昌主編 2000)。

1998年筆者曾於花蓮縣平林遺址發掘，其中TP2探坑所在之遺址北側，屬於繩紋紅陶階段的堆積，探坑文化層中出土大量的玉質斧鋤器、玉錛、玉廢料、石英片岩以及玉環(劉益昌 2003)，從出土資料得以證實繩紋紅陶階段時期人群曾經在此一遺址，進行大規模玉器製造。

除上述幾處遺址之外，東部地區繩紋紅陶階段遺址，在歷年來調查的資料中，均發現相當數量玉質遺物(劉益昌主編 2000，劉益昌等 2004)。但是大部分遺址都未經發掘，在屬於多文化層的遺址中，仍然無法確認遺物所屬層位，不過仍可以確認此一階段東部地區使用玉器相當頻繁。

總結台灣各區域資料，新石器時代中期階段台灣各地的工具器類基本相同，都以錛鑿為主體，矢鏃僅佔少數，裝飾品種類有玉墜飾、鈴形玉珠、玉環，似乎玦形耳飾還沒大量出現，目前僅在富山遺址發現方形及圓形之玦形耳飾，唯此一遺址當為繩紋紅陶時期末轉變為卑南文化初期的遺址，因此玦形耳飾出現較可理解。此一階段玉器的製造中心已經出現在花蓮縣平林遺址，在遺址北側所在發現當時的製造遺留大量出現，而且堆積在20-30cm以上，顯示是長期使用的製造區域，最近鄰近的重光遺址也有相同的發現。在其他區域目前較值得注目的是杉原Ⅱ遺址與富山遺址，尤其是杉原Ⅱ遺址出土數量顯示可能是此一階段台東地區重要的製造地點，規模尚未清楚，但做為工作場，可以肯定。北部地區目前僅在宜蘭縣大竹圍遺址以及新北市訊塘埔遺址，發現少量製造玉器所餘的廢料，以及製造玉器所需的砥石。同一時間西部地區則在彰化縣牛埔遺址得見較多玉料，遺址所在位置為河口的紅土階段，是為大坌坑文化與牛罵頭文化時期人群出入台中盆地或內山地區的孔道，極可能是中部地區玉器或玉料進出的重要據點。至於南部地區，目前並未發現製造過程的玉料或廢料，因此難以說明是否在南部地區製造玉器。

此一階段台灣地區人群都是大坌坑文化後裔，各文化體系之間的內涵，仍有類似之處，若從全台灣而言，似乎北部的訊塘埔文化體系與東部北段的關係較為密切，西海岸中部、南部以及東海岸南段區域的關係較為密切，其文化內涵也較為相似。從器物的交換關係而言，無疑東部地區的繩紋紅陶文化為製造中心，南部目前仍未發現玉器製造所遺留的廢料或工具，僅北部、東北部的大竹圍遺址有少數廢料，所以似乎從製造中心花東縱谷北段向北、向南、向西略為擴散出玉器、玉料，再外圈則都是器物。因此其交通動線極可能仍以沿著海岸移動分布，再擴散到其他區域。

(三)晚期

晚期為玉器使用的興盛期，文化體系相當複雜，玉器使用較多為北部、東部以及中部山區的各個文化，遺址數量龐大，年代在3500-2000B.P.，或可延長至距今1800-1700B.P.，出土玉器包括生產工具、武器以及各種不同的裝飾品，尤其以卑南文化玉器的變異最為繁複。製造技術同於中期，但更為繁複與進步(劉益昌 2003)。從目前的資料而言，新石器時代晚期的年代可以從3300-3200B.P.才開始逐步展開，台北盆地北部地區在訊塘埔文化與圓山文化之間，另有一層可能從浙南與閩北遷移而來的芝山岩文化，其年代在距今3600-3200年，宜蘭地區則丸山遺址得見從訊塘埔文化轉變為丸山文化的過程，其年代從3600B.P.開始，屬於晚期階段較早的文化體系。

此一階段東部地區之卑南文化、麒麟文化、花岡山文化，東北部的丸山文化以及北部地區的圓山文化，中部山區的大馬璘文化，都屬於大量使用玉器的文化體系，至於分布於大甲溪以南西海岸平原地區的營埔文化、大湖文化，則屬於玉器使用較少的文化體系，介於前述二大區域之間的桃、竹、苗地區，目前資料較少，山佳遺址為代表的文化體系，目前發現玉器的數量不多，但尚少進行較大規模之發掘研究，因此較無法確定。分布於高雄平原以南到恆春半島沿海區域的鳳鼻頭文化，目前發現的玉器數量也較少，至於同一區域靠近丘陵山區的响林文化，則發現較多玉器，且具有特殊之玉器形制。

　　若從整體而言，花蓮縣平林遺址，筆者1998年發掘所得資料，可以說明距今3200-2000年之間，為此一遺址繁盛之玉器製造場階段，遺址中出土大量之玉器製造工具、玉料、半成品、廢料，同時得見各類玉器製造過程中損壞的廢品，其龐大數量足可供應全台各地同一時期之需，顯示玉器製造相當集中於此一遺址，同屬花岡山文化的其他遺址，雖然都有玉器製造行為，但均為較少量之玉器製造。同時卑南遺址雖出土大量玉器，但只有極少量玉廢料，顯示並非主要之製造場所，而屬於消費場所。分布於宜蘭平原周邊丘陵山區的丸山文化，也出土相當數量玉器，但罕見玉廢料，北部地區之圓山文化，亦復如此。較為特殊的是，西部埔里盆地群的大馬璘文化，不但具有大量玉器，同時也發現相當數量玉料及廢料，可能為一小型玉器製造中心，在遺址中也發現具有東部花岡山或卑南文化要素的陶器，顯示此一文化體系與東部地區關係密切。

　　上述現象說明此一階段人群、玉器或玉料的往來關係體系，在北部、東北部與東部地區之交通動線當為海域，順著黑潮向北或沿岸流向南，均可往來於上述區域之間，至於埔里盆地與東部之間之交通動線，極可能為橫越山區，此一動線出現，可能為距今4000年前後，人群移居山地地區(劉益昌 2007)，經過一段時間逐步熟悉山區之交通狀況所致。

(四)末期

　　末期為玉器使用的衰退期，似以中部山區的史前文化為主體，出土玉器遺址數量不多，年代在2000-1000B.P.，遺址中玉器數量不多，包括工具與飾品，部分並與玻璃器並出，製作技術仍同前一期，但器物變小、變薄，已有衰退的跡象。從陪葬品組合資料所見，顯示玉器有逐漸為其他材質裝飾品取代之趨勢，但似乎並未影響當時的社會結構(劉益昌 2003)。衰退的因素可能在於新的材質(如玻璃、瑪瑙)導入，造成玉器逐漸被取代，最後終致衰退而消失(劉益昌 2005)。

　　此一階段發現玉器的遺址已經相當少，縱有發現，數量也不多，其中以南投縣Lalu遺址最重要。921地震後，筆者因日月潭頭社壩工程施工水位下降之便，得以進行湖中小島Lalu遺址局部發掘與環日月潭周邊考古調查工作，在Lalu島發掘得到主要的文化層為橙紅色泥質素面夾粗砂陶所代表的文化相，與濁水溪中游的大邱園文化的陶類相同，年代在距今1600-1100B.P.之間。稍晚的幾何印紋陶所代表的文化相，年代測定結果在1100B.P.，主要活動的年代也許延續較晚，可能在距今1000年以內。在Lalu遺址發掘和採集的石器共754件，其中閃玉製環玦形器（5件）、圓形玉核（23件），可能是製造過程中的石材或廢料則包括玉片（151件）。這些玉器的材質經過分析確定是花蓮豐田、萬榮地區生產的閃玉（劉益昌等 2004a）。

在台灣本島之外，則以菲律賓巴丹群島北部的Itbayat和巴丹島所出土的玉器、玉料、玉廢料最為重要，這些遺物與板岩都確認是台灣所產，其年代從4000-1300B.P.，顯示長時間以來人群與台灣之間的頻繁互動關係，其間的交通路線可能經過綠島、蘭嶼，南下至巴丹群島，主要搬運的物質包括生產於台灣的閃玉與板岩（Bellwood & Dizon 2005）。

總結此一階段台灣本島各地區已經進入金屬器時代，或是金石併用的時代，筆者曾經指出台灣的史前文化體系，可能從西北部的十三行文化與東南側的三和文化，開始進入以鐵器使用為主的金屬器與金石並用時代，尤其是十三行遺址所代表的十三行文化，已經進入自行煉鐵並製造鐵器的階段，金屬器迅速替代石器做為主要的生產工具，玻璃、瑪瑙以及金屬器等也完全替代玉器做為陪葬品，至於西南部平原地區的情形則與十三行文化類似；從東南部三和文化的演變過程，可以見到新石器時代晚期逐漸走入金石並用時代的景象，不論在日常生活遺留的文化層中或墓葬的陪葬品，都可見到相同的現象。至於丘陵山地地區目前得見的金屬器與玻璃、瑪瑙均相當稀少，文化層中仍遺留大量的石器，墓葬中仍遺留相當數量之玉器陪葬，顯示出外來文化替代之情形尚不明顯，山區遺址中出土少量之金屬器與玻璃器當為透過丘陵淺山地區向海岸地帶人群輾轉交換所得之物品（劉益昌 2005）。

　　玉器的使用逐漸減少，導致台灣本島使用玉器的文化逐漸消失，連帶
也使得玉器所構成的交通與交換體系逐漸萎縮，從平林遺址的資料而言，
本階段似乎仍有少量生產，本島可能只在中央山區的文化體系間尚有少量
流通，但主要用於提供對外構成的交換物資，這從巴丹群島所得的台灣閃
玉質遺物所生產的玉器，似乎是罕見於台灣的lingling-o型耳飾玦。目前只有
舊香蘭與蘭嶼曾得見此類器物，以舊香蘭遺址的年代而言，也屬於此一階
段，測定年代大致在距今1400年前後（李坤修 2005：49-53）。此一交通體系配
合透過十三行文化、三和文化以及只分布於綠島、蘭嶼的Lobusbussan文化
之間所共同具有的文化要素，顯示沿著東海岸黑潮與沿岸流往返的交通體
系，可能是台灣島內外長距離海上交通與交換體系的重要路線。從十三行
文化的鐵器及其資材，出現在宜蘭、花蓮北部十三行文化遺址，以及東海
岸中段的靜浦文化早期遺址中所建立的交通動線，透過帶雙耳黑陶壺也出
土於三和文化、Lobusbussan文化中，可將此一海岸交通與交換體系延長連
接，當然在此一體系中，除了向外、向南運輸的玉料之外，也不會只有鐵
器與陶器的交換，必然涵蓋玻璃、瑪瑙，甚至瓷器、硬陶等其他物資，逐
漸從玉器所構成的交換與交通體系轉變為包含更多物質文化的交換體系，
而且在此體系中，似乎也帶來製造器物觀念的改變，從三和文化（包括龜山
文化、山棕寮類型）所出土陶器上的各類紋飾，其中大部分紋飾（例如人形紋），
似乎在台灣找不到根源，也許隨著交換體系帶來製造陶器的觀念亦有可能。

四、結語

　　由於目前台灣各地區出土的玉器，成分分析結果幾乎全部指出其來源
為花蓮縣豐田、萬榮地區所產的閃玉，各階段的交通與交換體系也大體成
形，從新石器時代中期開始，清楚顯示以玉器製造場區域花東縱谷北段為
中心的交通與交換體系，大致呈現等距向外擴張的現象。早、中期其交通
動線和文化之間的互動狀態完全相同，晚期則有複雜的水路與陸路交通體

系，至於玉器使用末期，似乎和南向的海外交通體系連成同一交換系統。透過歷年來的研究，已可以清晰理解從玉器使用中期的繩紋紅陶文化階段以來，玉器逐漸成為東部、東北部與北部區域史前文化體系中重要的儀式用品。中期階段的繩紋紅陶文化人，其文化內涵相近，且玉製飾品尚未大量普遍，因此玉器與玉料似乎尚不構成人群之間爭奪的資源。

　　至於玉器興盛時期台灣各地均出土玉器，使用玉器較多的花岡山文化、麒麟文化、卑南文化、丸山文化、圓山文化與大馬璘文化，均曾發現玉器作為陪葬品，尤其是卑南文化對於玉器的需求相當龐大，而且主要作為裝飾與陪葬品，顯示玉器在當時社會受到重視的程度相當高，但玉材卻只產於花東縱谷北段西側山麓一個狹小區域，玉料礦石雖可能透過花蓮溪搬運至下游與河口附近堆積，但分布區域仍屬有限。目前關於此一階段文化體系的研究，可以確認在花東縱谷內卑南文化最北分布可到今花蓮縣光復鄉的馬太鞍溪南岸，以北則為花岡山文化的分布區域，從平林遺址發掘可知，此一階段的文化體系屬於花岡山文化(劉益昌 2003)，因此卑南文化與花岡山文化之間的關係，就成為研究資源控制的重要關鍵，就目前所知控制此一玉料資源與玉器製造的人群，當為花岡山文化的人群。

　　目前台灣史前時代玉器研究至少初步解決玉器的製造與使用年代、製造中心、玉器的製造地點、玉器衰退因素、交換的交通動線等部分問題，但仍有許多問題亟待解決。例如有關圓形切鋸技術、交換的物質等議題，每一個議題都是一個相當複雜的問題，需要大量的基礎資料分析與建立，才能配合進行研究。此外，在玉器研究的過程當中，仍有許多新的問題持續出現，例如玉器製造技術的來源與進步的因素，是否與外來接觸具有密切關連；玉器使用在不同社會中的意義是否不同。有關交換物質，目前研究似乎已經露出曙光，至少在使用玉器的末期最晚階段，得見透過南向海外交通體系所形成的交換體系，可能是以台灣的玉材交換從菲律賓或越南地區輾轉而來的玻璃器等外來物質。

　　台灣玉器的研究，從日治時期末開始迄今，至少已有六、七十年以上歷史,目前我們得以逐步透過台灣以及海外地區出土玉器的分析研究,逐步建立完整的研究體系,我們期待更多材料得以披露出土,使得玉器的研究可以和整體史前文化研究可以充分結合,發揮更大功能。

　　* 本文撰述完成於2009年,因此最近資料及年代修正有時間差,但內容及推理論證仍可接受,相關史前文化或遺址年代可參閱筆者最新著作。至於遺址所屬行政區劃,則修改為目前狀態。

參考書目

王執明、連照美、宋文薰、俞震甫、陳正宏(王執明等 1996)
　　1996　〈臺灣卑南遺址出土玉器之考古學及礦物學研究〉,《「古玉之礦物研究」國際學術討論會大會手冊》:13-18,錢憲和編,臺北:臺灣大學地質系、臺灣省立博物館。

王執明、連照美、俞震甫、賴發奎(王執明等 1992)
　　1992　〈台灣卑南遺址出土玉器之礦物組成分析及氧同位素分析(摘要)〉,《中國地質學會慶祝81週年慶暨81年會員大會手冊》。

佐山融吉
　　1914　〈イワタン社遺跡地〉,《蕃族調查報告書 阿眉族》:219-221,台北:臨時臺灣舊慣調查會發行。

甲野勇
　　1929　〈圓山貝塚發見の牙製曲玉〉,《史前學雜誌》1(2):169。

宋文薰
　　1986　〈論臺灣及環中國南海史前時代的玦形耳飾〉,《中研院第二屆國際漢學會議參加人員名錄及論文提要》:75,臺北:中央研究院。

　　1987　〈臺灣出土の玦形耳飾り〉,《東南アジア考古學會會報》7:15-17。

1989a 〈論臺灣及環中國南海史前時代的玦形耳飾〉，《中央研究院第二屆國際漢學會議論文集歷史與考古組》：117-140，臺北：中央研究院。

1989b 〈論臺灣及環中國南海史前時代的玦形耳飾〉，《行政院國家科學委員會76學年度研究獎助費論文摘要》：809-810。

宋文薰、連照美

1984 〈臺灣史前時代人獸形玉玦耳飾〉，《國立臺灣大學考古人類學刊》44：148-169。

李坤修

2005 《台東縣舊香蘭遺址搶救發掘計畫》，台東縣政府文化局委託國立台灣史前文化博物館之研究報告。

李坤修、葉美珍

2007 《臺東縣舊香蘭遺址搶救發掘計畫第二期計畫期末報告》，臺東縣政府文化局委託國立臺灣史前文化博物館之研究報告。

何傳坤、屈慧麗

2004 《台中市古根漢美術館.新市政中心預定地及惠來里遺址試掘期末報告》，行政院文化建設委員會委託國立自然科學博物館之研究報告。

何傳坤、陳浩維、劉克竑（何傳坤等 2001）

2001 《國立埔里高級中學校舍重建工程暨大馬璘文化遺址發掘保存計劃第一期工作期末報告》。

何傳坤、劉克竑

2004 《大馬璘》，埔里基督教醫院委託國立自然科學博物館之研究報告。

屈慧麗、何傳坤

2002 〈台中市惠來里遺址第一次發掘報告〉，2002年「台灣的考古學研究」學術研討會論文，中央研究院歷史語言研究所主辦。

連照美

1985 《臺灣史前時代的玉器工業初探》，國科會74學年度研究獎助研究論文（未出版）。

1987 〈臺灣史前時代的玉器工業初探〉，《行政院國家科學委員會74學年度研究獎助費研究論文摘要》：456。

1992 〈卑南遺址出土「玦」耳飾之研究〉，《中國藝術文物討論會論文集器物

（上）》，頁59-71。

1998 〈臺灣卑南玉器研究〉，《東亞玉器》I：350-367，鄧聰主編，香港中文大學中國考古藝術研究中心專刊十。

2000a 〈卑南文化的人身裝飾之研究〉，《高宮廣衞先生古稀紀念論集──琉球・東アジあの人と文化(下卷)》：281-301。

2000b 〈臺灣卑南玉器研究〉，《故宮博物院刊》2000(1)：18-38，北京：故宮博物院。

2003 《臺灣新石器時代卑南研究論文集》，臺北：國立歷史博物館。

2007 《臺灣新石器時代墾丁寮遺址墓葬研究報告》，臺北：國立臺灣大學出版中心。

宮本延人

1939 〈臺灣先史時代概說〉，《人類學先史學講座》10：1-57，東京：雄山閣發行。

宮原敦

1931 〈墾丁寮に於ける發掘〉，《南方土俗》1(3)：109-112。

郭素秋、戴瑞春、吳美珍、陳得仁（郭素秋等 2008）

2008 《彰化縣遺址普查計畫第一期》，彰化縣政府委託中華民國國家公園學會之研究報告。

黃士強

1967 〈玦形石環之研究〉，《中國民族學通訊》7：22。

1971 〈臺灣的石玦〉，《中國民族學通訊》12：12。

1975 〈玦的研究〉，《國立臺灣大學考古人類學刊》37/38：44-67。

1978 〈玦的研究〉，《行政院國家科學委員會65學年度研究獎助費論文摘要》：478-479。

黃士強、周述蓉

2001 〈老番社遺址及部分出土玉器材質與工藝技術特徵〉，《海峽兩岸古玉學會議論文專輯(I)》，頁421-436，錢憲和客座主編，國立臺灣大學理學院地質科學系研究報告。

國分直一

1940 〈南部臺灣に於ける橄欖石玄武岩を用ひたる石器の分布に就いて〉,《臺

灣地學記事》11(3/4)：111-118。

陳仲玉

　1998　〈臺灣玉器工業〉，《東亞玉器》I：336-349，鄧聰主編，香港中文大學中國考古藝術研究中心專刊十，香港。

陳燈貴

　2001　〈關於臺灣新石器時代遺址出土之玉質石器之幾個問題〉，《臺灣礦業》53(1)：37-56。

鹿野忠雄

　1946　〈東南亞細亞に於ける管狀穿截器文化〉，《東南亞細亞民族學先史學研究》第I卷：215-226，東京：矢島書房。

　1946　〈東南亞細亞に於ける有角塊狀石輪〉，《東南亞細亞民族學先史學研究》第I卷：227-234，東京：矢島書房。

飯塚義之、臧振華、李坤修（飯塚義之等 2005）

　2005　"Archaeomineralogy on Nephritic Jade Artifacts from Peinan site, eastern Taiwan"（卑南玉器之考古礦物學），臧振華、葉美珍主編，《館藏卑南遺址玉器圖錄》，臺東：國立臺灣史前文化博物館。

葉美珍

　2005　《卑南遺址石板棺研究──以1993~1994年發掘資料為例》，臺東：臺東縣政府、國立臺灣史前文化博物館。

　2008　〈港口遺址玉器系列（一）：人獸形耳飾〉，史前館電子報第137期，2008.08.15。

臧振華

　1987　〈宋文薰：論臺灣與環中國南海史前時代的玦形耳飾〉，《臺灣史田野研究通訊》2：5-6.

　2004　《臺南科學工業園區道爺遺址未劃入保存區部分搶救考古計劃期末報告》，南部科學工業園區管理局委託中央研究院歷史語言研究所之研究報告。

臧振華、李匡悌、朱正宜（臧振華等 2006）

　2006　《先民履跡：南科考古發現專輯》，南瀛文化叢書138，新營：台南縣政府。

臧振華、葉美珍主編

2005　《館藏卑南遺址玉器圖錄》，臺東：國立臺灣史前文化博物館。

劉茂源

1954　〈花蓮縣「平林」遺跡調查初步報告〉，《臺灣文獻專刊》5(1/2)：47-60。

劉益昌

1991　〈試論鳳鼻頭文化的性質與卑南文化的年代〉，《考古與歷史文化——慶
　　　　祝高去尋先生八十大壽論文集(上)》，頁327-341，宋文薰、李亦園、許
　　　　倬雲、張光直主編，臺北：正中書局。

1997　《臺北縣北海岸地區考古遺址調查報告》，臺北縣立文化中心委託中國民
　　　　族學會之研究報告。

1999　《七家灣遺址內涵及範圍研究》，台中：行政院退輔會武陵農場。

2000a　《又見大馬璘——1996年大馬璘遺址出土資料整理報告》，埔里：展顏文
　　　　化事業工房。

2000b　《宜蘭縣丸山遺址搶救發掘資料整理計畫第一階段報告》，宜蘭縣政府委
　　　　託。

2001　〈台灣北部新辨認的訊塘埔文化〉，「珠江三角洲與台灣地區考古——近
　　　　年來的新發現和新評估研討會」論文，中研院歷史語言研究所東南亞考古
　　　　研究室主辦。

2003　〈臺灣玉器流行年代及其相關問題〉，臧振華主編《史前與古典文明》，
　　　　頁1-44，中央研究院第三屆國際漢學會議論文集，臺北：中央研究院歷史
　　　　語言研究所。

2006　〈"台湾玉器制造技术"与研究方法的初步检讨〉，許倬云、张忠培主編
　　　　《新世紀的考古学——文化、区位、生态的多元互动》，頁471-496，北
　　　　京：紫禁城出版社。

2007　〈台灣出土的早期玉器及相關問題〉，「第四屆南中國及鄰近地區古文化
　　　　研究」會議論文，香港中文大學中國文化研究所中國考古藝術研究中心主
　　　　辦，2007年10月22日。

2013　〈大馬璘文化的研究及其相關問題〉，陳光祖主編《東亞考古學的再思－
　　　　張光直先生逝世十周年紀念論文集》，頁83-107，臺北：中央研究院歷史
　　　　語言研究所。

劉益昌、林美智

　　1999　《斗六梅林遺址內涵範圍研究計畫報告》，雲林縣政府委託雲林科技大學文化資產研究所之研究報告。

劉益昌、林美智、陳雪卿（劉益昌等 2001）

　　2001　〈牛罵頭史前遺址內涵範圍研究〉，《台中縣清水牛罵頭遺址地域蒐集研究》，清水：台中縣文化局。

劉益昌、林美智、顏廷伃、曾宏民（劉益昌等 2008）

　　2008　《臺中縣和平鄉 Babao 遺址搶救發掘計畫第二階段發掘出土標本整理研究計畫成果報告書》，臺中縣文化局委託中央研究院歷史語言研究所之研究報告。

劉益昌、郭素秋、戴瑞春、簡史朗、邱水金（劉益昌等 1999a）

　　1999　《水蛙窟遺址內涵及範圍研究》，南投縣政府委託研究計畫報告。

劉益昌、郭素秋、簡史朗（劉益昌等 2001a、2004a）

　　2001　《Lalu遺址與邵族歷史》，中央研究院九二一災後重建相關研究計畫執行報告書。（未出版）

　　2004　〈九二一震災後Lalu遺址發掘及其意義〉，林美容、丁仁傑、詹素娟主編，《災難與重建——九二一震災與社會文化重建論文集》，頁405-435，台北：中央研究院台灣史研究所籌備處。

劉益昌、陳仲玉、郭素秋、鄭安睎、吳美珍、林三吉、張彥祥（劉益昌等 2004b）

　　2004　《台閩地區考古遺址：南投縣》，內政部委託中央研究院歷史語言研究所之研究報告。

劉益昌、陳俊男、鍾國風、宋文增、鄭德端（劉益昌等 2004c）

　　2004　《台閩地區考古遺址：花蓮縣、宜蘭縣》，內政部委託中央研究院歷史語言研究所之研究報告。

劉益昌、溫振華、王淑津、林美智（劉益昌等 2006）

　　2006　《臺中縣縣定古蹟牛罵頭遺址調查研究計畫案結案報告書》，臺中縣文化局委託之研究報告。

劉益昌、劉得京、林俊全（劉益昌等 1993）

　　1993　《史前文化》，臺東市：文通部觀光局東海岸風景特定區管理處。

劉益昌、鍾亦興、顏廷伃（劉益昌等 2008）

2008 《東西向快速公路八里新店線八里五股段工程影響訊塘埔遺址緊急考古發掘與資料整理分析計畫》，新亞建設開發股份有限公司委託之研究報告。

劉益昌、顏廷伃

2000a 《七家灣遺址受國民賓館影響範圍發掘報告》，台中：行政院退輔會武陵農場。

2000b 《臺東縣史前遺址內涵及範圍研究》，臺東縣政府委託中央研究院歷史語言研究所之研究報告。

劉益昌主編

2000 《臺東縣史前遺址內涵及範圍研究──海岸山脈東側與綠島》，台東縣政府委託中央研究院歷史語言研究所之研究報告。

劉益昌、顏廷伃、許理清（劉益昌等 1999b）

1999 《七家灣遺址受國民賓館影響範圍發掘報告》，行政院國軍退除役官兵輔導委員會武陵農場，和平。

劉瑩三

2002 《台灣地區史前遺址出土玉器材料來源之研究》，行政院國家科學委員會委託國立花蓮教育大學鄉土文化研究所之研究報告。

2003 《台灣北部地區史前遺址出土玉器材料來源之研究》，行政院國家科學委員會委託國立花蓮教育大學鄉土文化研究所之研究報告。

2004 《台灣中南部地區史前遺址出土玉器材料來源之研究》，行政院國家科學委員會委託國立花蓮教育大學鄉土文化研究所之研究報告。

2005 《台灣與鄰近地區閃玉礦及古玉器之地球化學特徵研究》，行政院國家科學委員會委託國立花蓮教育大學鄉土文化研究所之研究報告。

劉瑩三、劉益昌

2002 〈臺灣東部地區考古遺址出土玉器－玉料材質來源之初步研究〉，「2002『臺灣的考古學研究』學術研討會」，中央研究院歷史語言研究所主辦，南港，91年12月9-10日。

劉瑩三、劉益昌、羅清華、余樹楨（劉瑩三等 2002）

2002 〈臺灣東部地區考古遺址出土玉器/玉料來源之初步研究〉，「臺灣之第四紀第九次研討會」，中國地質學會第四紀研究會主辦，南港，91年11

月22-23日。

劉瑩三、羅清華、劉益昌（劉瑩三等 2004）

    2004   〈台灣北部地區史前遺址玉器材料來源初探〉，「中國地質學會年會暨學術研討會」，中華民國地球科學聯合會主辦，花蓮龍潭，2004年5月17-20日。

譚立平、連照美、余炳盛（譚立平等 1997）

    1997   〈臺灣卑南遺址出土玉器材料來源之初步研究〉，《國立台灣大學考古人類學刊》52：211-220。

Bellwood, Peter and Dizon, Eusebio

    2005   "The Batanes Archaeological Project and the 'Out of Taiwan' Hypothesis for Austronesian Dispersal," 《南島研究學報》1: 1-33.

Huang, C.K.

    1966   "Nephrite and blue chalcedony from Taiwan," *Taiwan: Proc. Geol. Soc. China*, 9: 11-19.

Hung, Hsian-chun

    2005   "Neolithic Interaction between Taiwan and Northern Luzon: The Pottery and Jade Evidences form the Cagayan Vally," 《南島研究學報》1（1）: 109-133.

    2008   *Migration and Cultural Interaction in Southern Coastal China, Taiwan and the Northern Philippines, 3000 BC to AD 100: The Early History of the Austronesian-speaking Populations*. A thesis submitted for the degree of Doctor of Philosophy of The Austialian National University.

Lien, Chao-mei（連照美）

    1991   "The neolithic archaeology of Taiwan and the Peinan excavations," *Bulletin of the Indo-Pacific Prehistory Association*（BIPPA）11: 339-352.

Lien, C. M., Tan, L. P., Yu, B. S.（連照美、譚立平、余炳盛）

    1996   "A Preliminary Study on the Raw Materials for the Jade Artifacts Excavated from the Peinan Site, Taiwan," *Acta Geologica Taiwanica*: 32: 121-129.

Liou, Y. S.

    2003   "Some Characteristics of Archaic Jade Artifacts from Eastern Taiwan and their Implications on Raw Materials Source Provenance," *Western Pacific Earth*

Sciences, 3(2): 119-142.

Lo, C. H. and Yui, T. F.

1996 "40Ar/39Ar dating of high-pressure rocks in the Tananao basement complex,"
Taiwan: J. Geol. Soc. China, 39: 13-30.

Tan, L. P., WangLee, C. M., Chen, C. C., Tien, P. L., Tsui, P. C. and Yui, T. F.

1978 "A Mineralogical Study of the Fengtien Nephrite Deposits of hualien," *Taiwan.
Nat. Sci. Council spec. Publ.* No. 1, 81p.

Tan, L.P. Chuay, H.Y.

1979 "Serpentinites of Fengtien-Wanyung area, Hualien," *Taiwan: Acta Geologica
Taiwanica*, 20: 52-68.

Tan, L.P., WangLee, C.M., Chen, C.C., Tien, P.L., Tsui, P.C. and Yui, T.F.

1978 "A mineralogical study of the Fengtien nephrite deposits of Hualien," *Taiwan:
Nat. Sci. Council spec. Publ.* No. 1, 81p.

Tsang, C. H.

1992 *Archaeology of the Peng-hu Islands*(澎湖群島的考古學), Institute of History
and Philology Academia Sinica Special Publication No. 95(中央研究院歷史
語言研究所專刊九十五), Taipei: Institute of History and Philology,
Academia Sinica(臺北：中央研究院歷史語言研究所).

WangLee, C.M. and Yui, T.F.

1982 "Serpentinites from Laonaoshan, eastern slope of the Central Range," *Taiwan:
Proc. Geol. Soc. China*, 23: 76-91.

Yoshiyuki, I. and Hung, H.C.

2005 "Archaeomineralogy of Taiwan: Sourcing study of nephritic artifacts from the
Philippines," *Journal of Austronesian Studies*, 1(1): 35-82.

Yui, T.F. and Wang Lee, C.M.

1980 "Metasomatism of ultramafic rocks from Laonaoshan, eastern slope of Central
Range," *Taiwan: Proc. Geol. Soc. China*. 23: 92-104.

Yui, T.F. and Wang Lee, C.M.

1982 "Isotope studies of carbonate minerals associated with ultramafic rocks,
Fengtien," *Taiwan: Proc. Geol. Soc. China*. 25: 13-21.

Yui, T.F., Hung, H.C., Lin, S.F. and C. WangLee

    2001   "A preliminary stable isotope study of prehistorical tremolite Jade from Taiwan," in: *Conference on Archaic Jade Across the Taiwan Strait Proceedings*. (ed. Tsien, H.H.), 537-542.

論鵝鑾鼻史前聚落的鯊魚獵捕

李匡悌* 莊守正**

一、前言

　　根據現有的認識，鯊魚在地球上已存活有4億年的歷史；生物學上，屬軟骨魚綱(Class Chondrichthyes)，估計約970種(Nelson, 2006)；若僅就鯊魚而不包括魟和鱝者，則約400餘種，分布在全世界各個不同的水域中。或許因為鯊魚分布廣泛以及出現頻繁，以至於一般人對它的認識和了解反而顯得無法與被人類利用的徹底程度相比擬。以臺灣為例，飯桌上的魚翅羹，天婦羅，魚丸，鯊魚煙，健康食品軟骨素，鯊魚皮製品，鯊魚牙飾物，以及利用鯊烯為原料的化妝品，甚至在水族館裡供遊客觀賞等等，便不言而喻了(陳哲聰 2000，陳哲聰等 1997)。但是，論及對鯊魚的了解，印象最為深刻的，卻都是1974年，電影「大白鯊」(Jaws)的製作。虛構的故事情節，將人類對它的恐懼帶到了最高潮。然而，只道盡了人們畏懼的心態，卻遺漏了

---

　*　中央研究院歷史語言研究所研究員。
　**　國立臺灣海洋大學環境生物與漁業科學學系教授。

人類高度利用鯊魚的事實。值得注意的是，不過三十多年的時間，世界各地紛紛傳出了保護若干鯊魚種類的呼籲。

事實上，藉由各地考古資料顯示(如：宋文薰等1967，Li 1981，Li 1997，Rolett 1989，Masse 1989，Allen 1992)，人類利用鯊魚的歷史，並不是晚近才發生的事；衹不過被關注的程度比不上其他議題罷了。本論文研究的主要目的，是希望藉由鯊魚考古材料的分析，來說明和解釋史前鵝鑾鼻聚落捕獵鯊魚活動的內容和方法，以及這些遺留在解釋考古文化時，引發的啟示。

李匡悌(1997)的分析指出，鯊魚在鵝鑾鼻第二史前遺址前兩個階段的文化層堆積中，佔居所有漁獲種類之冠，到了第三階段時，卻被旗魚取代；在第四階段裡，漁獲量更大肆縮減(表1)。由於現生比對材料的欠缺，當時僅將所有的鯊魚歸為一類，亦即恆春半島海域中較為常見的白眼鮫科(Carcharhinidae, requiem sharks)。本研究試圖進一步地探討：

(1)史前鵝鑾鼻聚落究竟捕獵了哪些種類的鯊魚？
(2)這些鯊魚的體積和生命期的分布？
(3)捕獵這些鯊魚的漁法；以及

表1　鵝鑾鼻第二史前遺址魚骨遺留密度(以重量公克計)統計

科	第一期	密度 N/m³ 2.40	第二期	密度 N/m³ 1.20	第三期	密度 N/m³ 2.05	第四期	密度 N/m³ 3
鯊魚	81	34	191	159	449	219	140	47
鰻海鱔			2	2	22	11		
花鱸			1	1	14	7		
䲁							2	1
鬼頭刀			7	6	285	139	109	36
笛鯛	16	7			33	16	12	4
龍占					7	3		
正烏魚	27	11	87	72	610	298	204	68
金梭魚					9	4		
隆頭魚			4	4	17	8	18	6
鸚哥魚	4	2	16	13	86	42	34	11
旗魚	38	16	49	41	882	430	888	296
刺尾鯛			1	1	2	1		
皮剝魨					13	6	1	<1
二齒魨	<1	<1	8	7	48	23		
合計	489	204	626	522	5304	2587	2352	784

(4)在解釋考古文化和臺灣地區南島語族起源問題的研究中,這些鯊魚遺留
　　能提供哪些訊息?

　　本論文的內容,主要將包括:(1)鯊魚遺留的鑑定,(2)鯊魚魚齡的判
讀,(3)史前鵝鑾鼻聚落的鯊魚捕獵活動,以及(4)史前鵝鑾鼻鯊魚遺留的
年代。除此之外,隨著本研究的進行,目前仍持續建立臺灣地區動物考古
學鯊魚比對的基本資料庫。論文中,所有現生鯊魚魚種比對資料的蒐集和
處理,以及史前鯊魚魚齡的判讀,是由國立臺灣海洋大學漁業科學系莊守
正教授協助完成。文字部分則由李匡悌負責撰寫。最重要的,特別感謝中
央研究院動物研究所所長邵廣昭教授和陳哲聰教授,促成了這項跨領域的
科際整合研究;其次,歷史語言研究所和行政院國家科學委員會提供本研
究計劃(NSC 89-2412-H-001-017)的經費補助。南方澳漁民陳連發(眼鏡)協助蒐
集標本。不可否認的,完成這項研究確實集合了不同領域的專業和各個崗
位上的人力,希望這篇論文不僅能增進社會大眾對史前鯊魚的認識,亦能
擴展臺灣地區考古學研究的水平和領域。

二、恆春半島的自然環境

　　經由地形地勢上的觀察,恆春半島大致可劃分成東西兩個部分。東半
部屬山地地形;西半部為海岸堆積。地質構造上,最近兩千年來,恆春半
島每年平均上升約2.5公厘(陳于高 1993)。依據海洋地理學的調查(Jones *et al.*,
1972),恆春半島附近海域受到黑潮、中國沿海流和西南季風流的影響。其
中以黑潮的影響最深,這也就是臺灣地區出現熱帶和亞熱帶環境的主要因
素。恆春海域的水體溫度,最冷月(一月)的水溫攝氏24度,最高溫(五月)攝
氏31度。無論水平或垂直分布,大都相當均勻,溫差變化不大。鹽度的變
化範圍,約在11.77‰(九月)與34.42‰(一月)之間(楊榮宗等 1985)。
　　有關恆春半島的海岸型態;基本上,分為三種。西部和南部屬石灰岩

珊瑚礁隆起的海岸，佔面積最廣；東部則屬由砂岩和頁岩構成的岩岸；只有少許地區出現砂灘堆積。以本次研究考古材料的出土地點鵝鑾鼻來論，其附近海岸概屬上升珊瑚礁，海底地形極為綺麗且變化多端。北部從香蕉灣、砂島往南至鵝鑾鼻一帶，為狹長之礁體，且多半被分隔成塊狀。最南端鵝鑾鼻附近海底地形則屬坡度較緩的平台。由於受到黑潮暖流影響，潮間帶至亞潮帶，沿岸及近海地區可觀察到各種底棲性和洄遊性魚類與貝類，生態極為豐富，種類之多亦是臺灣地區所僅有（楊榮宗 1985:209-275；李光周等 1983：7；賴景陽 1992）。

　　一般而言，恆春半島屬熱帶型冬乾夏濕的氣候。根據恆春測候站1994年的資料，年平均溫攝氏25度。冬季最冷月均溫，攝氏21度（一月）。夏季最高月均溫，攝氏28度（七月）。年雨量達1651公厘。降雨率最頻繁的季節在五月至十月間，其中包括颱風季節。十一月至隔年四月為乾季。恆春地區氣候上另外一個特殊現象，便是乾季時，強烈的東北季風從農曆中秋之後開始吹襲至隔年清明前。這也就是一般所謂的「落山風」。綜觀恆春地區百年來的氣象資料，晚近以來，溫度呈逐漸升高的趨勢；尤其是七月份的氣溫比1950年代升高約攝氏1.5度。其次，一世紀以來，降雨日數和累積雨的變化，亦顯示出恆春地區的雨水，越來越少。

　　雖然許多資料反映，環境不是決定人類文化行為的主要因素。但地形地勢的空間配置，海岸型態，和地質的堆積內容，以及一定範圍內的動植物相，卻經常影響著該地區人類從事各種不同生業的模式。以鵝鑾鼻地區半徑2.5公里範圍內的土地利用型態來論（圖1），水體環境的生態條件便明顯地比陸域環境資源來得優越；換句話說，若干現象強烈地暗示著海域資源對鵝鑾鼻地區聚落的重要性。

三、研究方法與材料

　　研究過程中，基礎工作包括兩項；亦即史前鯊魚遺留的魚種鑑定和魚

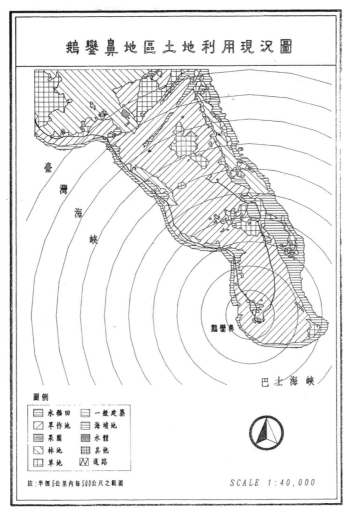

圖1　鵝鑾鼻地區土地利用現況

體體積推斷與魚齡成長判讀。鯊魚魚種的鑑定，主要是先建立臺灣地區常
見鯊魚魚骨的比對標本資料。其次，則是利用脊椎骨的輪徑與體長和體重
的迴歸關係，來推斷該標本之體重。此外，再選擇不同階段可讀輪之史前
鯊魚脊椎骨標本，及進行魚齡生命期的判讀。

（一）考古材料

　　有關史前鯊魚遺留的樣本，均屬李匡悌民國八十二年在鵝鑾鼻第二史前遺址進行考古發掘時的出土。鵝鑾鼻第二史前遺址（圖2）位在臺灣最南端，鵝鑾鼻燈塔西側珊瑚石灰岩礁林區附近。礁林區內的高程由海拔10公尺至30公尺不等。遺留出土地點的位置高約15-16公尺。目前海岸線在遺址西側200公尺處。這個遺址是，民國七十年觀光局將礁林區附近規劃為鵝鑾鼻公園，進行石板步道整建工程時發現的。民國七十一年由已故的李光周教授主持考古調查與發掘。民國八十二年，李匡悌試圖利用本地區的考古材料，說明和解釋史前海岸聚落之攝食系統表現而從事以研究主題為取向的田野發掘。

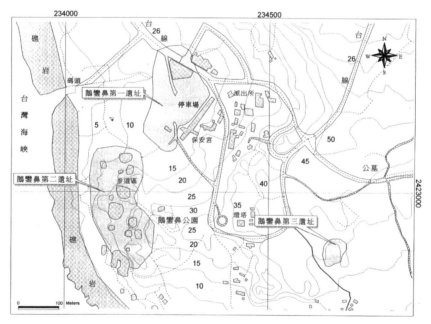

圖2　鵝鑾鼻第二史前遺址地理位置

當時的考古發掘中，出土了數量龐大且內容豐富的各種史前文化物質遺留和自然生態遺留。鯊魚遺留便是其中的一項。由於鯊魚屬軟骨魚類，能存留的部分只有牙齒和脊椎骨。根據統計，此次發掘出土的鯊魚牙齒157顆及大小不一的脊椎骨1200件。

有關鵝鑾鼻第二史前遺址的文化年代，截至目前共累積有26件樣本的定年資料（表2）。這些樣本分別是由國科會貴重儀器中心所屬碳十四年代測定實驗室和美國Beta Analytic Inc.實驗室進行的分析作業。1至4筆是李光周先生1983年報告中的資料。第26筆是出自黃士強等1987年報告中的年代。其餘21筆則是1993年考古發掘出土樣本，隨不同年度之經費許可，所測定的結果。總的來說，26筆的數據顯示出，該遺址文化層堆積的年代，可由2730±120B.P.追溯至4820±100B.P.，換句話說，大約自距今5000年前至2600年前之間。但是其中第一和二筆屬於李光周先生所定義的舊石器時代持續型，民國八十二年李匡悌的田野發掘中並未發現相類似的文化層堆積，因

表2　鵝鑾鼻第二史前遺址碳14年代測定樣本統計

	實驗室編號	地點	深度	文化內涵歸類	標本類別	時間	資料出處
1.	Beta 6159	A區	229公分	鵝鑾鼻第一史前文化相	貝	4820 ± 100B.P.	李光周 1983
2.	Beta 6727	B區	100公分	鵝鑾鼻第一史前文化相	貝	4790 ± 120B.P.	李光周
3.	Beta 6725	A區	48公分	鵝鑾鼻第四史前文化相	碳	3120 ± 60B.P.	李光周 1983
4.	Beta 6726	A區	213公分	鵝鑾鼻第三史前文化相	碳	2730 ± 120B.P.	李光周 1983
5.	?	A區	?	鵝鑾鼻第三史前文化相	貝	4310 ± 80B.P.	黃士強等 1987
6.	Beta 66266	A區P5L13	165公分	鵝鑾鼻第三史前文化相	碳	3340 ± 90B.P.	
7.	Beta 66268	A區P7L16	170公分	鵝鑾鼻第三史前文化相	貝	3180 ± 70B.P.	
8.	Beta 66267	A區P7L7	80公分	鵝鑾鼻第四史前文化相	貝	2990 ± 60B.P.	
9.	Beta 100988	A區P5L5	40公分	鵝鑾鼻第四史前文化相	貝	3720 ± 70B.P.	
10.	Beta 100989	A區P5L9	85公分	鵝鑾鼻第三史前文化相	貝	3510 ± 70B.P.	
11.	Beta 100990	A區P5L11	100公分	鵝鑾鼻第三史前文化相	貝	3560 ± 70B.P.	
12.	NTU_3599	A區P7L6	65公分	鵝鑾鼻第四史前文化相	貝	3620 ± 30B.P.	
13.	NTU_3576	A區P7L7	75公分	鵝鑾鼻第四史前文化相	貝	3850 ± 30B.P.	
14.	NTU_3584	A區P7L9	95公分	鵝鑾鼻第四史前文化相	貝	3720 ± 30B.P.	
15.	NTU_3580	A區P7L10	105公分	鵝鑾鼻第四史前文化相	貝	3710 ± 50B.P.	
16.	NTU_3598	A區P7L11	120公分	鵝鑾鼻第三史前文化相	貝	3770 ± 30B.P.	
17.	NTU_3586	A區P7L13	140公分	鵝鑾鼻第三史前文化相	貝	4150 ± 50B.P.	
18.	NTU_3589	A區P7L14	150公分	鵝鑾鼻第三史前文化相	貝	3690 ± 30B.P.	
19.	Beta 116805	A區P6L18	195公分	鵝鑾鼻第三史前文化相	貝	3480 ± 70B.P.	
20.	Beta 116804	A區P6L15	165公分	鵝鑾鼻第三史前文化相	貝	3650 ± 70B.P.	
21.	Beta 116803	A區P6L14	155公分	鵝鑾鼻第三史前文化相	貝	3650 ± 70B.P.	
22.	Beta 116802	A區P6L12	130公分	鵝鑾鼻第四史前文化相	貝	3590 ± 70B.P.	
23.	Beta 116801	A區P6L10	100公分	鵝鑾鼻第四史前文化相	貝	3690 ± 70B.P.	
24.	Beta 116800	A區P6L8	75公分	鵝鑾鼻第三史前文化相	貝	3570 ± 70B.P.	
25.	NTU_3651	A區P7L17	180公分	鵝鑾鼻第三史前文化相	貝	3770 ± 50B.P.	
26.	NTU_3664	A區P7L13	140公分	鵝鑾鼻第三史前文化相	貝	3650 ± 50B.P.	

此本論文所探討的考古材料年代，大致以在四千年前至二千五百年前的時間較為確信。

(二)現生鯊魚比對標本

截至目前，本計劃共蒐集有現生鯊魚15種；其中包括白邊鰭白眼鮫（*Carcharhinus albimarginatus*），平滑白眼鮫（*Carcharhinus falciformis*），黑邊鰭白眼鮫（*Carcharhinus limbatus*），污斑白眼鮫（*Carcharhinus longimanus*），灰色白眼鮫（*Carcharhinus obsecurus*），高鰭白眼鮫（*Carcharhinus plumbeus*），沙拉白眼鮫（*Carcharhinus sorrah*），紅肉丫髻鮫（*Sphyrna lewini*），丫髻鮫（*Sphyrna zygaena*），鼬鮫（*Galeocerdo cuvier*），鋸峰齒鮫（*Prionace glauca*），淺海狐鮫（*Alopias pelagicus*），深海狐鮫（*Alopias superciliosus*），灰青鮫（*Isurus oxyrinchus*），和長臂灰青鮫（*Isurus paucus*）。所有標本都是從南方澳漁港採集得的。鯊魚標本採集後，進行割鰭和解剖，這部分的工作委由南方澳漁民陳連發先生協助完成。鯊魚口部和成串的脊椎骨骨架分開包裝，貼上魚種標籤後攜回國立臺灣海洋大學漁業學系實驗室進行後續工作之處理。

編號後成串的脊椎骨骨架，先行按節切開，以漆包線由第一節串至最末節，這個目的主要是避免處理時骨節錯置。成串的脊椎骨再以滾燙的熱水浸泡約半分鐘。隨後，利用解剖刀刮除脊椎骨體表面多餘的肌肉和結締組織。清理工作大致完成後，由於部分結締組織緊附於椎體表面不易剔除，遂再以10比1的氫氧化鉀（KOH）浸漬約8至12小時。視整串之脊椎骨完全清理乾淨後，將其泡在流水槽內至少24小時，以便去除殘留的氫氧化鉀。

由於氫氧化鉀屬劇毒，所以浸泡在流水槽中的脊椎骨須謹慎地觀察其殘留量。接下來便是將脊椎骨串浸泡在去離子水中，約4小時。然後使用不同比率的酒精浸泡8小時，以及不同比率的己戊醇（t-butyl alcohol），過程總共約需36小時，這個階段的處理目的是在增加脊椎骨的硬度。最後，再把脊椎骨浸潤在組織蠟中，完成包埋的動作。如此一來，該鯊魚種的脊椎骨比對標本便可入庫收藏且不致變形。直到最近，本研究計劃已處理了將近二十尾。

（三）輪紋之判讀

　　魚齡判讀的方法有：（1）可置於顯微鏡下進行判讀；或（2）利用軟性X光（soft X-ray）影像，來辨別輪紋。但最先的工作是揀選可判讀之椎體樣本。原則上，以骨體外緣完整的標本為優先考量。之後，屬切片；因為鯊魚脊椎骨骨體硬度和結構的特殊性，切片工作以低速度硬體組織切片機最恰當。

　　切片時，先將椎體接近中心的部位縱切；取其中之一半固定於切片機上按橫切的方向，將其切成兩半而得四分之一的脊椎骨。該四分之一的脊椎即屬X光影像時的樣本。進行輪紋影像時，是將切片的橫切面朝下平放在操作檯上，使用35KV的照射強度，隨樣本性質的不同，約3或4分鐘。照射完畢之底片，隨即進行顯影、停影和定影的沖片工作。俟底片晾乾後，便可藉由底片來判讀輪數，或將其沖洗成相片，再辨別其輪紋數量。

　　本論文曾嘗試利用顯微鏡下進行判讀及X-光影像辨識兩種方式。隨樣本之大小和保存狀況的優劣，各有難易。當利用顯微鏡來觀察時，係以樣本最初縱切成二分之一切面為判讀材料（圖3）。由於考古材料色澤並不鮮明，因此，需將樣本沾水使其濕潤以便輪帶深淺明度顯現。為了驗證輪紋數量判讀的準確度，每一樣本均判讀2至3次；甚至以不同的方式判讀來交互驗證輪紋記錄。

（四）史前鯊魚遺留的量化分析

　　一般而言，考古學研究中，針對動物遺留的量化方式，分別以最少個體數（MNI）、可鑑識之標本件數（NISP）和重量

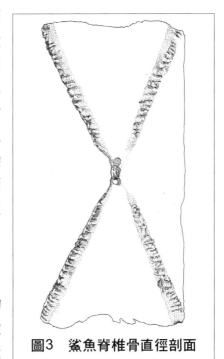

圖3　鯊魚脊椎骨直徑剖面

來計算。根據本研究的經驗，這些方式對史前鯊魚遺留來說似乎都有無法避免的缺失。最主要的原因是，屬軟骨魚類的鯊魚，僅存的考古材料只有牙齒和脊椎骨。每一種鯊魚的脊椎骨數隨個體有異，以高鰭白眼鮫為例，可達152至189節之多。換句話說，不能單純地以骨數多寡來決定；牙齒的部分亦然。高鰭白眼鮫的齒式，上顎為14~15-1-14~15，下顎為12~15-1-12~15，但以上顎15-1-15及下顎13~14-1-13~14較常見。更重要的生物結構現象，上顎有4排牙齒，下顎有5排之多。

理論上，若以魚體肉與骨重量分配的比率來論，一定範圍內骨骼重量的遺留可反映肉質供應量的多寡。其次，脊椎骨骨徑的大小與體長和體重有迴歸關係可求。因此，當可鑑定之脊椎骨分類確定後，再測量其徑寬，則可反推其體長和體重。這種方式雖會因前後骨骼部位的輪徑寬窄不一而造成推算的數據有偏差，但偏差的範圍是能掌握。比較謹慎地作法是，一者用骨質與肉重量比，一者利用骨徑大小的推算來比較。交叉驗證後，再比較其量的差異，便能提高說明不同時間量產變遷的信度。

四、鵝鑾鼻第二史前遺址鯊魚遺留的鑑定與分析

(一)鵝鑾鼻史前鯊魚的鑑定

根據Naylor and Marcus(1994)的研究顯示，每一種類的鯊魚牙齒都具有可比較的特徵(差異)；亦即沒有兩種鯊魚的牙齒形制和齒數是完全一模一樣的。至於脊椎骨的外觀，差異性顯得較為模糊。通常不容易判別出同一屬(genus)之間的差異。透過鯊魚牙齒和脊椎骨形制上的比對，鵝鑾鼻第二史前遺址的鯊魚遺留，至少有15種之多。其中大部分是以牙齒的形態為判別標準。15種鯊魚的棲息生態和漁法分別說明如下：

1. *C. albimarginatus*，白邊鰭白眼鮫，白邊真鯊，Silvertip shark，白翅尾，體型修長之大型鮫類。

齒式：上顎齒比較寬，具明顯鋸齒緣，直立或稍傾斜，三角形齒尖高，下顎齒
　　　直立。

脊椎骨數：由216~231節不等。

分布：南北緯30度間太平洋，印度洋水域，臺灣東北部、西南部均有發現記
　　　錄。近岸及外洋棲息種，水深0~800公尺，喜出現於近岸島嶼之珊瑚
　　　礁水域。夏天產仔，以中、底層水域棲息之漁類為食。

漁法：延繩釣，臺灣地區沿近海捕鯊業主要經濟漁種之一，經濟價值高。

2. *C. amblyshynchos*，黑印白眼鮫，黑尾真鯊，Graceful shark，體型壯碩之
中型鮫類。

齒式：13~14/13~14，以14/13較為常見，上顎齒窄，具明顯鋸齒緣，半直立
　　　或稍傾斜，齒根橫向生長。

脊椎骨數：211~221節不等。

分布：集中於南北緯30度之中，西太平洋水域，臺灣東北部海域偶有漁獲。
　　　沿岸兼具外洋棲息的種類，陸棚區之珊瑚礁水域棲息水深可達100公
　　　尺。一般接近底部棲息，偶而游至水面活動。群聚性，成熟年齡7~7.5yrs.
　　　可活25yrs.以上。

漁法：延繩釣。

3. *C. falcigormis*，平滑白眼鮫，鐮狀真鯊，Silky shark，黑鯊，屬於大型鮫類。

齒式：14~16/13~17，以15/15較為常見，齒緣平滑。

脊椎骨數：199~215節不等。

分布：南北緯30度間，沿岸近海和外洋之水域均可發現。臺灣東部和東北部
　　　數量極多。熱帶海域經常出現，中表層棲息，適水溫23℃~24℃。具
　　　危險性。

漁法：延繩釣或鏢刺魚。
　　　多獲性漁種。

4. *C. leucas*，公牛白眼鮫，低鰭真鯊，Bull shark，體型壯碩，成魚可長至3.4
公尺。

齒式：12~14/12~13，以13/12較為常見。上顎齒寬面，具明顯鋸齒狀，齒尖
　　　或直立或稍傾斜。

脊椎骨數：198~227節不等。

分布：南北緯40度間，大洋沿近海，臺灣東北部偶有漁獲，唯量不多。沿岸
　　　棲息，有時會游到河口甚至河川下游。具危險性。

漁法：延繩釣。

5. *C. limbatus*，黑邊鰭白眼鮫，黑稍真鯊，Blacktip shark，黑翅尾，體型壯碩之
　大型鯊類，體長可至2.6公尺。

齒式：14~16/13~16，15/14~15較為常見。

　　　上顎齒窄，齒緣呈鋸齒狀，齒尖或高而直立或稍傾斜。

　　　下顎齒直立，齒尖窄，呈鋸齒緣，齒根橫向。

脊椎骨數：174~203節不等。

分布：南北緯40度間之沿岸海域。臺灣東北部及澎湖沿岸均可發現。

　　　屬熱帶，亞熱帶海域常見漁種，出現於沿岸近海和河口水域。群聚性，
　　　危險性不高。

漁法：延繩釣。

6. *C. longimanus*，污斑白眼鮫，長鰭真鯊，Oceanic whitetip shark，花鯊
　大型鮫類，體長可至3公尺以上；一般體長不及3公尺；成熟體長180公分。

齒式：13~14/13~15，14/14較常見。

　　　上顎齒頗寬，呈三角形，齒緣呈鋸齒狀，無小齒尖。

脊椎骨數：228~244節不等。

分布：泛世界性種類，臺灣東北部，西南部水域均有，外洋兼沿岸棲息，適
　　　水溫18℃~28℃，20℃以上最佳，活躍但速度不快。

漁法：延繩釣或拖網。臺灣船近海鯊漁業主要漁獲對象，經濟價值高。

7. *C. melanopterus*，污翅白眼鮫或烏翅真鯊，Blacktip reef shark，體型壯碩，成
　魚體長不及1.6公尺。

齒式：11~13/10~12，以12/11較常見。

　　　　上顎齒或直立或傾斜，齒尖窄而邊緣呈鋸齒狀。

　　　　下顎齒或直立或傾斜，亦呈鋸齒狀齒緣，齒根橫向生長。

　　脊椎骨數：193~214節不等。

　　分布：北緯40度與南緯30度間；臺灣東北部，西南海域皆有記錄。

　　　　廣泛分布於印度，西太平洋區，經常出現於近岸珊瑚礁區，甚至於深
　　　　度僅數公尺的潮間帶，生性活潑，游泳能力強，無群聚性。危險性不
　　　　高，它的天敵是大型石斑魚，及其他種類的鯊魚。

　　漁法：延繩釣。

8. *C. obscurus*，灰色白眼鮫，灰真鯊，Dusky shark，圓頭/丸頭，體型流線，3.7
　　公尺以上。

　　齒式：14~15/13~15，以14/14較為常見。

　　　　上顎齒呈寬三角型，鋸齒狀齒象。

　　　　下顎齒直立，齒尖呈鋸齒狀齒緣。

　　脊椎骨數：173~194節不等。

　　分布：南北緯40度間。臺灣東北部及東部外海均有漁獲。高度洄游魚種。

　　　　以各種硬骨魚類為食，包括棲息於珊瑚水域，底棲及表層洄游性魚
　　　　類，有攻擊人類的記錄。

　　漁法：延繩釣。生鮮，鹽漬，煙燻，魚皮可製成皮革。臺灣沿近海鯊漁業多
　　　　獲性漁種之一，經濟價值高。

9. *C. plumbeus*，高鰭白眼鮫，鉛灰真鯊，Sandbar shark，大翅，體型壯碩，可長
　　至2.4公尺。

　　齒式：14~15/12~15，以15/13~14較為常見。

　　　　上顎齒呈寬三角型，鋸齒狀齒緣。

　　　　下顎齒直立，窄鋸齒狀齒緣。

　　分布：南北緯40度間，沿近海域均可發現，臺灣東北部海域經常可漁獲。溫
　　　　帶、熱帶沿岸近海水域，經常出現在陸棚區，由潮間帶至280公尺深。
　　　　季節性洄游。危險性不高。

　　　漁法：延繩釣。多獲性漁種，肉可食，皮可製成皮革，肝臟可提煉肝油，經
　　　　　濟價值高。

10. *C. sorrah*，沙拉白眼鮫，沙拉真鯊，Spot-tail shark，體型壯碩如紡錘，可成長
　　至1.6公尺
　　　齒式：11~13/11~12，以12/12較為常見。

　　　　　上顎齒呈明顯鋸齒狀齒緣，齒尖傾斜。下顎齒形態亦同。

　　　脊椎骨數：153~175節不等。
　　　分布：南北緯30度之沿岸近海水域，臺灣東北部及恆春均有漁獲記錄。
　　　　　　棲息水深0~73公尺，熱帶珊瑚礁區或淺水灣區。
　　　漁法：刺網或延繩釣。臺灣地區經濟性漁種之一。

11. *Prionace glauca*，鋸峰齒鮫，大青鯊，Blue shark，水鯊
　　　脊椎骨數：241~253節不等。
　　　分布：泛世界性漁種，各大洋之溫帶及熱帶水域，臺灣沿岸近海水域均有。
　　　　　　棲息水深0~152公尺，群聚性，水溫7℃~25℃水域。
　　　　　　危險性高。
　　　漁法：延繩釣，拖網漁獲，臺灣遠洋漁業，及沿近海鯊漁業多獲性漁種之一。
　　　　　　價格極低，魚皮可製成皮革，肉可食用。

12. *Sphyrna lewini*，紅肉丫髻鮫，路氏雙髻鯊，Scalloped hammerhead，白皮，大
　　型雙髻鯊，全長可超過3公尺往兩側延伸，狀如鎯頭，故名hammerhead。
　　　齒式：齒緣平滑，不明顯鋸齒。
　　　脊椎骨數：174~209節不等。
　　　分布：熱帶及溫帶，沿岸近海水域，臺灣沿岸近海水域均有發現記錄，屬丫髻
　　　　　　鮫類最常見漁種。
　　　　　　棲息水深0~275公尺，仔魚通常較近岸水域，明顯群聚性。危險性高。
　　　漁法：延繩釣，拖網漁獲。臺灣地區重要經濟性漁種，肉供食用，皮製成皮
　　　　　　革，肝臟提煉維他命，製成營養食品。

13. *Sphyrna zygaena*，丫髻鮫，槌頭雙髻鯊，Smooth hammerhead，黑皮/黑雙，

大型者身長及3公尺寬約全長之26%~29%。

　　齒式：前方齒具強而有力之齒尖，齒緣平滑，或不明顯鋸齒狀。

　　脊椎骨數：193~206節不等。

　　分布：南北緯55度間，熱帶及溫帶沿岸近海水域，臺灣北部及東北部海域經常
　　　　　發現。生性活躍；棲息水深0~20公尺，沿近海常見漁種，成群洄游。
　　　　　危險性高。

　　漁法：延繩釣，拖網，鏢刺漁獲。臺灣沿近海鯊漁業中多獲性漁種。

14. *Isurus oxyrinchus*，灰鯖鮫，尖吻鯖鯊，Shortfin mako，青鯊，煙仔鯊，鯖鮫
　　科（鼠鯊科），（Lamnidae）mackerel shark，體形呈方錘狀。

　　齒式：齒呈大型刀狀，不具小齒尖或鋸齒緣。

　　脊椎骨數：186~193節不等。

　　分布：北緯60度至南緯50度，臺灣除西部外，均有發現記錄。
　　　　　水溫16℃，不論沿海、近海、大洋水域均有分布。生性活躍；棲息水
　　　　　深0~150公尺，活動極為敏捷之漁種。具危險性，但少攻擊人。

　　漁法：延繩釣，多獲性漁種，牙齒經常被製成藝品。

15. *Alopias pelagicus*，淺海狐鮫，淺海長尾鯊，Pelagic thresher，小目吾。

　　齒式：牙齒小，上下兩顎齒皆超過29列，尾鰭長，故名。

　　脊椎骨數：472節。

　　分布：太平洋，印度洋之南北緯40度間，臺灣東北部及東部海域經常可以漁獲。
　　　　　大洋表層性種類之一，有時近岸水域可漁獲，棲息水深0~152公尺。
　　　　　危險性不高。

　　漁法：延繩釣。臺灣沿近海鯊漁業主要漁獲對象之一，經濟價值高。

　　綜觀這15種的鯊魚，基本上分為4科（family）：白眼鮫科，狐鮫科，鯖鮫
科和丫髻鮫科[1]。經由其棲息生態和分布來看，這四科多半屬沿、近海岸水

1　Compagno 1984, 1988 將此科歸類在白眼鮫科中。沈世傑主編之臺灣魚類誌中，則將

域，屬於多獲性魚種。若以現代鯊魚漁法來說，延繩釣，鏢刺漁法和拖網捕撈是捕獵這些鯊魚的獲漁方式。值得注意的是，其中不乏危險性高的魚種。

(二)鵝鑾鼻史前鯊魚的體積推估

臺灣地區不同種類鯊魚的生物學研究已累積相當豐碩的成果(e.g., Chen, *et al*., 1990，Liu, *et al*., 1998，Chen, *et al*., 1997，莊守正 1993，姜博仁 1995)。各項研究中，都具體發現了鯊魚脊椎骨的輪徑(脊椎半徑)與體長(包括體全長，尾叉長或尾前長)及體重的迴歸關係。本論文擬以高鰭白眼鮫(莊守正 1993)為例。雌性和雄性魚體的椎徑與體長關係為(圖4)：

雌性：TL(體長)= 230.721 R$^{0.651}$；(R=半徑)

雄性：TL(體長)= 218.387 R$^{0.576}$

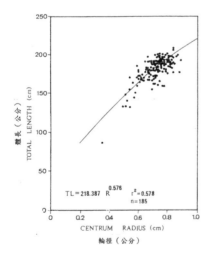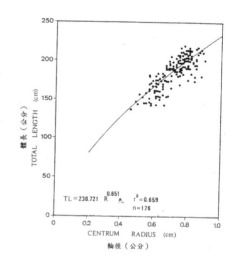

圖4　臺灣地區高鰭白眼鮫(*C. plumbeus*)脊椎骨輪徑與體長迴歸關係
右圖為雌性，左圖為雄性(採自莊守正 1993)

(續)————————————

此科獨立分類。

有關體長與尾叉長(FL)和尾前長(PCL)的迴歸關係，則為：

　　雌性：FL(尾叉長)= 0.657 + 0.810 TL

　　　　　PCL(尾前長)= -5.055 + 0.768 TL

　　雄性：FL(尾叉長)= -2.641 + 0.823 TL

　　　　　PCL(尾前長)= -0.491 + 0.739 TL

根據上述研究成果可再求得，高鰭白眼鮫體長和體重的迴歸關係(圖5)：

　　雌性：Weight(體重)= 5.16 x 10^{-7} $TL^{3.485}$

　　雄性：Weight(體重)= 1.99 x 10^{-5} $TL^{2.778}$

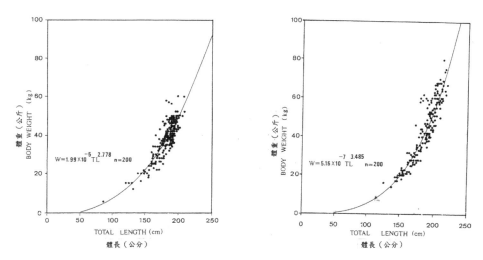

圖5　臺灣地區高鰭白眼鮫($C. plumbeus$)體長與體長迴歸關係
右圖為雌性，左圖為雄性(採自莊守正 1993)

　　其他類如紅肉丫髻鮫(Chen, et al., 1990)和深海狐鮫(Liu, et al., 1998)也都有明確的研究結果，說明從椎徑的大小推估體重多寡的迴歸關係。值得注意的是，魚體的性別無法藉由脊椎骨來判斷。因此，對於史前鯊魚遺留的體重推估，僅能就其迴歸方程式，分別求得雌性或雄性的體重，做為參考的數據。

　　鵝鑾鼻史前鯊魚遺留的輪徑，依四個不同階段堆積所採集的樣本顯示，圖6為白眼鮫科的直徑分布，第一和第二階段遺留的脊椎直徑要比第三和第四階段的為小。圖7為丫髻鮫脊椎骨直徑的分布，第三階段遺留的輪徑最大，第二階段次之，第四階段的遺留則顯得窄小。

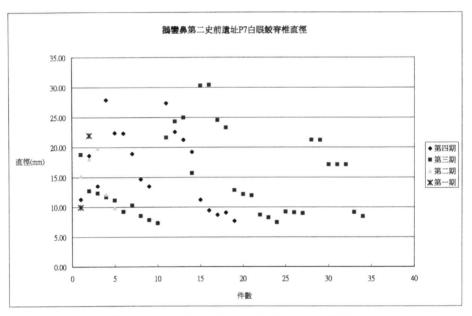

圖6　鵝鑾鼻第二史前遺址白眼鮫遺留的脊椎骨直徑分布

(三)鵝鑾鼻史前鯊魚魚齡成長判讀

　　判讀魚齡成長的主要目的，主要是希望探討這些鯊魚的生命期；另一方面則試圖進一步地了解史前鵝鑾鼻聚落捕獵鯊魚的策略。由於鯊魚的棲息生態，不只因種而異；像公牛白眼鮫屬沿岸棲息，但往往出沒在河口，甚至河川下游。同一種類的成魚和仔稚魚的棲息環境亦大不相同。此外，一般成魚產仔的習性，大都喜愛選擇近海沿岸的水域，一則因沿岸近海環境天敵較少，對仔稚魚安全；一則餌料充足，較容易維生。

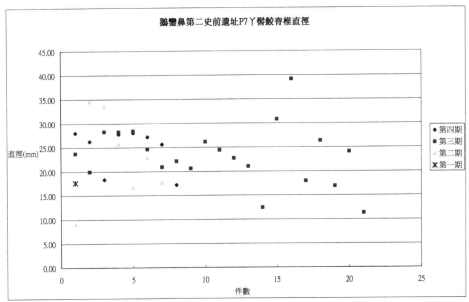

圖7　鵝鑾鼻第二史前遺址丫髻鮫遺留的脊椎骨直徑分布

　　本研究判讀魚齡成長的另一個構想，是由輪數和輪緣(最外緣)來推測該魚體停止生長的季節，亦即該鯊魚被捕獵的時間。學理上，一般鯊魚脊椎骨輪紋的形成，包括兩種型式；即暗帶輪紋(不透明帶)及明帶輪紋(透明帶)一年各形成一次。以高鰭白眼鮫為例(莊守正 1993)，暗帶輪紋形成的時間在冬季的12月。因此，經由輪紋最外緣的成長狀況便可推測其死亡的季節。其他魚種，像公牛白眼鮫(*C. Leucas*)(Branstetter and Stiles, 1987)，黑邊鰭白眼鮫(*C. limbatus*)，薔薇白眼鮫(*C. brevipinna*)(Branstetter 1987b)和紅肉丫髻鮫(*S. lewini*)(Chen et al., 1990)的暗帶輪紋都是在冬季12月形成。所以，只要樣本保存的情況相當完整，魚種的鑑定正確，應該就可以掌握這項資料。

　　事實上，考古材料無法滿足判讀的條件。樣本的好壞是影響因素之一。

其次，高魚齡樣本的輪紋不易判定。莊守正的經驗(1993)，同屬於六月份採集的魚脊骨，有些標本的最外輪接近完成，若干標本卻已經形成；前者接近完成的樣本，其輪紋數為偶數，而已經完成的樣本輪紋數為奇數。在這種情形下，以考古材料而言，便無法根據輪紋數或輪紋最外緣的形成狀況來推測其死亡的季節。另一個可能影響判讀的因素，則是出生輪與第一夏季輪的混淆。臺灣地區的高鰭白眼鮫通常在3、4月產仔，這時候仔稚魚的脊椎骨便有出生輪形成，然而在6月間，又有一所謂的第一夏季輪(first summer mark)。問題的關鍵，並非所有的標本都能清楚地顯示出生輪和第一夏季輪的成長帶。有鑑於此，本論文探討考古樣本魚體生命期的難度頗高。

本研究揀選了25件標本，分別來自第鵝鑾鼻第二史前遺址A區第7探坑的第6，7，8，9，10，11，13和14層。根據觀察結果統計，魚齡成長在12年至22年之間。以18輪數者最多，5件；22輪數者，4件，次之；14輪數者3件；而13，15，16，17和19輪數者皆出現2件，以及12輪和20輪各有1件。本研究曾考慮到這些樣本是否因來自同一魚體而造成偏差的問題，所以在揀選樣本時，刻意就形制和大小的不同優先考量。但不可否認，每尾魚體因前後部位不同，發生體積上的差異。無論如何，本研究試圖藉由魚齡成長的資料，進一步掌握史前鵝鑾鼻聚落從事鯊魚捕獵的水域環境和獲魚的方法。根據判讀的結果顯示，這些樣本所代表的魚體均屬成魚。以白眼鮫棲息生態而言，概屬較深海水域；丫髻鮫的習性便較常出現在中、表層海域。

五、史前鵝鑾鼻聚落的鯊魚捕獵和利用

根據上文所述，史前鵝鑾鼻聚落在恆春半島附近海域，從事鯊魚捕獵作業，至少捕獲了15種不同的鯊魚，而且這些鯊魚的魚齡多半具有12至22年的生命期。大體上，以白眼鮫科和丫髻鮫科最多。在本章中，擬從現有的考古材料來推斷捕獵這些鯊魚可能使用的漁具和漁法；同時，探討史前

聚落利用這項海洋生物資源的策略。

（一）史前鯊魚捕獵作業

　　若干資料顯示，鯨魚有時候會因誤闖不適當水域而遭擱淺。鯊魚卻不曾有過這樣的記錄，即使徘徊在近岸水域，漁夫們仍需利用各種裝備和方式捕獵才能獲漁。但最重要的，捕獵鯊魚的作業需要依賴具相當承載能力的浮水工具和足以應付鯊魚之漁具，否則無法達到捕獵的目的。依晚近捕鯊作業的方法來看（歐錫祺，陳哲聰 1979，周耀焜等 2002），延繩釣、拖網、流刺網和鏢刺漁。使用的釣鉤，屬鐵製圓形釣鉤，鉤長5.5公分，寬3.3公分，釣尖部分長2公分且帶倒刺。一般釣針先以鐵線穿過鉤端環孔，長約50公分，再結繫於100磅之釣繩支線上。坦白的說，三、四千年前的史前遺留中，沒有任何材料能夠與晚近的捕鯊裝備和技術相提並論。至於考古材料的遺留，當時可能使用的漁法分別說明如下文。

　　鵝鑾鼻第二史前遺址出土的相關漁具遺留裡，包括五種不同形制的網墜：(1)帶槽卵型網墜；(2)砝碼型網墜；(3)兩縊型網墜；(4)三隘型網墜；和(5)砝碼型貝網墜。除第5類型外，其餘4種均屬利用石質材料製作完成。針對鯊魚捕獵作業的漁具設備，很難由這五種無論形制外觀或重量分配來推斷。

　　較能具體反映捕獵鯊魚作業的，應屬漁卡子和連結式漁鉤。臺灣地區考古遺留中，發現這類器物標本的遺址並不多（宋文薰 1969，李光周 1983，李匡悌 1993，Li, 1997，Tsang 1992）。民國八十二年鵝鑾鼻第二史前遺址的發掘中，一共出土了58件的漁卡子和連結式漁鉤。漁卡子就是以骨質材料研磨成細枝狀，並將兩端削磨成尖銳狀的器物（圖8）。把這種器物命名為漁卡子的理由是，漁撈活動進行時，餌料縛繫在該枝狀器上；魚上餌時，利用兩頭尖的部分卡在魚的口部，使其無法脫逃，故名。根據這些漁卡子的長度來說，最長者7公分，最短者不及3公分。如果依照鯊魚口部的生理構造來論，這些漁卡子可能無法因鯊魚上餌而使其卡在鯊魚的口部。

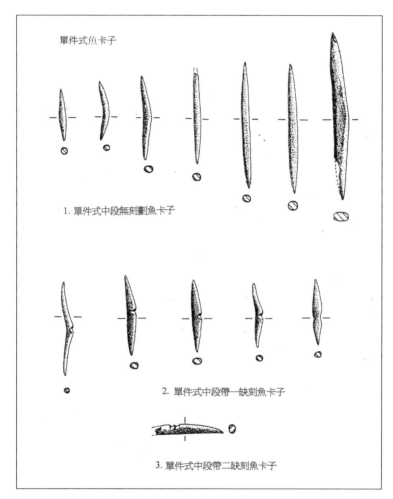

圖8　鵝鑾鼻第二史前遺址的漁卡子遺留

　　連結式漁鉤只發現鉤狀部分的遺留（圖9）；形制上，鉤尖部分的下半段內側呈一平截面，底端外側帶有一突棘。使用上，將魚鉤下半段的平截面貼附在柄上，再以細繩縛綁。突棘的作用應是防止底端的繩索鬆脫。值得注意的是，這種連結式的漁鉤寬約1公分，比漁卡子平均寬度0.5至0.4公分強一倍。其次，鉤尖部分殘斷的現象有二種，部分僅留帶有平截面的下半段，部分殘斷在靠鉤尖部位的下方。藉由殘斷的現象來研判，截斷面角度幾乎與內側截面平行。依照力學原理，當魚上鉤時，漁夫回線向上拉扯，而魚試圖極力掙脫，上下張力導致尖狀部位因此斷裂。本研究認為能形成這種力道的魚，很明顯的屬於體型較大或深海水域。

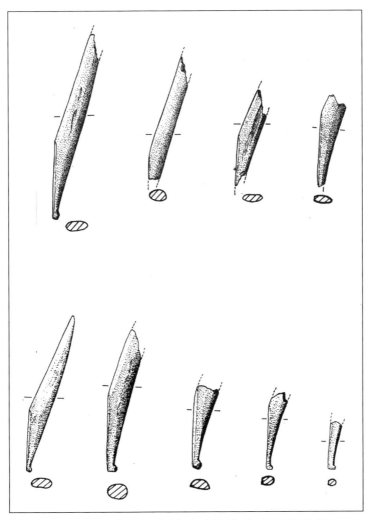

圖9　鵝鑾鼻第二史前遺址的連結式漁鉤遺留

　　此外，史前文化物質遺留中，若干形制較大的石箭頭和石槍頭也可能用做漁具。以槍頭來說，除了用在狩獵陸地大型哺乳類動物之外，也能用在鏢漁的活動上。以晚近鵝鑾鼻地區若干漁釣情況來看，要將大型魚體拉上船筏，便經常需要鏢刺類漁具協助獲漁。

　　遺憾的是，直到目前尚未發現當時使用網和船的具體證據，但從鯊魚遺留的魚種和數量，以及連結式漁鉤和石箭頭與石槍頭等來論，史前鵝鑾鼻聚落應該已經具有船或筏的浮水工具，才有機會到較深和較開闊的水域，並且至少使用繩釣(line fishing)和鏢魚(spear fishing)的方式，從事鯊魚的捕獵作業。

(二)史前鵝鑾鼻聚落的鯊魚利用

　　假若以歷史時期人類利用鯊魚的方式和程度來比較，史前鵝鑾鼻聚落的鯊魚利用似乎沒有太大的差異。藉由發掘過程中觀察到的現象和考古器物的遺留，能相當具體地提供各種利用方式和功能上的說明。

　　鯊魚屬大型魚類，漁民獲魚上岸後的處理與其他魚類截然不同。本研究進行當中，雖沒有看到當地漁民捕獲鯊魚後的處理，但從其對大型魚類；如雨傘旗魚處理的經驗來看，至少包括二種情況。第一種情況，如果碰巧遇到買主，魚上岸後，整尾便由買主取去。第二種情況，若欲自行食用，大都會在岸邊就地處理。處理的步驟，先去頭截尾；然後依當時出海夥伴的人數和魚體的實際大小，分段切割。通常較好的部分(肉多或公認屬上肉的部位)，留給同伴中地位較高的。雖然這種情況並無法由現有的考古材料中得到證實，但分割成段塊的情形，則可由發掘時，脊椎骨節相伴出土看出端倪。民國八十二年的考古發掘中，不同的探坑裡都發現類似的出土現象，亦即五至七節不等的鯊魚脊椎骨連結相伴在遺留堆積裡。本研究認為，造成這種遺留現象最大的可能性，即是鯊魚切割成段塊，攜回居住地再將肉切除，成串脊椎骨丟棄掩埋所致。因為脊椎骨在尚帶有肉(結締組織)的情形下，才會有序地排列。

　　史前鵝鑾鼻聚落除了將鯊魚魚肉作為食用外，鯊魚牙齒和脊椎骨也是製作工具和裝飾品的材料。考古材料中，發現4件帶有加工痕跡的鯊魚牙齒，3件穿孔鯊魚牙齒和3件穿孔鯊魚脊椎骨。根據晚近恆春地區居民的說法，穿孔鯊魚脊椎骨曾被用做誘捕伯勞鳥鳥踏上的鈕扣。至於穿孔鯊魚牙齒則不曾使用過。值得注意的是，世界各地不乏發現類似考古材料和民族學材料的記錄。尤其是穿孔鯊魚牙齒，許多地區利用牙齒尖銳的特性，穿孔綁在柄上，當作切割工具，亦有成串綁在長形竿上，當作槍矛來用。龜山史前遺址的墓葬裡(李匡悌 1994)，亦出現類似的穿孔鯊魚牙齒，這種器物或者能解釋為項墜飾品。此外，鵝鑾鼻第一史前遺址(宋文薰等 1967)，墾丁史前遺址(Li 1981)和龜山史前遺址(李匡悌 1993，1994)都出現有穿孔的鯊魚脊椎骨，一般認為屬裝飾之用。

　　綜觀各種考古器物遺留和發掘出土的現象，鯊魚對史前鵝鑾鼻聚落而言，關係至為密切。除了魚肉作為食用之外，鯊魚牙齒和脊椎骨也都是當時製作器物取用的材料。至於魚皮和魚翅的部分，則沒有任何考古線索能夠提供說明。不可否認的，依照四千年前史前鵝鑾鼻聚落利用鯊魚的徹底程度，不難想像當時聚落對鯊魚的認識和掌握已極具基礎。

六、討論和結語

　　根據本研究結果顯示，大約在四千年前至二千五百年前鵝鑾鼻地區的史前聚落，已經能夠從事鯊魚的捕獵作業。至少有15種不同的白眼鮫科丫髻鮫，狐鮫和鯖鮫。他們除了將魚肉做為食用外，還利用鯊魚的牙齒和脊椎骨穿孔做為飾物或工具。這些鯊魚多半具有12年至22年生命期的成魚。從它們棲息的生態習性來推斷，部分屬深海水域，若干種類喜愛徘徊在近岸珊瑚礁附近。從漁具的考古遺留來看，連結式漁鉤和大型石製槍頭可能與鯊魚捕獵作業有關。雖然沒有發現船筏的具體證據，但以鯊魚捕獵活動的空間來研判，當時應該已有船筏的裝備。意義最深遠的，鯊魚的捕獵活動具體地說明了當時聚落在海洋文化上的高度表現。鵝鑾鼻附近宛如一座天然的海洋牧場，隨著人們的喜愛提供著各式各樣的自然食物資源，亦能因應當時對食物質量需求的增加。

根據鵝鑾鼻第二史前遺址魚類骨骼遺留的統計分析，鯊魚被認為是早期和第二階段漁獲的大宗，第三階段起則被旗魚所取代(Li, 1997)。對於這種現象；研究認為，前兩個階段，鵝鑾鼻聚落大多從事近海沿岸水域的漁撈活動。當時鯊魚是這個水域中最大型的漁獲對象。漁民們基於投資報酬率的考量，理所當然地鯊魚當成捕撈對象。直到第三階段，人口快速成長，大洋區洄游水域的漁撈技術發展成熟，為了因應人口成長所需要的食物量，因此選擇了旗魚作為漁獲對象。相類似的理由，旗魚也是大型魚類，能夠提供大的肉類食物資源。另一個原因，則是旗魚出現的頻率遠超過鯊魚。

事實上，這個說法從恆春地區現代漁撈經營策略來解釋也相當符合情況。近年來，旗魚在恆春地區的漁獲量一直相當豐富，且屬高經濟價值魚類。隨著季節的轉變，不同種類的旗魚都能在恆春附近海域出沒。雨傘旗魚出現最頻繁的季節是四至六月；白皮旗魚和黑皮旗魚則在每年十月至隔年三月。鯊魚則不然。根據恆春地區魚類優勢指數的統計(張崑雄1985)，各觀察站所列的資料中，沒有發現比較突顯的數據。而且就恆春地區漁業生產量計，鯊魚僅佔5.7%，旗魚卻佔32%以上；若依產值來衡量，旗魚的價值佔55%，而鯊魚僅有3%(楊榮宗等1985)。此外，從訪談得到的印象，反映出當地漁民對鯊魚興趣偏低。最明顯的理由，一則是價格偏低。再則是量產遠不及恆春附近海域出現的旗魚及其他高經濟價值漁類。

有關鯊魚捕獵作業的方法，若以現代漁撈學論及漁具與漁法的角度來看，捕獵鯊魚需要的釣鉤比釣其他種魚來得大，繩索的磅數亦較高。因此，以四千年前當時的情況來推論，既然早期的漁撈裝備已有足以應付鯊魚的條件，因需要而轉移獲魚對象，則不至於發生漁具不勘使用的問題。再者，若以捕獵大型魚類的漁法來看，兩者的作業方式極為類似。

　　總的來說，鵝鑾鼻第二史前遺址的鯊魚遺留，說明了當時聚落原先就具備了從事海洋生業活動的知識和技術，為了應付人口成長伴隨而來的食物需求量，而將漁獲的主要對象轉移至旗魚。最有意義的是，各種現象反映著他們累積了對恆春海域生態熟悉的程度和掌握的能力，否則不僅無法克服各種不同水域環境的危機，遑論獲取足夠的資源。

結語

　　以目前對鯊魚了解的程度來說，有關鯊魚的生物學研究還有相當需要努力的空間。就像我們對大白鯊的認識，還有太多需要學習的地方。最為明顯的，一般人認為只要鯊魚出沒，泳客就遭殃的觀念，也逐漸在改變。400種鯊魚，曾有攻擊人的記錄的漁種不過30餘。但真正會主動攻擊的只有4種：大白鯊，公牛白眼鮫，鼬鮫和污斑白眼鮫（Benchley 2000）。再如臺灣地區一直被誤解在海上捕獵鯊魚僅割下魚鰭，肉體便都丟棄的行為。事實上這是因臺灣大量消費魚翅而蒙不白之冤。以南方澳看到的情況便可真相大白。那般徹底使用的程度，比其他動物有過之無不及。會遭受誤解的另一個因素，則是那種只割魚鰭的行為確實發生在遠洋漁船的作業中；但世界各國的遠洋漁船大都如此。坦白的說，適度的鯊魚捕獵而不危害到物種及其族群數量的存續，應仍符合永續利用之原則，也是兼顧經濟和保育的可行方式。

　　截至目前，對於鯊魚的臺灣考古認識，根本談不上具體的研究。這種情況在全球各地都一樣。藉由研究的進行，目前已建立有一批臺灣地區常見鯊魚種類的骨骼比對資料。我們希望因此能引發考古學和魚類生態學領域的興趣和重視。臺灣四周環海，海洋生物與臺灣地區早期人類的依存關係理應密切。要探究這層關係的密切程度，便需從生態遺留的鑑識著手，但願這篇論文能夠達到拋磚引玉的效果。

參考書目

宋文薰
　　1969　〈長濱文化——臺灣首次發現的先陶文化〉,《中國民族學通訊》9：1-27。
宋文薰等
　　1967　〈鵝鑾鼻：臺灣南端的史前遺址〉,《中國東亞學術研究計劃委員會年報》
　　　　　第6期。
李光周等
　　1983　《鵝鑾鼻公園調查報告》,國立臺灣大學人類學系研究報告,高雄：交通
　　　　　部觀光局墾丁風景特定區管理處。
李匡悌
　　1993　《國立海洋生物博物館基地龜山史前遺址調查評估研究報告》,高雄：國
　　　　　立海洋生物博物館籌備處。
　　1994　《探討臺灣南端史前聚落的海洋適應：以龜山史前遺址為例》,高雄：國
　　　　　立海洋生物博物館籌備處。
周耀烋、蘇偉成
　　2002　《臺灣漁具漁法》,臺北：行政院農業委員會漁業署。
邵廣昭等
　　1992　《墾丁國家公園海域魚類圖鑑》,屏東：內政部營建署墾丁國家公園管處。
姜博仁
　　1993　《臺灣東北部海域深海狐鮫之年齡與成長研究》,國立臺灣海洋大學漁業
　　　　　科學研究所碩士論文。
陳哲聰
　　1997　〈從資源永續利用的觀點談鯊魚的保育〉,載於《藍色運動：尋回臺灣的
　　　　　海洋生物》,邵廣昭等著；頁59-65。臺北：中央研究院動物研究所（聯副
　　　　　文叢：47）。
陳哲聰　劉光明　莊守正　斐馬克
　　1996　《臺灣的鯊魚漁獲與貿易》,臺北：臺北野生物貿易調查委員會。
莊守正

1993　《臺灣東北部海域高鰭白眼(板鰓亞綱，白眼鮫科)之生物學研究》，國立
　　　臺灣海洋大學博士論文。

張昆雄

1984　《墾丁國家公園海域珊瑚礁及海洋生物生態研究》，保育研究報告第19
　　　號，屏東：內政部營建署墾丁國家公園管理處。

楊榮宗

1985　《墾丁國家公園史前文化及生態資源》，頁208-275，屏東：內政部營建
　　　署墾丁國家公園管理處。

賴景陽

2005　《臺灣的貝類圖鑑》，臺北：貓頭鷹出版社。

歐錫祺　陳哲聰

1979　《臺灣重要漁具漁法調查報告》，中國農村復興聯合委員會，漁業專輯第
　　　36號。

Allen, Melinda.S.

1992　Dynamic Landscapes and Human Subsistence: Archaeological Investigations
　　　on Aitutaki Island, Southern Cook Islands. Ph. D. dissertation, University of
　　　Washington, Seattle.

Benchley Peter

1998　"Great White Sharks," *National Geographic* 197(4): 2-29.

Branstetter, Steven

1987a "Age, growth and reproductive biology of silky sharks, *Carcharhinus
　　　falciformis*, and the scalloped hammerhead, *Sphyrna lewini*, from the
　　　northwestern Gulf of Mexico," *Environment Biology of Fish* 19(3): 161-174.

1987b "Age and Growth Estimates for Blacktip, Carcharhinus limbatus, and Spinner,
　　　C. brevipinna, Sharks from the Northwern Gulf of Mexico," *Copeia* 4: 964-974.

Branstetter, Steven and Robert Stiles

1987　"Age and Growth Estimates of the Bull Shark, *C. leucas*, from the northern Gulf
　　　of Mexico," *Environmental Biology of Fish* 20(3): 169-181.

Chen, Che-tsung, Leu, Tzyh-Chang, Joung, Shoou-jeng and Nancy C.H. Lo

1990　"Age and Growth of the Scalloped Hannerhead, Sphyrna lewini, in Northeastern

Taiwan Waters," *Pacific Science* 44(2): 156-170.

Chen, Che-tsung, Leu, Tzyh-Chang, and Jin-jehn Wu

1985 "Sharks of the Genus *Carcharhinus* (*Carcharhinidae*) from Taiwan," *Journal of Taiwan Museum* 38(2): 9-22.

Jones, Robert S., R. H. Randall, Ying-min Cheng, Henry T. Kami, and Shiu-man Mak

1972 *A Marine Biological Survey of Southern Taiwan with Emphasis on Corals and Fishes*. Institute of Oceanography, College of Science, National Taiwan University, Taipei, Special Publication No. 1.

Li, Kuang Chou

1981 "Ken-Ting: An Archaeological Natural Laboratory Near Southern Tip of Taiwan." Ph. D. dissertation. SUNY, Binghamton.

Li, Kuang-ti

1997 "Chang and Stability in the Dietary System of a Prehistoric Coastal Population in Southern Taiwan." Ph. D. dissertation. Arizona State University, Tempe.

Liu, Kwang-ming, Chiang, Po-jen, and Che-tsung Chen

1998 "Age and Growth Estimates of the Bigeye Thresher Shark, *Alopias superciliosus*, in Northeastern Taiwan Waters," *Fishery Bulletin* 96: 482-491.

Masse, William Bruce

1989 "The Archaeology and Ecology of Fishing in the Belau Islands, Micronesia." Ph. D. dissertation, Southern Illinois University, Carbondale.

Naylor, Gavin J.P. and Leslie F. Marcus

1993 "Identifying Isolated Shark Teerh of the Genus *Carcharhinus* to Species: Relevance for Tracking Phyletic Change through the Fossil Record," *American Museum of Natural History* 3109:1:53

Nelson, Joseph S.

2006 Fishes of the world. New York: John wiley & Sons. Inc.

Rolett, Barry V.

1989 "Hunamiai : Changing Subsistence and Ecology in the Prehistory of Tahuata (Marqusas Islands, French Polynesia)." Ph. D. dissertation, Tale University. University Microfilms, Ann Arbor.

Tsang, Cheng-hwa

    1990 *Archaeology of the P'eng-hu Island.* Institute of History and Philology, Academia Sinica, Special Publication, No. 95, Taipei.

遺址形成與土地利用
——以鳳山隆起珊瑚礁為例

陳維鈞*

一、前言

　　由於考古學的研究材料，在自然環境下，一直受到不同程度的自然營力和人為作用力的影響，而呈現不同程度的質與量的變化。此一現象，就是所謂的考古遺址形成過程，對於考古學的研究影響深遠。早期的考古學者以所謂的相關原理（correlate principle），將行為現象和物質在空間分布的現象相對應，認為物質文化是凍結的時空秩序組合，其最後堆積的情形，直接反映人類行為的最終歸宿。因此，認為從具有規律的器物組合關係模式，就可以用來推論過去的人類行為（Schiffer 1987）。這種考古學的推論過程，其前提基本上是不正確的。因為過去人類行為所產生的文化遺物和生態遺留證據，在自然環境中，明顯的受到無數次的多樣性文化和自然形成過程的影響。事實上，任何具有規律性的器物組合關係都是經過所謂的轉型過程（transformation）的結果（Schiffer 1975、1976）。因此，考古學者必須理解，並注

　*　中央研究院歷史語言研究所副研究員。

意到考古遺址形成過程的理論，及其對考古遺址被發現機率的可能影響。不能只看考古遺址或文化遺物的外表或組合關係，就加以解釋過去人類的行為和文化，而應該審慎的考慮和完全的掌握有關的問題，例如考古資料是如何形成的，而形成過程又是如何影響考古資料、如何影響考古學者蒐集考古資料、以及形成過程如何影響到我們對考古資料的使用等。如此，考古學者才能理解考古資料的可能限制，繼而瞭解考古資料與人類行為之間的相互關係，最後才能有效的針對考古出土資料，做出有意義的人類行為的解釋。也就是這個原因，考古遺址形成過程的研究，是各地學者，無論他們的學派隸屬是否相同，都必須正視的重要研究課題(陳維鈞 2000)。

考古學資料受到考古遺址形成過程影響的現象，在臺灣考古學發展的過程中，很早就被學者所提及。但是，有關遺址形成過程的探討與研究，卻並沒有受到應有的注意與重視。例如日治時期，宮本延人(宋文薰 1961：5)就曾提出東海岸史前遺址的分布比開發較早的西部平原為密集，是因為西部平原多已被開墾，遺址不易被發現之故。此一現象即說明了屬於文化形成過程範疇的人為擾亂過程，例如土地的開發行為，會破壞遺址，進而降低遺址被發現的機率。

宋文薰師在〈臺灣的考古遺址〉一文中(1961)，指出為何台南、台中、及台北諸平原上的史前遺址分布比較多，而嘉義、新竹、及宜蘭諸平地則較少，這是因為過去調查之細密或疏略所造成的緣故。此一觀察，很明顯的認識到考古田野調查次數的多寡、涵蓋範圍的密集程度、或調查方法對考古遺址發現機率的影響。調查次數愈多，調查方法愈密集者，則發現遺址的機率將愈大。另外，同文中，宋文薰師更指出由遺址的地理分布的情形來看，大致可以類推尚未被發現的遺址的可能所在，強調調查者應該對調查區域的現在及過去的地理環境變遷，以及其他自然背景知識有所掌握。例如台北盆地史前遺址多位於盆地邊緣；西海岸中部地方之史前貝塚遺址多位於后里、大肚、及八卦等台地的西側邊緣，距海不遠處；而台南地區之史前貝塚遺址多分布於台地邊緣，海拔約10公尺之高度上。這些現象，說明了自然形成過程對考古遺址的分布有絕對的影響。很可惜的，研究形成過程對考古學資料的影響，包括遺址的發現機率、遺址的保存狀況、乃至於考古學者對人類行為或文化的推論等，並沒有被深入的探討。僅偶而會出現在考古學的文獻中，以描述現象的方法，說出考古遺址或文化遺物可能遭受到的自然營力或人為作用力的擾亂（陳維鈞 2000）。

　　本文將以鳳山隆起珊瑚礁的考古遺址在時空架構下所呈現的考古學資料，來檢視考古遺址在空間上的分布情況，是如何受到考古遺址形成過程的影響？亦即根據遺址分布的時空關係證據，本研究試圖提出一套架構來解釋研究區內考古遺址分布的規律。基本上，由鳳山隆起珊瑚礁現有已知的遺址分布情形來看，並無法真正瞭解其中所包含的意義。因此有必要檢視其週遭區域的資料，例如高雄平原和屏東平原上同時期的史前遺址分布情形，如此才能有一個較為清晰的圖像。現有資料顯示，研究範圍區內的遺址分布多位於隆起珊瑚礁之上，雖然有少數遺址座落在丘陵前緣，或沖積平原較高的地帶上，但似乎多屬較為晚近的文化遺址。這種遺址在空間上不平均分布的現象，其造成的可能原因，也是本文想要探討的課題。

二、遺址形成與土地利用

　　考古學這門學科的發展，可以被看成是對考古出土資料的理解和解釋的一種連續不間斷的研究過程。考古學的研究素材是人類行為所產生的物質遺留，包括了文化遺物和生態遺留，因此，對於物質文化所處的情境，有必要加以區分。基本上，我們現在所處的環境可以稱之為現生的系統脈絡（systemic context），它是一個正在進行中的動態行為系統；而考古脈絡（archaeological context）則表示當物質一旦進入考古體系中，就只和自然環境產生互動，基本上是屬於靜態的。在現生的系統脈絡中，物質文化的使用歷程，亦即物質文化的生命循環（life cycle），大致包括下列的幾個連續過程：首先是從自然環境中獲取所需的原料（procurement），然後依其工藝技術製造器物(manufacture)，器物經過製造之後，再來就是使用階段(use)，器物在使用的這段期間中，也可能會經過維修(maintenance)，或被回收再製造(recycling)，或再使用(lateral cycling)，最後當器物損壞無法再使用時，則會被丟棄(discard)，或可能在器物仍可使用的情況下，因為無意而被遺棄(lost)。當器物被丟棄或遭遺棄時，物質文化即不在屬於現生的行為系統，而進入了考古脈絡中，成為考古學的研究素材。不過，值得注意的是物質經由採集或發掘，在考古脈絡中的物質遺留將重新進入現生的系統脈絡。也就是說，物質可以在現生的系統脈絡和靜止的考古脈絡這兩種體系中來回的轉換(Schiffer 1972、1976：27-41)。

基本上，考古學的研究素材通常都是破碎、殘缺不全的物質遺留，當考古學者獲得之時，便思索著如何可以藉由實驗室的各種分析，歸納各項結果，從而進行人類行為，甚或社會文化的重建工作。換言之，就是想從靜態的考古脈絡中所得的資料，去探究這些物質遺留所反映的系統脈絡的動態行為體系。可以說是從所看到的物質遺留在空間上的聚集(或考古遺址的分布)的結果，而想辦法從這些物質遺留在所處地理環境所呈現的規律，如數量的多寡有無、類型的樣式變化、或分布範圍的大小等，去理解整個聚落系統。想要瞭解為何考古遺址會選擇在此地，而非彼地。也就是說，想從考古脈絡中的考古資料，思索著去回推到系統脈絡，進而試圖去重建和解釋人類行為的發展過程。

考古遺址是考古學者研究的最基本單位，其定義可能因研究者的認知或研究旨趣，而略有不同。不過，基本上我們依然可以為考古遺址做一個簡單的定義：考古遺址就是一個物質遺留聚集的地點，而其物質遺留所提供的考古學資料，足以被用來判定人類行為與活動的性質。例如從遺址具有的功能可以區分為聚落遺址、狩獵遺址、作坊遺址、或墓葬遺址等。如果每一個考古遺址都是考古學者研究的一個樣本個體，那麼，考古學者的研究區域可以說就是研究的樣本空間(陳維鈞 2005)。在這個定義之下，本研究的樣本空間，即包括了鳳山隆起珊瑚礁，以及其緊鄰的高雄平原和屏東平原。

　　遺址地點的選擇，不論其類型是聚落遺址、狩獵遺址、作坊遺址、或墓葬遺址，在空間上的分布並不是隨機的(SARG 1974)。它反映了人類如何在土地利用上適應自然和社會環境的結果，尤其是聚落位置在空間上的選擇，更不是無義意的分布的，而是考慮人地關係和群際關係之後一系列選擇的結果。人類聚落的選擇不僅受到自然地理環境的限制，也受到人類本身創造出來的文化的制約。其中，自然條件的限制包括了地形(如坡度、高度、自然障礙等)、生業需求(如自然資源的多寡、季節分布、空間分布等，它包括了動、植物及原料等)、氣候(如溫度、濕度、日照、雨量、風向、風速等)、土壤(如所含養份的高低、適耕土地的分布)、水資源(如距水源的距離、多寡、和季節分布等)、以及其他(如生物種屬的競爭)。而文化的約束方面，則包括群際互動(如不同族群的競爭、合作)、族群認知(如對氣候狀況、環境狀況、資源使用選擇的知識，以及宇宙觀的認知等)、族群喜好(因文化選擇而有所不同，會表現在食衣住行上)、族群社會組織(如族群結構、社會組織等)、以及技術水平等(如工具的製作、資源取得、儲藏、運輸等方式)(參見Butzer 1982；Trigger 1968；Jochim 1981)。

　　就區域研究而言，聚落系統是由區域內一群不同類型的遺址所構成，每一個考古遺址，都是屬於該聚落系統的一個環節。所以說，在討論或者解釋人類行為的變異，以及社會文化的發展過程和變遷時，考古學者並不能，也無法只針對其中的一個遺址來做研究，而必需考慮到區域內聚落系統的每一個環節。也就是說，即使是研究區域內的某一個遺址，也應該整體考慮其所屬的聚落系統在自然環境下的空間分布，以及區域內各遺址之間相互關係的社會環境(SARG 1974)。

三、鳳山隆起珊瑚礁的自然人文環境

　　在臺灣西南部地區的考古學研究中，鳳山隆起珊瑚礁因其地理位置恰位於高雄平原和屏東平原之間,擁有西南部地區史前文化層序各文化的遺址,並保有此一地區的地方性特徵。所出土的豐富而多樣的文化遺留,對於瞭解臺灣西南部地區史前族群生業適應,以及文化發展和變遷,無疑是一處極為重要的區域。本節將就研究範圍區,包括鳳山隆起珊瑚礁,和緊鄰的高雄平原和屏東平原的自然地理環境、氣候特徵、以及人文發展過程做一背景敘述,以做為討論本研究範圍區所出土之考古學資料的基礎。

就地理位置而言,鳳山隆起珊瑚礁分布於鳳山市南方,即為沈降時期所生成,後因隆起而形成今日之情形(張勁曾 1964:122)。大致上呈一南北延長之細長台地,南高北低。北部有高約70公尺的尚誓山,鄰接鳳山市,台地中部是一個高約98公尺的平頂台地,南部之鳳山,最高約145公尺,其高度向南方遞減,而於鳳鼻頭附近沉入海岸。西側為石灰岩陡崖,東側緩傾到平地(林朝棨 1970)。其地理位置位於高雄平原之東南邊界,而其東側則為屏東平原。全新世海水面上升時期,海水侵入高雄平原和屏東平原,此時的鳳山隆起珊瑚礁基本上是一個凸出於海灣上的半島地形。

位於鳳山隆起珊瑚礁西北的高雄平原,就其地理位置和分布範圍大小,可以區分為廣義的高雄平原和狹義的高雄平原。廣義的高雄平原位於嘉南平原之南,從二層行溪口到下淡水溪口,約50公里長,地勢大致平坦,二者之間並沒有明顯的界線。在地形上和氣候上,高雄平原恰位於嘉南平原到屏東平原的過渡地帶。高雄平原多為海相沉積,因此甚為平坦,排水並不良好。平原上的小溪,都出自內門丘陵,源低而流短,水量不足。海岸平直,但多潟湖,高雄港即建於最大的潟湖高雄灣的西北角缺口。平原上有若干隆起珊瑚礁和泥火山,隆起珊瑚礁有大岡山、小岡山、半屏山、龜山、壽山、和鳳山等,泥火山則有橋子頭的滾水坪和彌陀海岸的螺底山(陳正祥 1961)。其中,大岡山、小岡山、半屏山、龜山、壽山等隆起珊瑚礁,由東北向西南,略呈一線排列,與內門丘陵、鳳山隆起珊瑚礁環繞狹義的高雄平原。亦即全新世海水面上升時期所形成的「古高雄灣」之所在,其範圍約當現在的燕巢鄉、大社鄉、仁武鄉、鳥松鄉、鳳山市、和高雄市。

　　位於鳳山隆起珊瑚礁東側的屏東沖積平原，其形狀略呈南北較長之矩形，長約50公里，東西寬約20公里，乃一陷落而成之地溝狀平原。平原東側之荖濃溪大致為一沿潮洲大斷層流動之斷層谷，由於潮洲斷層下形成許多新舊沖積扇，迫使荖濃溪流路向西移，而與楠梓仙溪在嶺口附近合併為高屏溪（下淡水溪）。高屏溪後又受東側沖積扇堆積物之向西擴展，而逐漸向西側移動，逐步剝蝕旗山南方之丘陵東麓而拓寬平原面。所以說，完成本平原的主要原因，是流入平原的河流，搬運大量岩屑，堆積在出山口附近的沖積扇的沖積作用。平原上之河流呈網狀流路，形成廣大之洪涵原（傅新保 1990；林朝棨 1970）。

　　臺灣地區，就緯度而言，由於北回歸線通過嘉義南部，在氣候上應屬熱帶。然實際上，除恆春一帶純屬熱帶外，大部分是屬於亞熱帶氣候區域。由於季節風的關係，每年夏季西南風盛行，由五月左右開始，七、八月間最盛，到十月才減弱。此一西南季風吹過南方海面時，常吸收豐富之水份，進入臺灣即下雨。冬季東北季風盛行，亦帶來不少雨量，不過受到山脈之阻隔，以及本身所含水量亦無多，行至南部時已是乾風。因此，基本上，南部地區屬夏雨冬乾型氣候，雨季集中於七至九月間，約佔全年雨量之80%以上。而冬季至春季異常乾旱，旱災頻率甚高，年降雨日數約120日。雨量在平地較少，平均年雨量一般在1,500-2,000公厘之間，自山邊向沿海遞減，而山區之平均年雨量多在3,000公厘左右，迎風坡更可達4,000公厘以上，年降雨量日數約為150-200天之間。至於氣溫方面，南部氣候區平地之冬季平均氣溫約攝氏17度，夏季為27度以上，年平均溫度為攝氏23度（陳正祥 1960、1961；林朝棨、周瑞燉 1974）。

　　至於人文環境方面，綜觀研究區內各鄉鎮市漢人開拓史，大體可知漢人開拓之初，以其優勢之人口、技術，大量的進入原本為原住民分布之地域。不論漢人在土地之取得上是用武力或用和平的方式進行（黃富三 1981），原住民已逐漸失去與漢人競爭之能力，而退居近山之丘陵或山區。

　　基本上，臺灣西南部地區漢人的開拓，以平地（高雄平原和屏東平原）為肇始，而逐漸進入河谷(如楠梓仙溪河谷)；此與地緣上、土地肥沃、耕地面積有密切關係。高雄平原和屏東沖積平原，尤其是後者，不僅土地肥沃，耕地面積廣大而平坦；在地緣上，接近開發最早之台南地方，且海路交通亦稱便捷。以農業移民為主之漢民族在台南地方人口漸趨飽和之際，為尋得可耕土地，而漸漸向南北擴展，高雄平原和屏東沖積平原以其優厚條件不免成為另一波移民移墾之希望之地。

　　漢人在高雄平原的開發頗早，明鄭時期屬萬年縣。清乾隆29年(1764)重修的鳳山縣志附圖中，可以看到高雄平原上已有不少的聚落和官衙。而從地名，如前鎮、後勁、左營、前鋒、右冲等，也可以知道今日高雄市附近，在明鄭時期便已開拓(陳正祥 1960)。而漢人在屏東沖積平原之開拓，約始自明鄭及清初康熙雍正年間(17世紀末至18世紀初)。至乾隆年間時，墾殖多已初見規模。如大樹鄉之墾殖始於明鄭永曆年間，至雍正年間已墾殖完成。大寮鄉和新園鄉亦於康熙年間完成開墾。屏東市、九如鄉、里港鄉、旗山鎮、及美濃鎮則於雍正至乾隆年間形成街肆。漢人之開發旗山溪河谷則晚至十九世紀中葉，如杉林鄉墾殖於清道光年間(1821-1850)。至於山地，由於清廷之行山禁政策，漢人勢力並沒有進入(陳子波 1958；陳漢光 1963a；古福祥 1966；洪敏麟 1979)。

　　從屏東平原的開發過程來看，漢人的分布主要以閩粵人為主。粵人多分布於屏東平原東緣，諸如高樹鄉、內埔鄉、竹田鄉、萬巒鄉、潮洲鎮、新埤鄉等；北邊之美濃鎮，及旗山溪河谷之杉林鄉亦以粵人為主，美濃鎮粵人之比例更高達百分之九十八。除了漢人外，本區域尚有為數不算少之原住民聚居於中、上游地帶。其中平埔族之分布因受漢文化之涵化結果，已經漸漸失去其固有文化之原貌；據陳漢光平埔族宗教信仰調查(1962、1963a、1963b)，甲仙鄉境內尚有西拉雅四社番之存在，分布於寶龍村、甲仙鄉治所在地、關山村(阿里關)、及小林村。此與文獻上所記相符合：西拉雅族之支族四社熟番(Taivoan)原分布於台南善化、玉井丘陵一帶，清乾隆初年(1740年左右)，因受當時分布在台南平原遭漢族侵佔壓迫之西拉雅族(Siraya)

之向東退居，而被迫遷移其居住地到荖濃溪(六龜)和旗山溪(杉林、甲仙一帶)沿岸地方。而西拉雅族之另一支族，馬卡道(Makatao)，原分布於西拉雅族之南邊高屏溪之沿海平原地帶，亦因屏東平原為閩粵人大量移墾而退居平原東邊的山麓，甚或遠走恆春半島(陳正祥 1960；張耀錡 1965；洪敏麟 1972)。

總的來說，在漢人進入移墾前之高屏溪流域，在平地及山地皆有原住民之分布及聚居。當漢人大量湧入時，在土地、生業資源皆有限的先天限制下，族群間競爭在所難免。屏東平原遂逐步的為漢人所佔住，而原住的西拉雅平埔族只得以遷移來適應這種變化；此一遷移，也使得山地之生態起了變化。例如：杉林、甲仙為四社熟番之移入而使得原居於該地之曹族、布農族退居山區。隨著時間之演進，漢移民數增加，而平埔族為漢人文化所涵化，而漸漸失去其文化面貌，僅剩下山地鄉保留地尚保有若干原住民之文化傳統。

四、研究範圍區內的考古學研究發展

臺灣考古學的肇始，多數學者都以1896年日人栗野傳之丞在台北市近郊的芝山巖遺址發現史前石器開始(宋文薰 1954；Chang 1964；黃士強、劉益昌 1980)。無可諱言的，距今已超過百年發展的臺灣考古學，乃奠基於日治時期日本學者的努力。二次大戰後，更因國內學者積極的投入考古學領域中，已使得考古遺址發現的數目在20世紀結束前，就已超過了1,300多處(劉益昌、陳玉美 1997：16)。此一數目，隨著時間及人力的投入，正以快速的腳步在累增之中。本節以年代先後，條列研究範圍區內之考古學者的研究工作，以說明區內之考古學研究沿革。

近年來，由於重大工程建設的陸續開發、興建：諸如水庫、水利設施、發電廠的興建，新市鎮、工業區的開發，相關道路的闢建等等；以及有關的行政單位的施政措施需要。尤其在民國71年公布的文化資產保存法，以及民國73年頒布的文化資產法施行細則實施後。對於因為工程建設對人文史蹟所可能產生的有形的或無意的破壞，明文規定皆必須進行相關的先期環境影響評估研究。至此之後，屬於人類智慧遺產之一的考古遺址不僅得到法的明令保護，對於其意義與價值實具有正面的社會宣導意義。1980年代以來，臺灣西南部地區的鳳山隆起珊瑚礁和緊鄰的高雄、屏東平原的考古研究，與這種學界所稱的公眾考古學(public archaeology)，搶救考古學(salvage or rescue archaeology)，契約考古學(contract archaeology)，或所謂的CRM(Cultural Resource Management 文化資產管理)，有非常密切，甚且可謂不可切割的關係。且不論這種任務取向(mission oriented)的考古研究對學院取向研究(academic oriented)的可能負面影響(參見臧振華 1989)，它對於文化資產的維護管理，基本上已經或多或少的發揮其應有的社會功能了。

研究範圍區內的考古學研究沿革，與臺灣其他地區的發展一樣，大致上可以日本學者及國內學者的研究來加以說明：

早在1902年，森丑之助先生發表其在鳳山廳打狗(今高雄)、阿猴廳小琉球、以及蕃薯寮廳(今旗山)之內英山、老濃庄、美瀧社、排剪社、大透關社、鴈早社、鴈早溪頭社、浦來頭社溪、透仔火社、美瀧舊社、和簡仔霧山等地，發現石器時代遺址。

1930年，鹿野忠雄先生在其文〈臺灣石器時代遺物發見地名表(二)〉中，提到在高雄州的25處石器時代遺址。

1936年，日人山口藍、宮城直吉兩位先生，贈送舊高雄州鳳山郡二橋遺址的石器和陶片10件，給當時的台北帝國大學文政學部土俗人種學教室。此批標本現藏國立臺灣大學人類學系(芮逸夫 1953：18)。

1941年，國分直一先生在所著〈臺灣南部に於ける先史遺跡とその遺物〉提及21處高雄州遺物發現地點，其中位於鳳山隆起珊瑚礁者有中坑門(金子壽衛男於同年發現，亦即鳳鼻頭遺址)、潭頭、及拷潭三處遺址。該文將臺灣南部，包括當時的高雄州、台南州、以及近海島嶼等地之57處遺址，依陶器式樣，加以分類而得四種類型。此一論說或可視為談及臺灣西南部史前文化系統的先驅。

　　1943年，鹿野忠雄先生首度提出對整個臺灣地區文化層序的觀點，計有七個文化層，並舉出各文化層的可能來源(宋文薰譯 1955)。

　　1943-1944年，國分直一先生調查鳳鼻頭貝塚(國分直一 1962：69；宋文薰譯 1953：8)。

　　1944年，考古家坪井清足先生服役時，在鳳鼻頭挖戰壕，從層位學上發現該遺址為多層位遺址，分屬「彩色陶及紅色陶」與「黑色及褐色陶」兩層文化群(宋文薰 1980：130)。

　　1952年，馬淵東一、瀨川孝吉兩位先生感念鹿野忠雄先生的貢獻，遂將其所發表之文章編輯成「東南亞細亞民族學先史學研究」。其中第二卷的第七、八、九等三篇，鹿野忠雄先生分別論述其對臺灣先史時代文化、臺灣原住民文化的內部關係，及其與外部關係的看法。此三篇於1955年已經宋文薰先生翻譯而成「臺灣考古學民族學概觀」一書。書中第一篇第十四章「臺灣先史時代的文化層及其與鄰近地方的關係」(原發表於1943年)為鹿野忠雄先生對整個臺灣史前文化層序的觀點。此一觀點乃從物質遺留(或文化特質)的相似性在空間上的分布關係，來討論文化相似性。從現代考古學的標準來看，鹿野忠雄先生的文化層序似乎有點粗略。不過，無論如何，鹿野忠雄先生對文化類型分類的試圖，無疑吸引了學者的興趣，並為臺灣史前史開創了新的思考方向。

　　同年(1952)，坪井清足先生在菲律賓奎松市所舉行的第八次太平洋科學會議與第四次遠東史前學會議中，首次在國際考古學界上發布鳳鼻頭遺址，除列舉鳳鼻頭遺址所發現的文化要素外，並討論其與大陸的可能關係(Tsuboi 1956)。

　　1956年，張光直先生依照物質文化的分布和層位學的疊壓關係，將臺灣地區分為七個文化層(1956：379-380)：分別為繩紋陶文化、圓山文化、棕色方格印紋陶文化、黑─灰陶文化、紅色磨光陶文化、灰─棕色方格印紋陶文化、以及紅色未磨光陶文化。此一層序的提出是為臺灣地區第一個有時空架構的史前文化層序。

　　1960年，林朝棨先生發表〈臺灣西南部之貝塚與其地史學意義〉，該文與其1966年之〈概說臺灣第四紀的地史並討論其自然史和文化史的關係〉，皆從臺灣第四紀地質學、古地理學、與地變史，討論該等自然史的變化對生活於其上的人類的影響。林朝棨先生，以其地質學專業，及其對人類學、考古學的興趣，每能發表頗有見地的重要論著，對臺灣考古學界而言，確實有極大的貢獻。

　　1962年，國分直一先生根據台南台地上貝塚遺址之地理分布和附近海岸線變遷的研究，認為台南台地有三個文化層，與海拔高度有關。最早的繩蓆紋陶文化分布高度海拔20公尺上下，其次為櫛目紋黑陶文化分布在海拔高度13到15公尺上下，最晚的則是赤褐色素面陶文化分布高度海拔10公尺上下。

　　1965年，美國耶魯大學與臺灣大學合作組成考古隊，在張光直先生的領導下，在鳳鼻頭遺址進行考古田野發掘工作。此一工作為臺灣西南部地區的第一次正式田野發掘工作(參見臧振華 1996)。同年，宋文薰先生(1965)敘述其與張光直、林朝棨兩位先生在鳳鼻頭遺址發掘，發現該遺址並非如坪井清足先生(1956)所稱有兩層文化層，實際上至少有三層。亦即繩紋陶文化、龍山形成期文化、和以素面含砂紅陶和灰陶所代表的文化。

　　1969年，張光直先生等將臺灣西南部地區的遺址與所發掘的鳳鼻頭遺址做比較，提出其所認為的文化層序，分屬繩紋陶文化、磨研紅色細陶文化、和紅－灰色夾砂陶文化(Chang et al. 1969)。

　　1979年，宋文薰、連照美兩位先生為台南市民族文物館所製作的「臺灣史前文化層序」，以及1980年，宋文薰先生所發表的〈由考古學看臺灣〉一文，皆對臺灣西南部地區的史前文化層序提出建議。兩位先生認為或可將張光直先生的龍山形成期文化中的磨研紅色細陶文化和紅砂－灰砂陶文化，分別稱之為牛稠子文化和大湖文化。此一建議，基本上為當時的考古學者所採納。

　　1980年，黃士強、劉益昌兩位先生接受交通部觀光局委託，進行全省的考古遺址和舊社的調查，這是國內首次進行的考古遺址普查研究工作。報告中提出他們對臺灣地區史前文化層序的看法，其中西南部地區的文化層序與宋、連二者之不同在於他們認為牛稠子文化有地域性差異的兩個類型存在，分別為牛稠子類型和墾丁類型。另外，他們將澎湖地區的歷史時代納入討論。

　　同年，陳玉美女士在其碩士論文中，提出其對南部史前文化層序的看法，與宋、連兩位先生相同。而在其討論大湖文化與鳳鼻頭遺址大湖文化層的關係時，認為二者有若干異同之處，可能是同時期不同的地方相表現所致（1980：42-48）。

　　1982年，黃台香女士的碩士論文曾論及大湖文化與蔦松文化之間的關係。她從陶、石質器物的相似性，相同的地域分布，和時間恰好能銜接等來說明二者有不少相似處，可能表示某種傳承的關係；並認為二者關係的不確定，可能是考古工作不夠的緣故（1982：94-95）。

　　1984年，陳仲玉先生接受中華顧問工程司委託，進行美濃水庫計劃地區的史蹟調查，在河谷平原兩側的緩斜坡地和河階地上，共發現12處考古遺址。

　　1984年，劉益昌先生在高雄文獻發表了〈高雄市史前文化概述〉，由於其中曾描述了位於鳳山丘陵西緣的孔宅和二橋兩個遺址。基於鳳山丘陵為本研究範圍區內的一部分，因此將之列入。該文亦簡單的描述了西南部地區的史前文化層序，大致與宋、連二者之看法相同。

　　黃士強先生1985年一文中，首先提出鳳鼻頭文化一詞，它分布在高屏地區，與大湖文化在器物上有不少相似之處，時間上二者約略同時，或大湖文化略晚。此一文化與福建曇石山文化非常相似（1985：197）。

　　同年，劉益昌先生發表其對屏東平原東南方來義鄉埔姜山遺址的調查報告。

　　1986年，台東卑南遺址的大規模發掘，宋文薰、連照美兩位先生依據所得之資料（連照美1986），修正彼等先前所提之史前文化層序。主要的修正部分在臺灣東部地區。臺灣西南部地區的史前文化層序依然是：長濱文化－大坌坑文化－牛稠子文化－大湖文化－蔦松文化。

1988年，劉益昌先生在〈史前時代臺灣與華南關係初探〉一文中，所討論的新石器中、晚期，基本上與黃士強先生(1985)的論點相同，在南部地區分別為牛稠子文化、以及大湖文化和「鳳鼻頭文化」，也認為「鳳鼻頭文化」受曇石山文化的影響(1988：22-23)。1989年劉先生陸續發表兩篇文章，與1988年的基本論點相同。

1989年，張光直先生在其文章中，認為可以將中南部地區性質相近的細繩紋紅陶文化(如中部之牛罵頭文化，南部之牛稠子文化)，統稱之為鳳鼻頭文化。並可分為早晚兩期。早期以細繩紋紅陶為特徵，晚期則以印繩紋、條紋、和刻劃紋的灰－紅陶為特徵。此一看法有別於劉益昌先生所稱之鳳鼻頭文化。張光直先生所言之鳳鼻頭文化晚期即為劉益昌先生所指之鳳鼻頭文化。

1989年，劉益昌先生接受中興工程顧問社委託，再次對美濃水庫計劃地區進行考古史蹟調查，除了史前考古遺址之外，也發現了數個歷史時期的遺址。

1990年，李德仁先生發表杉林鄉二坪頂遺址的試掘簡報。此一工作乃上述劉益昌先生所主持的美濃水庫計劃地區考古遺址調查評估計劃下所做的田野試掘。同年，劉益昌先生發表屏東平原東邊瑪家鄉北葉遺址的試掘報告。

1990年，黃士強先生接受交通部委託，進行高速鐵路沿線考古遺址的調查工作。

1991年，在為高曉梅先生的祝壽論文集中，劉益昌先生提出〈試論鳳鼻頭文化的性質與卑南文化的年代〉，文中論述大湖文化與鳳鼻頭文化的性質時，有較為詳細的說明，包括二者之分布地域、地形、器物特質、生業適應等方面。該文亦論及分布於丘陵及山麓地帶的文化在南部地區稱之為響林文化。此一論說為已知的第一個談論到南部地區丘陵及山麓地帶的文化類型者。

1991-1993年，劉益昌、陳玉美兩位先生接受高雄縣政府委託，進行高雄縣全縣的史前遺址的編纂工作，完成《高雄縣史前歷史與遺址》（1997）。

1992年，宋文薰、尹建中、黃士強、連照美、臧振華、陳仲玉、和劉益昌等人接受內政部和行政院文化建設委員會委託，進行臺灣地區重要考古遺址，共計109處的初步評估工作。

1992年，陳維鈞先生協助省水利局，進行高屏溪攔河堰計劃影響區考古調查。

1992-1993年，臧振華先生主持的團隊，接受交通部臺灣區國道新建工程局委託，進行第二高速公路後續計畫規劃路線沿線文化遺址的調查研究計畫，其中主要道路的屏東段、以及旗山支線並未發現史蹟。不過，高雄環線將影響到高雄市三民區的覆鼎金遺址。

1992-1993年，黃士強、臧振華、陳仲玉、和劉益昌等人接受內政部委託，進行台閩地區考古遺址普查研究第一期計畫。此一計畫主要目的是詳盡的蒐集日治時期以來的文獻資料，配合部分田野調查，建立考古遺址檔案，以做為台閩地區考古遺址全面普查的前置作業。

1993年，劉益昌先生接受財團法人中華顧問工程司委託，進行東西向快速道路高雄潮州線的史蹟調查，此一計畫發現了屏東沖積平原上的下社皮遺址。

1994年，臧振華先生主持的團隊，接受內政部委託，進行台閩地區考古遺址普查研究第二年計畫，針對屏東縣、高雄縣市、和台南縣市等五個縣市進行遺址普查工作。

1994年，劉益昌先生和楊鳳屏女士接受高雄縣政府委託，進行鳳鼻頭遺址範圍的研究工作，完成《鳳鼻頭遺址的範圍與文化》，亦談到鳳鼻頭文化與大湖文化的關係。

1995年，劉益昌、朱正宜、林淑芬、和周淑文等人接受高雄市政府民政局委託，進行龍泉寺遺址範圍及內涵的研究工作，完成《高雄市龍泉寺遺址範圍及內涵調查研究》。

　　1996年，臧振華先生為臺灣省文獻委員會重修臺灣省通志所撰〈西南部地區的史前文化〉一文中，將民國70年前學者之研究成果做了一個整理歸納。可視為1981年前臺灣西南部地區考古研究成果的綜合描述。

　　1997年，國立臺灣史前文化博物館籌備處接受交通部公路總局委託，進行東西向快速道路高雄潮州線沿線遺址考古搶救發掘計畫，此一計畫試掘了位於屏東沖積平原上的下社皮遺址、下廍遺址、新庄橋遺址、以及鳳山隆起珊瑚礁西側的六合遺址和孔宅遺址。

　　1997年，楊鳳屏女士以1994年與劉益昌先生合作進行的鳳鼻頭遺址範圍的研究計畫的資料，完成國立臺灣大學人類學研究所碩士論文《鳳鼻頭遺址早晚期文化的傳承與變遷：以陶容器研究為例》。

　　1998年，劉益昌先生以〈臺灣西南平原地區史前時代晚期的文化〉一文，參加臺灣原住民歷史文化學術研討會，該文後來收錄在研討會論文集中。文中針對史前時代晚期文化的類型進行討論，並指出後續研究的可能方向。

　　1998年，陳維鈞先生以高屏地區的考古資料，完成美國亞歷桑納大學博士論文 "Models of Prehistoric Land Use in the Gaoping Region, Southwest Taiwan"。

　　2000年，陳維鈞先生、夏威夷大學人類學系的Barry Rolett教授、與地質和地球物理學系的John Sinton教授，以採自鳳山隆起珊瑚礁上三個不同遺址的五件橄欖石玄武岩石錛，從礦物成份分析，來探討廣泛出現在臺灣西南部地區橄欖石玄武岩的來源，及其人類行為的意義。

　　2001年，何傳坤、劉克竑、鄭建文、和陳浩維等人接受高雄市政府民政局委託，進行高雄市左營遺址範圍及保存價值研究計畫。試掘結果顯示左營遺址包含史前文化和明清的漢人文化。

　　2002年，劉益昌先生為高雄市立歷史博物館舉辦「高雄地區史前遺址展」，寫了〈高雄地區史前文化研究〉總論一篇，收錄在《高雄地區史前遺址展專輯中》。

2004年，地質學家陳文山、宋時驊、吳樂群、徐澔德、和楊小青等人，共同發表〈末次冰期以來臺灣海岸平原區的海岸線變遷〉，該文以海岸平原區井下岩心資料，討論末次冰期以來(20,000 B.P.)，臺灣西南部地區及蘭陽平原的海岸變遷與其成因。對考古學研究海岸變遷與族群適應過程的關係，提供了相當寶貴的資訊。

2005年，顏廷伃女士接受交通部鐵路改建工程局委託，進行台鐵高雄-屏東潮州捷運化建設計畫之文化資產調查部分，調查範圍從屏東市、麟洛鄉、竹田鄉、到潮州鎮之既有台鐵路線，及其南側的車輛基地預定地。經調查，並未發現史前或歷史時期的遺跡。

2005年，劉益昌先生以〈考古學研究所見人群互動關係與分布界線：以嘉南平原東側丘陵山地地區為例〉一文，參加台南縣文化局舉辦的建構西拉雅研討會，後收錄在《建構西拉雅研討會論文集》(2006)。

從以上條列的臺灣西南部地區的考古學研究可知，研究簡史有利於瞭解研究區內的學術發展過程。更實際的，可以清楚知道哪些地區被涵蓋在調查範圍內？調查涵蓋的地區是全面或部分地區？是不是經過系統性的調查？是不是因為任務取向的研究計畫所做的調查？這些問題所提供的訊息，可以讓我們檢視考古遺址形成過程是不是已經對考古資料造成影響。例如1980年以來，考古工作絕大部分都與國家重大建設的開發案，或文化資產調查相結合。這種任務取向的研究計畫，其存在當然有其絕對的必要性。但不可否認的，任務取向的考古工作有其時間、經費、調查範圍受限等先天限制，可能因此造成土地開發案的所在區域的調查較為詳盡，所以遺址的被發現機率因而增加。不過，卻也造成整個區域內遺址分布的不平均現象。其結果就是，考古遺址的分布也就無法確實代表該史前文化在空間上的實際分布情形。至於，本文所討論的研究範圍中，除了鳳山隆起珊瑚礁曾經筆者系統抽樣調查過外，高雄平原和屏東平原並未被系統調查過。何況筆者在鳳山隆起珊瑚礁的調查係採用抽樣調查，涵蓋的面積約僅百分之十左右，並不是很大，恐有遺漏之處。而高雄平原開發迅速，所知的遺址幾乎都是在日治時期發現的。其中很大的原因，是因為當時尚未如今日開發的程度。屏東平原則因為其形成原因，造成大量的沖積物沉積，即使有考古遺址，可能也已被掩埋在地下深處，或已遭自然破壞。有關考古遺址形成過程對考古遺址或對考古學研究所可能產生的影響，將在後面篇幅中做較為深入的討論。

五、研究範圍區內考古遺址在空間上分布的意義

本節將就鳳山隆起珊瑚礁和緊鄰的高雄、屏東平原的已知考古遺址（圖1）的文化類緣和空間分布做一整理。然後討論研究範圍區內已知考古遺址在空間上的分布現象，以考古遺址形成過程的理論，來解釋可能造成的原因。

（一）研究範圍區內各文化期遺址的空間分布模式

研究範圍區內各遺址所屬的文化類型，包括大坌坑文化、牛稠子文化、大湖文化鳳鼻頭類型（或鳳鼻頭文化）、蔦松文化、以及屏東平原近山地區的響林文化。各史前文化的特徵，以劉益昌和陳玉美（1997）、以及劉益昌先生（2002）的分類為依據，分別敘述如下：

大坌坑文化是目前臺灣已知年代最早的新石器時代文化，距今約6,000年前或更早，其下限約在5,000年前（劉益昌、陳玉美 1997：34；劉益昌 2002：14）。在研究範圍區內僅發現4處屬於大坌坑文化的遺址，都座落在鳳山隆起珊瑚礁上，分布高度皆在10-30公尺之緩坡面或丘陵平台上，包括鳳鼻頭、孔宅、六合、和福德爺廟等遺址。由於大坌坑文化的遺址所知仍屬少數，其適應方式因資料之缺乏，文獻上的論說多偏向器物的描述。劉益昌先生（1989a）曾描述大坌坑文化之遺址多分布在海岸及河口附近的階地上，居住型態屬集居的小型聚落，行簡易的農耕，其他生業活動，包括狩獵、捕魚、採貝、和採集潮間帶的海生資源。近年來，台南科學園區有較多的資料出

圖1　研究範圍區已知遺址分布

土，對於大坌坑文化的內涵應能提供更為清楚的面貌。

　　牛稠子文化遺址在研究範圍區內計有12處，屬於潭頭地方性類型（臧振華等 1994：18）。劉益昌和陳玉美則將其歸類為鳳鼻頭類型（1997：38），為避免混淆，本文以潭頭類型來指稱研究範圍區內的牛稠子文化。除後庄遺址位於內門丘陵外，8處在「古高雄灣」兩側的鳳山和壽山隆起珊瑚礁上，其餘3處，如二橋、二苓、和佛港等遺址，在現今高雄市小港區。此3處遺址，歷次調查皆無所獲，可能皆已遭到破壞而湮滅，因此實際情況並不清楚。潭頭類型的遺址皆分布在高度約10-60公尺之間的丘陵平台，或丘陵前緣緩坡。由於屏東墾丁遺址（牛稠子文化墾丁類型）發現陶片上有稻穀痕（Li 1981），學者一般認為牛稠子文化已有較清楚的農業，不過漁獵資源在其生業型態上依然重要。遺址的文化層堆積一般較厚，出土遺物也較為豐富。證據顯示，潭頭類型的晚期，有開始沿著溪谷向內陸拓展的現象（李德仁 1990）。部分牛稠子文化遺址面向海，如鳳鼻頭和桃子園遺址，部分遺址則面向寬廣的沖積平原，是否丘陵前緣之平原為其農業活動地點，仍有待釐清。

　　大湖文化在西南部史前文化層序的空間分布中，原先被認為也存在於研究範圍區內的鳳鼻頭遺址，後因黃士強先生（1985）和劉益昌先生（1988、1989a、1989b、1991）相繼提出鳳鼻頭遺址的紅砂－灰砂陶文化應屬於鳳鼻頭文化，而有所改變。兩位先生認為鳳鼻頭文化繼承了牛稠子文化傳統，並受到曇石山文化之影響發展而成。鳳鼻頭文化的分布範圍，大致從後勁溪以南到恆春半島南端之間的海岸地帶，遺址座落在海岸稍高地帶，以農、漁、獵為其主要的生業適應，對海域資源有特殊認識。而大湖文化則約略與鳳鼻頭文化同時，分布在大湖台地和台南台地邊緣，以農業為主，漁獵採集為補充性的生業活動。其實，早在1980年，陳玉美女士就曾比較大湖文化大湖遺址與鳳鼻頭遺址的「大湖文化層」，認為二者有若干異同處，很可能是地域性的表現。由於研究範圍區內，鳳鼻頭文化遺址僅有鳳鼻頭和桃子園兩處遺址，所發現的遺址數量少，文化內涵並不很清楚，似乎還沒有辦法做進一步的歸納。

　　蔦松文化在研究範圍區內有40處遺址，分布在隆起珊瑚礁前緣緩坡、山麓緩坡、和沖積平原上。這些遺址因為地區性的差異，分屬不同的地方文化相，其下再分類型。如蔦松和清水岩文化相，前者包括蔦松和東原類型，而後者包括清水岩和龍泉寺類型（臧振華等 1994）。在此之後，由於資料的累積，劉益昌先生重新檢討史前文化的發展，根據文化內涵在地域分布上所呈現的差異，將蔦松文化區分為蔦松、美濃、和清水岩三個不同的地方性類型（劉益昌、陳玉美 1997）。其中清水岩類型的遺址分布，主要在環高雄平原的壽山和鳳山隆起珊瑚礁緩坡、以及屏東平原西側稍高的地形上，遺址所佔面積一般較大。而美濃類型主要分布在美濃平原周緣緩坡，以及楠梓仙溪旗山附近的低位河階上，遺址面積並不大，出土的文化遺物也較稀疏（劉益昌、陳玉美 1997；劉益昌 1998、2002、2006）。

　　至於屏東平原邊緣近山地區，在距今約3,000到2,000年前（其年代約略與平原區的鳳鼻頭文化相當），出現了部分分布在較高河階緩坡，或突出的小丘上的遺址，與海岸台地和平原區的文化並不相似。如屏東平原北側美濃地區的中圳尾、大南坪、和小南坪等遺址，其出土文化遺物與屏東平原東側的來義鄉的埔姜山遺址，以及恆春地區的響林遺址較為類似（劉益昌、陳玉美 1997）。由於此類型的遺址發現的數量少，加上文化內涵仍然不甚清楚，與其他文化間的相互關係為何，仍有待進一步的研究。

(二)研究範圍區內已知考古遺址的空間分布模式與形成過程

　　基本上，鳳山隆起珊瑚礁的腹地並不大，也沒有多餘的土地可以用於農業墾殖，那麼遺址為何會選擇於其上？其造成的可能原因為何？是不是因為軍事重地而保存下來？是不是以較高的隆起珊瑚礁為居住的聚落遺址所在，而以其下方的高雄平原和屏東平原為其農業墾殖和漁獵的場地，因為文化堆積較為密集而保存下來？很明顯的，遺址分布在較高的隆起珊瑚礁有多種優勢，如：高處視野遼闊，可以眺視遠方，達到預先示警的效果，提升防衛的功能。在鳳山隆起珊瑚礁上，晴朗的天氣時，從潭頭遺址可以看到屏東平原東側的山地。因此，人群聚居在丘陵之上，俯視平野上的耕地，似乎是一個生業適應的策略。不僅可以很容易的從住居的隆起珊瑚礁上俯視山腳下沖積平原上的農墾田地，以防遭到動物覓食的破壞、或被其他族群掠奪；也可以觀察獵食動物的活動，增加捕獲量；更可以觀測敵對族群的活動，達到防禦的功能。當然，還可以避開雨季所帶來的河水氾濫，進而達到保障生命財產的安全的目的。

由於臺灣的自然地理環境是複雜多樣的，其地質結構、氣候型態、以及地形特徵都影響著島內的地理環境。高山地區的侵蝕作用活躍，導致土壤形成不易，而大量的砂土因雨水的沖刷，被河流夾帶由上游地區往低處流，沉積在低地地區，形成了沖積扇與平原。居住於其上的族群，無疑地受到自然環境的影響，而必需調適自身去適應環境的變遷。在此多變的地理環境下，在還沒有引進現代工業技術之前，人類改變其外在自然環境的力量畢竟有限，只能被動的去適應環境的變遷，或僅能小範圍小規模的去改善。

（三）自然營力的考古遺址形成過程的影響

如上所述，考古遺址在自然環境下，會不斷的遭受自然營力和人為作用力的影響。執是之故，讓我們先檢視研究範圍區內的自然營力對考古遺址分布的影響。

末次冰期以來，因為全球氣候的變遷所造成的海水面升降，可說是最為顯著的環境變遷，對適應於其上的族群影響深遠。當海水面上升時，低地地區將被淹沒，迫使居民改變其聚落和生業型態，以適應自然環境的變化。由於西太平洋地區板塊運動所造成的上升速率，島上的古海岸線的分布會因地區而有所不同。

全新世海水面升降的證據，對考古學的研究有深遠的意涵。不過有一點值得注意的，其實造成海水面升降現象的氣候變遷是一個漸進的過程，並不是一朝一夕之間所造成的。因此，從這個角度來看，海水面升降並不是一個短期劇烈的環境變遷的現象。也因此，海水面升降的現象對於人群的影響，以及人群因為海水面升降所帶來的環境變遷的相對應措施，應該被視為一個長期的適應過程。無論如何，沿海地區的考古資料，無疑的會受到持續漸進的海水升降的影響。海水上升將淹沒沿海的低地地區，其上的考古遺址將因海水的升降運動而遭到破壞。一旦海水面下降，沿海低地地區將又會被人群所利用。因此，如果能夠掌握到不同時期的古代海岸線的所在，將有助於發現不同時期沿海地區的遺址分布(Chen 1998)。

海水面升降對自然環境，以及居住在其上的族群的影響，可以屏東沖積平原做為例證來說明。至於高雄平原因為溪流源短，堆積較慢，似乎並沒有屏東沖積平原所受到沖積物快速堆積的影響。屏東沖積平原原是由數條河流沖積而成的，其東緣沿著潮州斷層崖，由北邊的荖濃溪谷的南口，到南邊的枋寮南方海岸，形成全長約68公里近似直線的山麓線。由東方山地流入屏東沖積平原的各河流，因坡度銳減，河流搬運之沖積物遂堆積於出山口，形成一系列的沖積扇(林朝棨 1964)。潮州斷層崖下，除了現代沖積扇外，還有切割舊期沖積扇所形成的南北方向的台地或丘陵。由於臺灣本島不穩定的地質結構、加上崎嶇的地形、以及豐沛的年平均降雨量，使得河流上游山地地區的侵蝕作用頗為活躍。長期下來，侵蝕作用產生的沖積物，從上流經由河流的搬運，流向高度較為低矮的下流，一旦高度劇減，動能消失，則產生堆積。屏東沖積平原東側在高度劇減的出山口地帶，常形成廣大的沖積扇，就是如此產生的。而從屏東沖積平原上出現眾多的網狀河流，可知河流堆積作用的過程仍持續在進行中。事實上，屏東沖積平原是一個氾濫平原，水患頻繁(陳正祥 1961)。今日所見的高屏溪河道是河流整治工程的結果，日治時期的日本殖民政府於1929年，在隘寮溪出山口南側，興建了隘寮溪的河堤，將其河道由原先的西南流向，導引至西北流向，而與荖濃溪匯合。這條築堤工程，不僅減少了屏東沖積平原上水患的發生，同時也創造了不少的可耕地。

就如同林朝棨教授所指出的(1960：82)，當海水面上升時，低地地區多被淹沒，鳳山隆起珊瑚礁基本上是一個凸出於海灣上的半島，古高雄灣在其西，古屏東灣在其東。根據地質學者陳文山等人(2004：46)最近的研究指出，8,000年前的海岸線位置可達大寮－萬丹－潮州－枋寮一線上，檢視屏東沖積平原的地形(圖2)，估計將有三分之一以上的面積會因為海水面上升而被淹沒。而4,000年前的海岸線的位置大約退到大寮-香社-崁頂-枋寮一線上，海水覆蓋的面積也將近有屏東沖積平原五分之一的大小。

總而言之，屏東沖積平原的面積會因為海水面的升降，部分地區將被淹沒，而有所變化。海水面上升時，面積因而縮小；海水面下降時，面積則回復到今日的規模。同時，由於持續堆積來自上游的沖積物，常造成屏東沖積平原的氾濫。這些因素，明顯的對考古遺址的形成造成影響。沖積平原在沒有興建防洪措施之前，如築堤、疏濬等河流整治工程，似乎隱藏著自然環境所可能帶來的不確定性，如河流氾濫、土石流等。這種不確定性，對人群的活動是不利且危險的。同理可知，沖積平原上的考古遺址，基本上是極為脆弱的，隨時都可能被洪水破壞或淹沒，或被龐大的沖積物掩埋。正因為如此，遺址的可見度(visibility)和遺址的被發現機率，自然就受到影響了。

研究範圍區內現有已知考古遺址的分布情形，可依文化發展的先後秩序來討論自然營力所造成的影響：

大坌坑文化的年代距今約6,000-5,000年前，根據地質學者(陳文山等2004)從井下岩心的資料，分析末次冰期以來海岸的變遷，估計出全新世各階段的海岸線所在。雖然該研究的時間向度太大，以2,000年為一間隔來討論古海岸線變遷，似乎準確度並不高。但是，還是可以用其所估計的海岸線所在，當作參考依據，來討論考古遺址在空間上的分布情形。文中指出(頁43-46)在末次冰期時，高雄平原全區處於陸相環境。約14,000年前，海水面上升，並開始由西南側進入高雄，形成江灣地形。約8,000年前，海水入侵範圍達到最大，涵蓋整個高雄平原，形成一個向西南開口，三面環山的海灣環境。到了6,000年前，海岸線才逐漸向海側遷移。而從該文所附圖4「末

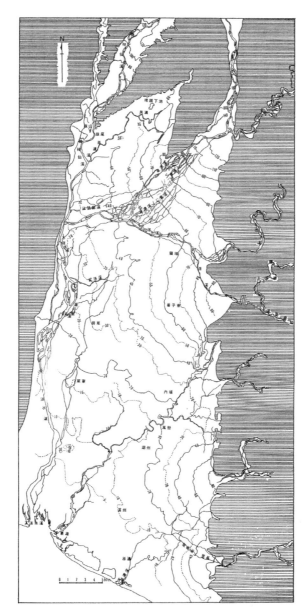

圖2　屏東沖積平原地形

（引自林朝棨 1964，圖113）

次冰期以來高屏地區各時代的海岸線變遷圖」(圖3)來看，8,000到6,000年前
的海岸線在鳳山隆起珊瑚礁的西側。如果對應當時大坌坑文化遺址的分布
位置，鳳鼻頭遺址位於突出於高雄平原和屏東平原的半島尖端地帶，視野
遼闊，兩側海灣的海洋資源，以及背後之鳳山隆起珊瑚礁的陸地資源皆可
利用。而福德爺廟、六合、孔宅等大坌坑文化遺址則座落在鳳山隆起珊瑚
礁西側緩坡上，面對古高雄灣。

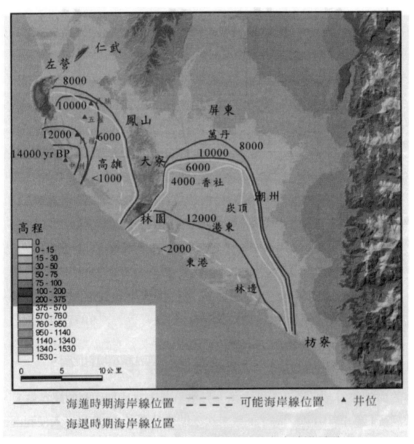

圖3 末次冰期以來高屏地區各時代的海岸線變遷
(引自陳文山等人 2004，圖4)

　　牛稠子文化是直接從大坌坑文化發展而來的，其年代約距今4,500-3,500年前(臧振華等 1994：18)。此一文化的早期，海水面下降，人群可以遷移到低地地區，或依然留在原居地，但開採低地地區的自然資源。陳文山等人(2004)的研究指出，由於高雄平原上岩心定年資料，並不足夠用來推測6,000年前之後海岸線的詳細位置。不過，從今日愛河和前鎮溪極少的沉積量來看，推測海岸線退卻的速度非常慢。但是，當海退之時，土地鹽份的含量仍高，甚或可能仍屬潟湖、沼澤、或濕地的地形。似乎在土地利用上的程度，並沒有很好的條件，而可能是用來漁獵以及採集貝類等海生資源的用地。如果依據陳文山等人(2004)的研究，大約在4,000年前，絕大多數的牛稠子文化遺址應該都面對著漸漸後退的海灣環境，遺址的分布仍然以鳳山隆起珊瑚礁的緩坡為主，如鳳鼻頭遺址，東側緩坡上的林家村、天明園、潭頭、鳳山水庫、和拷潭等遺址，也見於壽山和半屏山隆起珊瑚礁的緩坡地帶，如桃子園遺址和左營遺址，並開始進入因為海水面下降而漸漸形成的平原區新生地上，如二橋、二苓、和佛港等遺址。證據顯示，在牛稠子文化時期，開始向內陸開拓，如後庄遺址位於鳳山以北的丘陵地帶，甚且進入了河谷地帶，如楠梓仙溪河谷低海拔階地的二坪頂遺址和粗坑遺址。然而促成這種開發新區域的背後原因是什麼？是人口增加，而必需尋求新的資源？是族群互動，以取得必要的物資？或是有其他的原因？單就遺址數量而言，牛稠子文化比其前身大坌坑文化有增多的趨勢，遺址文化層堆積明顯較厚實多樣，在地域上的遺址分布範圍也擴大許多，似乎都顯示人口已然增加。而從牛稠子文化的文化內涵，出土為數可觀來自澎湖群島的橄欖石玄武岩質的石器，以及來自臺灣東部地區的玉質石器，顯示牛稠子文化的居民，無論是經由直接開採或與其他族群互動的過程，積極的開發新資源。

　　鳳鼻頭文化的分布範圍從高雄平原往南到恆春半島的海岸地帶，遺址主要座落在海岸較高的隆起珊瑚礁上，年代距今約3,500到2,000年前(劉益昌、陳玉美 1997)。依據陳文山等人(2004)的研究，此一文化延續的年代，海水面正在下降當中。不過，因為在研究範圍區內僅發現兩處屬於鳳鼻頭文化的遺址，其中桃子園遺址更是位於軍事要地內，因此此一文化的內涵如何，仍需要進一步的研究。值得思考的是，為何在研究範圍區內，鳳鼻頭文化的遺址數量如此之少？是因為調查不足的緣故？還是遺址都已經遭到破壞？還是有其他文化上的原因所造成的？

　　蔦松文化遺址是研究範圍區內發現數量最多的遺址，因地區性的差異，可以區分為清水岩和美濃兩個地方性類型(劉益昌、陳玉美 1997)。其年代估計距今約2,000到400年前(臧振華等 1994：25)。其中清水岩類型遺址主要分布在高雄平原西側和北側的壽山隆起珊瑚礁，如龍泉寺遺址和壽山公園遺址、以及丘陵台地緩坡的後勁遺址、覆鼎金遺址、和澄清湖水廠遺址。以及高雄平原東側的鳳山隆起珊瑚礁上的數個遺址、內門丘陵緩坡的仁美、虎形坑、鳳凰、中寮、和北勢等遺址、以及屏東沖積平原上的下社皮遺址(由於地表遺物呈連續性分布，因此筆者傾向於將下社皮、下廊、和新庄橋併為一個遺址)和鯉魚山遺址。美濃類型的遺址則分布在屏東沖積平原北側六龜丘陵南麓緩坡的美濃地區各遺址、楠梓仙溪旗山附近的低位河階上的新象寮遺址、以及屏東沖積平原東側的山麓沖積平原的大路關遺址。依據陳文山等人(2004)的研究，在其文化的發展過程中，海水面持續下降，海岸線所在約當現代的海岸線。研究區內的蔦松文化的遺址有4處位於海拔10到20公尺的平原地帶。其餘的36處遺址，則都座落於面對廣闊沖積平原的隆起珊瑚礁前緣緩坡、或山麓緩坡上。其中位於屏東平原上的下社皮遺址，可能與17世紀晚期至18世紀初期時居住在此地的馬卡道社有關聯(劉益昌 1998)。

　　至於分布在屏東平原北側和東側近山地區的響林文化類型遺址，如上所述，因為遺址數量少，文化內涵所知有限，因此實際情況仍然不清楚，目前尚無法做進一步的探討。

(四)人為作用力的考古遺址形成過程的影響

　　考古遺址形成過程中的文化或人為作用力，對考古遺址的發現與保存，也具有相當的影響。基本上，這些人為作用力的影響，都屬於所謂的後堆積過程（post-depositional processes）。在研究範圍區內，經由田野調查，可以觀察得到後堆積過程的影響，包括擾亂過程、再利用過程（reclamation）、以及考古學者研究過程所帶來的影響。

擾亂過程對考古遺址的影響是最為普遍的現象，一般而言皆與開發行為有關。因為擾亂所造成的影響程度較重者，可能會毀損甚至煙滅遺址，而資料的散失將嚴重破壞對區域發展過程研究的瞭解。研究範圍區內的考古遺址所遭受到的擾亂過程，包括農業墾殖（如鳳鼻頭遺址、潭頭遺址）、道路交通建設（如陳厝巷遺址）、民宅和工廠的興建（如煙滅的二橋遺址）、工業建設取土（如義仁村遺址，因為林園工業區建造需要，而被取土破壞）、宗教行為的廟宇建設（如號稱臺灣最大的福德爺廟即建立在遺址之上，後來因為是違建而被拆除，又再次的破壞遺址）和墓葬（如鳳鼻頭遺址、孔宅遺址、鯉魚山遺址）、軍事設施（如桃子園遺址、鳳山水庫遺址）、以及觀光建設（如唐榮墓園遺址）等。通常考古遺址被擾亂的過程的原因不是單一的，而是多重的。例如，農業墾殖除了整地、栽植農作物外，也會興建聯外的產業道路。

再利用過程，即所謂的利用同一地點的再佔居的過程。對考古遺址的影響，除了會破壞前一階段的地層堆積結構、也會因為再利用前一階段的器物或原料，而破壞了器物組合關係等等。在研究範圍區內，因為再利用過程而受到影響的遺址，就是多文化層位的鳳鼻頭遺址。因此，在未來研究鳳鼻頭遺址的過程中，應該特別留意考古遺址形成過程所帶來的影響。

考古學者可能會因為其所受訓練的背景、田野實務經驗、或其田野調查期間的時間經費限制等，而對考古資料帶來重大的影響。事實上，考古學者在資料的搜集、資料的分析、和資料的解釋上，所採行的方法論本來就是一連串的研究過程。因此，學界應該有一套標準的作業流程，並且要求考古學者必須確實遵守。如此才不會造成研究方法前後的不一致，而導致考古資料可信度被質疑。

另外，研究範圍區內並未經過全面調查，即使經過調查，也並非有系統的進行。加上調查所涵蓋的地區，多數屬於公共建設的任務取向研究，有其特定的調查區域。由於田野調查的方法和涵蓋面積的大小，會影響到考古遺址的發現機率，更進一步會影響到我們對區域研究的瞭解。這也是屬於考古遺址形成過程的範疇，考古學者也應該重視其所帶來的影響。

　　總而言之，考古學者針對調查研究所得的考古資料，並進一步賦予人類行為解釋的時候，都必須理解並注意到考古遺址形成過程的理論，以及其對考古遺址被發現機率的可能影響。如上所述，經過系統田野調查，鳳山隆起珊瑚礁現有20處考古遺址，代表臺灣西南部史前文化發展層序的各個文化的遺址，皆有發現，文化延續的時間久遠。這些遺址，主要分布在鳳山隆起珊瑚礁的南側和東側。南側遺址的分布密度較高，可能與鳳鼻頭遺址座落於此有關，因此調查較為頻繁，以致於遺址被發現的機率提高。東側遺址分布並不平均，可能是因為此處開發程度較高，所發現遺址的保存狀況一般較差，因此遺址的被發現機率相對的偏低，部分遺址甚至因為工程取土而幾乎完全被破壞湮滅。鳳山隆起珊瑚礁西側為斷崖，調查的可及性低；北側則為軍事用地和民宅聚集之區，人員進入調查困難，可及性亦低，可能因此影響到遺址的被發現機率(陳維鈞 2005)。

　　屏東沖積平原佔地幅員廣大，卻只有21處已知的考古遺址，其中16處分布在美濃地區，遺址分布密度相對較高，乃因該地為水庫預定地，曾經過兩次全面地表調查之故。屏東沖積平原上的部分地區，雖經過數次任務取向的研究計畫進行過調查，但遺址數依然偏低，可能與當地的自然地理環境有關。例如，位於平原上的下社皮遺址之所以被發現，是因為當地居民開挖養殖魚池，遺物被重機械從地層中翻出才被發現的。可知此一遺址因為大量沖積物而被掩埋，因而導致調查的可見度明顯偏低的情形(陳維鈞 2005)。至於鯉魚山遺址所在位置較高，受河流沖積的影響較小，不過卻遭到現代墓葬的破壞。屏東沖積平原上的遺址類型在自然環境中分布的特性，明顯的具有強制性(obstrusiveness)的特性，亦即調查者必須運用某種田野技術或方法才能發現遺址的所在(Schiffer et al. 1978)。

六、結論

　　本文以考古遺址形成過程的理論，來解釋為何鳳山隆起珊瑚礁的考古遺址分布，明顯多於緊鄰的高雄平原和屏東平原。如果想要瞭解為何高雄平原和屏東平原上的遺址數量，反而較其周緣的隆起珊瑚礁、丘陵緩坡、和山麓緩坡為少。首先，必須先瞭解自然地理環境的變遷過程，及其對人類棲地的影響。

　　從現有已知的考古遺址分布情形來看，高雄平原上的遺址數量少，而且多是在日治時期所發現。究其原因，有可能是因為當時都市建設尚未全面開始之故。而以今日都市開發建設之面積和規模，考古田野調查的進行有其困難，因此遺址的發現機率已經變得相當低了。至於屏東平原的現有已知遺址則多在1980年代以後，因為公共工程建設之故，而由任務取向的文化資產管理研究計畫所進行的環境影響評估所發現。而且遺址的所在位置多位於平原周緣的近山地帶，屏東平原上的遺址反而是屈指可數。其原因與其地理環境有關，屏東平原的本體是一個廣大的氾濫平原，自上游而下的沖積物堆積深厚，而且經常氾濫。遺址不是被沖毀破壞，就是被掩埋於地下，並不容易被發現。更何況，全新世以來因為氣候變化造成海水面升降的現象，對人類的活動影響深遠。即使在海水面下降時期，土地露出，但仍會因為大量沖積物的堆積造成氾濫。如上所述，屏東平原之所以能夠免於經常性的水患，主要是因為日治時期隘寮溪的整治工程，築堤導引其流向西北與荖濃溪匯流，而不再是直接向西南流入平原之中。

　　考古遺址的分布在區域考古學上有一個常見的現象，那就是愈早期的遺址，數量愈少，而愈晚期的遺址，數量反而愈多。在鳳山隆起珊瑚礁，以及緊鄰的高雄平原和屏東平原上，似乎也存在著此一「規律」。不過，我們並不清楚這種時間先後所產生的「規律」，是否真正的反映了史前族群的住居模式和文化發展過程，亦或是反映了田野調查工作並未涵蓋全部

的區域，所造成的空間分布不平均現象(Chen 1998)。事實上，從研究區現有
已知考古遺址的分布，清楚的顯示遺址在空間上的分布是不平均的。就現
有資料而言，最早期的大坌坑文化有4處遺址，牛稠子文化有12處遺址，鳳
鼻頭文化僅2處遺址，蔦松文化則有40處遺址。僅從遺址的數量來看，似乎
遺址有早期較少而晚期較多之現象。更者，就下游地區而言，位於丘陵位
置之遺址數有明顯多於平原遺址之現象。這些現象是否真正反映了史前人
類的適應過程？是早期遺址因人口數少，以至於遺址數少的結果？還是晚
期遺址，不論是否因人口之自然增加，或人口移入的增加，而有較多的地
區被佔據開發使用？更者，各文化所屬的遺址之間亦有早晚期發展之別，
也應該一併列入考慮。至於，是否史前族群都選擇丘陵較高之地為其聚居
之處？還是，現有資料所呈現的分布現象並無法確實反映當時的文化面
貌？這種現象是否是因為考古遺址形成過程所造成的一種被扭曲(distorted)
的現象(Schiffer 1972、1975、1976、1987)？這些現象的表面，及其呈現的深
層意義，都需要以具體的證據來加以釐清。否則，僅將所發現的資料視為
過去人類行為所遺留下來的「石化般」(fossilized)的時空秩序組合，將會嚴
重的影響到考古學者對其資料的瞭解，以及其所提出的解釋。就因為如此，
考古學者對於造成其資料之所以會如其所發掘呈現的那種情形，就必須先
釐清造成其資料的種種自然營力和人為作用力對考古遺址的影響。唯有如
此，考古學者在試圖從已知的，靜寂的(static)考古學資料，去探知未知的，
動態的(dynamic)過去人類行為、社會、乃至文化時，才能掌握其資料而不
致會發生簡單化、甚或公式化的解釋。

　　就鳳山隆起珊瑚礁，及其鄰近的高雄平原和屏東平原而言，未來的研
究取向除了必須確實瞭解研究區內考古遺址形成過程的成因和影響之外，
對考古資料的來源，以及時空架構的掌握，也必須同時提升。無可否認地，
由於資料的不完全，現階段考古學者還無法對於史前族群在時間和空間分
布上的變化，做出令人滿意的解釋。造成資料的不足的原因，首先是因為
田野調查涵蓋的地區並不多，而調查過的區域也並沒有採用系統調查的方

法。例如屏東沖積平原的東半部，基本上尚未進行考古田野調查，在考古學資料上，幾乎是一片空白地帶。更者，資料的時間準確度也有所不足，更加深了對於史前族群文化解釋上的困難。屬於同一文化類緣的遺址，必須在同一個時間的基準點上，才能瞭解其空間分布所呈現的行為文化意義。例如，臺灣地區一個考古文化的延續時間往往長達千年或更久，如果不能掌握時間的準確度，將無法知道該文化各階段遺址的分布狀況，更不用說理解這些史前文化的發展和變遷的過程。為了解決上述的缺失，未來的研究需要一個較為密集、涵蓋面積較為全面的系統性田野調查，否則很難有效的瞭解史前族群適應自然環境的模式和發展過程。對於未經田野調查的區域，如果可運用的時間和經費有限，而無法全面涵蓋研究區，則可以採用系統抽樣的方式來進行田野調查。依照不同的地理環境，選擇不同的調查方法和涵蓋程度，以提高區域內遺址的被發現機率。其次，時間向度的掌握必須再細緻，如此才能瞭解各個史前文化長達千年的延續發展過程的變化情形。更何況，如果沒有精確的年代控制，將只能對在空間上的遺址分布進行有限度的行為解釋。因此，對於具有史前文化互動頻繁和文化多樣性特性的臺灣地區而言，惟有確實的掌握時空架構，以及各文化遺址的文化內涵和變異性，考古學者才能進行文化發展和變遷過程的研究。基本上，此一訴求也適用於臺灣的其他地區。

最後要強調的，誠如張光直先生（1989：541）所提出的，泛學科取向在今日的考古學研究已是必要的研究方式。舉凡地質學、動物學、植物學、生態學、民族學、語言學和材料科學都可提供無可取代的必要性資料，有助於理解自然環境和考古學資料，對人類行為的解釋是不可或缺的。近年來，劉益昌先生（1998）主張應該對荷蘭的歷史文獻做深入的探究，認為其中或許有與考古學研究相關的資料。尤其是有關平埔族群的分布範圍、生業活動、社會組織、人口、族群關係等資料，對於平埔族和史前時代最後階段的蔦松文化之間的關係，或許可以提供寶貴的研究課題和方向。

參考書目

古福祥

    1966 《屏東縣志，卷一地理志》，屏東縣文獻委員會。

宋文薰

    1954 〈考古學上的臺灣〉，《臺灣文化論集》1：91-104。

    1961 〈臺灣的考古遺址〉，《臺灣文獻》，第12卷，第3期，頁1-9。

    1965 〈臺灣西部史前文化的年代〉，《文獻專刊》16(4)：144-155。

    1980 〈由考古學看臺灣〉，《中國的臺灣》，陳奇祿等著，頁93-220，台北：中央文物供應社。

宋文薰譯，金關丈夫、國分直一著

    1953 〈臺灣先史考古學近年之工作〉，《台北縣文獻叢輯(第二輯)》，頁7-20。

宋文薰譯，鹿野忠雄著

    1955 《臺灣考古學民族學概觀》，臺灣省文獻委員會。

宋文薰、連照美

    1979 《臺灣史前文化層序(圖表及說明)》，陳列於台南市民族文物館。

宋文薰、尹建中、黃士強、連照美、臧振華、陳仲玉、和劉益昌

    1992 《臺灣地區重要考古遺址初步評估第一階段研究報告》，內政部和行政院文化建設委員會委託，中國民族學會執行。

李德仁

    1990 〈高雄縣杉林鄉二坪頂遺址試掘簡報〉，《田野考古》，第1卷，第2期，頁73-79。

芮逸夫

    1953 〈本系標本搜藏簡史〉，《考古人類學刊》，第1期，頁16-22。

何傳坤、劉克竑、鄭建文、陳浩維

    2001 《高雄市左營遺址範圍及保存價值研究計畫期末報告》，高雄市政府民政局委託，國立自然科學博物館執行。

林朝棨

    1960 〈臺灣西南部之貝塚與地史學意義〉，《考古人類學刊》，第15/16期，

頁49-94。

1964 〈臺灣中南部河川之河谷地形〉，《臺灣銀行季刊》15（4）：196-253。

1966 〈概說臺灣第四紀的地史並討論其自然史和文化史的關係〉，《考古人類學刊》28：7-44。

1970 《臺灣省通志，卷一，土地志，地理篇》，臺灣省文獻委員會。

林朝棨、周瑞燉合編

1974 《臺灣地質》，臺灣省文獻委員會。

洪敏麟

1972 《臺灣省通志，卷八同胄志郡族，平埔族篇（第九冊）》，臺灣省文獻委員會。

1979 《臺灣地名沿革》，臺灣省政府新聞處。

陳子波

1958 《高雄縣志稿‧沿革志》，高雄縣文獻委員會。

陳文山、宋時驊、吳樂群、徐澔德、楊小青

2004 〈末次冰期以來臺灣海岸平原區的海岸線變遷〉，《考古人類學刊》62：40-55。

陳玉美

1980 《高雄縣大湖史前遺址》，台大考古人類學研究所碩士論文（未出版）。

陳正祥

1960 《臺灣地誌》，中冊，敷明產業地理研究所研究報告第94號，台北市。

1961 《臺灣地誌》，下冊，敷明產業地理研究所研究報告第94號，台北市。

陳仲玉

1984 《美濃水庫計畫地區史蹟調查》，財團法人中華顧問工程司委託，中央研究院歷史語言研究所執行。

陳維鈞

2000 〈考古遺址形成過程研究-理論與運用〉，《考古人類學刊》55：49-63。

2005 〈考古學田野調查方法與原則：以三個實際案例為例〉，《田野考古》，10（1）：1-26。

陳漢光

1962 〈高雄縣匏仔寮平埔族宗教信仰調查〉，《臺灣文獻》13（4）：88-99。

1963a 〈高雄縣阿里關及附近平埔族宗教信仰和習慣調查〉,《臺灣文獻》14(1):
 159-172。

1963b 〈高雄縣匏仔寮平埔族家族構成〉,《臺灣文獻》14(3):128-133。

張光直
 1989 〈新石器時代的臺灣海峽〉,《考古》,1989(6):541-550轉569。

張劭曾
 1964 〈臺灣河川之防洪與地形關係〉,《臺灣銀行經濟研究室》15(1):109-138。

張耀錡
 1965 《臺灣省通志稿・卷八同胄志(第三冊)》,臺灣省文獻委員會。

連照美
 1986 〈台東史前文化展示規劃報告〉,《台東縣立文化中心陳列室規劃報告》,
 頁167-202,國立臺灣大學考古人類專刊第七種。

鹿野忠雄
 1930 〈臺灣石器時代遺物發見地名表(二)〉,《史前學雜誌》2(2):163-165。

國分直一
 1941 〈臺灣南部に於ける先史遺跡とその遺物〉,《南方民族》6(3):45-62。

 1962 〈臺灣先史時代の貝塚〉,《農林省水產大學研究報告・人文科學篇》7:
 53-72。

國立臺灣史前文化博物館籌備處
 1997 《東西向快速道路高雄-潮州線沿線遺址考古搶救發掘計畫》,交通部公
 路總局委託,國立臺灣史前文化博物館籌備處執行。

黃士強
 1985 〈試論中國東南地區新石器時代與臺灣史前文化的關係〉,《文史哲學報》
 34:191-214。

黃士強、劉益昌
 1980 《全省重要史蹟勘查與整修建議──考古遺址與舊社部分》,交通部觀光
 局委託,國立臺灣大學考古人類學系執行。

黃士強、臧振華、陳仲玉、劉益昌
 1993 《台閩地區考古遺址普查研究計劃第一期研究報告》,內政部委託,中國
 民族學會執行。

黃台香
　1982　《台南縣永康鄉蔦松遺址》，台大考古人類學研究所碩士論文（未出版）。
黃富三
　1981　〈清代臺灣之移民的耕地取得問題及其對土著的影響（上）（下）〉，《食貨》
　　　　11(1)：19-36；11(2)：26-46。
森丑之助
　1902　〈臺灣に於ける石器時代遺跡に就て〉。《東京人類學會雜誌》18卷，201
　　　　號，頁89-95。
傅新保
　1990　《臺灣省沿海土地利用及管制調查》，台大地理研究所。
楊鳳屏
　1997　《鳳鼻頭遺址早晚期文化的傳承與變遷：以陶容器研究為例》，國立臺灣
　　　　大學人類學研究所碩士論文。
劉益昌
　1984　〈高雄市史前文化概述〉，《高雄文獻》23/24：1-29。
　1985　〈屏東縣埔姜山遺址調查報告〉，《博物館年刊》28：1-26。
　1988　〈史前時代的臺灣與華南關係初探〉，《中國海洋發展史論文集(三)》，
　　　　張炎憲主編，頁1-27。台北，中央研究院三民主義研究所。
　1989a　〈高雄地區史前時代的居民〉，《高雄文獻》2(1)：11-20。
　1989b　〈臺灣史前史〉，《臺灣觀光協會會刊》350：16-17，23。
　1989c　《美濃水庫計畫地區考古調查報告》，中興工程顧問社委託，中央研究院
　　　　歷史語言研究所執行。
　1991　〈試論鳳鼻頭文化的性質與卑南文化的年代〉，《考古與歷史文化(上)：
　　　　慶祝高去尋先生八十大壽論文集》，宋文薰等編，頁327-341。台北，正
　　　　中書局。
　1998　〈臺灣西南平原地區史前時代晚期的文化〉，《臺灣原住民歷史文化學術
　　　　研討會論文集》，頁15-40。南投，臺灣省文獻委員會。
　2002　〈高雄地區史前文化研究〉，《高雄地區史前遺址展專輯中》，徐美珠主
　　　　編，頁4-44。高雄市，高雄市立歷史博物館。
　2006　〈考古學研究所見人群互動關係與分布界線：以嘉南平原東側丘陵山地地

區為例〉，《建構西拉雅研討會論文集》，葉春榮主編，頁39-60。新營市，台南縣政府

劉益昌、朱正宜、林淑芬、周淑文

1995 《高雄市龍泉寺遺址範圍及內涵調查研究》，高雄市政府民政局委託，中央研究院歷史語言研究所執行。

劉益昌、陳玉美

1997 《高雄縣史前歷史與遺址》，高雄縣文獻叢書系列3。鳳山市，高雄縣政府。

劉益昌、楊鳳屏

1994 《鳳鼻頭遺址的範圍與文化》，高雄縣政府委託，鳳鼻頭遺址範圍研究計畫期末報告。

臧振華

1989 〈轉變中的臺灣考古學〉，《中國民族學通訊》26：24-27。

1996 〈西南部地區的史前文化和遺址〉，《重修臺灣省通志》，卷尾謄錄史前考古。南投市，臺灣省文獻委員會。

臧振華、李匡悌、陳維鈞、李德仁、和朱正宜

1993 《第二高速公路後續計畫規劃路線沿線文化遺址調查評估報告》，中鼎工程股份有限公司委託，中央研究院歷史語言研究所執行。

臧振華、陳仲玉、劉益昌、李匡悌、陳維鈞、陳瑪玲、李德仁、劉克竑、朱正宜

1994 《台閩地區考古遺址普查研究計劃第一期研究報告》，內政部委託，中央研究院歷史語言研究所執行。

顏廷仔

2005 〈文化資產調查〉，《台鐵高雄－屏東潮州捷運化建設計畫環境影響說明書》，交通部鐵路改建工程局，板橋市。

Butzer, Karl W.

1982 *Archaeology as Human Ecology: Method for a Contextual Approach.* Cambridge, Cambridge University Press.

Chang, Kwang - chih

1956 "A Brief Survey of the Archaeology of Formosa," *Southwestern Journal of Anthropology* 12(4): 371-386.

1964　"Introduction：special Taiwan section," *Asian Perspectives* 7:195-202.

Chang, Kwang-chih et al.

1969　*Fengpitou, Tapenkeng, and the Prehistory of Taiwan*. Yale University Publication in Anthropology, No.73. New Haven: Yale University Press.

Chen, Weichun

1998　"Models of Prehistoric Land Use in the Gaoping Region, Southwest Taiwan." Unpublished Ph.D. Dissertation, University of Arizona, Tucson, 1998.

Jochim, Michael A.

1981　*Strategies for Survial*. New York, Academic Press.

Li, Kuang - chou

1981　"K'en-ting: An Archaeological National Laboratory Near Southern Tip of Taiwan." Unpublished Ph.D. Dissertation. SUNY- Binghamton University.

Rolett, Barry, Weichun Chen, and John Sinton

2000　"Taiwan, Neolithic Seafaring and Austronesian Origins," *Antiquity* 74(2000): 54-61.

SARG, the members of

1974　"SARG: a Co-operative Approach towards Understanding the Locations of Human Settlement," *World Archaeology* 6: 107-116.

Schiffer, Michael B.

1972　"Archaeological Context and Systemic Context," *American Antiquity* 37(2): 156-165.

1975　"Archaeology as Behavioral Science," *American Anthropologist* 77: 836-848.

1976　*Behavioral Archaeology*. New York, Academic Press.

1987　*Formation Processes of the Archaeological Record*. Albuquerque, University of New Mexico Press.

Schiffer, Michael B., Alan P Sullivan, and Timothy Klinger

1978　"The Design of Archaeological Surveys," *World Archaeology* 10(1): 1-28.

Trigger, Bruce G.

1968　"The Determinants of Settlement Patterns," in *Settlement Archaeology*, edited by K.C. Chang, pp. 53-78. Palo Alto, CA, National Press.

Tsuboi, Kiyotari

    1956 Feng-pi-t'ou: A Prehistoric Site in South Formosa that Yielded Painted and Black Pottery. Proceeding of Fourth Far-Eastern Prehistory and the Anthropology Division of Eight Pacific Science Congress, Combined: 277-302, Quezon City, Philippines.

臺灣北部訊塘埔文化的內涵探討

郭素秋[*]

一、前言

（一）目的

　　在臺灣北部，訊塘埔文化為繼大坌坑文化之後出現的考古文化，時期相當於臺灣的新石器時代中期。訊塘埔文化中，除了一些延續自新石器時代早期的大坌坑文化之要素外，亦出現一些新要素。近年來訊塘埔遺址、臺北市大龍峒遺址的大規模發掘等，出土豐富的考古遺留，而許多碳14年代測定的結果，顯示它的最早年代可以早到距今約4800年前後，使得過去對它的內涵理解、文化互動及起源等問題的思考，有必要基於新的考古資料重新進行探討。

　　本文擬進行訊塘埔文化的內涵分析，來進一步思考訊塘埔文化的整體

[*]　中央研究院歷史語言研究所助研究員。
　　「訊塘埔文化」或稱為「細繩紋陶文化訊塘埔類型」。
　　本文修改自中央研究院歷史語言研究所九十七年度第六次講論會文稿〈臺灣北部訊塘埔文化出現的新要素及其起源探討〉，2008年3月17日。

面貌，並探討這個時期可能的文化變遷與區域間的文化互動樣相，以凸顯靜態遺留背後動態的文化脈動。筆者基於過去一、二十年來在臺灣北部進行全面性的遺址調查和部分發掘工作所得到的考古資料和理解，並參考至今所有相關的考古調查和發掘報告，來對訊塘埔文化的內涵進行分析和檢視，並進行訊塘埔文化與同時期不同區域間的考古文化之比較研究，視點將放在「大坌坑文化以來的文化要素」與「新要素」的辨析，及這些「新要素」可能來源的探討上。

(二)學史回顧

早在1950年代或更早，已發現訊塘埔文化的相關遺物與層位證據，雖然當時學者們尚不清楚這層文化的內涵，但亦已注意到圓山遺址下層的「繩紋陶文化層」，與其上層的圓山文化層有所差異[1]。如1953、1954年，臺大考古人類學系，於圓山遺址的西北側山麓進行了兩次的發掘，這兩次發掘出土了大量的遺留和墓葬，並首次確定圓山遺址具有兩個文化層：上層的圓山文化層，和下層的繩紋陶文化層(石璋如 1954)。張光直先生也指出圓山遺址的圓山文化層和繩紋陶文化層雖呈上下緊密疊壓，但兩者明顯不同(張光直 1954)[2]。這可說是訊塘埔文化的遺留，第一次透過發掘而被確認其存在。

由於大坌坑文化和訊塘埔文化，均以繩紋陶為其主要內涵之一，因此

1　1998年，筆者在日本東京大學所舉辦的「東南アジア考古學」大會上，宣讀〈臺灣の繩蓆文土器について〉一文時，當時90多歲的國分直一先生，曾向筆者問及圓山遺址下層的這層繩紋陶文化層之內涵，意味著國分先生早已注意到這層遺留。

2　如張光直先生於〈圓山發掘對臺灣史前研究之貢獻〉文中提到：「這兩次的發掘，……證明了，圓山遺址分為上下兩個文化層：上層為赤褐色粗質素面陶器文化(筆者按：即圓山文化)，下層為繩紋陶文化」，「繩紋陶當為土著，而圓山文化顯然為後來的一種強有力、高文化的征服者」(張光直 1954)。張光直先生上述的看法，影響學者們對圓山文化起源的看法，雖然筆者最近的研究發現，圓山文化的主體仍來自當地早一階段的訊塘埔文化(郭素秋 2012)，而非外來的征服者，但是暫不論張光直先生對圓山文化起源的看法是否正確，但可知當時張光直先生已注意到圓山遺址下層的「繩紋陶文化層」的存在，並發現它的內涵與上層的圓山文化層不同。

在早年少有層位關係的發掘資料、絕大多數的陶器乃為地表採集的情形下，學者們並無法有效地區分兩者之間的異同。如1960年代初，盛清沂先生調查臺灣北部的遺址時，發現出土以粗砂繩紋陶、細砂褐色陶、褐色泥質陶為代表的遺址群，其中港子平遺址經過細密的調查採集，出土遺物中以褐色夾砂陶為主，部分器表可見繩紋裝飾，在北海岸發現了類似的遺址共9處，以老崩山遺址為代表，而稱為「老崩山系統」，以繩紋陶及其相關的遺留為其主要內涵(盛清沂 1961, 1962)，實涵蓋大坌坑文化和訊塘埔文化這兩個前後階段的考古文化。

1960年代稍後，劉斌雄先生、張光直先生等陸續發掘大坌坑遺址，得到相當重要的層位證據和遺物資料(劉斌雄 1963；Chang *et al.*, 1969)。其中，張光直先生延續50年代對圓山遺址下層「繩紋陶文化」的問題意識，藉著此次在大坌坑遺址所獲得的層位堆積證據、遺物等，首次將大坌坑遺址下層的繩紋陶等遺留，命名為「大坌坑文化」，而大坌坑文化也從此成為北部地區繩紋陶的代表(Chang *et al.*, 1969)。不過，張光直先生當時並未察覺圓山遺址下層的「繩紋陶文化層」(屬於訊塘埔文化)，和大坌坑遺址下層的「繩紋陶文化層」(屬於大坌坑文化)兩者內涵的差異，而逕以兩者均出現繩紋陶這點，而將兩者均歸為「大坌坑文化」；加上張先生等未檢視「大坌坑文化」與盛清沂先生的「老崩山系統」之異同，而錯失可以區分兩者的機會。張光直先生的這個看法也長期影響學界對臺灣北部繩紋陶文化內涵的認知。

其後一直到1980年，《全省重要史蹟勘察與修整建議──考古遺址與舊社部分》報告所提出的史前文化層序表中，才於大坌坑文化和圓山文化之間插入「圓山式繩紋陶」(黃士強、劉益昌 1980：表三)，以示有別於大坌坑文化，且「圓山式繩紋陶」的年代與中南部的牛罵頭文化、牛稠子文化平行。黃士強先生在〈臺北市圓山遺址第二地點試掘報告〉一文中，透過發掘資料，再一次明確地指出在圓山文化層之下，存在著一層繩紋陶文化層，且其與大坌坑文化有所差異(黃士強 1989)。1980年代的考古調查、試掘成果，給予學者們重新思考臺灣北部史前文化層序的契機。

　　到了1990年代初期，劉益昌和劉鵠雄兩位先生開始對分布於北海岸和八里地區的「老崩山系統」之遺址展開調查工作。其中，特別是於八里的舊城遺址、訊塘埔遺址，發現新台15號道路工程所挖出的文化層堆積，並採集相當數量的遺物。這些遺物以安山岩來源的摻和料為主，夾有輝石等砂粒，器型與大坌坑文化不同，因此劉益昌先生於1992年所撰寫的〈臺灣北部地區史前文化的新資料及其檢討〉一文中指出：「*北海岸地區存在一個以褐色粗沙、細沙繩紋陶、褐色灰胎夾沙素面陶為主的文化。其陶器群中已無大坌坑式繩紋陶的劃紋、突脊等特色。盛先生原來所列老崩山系統的遺址群中，實包含大坌坑文化早、晚期，及本系統的遺址在內。因此筆者以遺物出土豐富的訊塘埔遺址為代表，暫稱為訊塘埔系統*」（劉益昌1992）。不過，如後所述，訊塘埔文化的陶器實仍存在突脊，且訊塘埔文化仍存在一些大坌坑文化的要素，兩者並非截然不同的。

　　1997年，透過對北海岸地區的全面調查和試掘工作，劉益昌先生在《臺北縣北海岸地區考古遺址調查報告》中指出：訊塘埔文化的遺址，主要分布於萬里以西至淡水河口之間的紅土緩坡海岸古老沙丘，但有部分深入到紅土緩坡面上，從陶器質地和器型的變化，可知訊塘埔文化是大坌坑文化晚期逐步發展而來；如以陶器內涵和同時期的牛罵頭文化、牛稠子文化、東部繩紋紅陶文化等比較，具有較大的地方特色，似可單獨稱為一個文化，即「訊塘埔文化」（劉益昌 1997b：56，57）。

　　此後，透過日益增加的調查、試掘工作，訊塘埔文化的遺留，陸續在臺北盆地、北海岸、宜蘭等地廣泛地被發現，使得學者們瞭解到，訊塘埔文化的分布範圍已超出臺北盆地、北部海岸，而延伸至宜蘭的蘭陽平原、桃園等地。特別是在圓山遺址、芝山岩遺址等地發現大坌坑文化－訊塘埔文化－圓山文化明確的層位連續疊壓證據，也在多處遺址確認到大坌坑文化－訊塘埔文化，或訊塘埔文化－圓山文化的下上層位堆積證據（劉益昌1997b；劉益昌、郭素秋 2000；劉益昌 2003；劉益昌等 2004）。

二、訊塘埔文化的地理分布與分期

（一）訊塘埔文化的地理分布

訊塘埔文化的分布範圍較大坌坑文化為廣、遺址數量遠較大坌坑文化為多，且單一遺址的面積亦較大坌坑文化為大，明顯有聚落大型化的現象。有關訊塘埔文化的遺址分布，可參見表1、圖1。

表1　訊塘埔文化的遺址鄉鎮分布

行政區劃	遺　　　　　　址
新北市淡水區	1.竹圍 2.高厝坑 3.竿蓁林 4-6.內竿蓁林I~III 7.淡水測候所 8.三孔泉 9.水碓子 10.大田寮 11.淡水.北投子 12.山腳.李厝 13.水梘頭 14.紅毛城 15.松濤橋 16.港子平 17.正興宮I 18-23.崁頂I~VI 24.育英國小 25.淡水國小 26.淡水.清水岩 27.海尾仔 28.後洲子 29.演戲埔腳 30.竹圍子 31.淡水.後寮 32.水尾仔I~II 33.桂花樹 34.椿子林 35.番社前
新北市三芝區	36.三芝.古莊 37.民主公廟I 38.頂新莊子I 39.北勢子 40-41.三芝.田心子I~II 42.大溪橋
新北市石門區	43.老梅 44.石門.石門
新北市金山區	45.郭厝 46.龜子山 47.萬里加投
新北市萬里區	48.萬里
新北市五股區	49.西雲岩 50.石土地公II
新北市泰山區	51.半山子
新北市新莊區	52.十八份
新北市樹林區	53.狗蹄山
新北市三峽區	54.鵠尾山 55.頂塊陳
新北市土城區	56.土地公山
新北市中和區	57.圓子山
新北市八里區	58.西門 59.挖子尾 60.大崁腳 61.大坌坑 62.十三行 63.公田 64.八里.舊城 65.松子腳 66.訊塘埔 67.臺北港II 68.長道坑口 69.下罟坑
臺北市北投區	70.番婆嶺 71.竹仔湖
臺北市士林區	72.下東勢 73.芝山岩
臺北市中山區	74.圓山 75.劍潭 76.大龍峒
臺北市中正區	77.植物園
臺北市萬華區	78.萬華 79.公館
臺北市信義區	80.六張犁

行政區劃	遺　　　　址
臺北市南港區	81.中南街 82.舊莊
新北市汐止區	83.橫科山
基隆市中正區	84.社寮島II
新北市貢寮區	85.內寮 86.過溪仔 87.東北角風景管理處 88.貢寮‧虎子山 89.貢寮‧虎子山街 90.裕隆街 91.田寮洋
宜蘭縣礁溪鄉	92.大竹圍
桃園縣大園鄉	93.大園尖山（少量）
新竹縣新豐鄉	94.紅毛港（零星）

資料來源：根據劉益昌等 2004、劉益昌 2010, 2011、筆者調查資料等製表

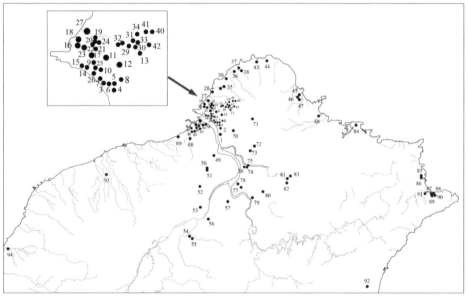

1.竹圍	13.水梘頭	25.淡水國小	37.民主公廟	49.西雲岩	61.大盆坑	73.芝山岩	85.內寮
2.高厝坑	14.紅毛城	26.淡水‧清水岩	38.頂新莊子I	50.石土地公II	62.十三行	74.圓山	86.過溪仔
3.竿蓁林	15.松濤橋	27.海尾仔	39.北勢子	51.半山子	63.公田	75.劍潭	87.東北角風景管理處
4.內竿蓁林I	16.港子平	28.後洲子	40.三芝‧田心子I	52.十八份	64.八里‧舊城	76.大龍峒	88.貢寮‧虎子山
5.內竿蓁林II	17.正興宮I	29.演戲埔擲	41.三芝‧田心子II	53.洵蹄山	65.松子腳	77.植物園	89.貢寮‧虎子山街
6.內竿蓁林III	18.崁頂	30.竹圍子	42.大溪橋	54.鵠尾山	66.訊塘埔	78.萬華	90.裕隆街
7.淡水測候所	19.崁頂II	31.淡水‧後寮	43.老梅	55.頂塊陳	67.台北港II	79.公館	91.田寮洋
8.三孔泉	20.崁頂III	32.水尾仔I-II	44.石門‧石門	56.土地公山	68.長道坑口	80.六張犁	92.大竹圍
9.水碓子	21.崁頂IV	33.桂花樹	45.郭厝	57.圓山子	69.下罟坑	81.中南街	93.大園尖山(少量)
10.大田寮	22.崁頂V	34.楂子林	46.萬里加投	58.西門	70.香嫛嶺	82.舊莊	94.紅毛港(零星)
11.淡水‧北投子	23.崁頂VI	35.番仔前	47.萬里	59.挖子尾	71.竹仔湖	83.橫科山	
12.山腳‧李厝	24.育英國小	36.三芝‧古莊	48.萬里	60.大坌腳	72.下東勢	84.社寮島II	

圖1　訊塘埔文化遺址分布

　　根據圖1，可知訊塘埔文化的遺址多分布在臺灣北部海岸地區或淡水河系的河岸附近，而以淡水河口兩側最為密集，主要的地理區為臺北盆地、北海岸、東北海岸，並在蘭陽平原北部的大竹圍遺址下層，發現大型的聚落遺址。而從訊塘埔文化的遺址，主要集中於沿海和淡水河系沿岸地區看來，其移動的方式除了雙腳以外，不排除有使用船隻的可能性。

（二）訊塘埔文化的分期

　　依照目前所理解的層位堆積、遺物內涵及測年資料，可將訊塘埔文化分為早、晚兩個階段，年代分別約為4,800-4,100 B.P.和4,100-3,500 B.P.。其中，早階段可以植物園、大龍峒、圓山等遺址為代表；晚階段則以宜蘭的大竹圍遺址等為代表。而訊塘埔遺址、萬里加投遺址則可見早晚兩階段的遺留（表2、圖2）。

表2　訊塘埔文化的碳14與熱釋光年代一覽

遺　址	行政區劃	坑層或地下深度(cm)	實驗室編號	標本性質	測定年代B.P.	D.L.W.樹輪校正年代B.P.	資料出處
訊塘埔	新北市八里區	北區T7P2 L3c	Beta-218777	木炭	3780±40	4260-4070、4040-4000	劉益昌等 2008: 188 表5-1
訊塘埔	新北市八里區	北區T9P5 L3d	Beta-218779	木炭	4050±40	4800-4770、4620-4420	劉益昌等 2008: 188 表5-1
訊塘埔	新北市八里區	北區T5P14 L3a等	Beta-222069	木炭	3790±40	4280-4080、4030-4010	劉益昌等 2008: 188 表5-1
訊塘埔	新北市八里區	南區T2P14 L6	Beta-222066	木炭	4010±40	4560-4410	劉益昌等 2008: 188 表5-1
訊塘埔	新北市八里區	南區T7P15a L3	Beta-222067	木炭	3440±40	3830-3600	劉益昌等 2008: 188 表5-1
崁頂V	新北市淡水區	TP3底層 L5d	Beta-376965	木炭	4010±30	4530-4420	顏廷伃、王淑津 2015: 282-283 表11-1
淡水測候所	新北市淡水區		NTU-TLA-C042	粗砂陶	3483±660		李匡悌1999
淡水測候所	新北市淡水區		NTU-TLA-C041	粗砂陶	2830±310		李匡悌1999

遺　　址	行政區劃	坑層或地下深度(cm)	實驗室編號	標本性質	測定年代 B.P.	D.L.W.樹輪校正年代B.P.	資料出處
萬里加投	新北市萬里區	TP1L8，90公分	NTU-2457	木炭	3950±70	4410	劉益昌1997b: 43表一五；劉益昌等2004
萬里加投	新北市萬里區	TP1L7，80公分	NTU-2450	木炭	3720±70	4081、4025、3997	劉益昌1997b: 43表一五；劉益昌等2004
萬里加投	新北市萬里區	TP1L8，90公分	NTU-TLAC008	夾砂繩紋陶	4010±720		劉益昌1997b: 43表一五
萬里加投	新北市萬里區	TP1L7，80公分	NTU-TLAC007	夾砂繩紋陶	3750±340		劉益昌1997b: 43表一五
萬里加投	新北市萬里區	TP1L6，70公分	NTU-TLAC006	夾砂繩紋陶	3400±820		劉益昌1997b: 43表一五
植物園	臺北市中正區		NTU-3795	木炭	4120±120	4522-4824	陳得仁、郭素秋2004
植物園	臺北市中正區		NTU-3979	木炭	3920±60	4248-4425	陳得仁、郭素秋2004
植物園	臺北市中正區		NTU-4585	木炭	3880±150	4086-4520	劉益昌等 2006
植物園	臺北市中正區	TP1 L80	Beta-285437	木炭	3870±40	4241-4405	邱水金等 2010
大龍峒	臺北市大同區	E7-T8P1 L31a	NTU-5315	木炭	4100±50	4527-4805	財團法人樹谷文化基金會 2012:22表2
大龍峒	臺北市大同區	D7-T0P0 L43 F1	NTU-5302	木炭	4100±50	4527-4805	財團法人樹谷文化基金會 2012:22表2
大龍峒	臺北市大同區		NTU-5329	木炭	3970±100	4247-4568	邱水金等 2010
大龍峒	臺北市大同區	D7-T7P6 L39 F1-W	Beta-299030	木炭	3870±30	4240-4400	財團法人樹谷文化基金會 2012:22表2
大龍峒	臺北市大同區	E6-T3P4 L37 F1-1	Beta-299031	木炭	3800±30	4150-4240	財團法人樹谷文化基金會 2012:23表2
大龍峒	臺北市大同區	S6-T1P3 L40 F1	Beta-299032	木炭	3850±30	4190-4340	財團法人樹谷文化基金會 2012:23表2
大龍峒	臺北市大同區	E6-T9P9 L37 F1	Beta-299033	木炭	3950±30	4410-4430	財團法人樹谷文化基金會 2012:23表2
大龍峒	臺北市大同區		NTU-4737	木炭	4020±100	4317-4804	劉益昌 2007b

遺　址	行政區劃	坑層或地下深度(cm)	實驗室編號	標本性質	測定年代B.P.	D.L.W.樹輪校正年代B.P.	資料出處
圓山	臺北市中山區圓山里	265-280	NTU-2871	木炭	4130±150	3985-4394	黃士強等 1999a
圓山	臺北市中山區		Y-1547		3860±80		林朝棨1966:24
圓山	臺北市中山區		NTU-1462	木炭	3760±40	4096、4144、4105	黃士強1992
圓山	臺北市中山區	233-243	NTU-2933	木炭	3650±100		黃士強等1999b
土地公山	新北市土城區		NTU-1933	木炭	4010±140	4518、4487、4452	陳仲玉等1994
土地公山	新北市土城區			木炭	3490±150	3824、3787、3767、3749、3731	陳仲玉等1994
大竹圍	宜蘭縣礁溪鄉	89B-P6C L4b，海平面下80公分，文化層	NTU-3533	木炭	3820±40	4221、4203、4180、4165、4158	劉益昌等2001b
大竹圍	宜蘭縣礁溪鄉	89B-P1E L5g，海平面下170公分，灰坑木桶上緣	NTU-3569	木炭	3780±70	4149	劉益昌等2001b
大竹圍	宜蘭縣礁溪鄉	89B-P6B L4a，海平面下65公分，文化層	NTU-3507	木炭	3690±40	3981	劉益昌等2001b
大竹圍	宜蘭縣礁溪鄉	89B-P2D L4d，海平面下95公分，文化層	NTU-3535	木炭	3590±40	3868	劉益昌等2001b
大竹圍	宜蘭縣礁溪鄉	89B-P6F L4c，海平面下85公分，文化層	NTU-3519	木炭	3580±50	3863、3860、3838	劉益昌等2001b
大竹圍	宜蘭縣礁溪鄉	89B-P4A L5a，海平面下115公分，浸透層	NTU-3511	木炭	3560±50	3834	劉益昌等 2001b
大竹圍	宜蘭縣礁溪鄉	89B-P3B L4c，海平面下85公分，文化層	NTU-3502	木炭	3550±40	3831	劉益昌等2001b

遺　　址	行政區劃	坑層或地下深度(cm)	實驗室編號	標本性質	測定年代B.P.	D.L.W.樹輪校正年代B.P.	資料出處
大竹圍	宜蘭縣礁溪鄉	89B-P2E L5a，海平面下115公分，浸透層	NTU-3490	木炭	3510±50	3810、3797、3760、3747、3725	劉益昌等 2001b
大竹圍	宜蘭縣礁溪鄉	89B-P3B L4d，海平面下95公分，文化層	NTU-3497	木炭	3510±50	3810、3797、3760、3747、3725	劉益昌等 2001b
大竹圍	宜蘭縣礁溪鄉	89B-P3B L5b，海平面下125公分，浸透層	NTU-3506	木炭	3500±40	3721	劉益昌等 2001b
大竹圍	宜蘭縣礁溪鄉	89B-P2E L4e，海平面下105公分，文化層	NTU-3494	木炭	3490±40	3716、3704、3697	劉益昌等 2001b

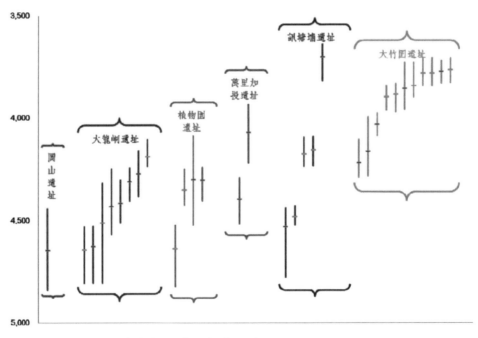

圖2　訊塘埔文化碳14年代分布(引自朱正宜等 2012: 43圖25)

三、訊塘埔文化的遺跡與遺留

雖然訊塘埔文化的遺址數量相當多，但是絕大部分的遺址僅有調查或小規模試掘的資料，經過大規模發掘的遺址，僅新北市八里區的訊塘埔遺址、臺北市的大龍峒遺址、宜蘭的大竹圍遺址3處。不過透過上述這3處遺址的大規模發掘，也使得訊塘埔文化的內涵得到更進一步的理解，分述如下：

(一)臺北市大龍峒遺址的發掘成果：訊塘埔文化早階段

大龍峒遺址自2009-2010年進行大規模發掘，出土豐富的文化遺留，包括灰坑、水井、溝渠、柱洞群等(財團法人樹谷文化基金會 2010)。根據圖3，可知建物以方形結構且數間集中出現，在建物周邊出現有多條人工溝渠，且這些人工溝渠大致與建物邊界平行。而垃圾型灰坑主要分布於房屋周邊，反映訊塘埔文化的人們習慣直接將垃圾棄置於緊鄰家屋旁的空地。

史前現象分佈（● 灰坑；▬ 溝渠；□ 推測房屋結構）

圖3　臺北市大龍峒遺址現象分布
（財團法人樹谷文化基金會 2012:24圖5）

1. 垃圾型灰坑

　　為丟棄垃圾的坑洞，由於富含有機質，因此土色較黑，而焚燒垃圾的行為，也會留下成層的灰燼和火燒紅土面，灰坑內常出現密度較高的人為製品殘件和生態遺留等。本遺址的灰坑剖面，可見多次堆積的灰黑土層；灰坑平面的中間和周邊則可見環狀的炭屑帶；灰坑周邊可見傾倒狀排列的陶片堆，顯示當時的丟棄方式；部分灰坑為寬沿圈足豆的密集出土堆（財團法人樹谷文化基金會 2010：17-19）。

　　發掘區出土的灰坑現象多屬此類型，上口為圓到橢圓形，但有的因坍塌或多次使用之故，也有上口呈不規則狀或長條形者，如C帶的灰坑現象。由於丟棄的遺留中富含有機質，因此土色較黑，其內若有焚燒的行為時，則會留下成層的灰燼和紅燒土面。垃圾型灰坑中，可見密度較高的生態和人工遺留，大部分的灰坑可以見到大量陶片聚集的現象（財團法人樹谷文化基金會 2012：25）。

2. 井式灰坑

　　井式灰坑的上段結構和垃圾型灰坑相同，呈橢圓形或圓轉方形的凹穴狀，但開口一般較大，至底部急劇縮小，且深度多可達下部的灰色沉泥層。這種井式灰坑，推測原先的開口較小、深度極深，而做為水井之用，後因崩塌致使下半段崩積而開口變寬，才改為垃圾坑使用。大龍峒遺址的井式灰坑斷面，下方明顯可見收口，且其內的遺留較少且不見紅燒土面（財團法人樹谷文化基金會 2010：20）（圖4）。

　　此類井式灰坑的出現，意味著訊塘埔文化人已懂得挖井以解決用水之需。

3. 溝渠

　　大龍峒遺址的訊塘埔文化層，出土人工挖鑿溝渠，溝渠主要呈東西向，南北向溝渠較少。形狀多半呈長條直線形，長度不等，其中兩條長溝可達

圖4-1 大龍峒遺址E6-T5P4南牆井式灰坑斷面，下方明顯可見收口，且其內遺留較少，至底部灰泥層仍見其輪廓(朱正宜等 2012:155圖版170)

圖4-2 大龍峒遺址E6-T3南北向斷面上，可見一系列灰坑中，其中有一處井式灰坑，開口急劇縮小（朱正宜等 2012:154圖版169）

圖4 臺北市大龍峒遺址井式灰坑照

20公尺。溝渠中常含有大量的遺物出土，可知亦有丟棄垃圾的功能。這些溝渠邊界較平直，屬人為開鑿；但E7東南側的數條橫向管道的邊界並不工整，可能是自然管道加以利用而成。溝渠剖面呈V或U字形。溝渠除了作為家戶或聚落的排水外，亦可能作為聚落內各個社會單位的象徵界限(財團法人樹谷文化基金會 2012：28)。

4. 柱洞

雖然柱洞不若灰坑數量之龐大，但若從灰坑和溝渠分布於屋舍外圍，和柱洞多分布在E區看來，D、E兩區灰坑間的空白區域和溝渠界限，應可以做為主要的房舍範圍(財團法人樹谷文化基金會 2012：28)。

5. 生態遺留

大龍峒遺址出土的生態遺留不多，植物性遺留有零星的稻米、苦楝子及待鑑定的植物組織；動物性遺留則包含魚類、哺乳類、鳥類的骨骼和牙齒(財團法人樹谷文化基金會 2012：44)。

6. 小結

　　根據大龍峒遺址的土壤分析結果，當時訊塘埔文化人們居住在此之際，大龍峒一帶的環境為相對穩定的淡水沼澤，而結合遺址出土的人工溝渠的開挖、柱洞群遺跡的出現等，推測這些設施和建物結構，可能為了因應沼澤這種長年積水的環境，以進行排水並利用木柱將建物抬高，即所謂的杆欄式建築。

　　另外，根據上述大龍峒遺址的發掘資料，可知訊塘埔文化人，已知挖鑿溝渠和水井。其中，溝渠多呈長條直線狀，長度不等，且人為溝渠的轉折多呈直角狀，這些溝渠的剖面呈V字形或U字形，發掘者並推測這些溝渠除了做為家戶或聚落的排水之用外，可能也做為聚落內各個社會單位的界限（財團法人樹谷文化基金會 2010：21）。若以上的推測可信的話，則可知訊塘埔文化人已有明確的取水（點狀分布的水井）、引水（線狀或網狀分布的溝渠）等的聚落空間規劃，並能掌握對地下含水層的位置，和已有將水由高處引至低處以進行排水等概念。

　　從大龍峒遺址的水井乃下挖至「灰色沉泥層」的含水層，距離當時的地面並不深，加上水井的直徑不大、水井周邊未見石砌結構等硬體加固的情形看來，這類的水井乃人們直接下挖至含水層而形成，為簡易型的水井，重點在滿足一時性的取水需求。由於水井的周邊並未加固，因此在使用的過程中，相當容易崩塌。而在水井崩塌後所形成的凹陷地，也成為最佳的垃圾棄置場所，這也凸顯訊塘埔文化人的應變和再利用的能力。筆者認為這類簡易型水井存在的可能原因，應該與地下水只要下挖即可容易取這點有關，因此與其花時間去做水井的加固工作，不如重新再挖一個新的水井，這種類型的水井，相信數量應不少。

　　而根據上述大龍峒遺址的垃圾型灰坑的內含物出土狀況（財團法人樹谷文化基金會 2010: 17-19）看來，可見有傾倒小堆垃圾於垃圾坑邊的丟棄行為，而環狀的碳屑可能為木桶等大型容器燒過的遺痕。

（二）宜蘭大竹圍遺址下層出土的柱洞群：訊塘埔文化晚階段

有關大竹圍遺址下層（TTW89B-P6, P7坑第5層）的柱洞群，發掘者敘述如下：「海平面下110公分處發現十個柱洞，……出土位置排列似有秩序。柱洞大小不一，4號柱洞最大徑有60公分，6號柱洞最小直徑約24公分，柱洞內為黑色砂質土……土質純淨，……。各柱洞底部結束位置為海平面下119-133公分之間。」（劉益昌等 2001b：46）根據圖5看來，大竹圍遺址的柱洞底部為平底或平圓底。

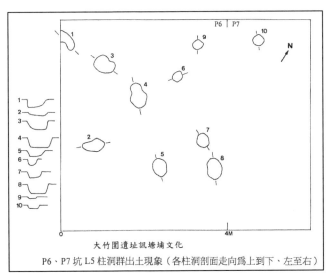

圖5　大竹圍遺址柱洞群（劉益昌2001b：46圖14）

大竹圍遺址下層出土木器，包括：

1. 一端削尖的木器殘件1件，以樹幹削尖一端製成，直徑約5公分，殘長約40公分。

2. 長條形帶穿木片1件，表面修整，殘長6.4公分、寬0.9公分、厚0.3公分，可見2個鑽穿的孔（孔徑分別為0.7公分、0.4公分）。

3. 木片1件，為修整平直的長條狀木片，兩端磨鈍成圓弧狀，長12.3公分、寬0.9公分、厚0.4公分。

4. 木器殘件，可分大型和小型兩類。大型木器利用樹木枝幹、修整一端而成，可能為掘棍殘件。小型木器均為修整過的長條狀木片殘件（劉益昌1995: 86-87）。2001的大規模發掘報告中，並提到1件成橢圓形桶狀的木器，高54公分，最大寬幅98公分、最窄寬幅約72公分，器壁厚度約2-10公分，木器表面有削平修整痕，乃出土於文化層底部伸入生土層的灰坑中，應有底部（劉益昌等 2001b: 48-49）。

大竹圍遺址位於淺沼地形的蘭陽平原地區，未見整地而出現柱洞群這個現象看來，可能意味著其為杆欄式建築。因為保存問題，大竹圍遺址雖未出土「木柱」結構，不過，大竹圍遺址出土了一些以樹幹削尖一端而製成的木器等，意味著其對木材利用的熟悉度。

（三）新北市訊塘埔遺址發現的重要現象：訊塘埔文化早、晚階段

2006年訊塘埔遺址進行大規模發掘，於北區出土豐富的遺物和遺跡，包括有柱洞群、火燒石區，及硬土面等（劉益昌等 2008）。敘述如下：

1. 柱洞群

柱洞群主要集中在訊塘埔遺址的北區，在礫石層中以圓洞的方式出現，柱洞主要以大小不同的礫石圍繞而成，有礫石層倒塌、掩蓋的情形，柱洞內的土質較為疏鬆，其內並夾雜有零星的陶片和木炭，可能是在立柱之後，再以礫石於柱洞周邊緊塞固定填土所造成。各柱洞排列的方向，大致呈南北走向，且與附近南北向陡降駁崁的方向一致，並與後述硬土面的軸向也相當，顯示其間應有一定的相對關係（劉益昌等 2008: 48）。

2. 硬土面

編號F9的硬土面，為黑褐色且相當硬實的土區，呈橢圓形。此硬土面

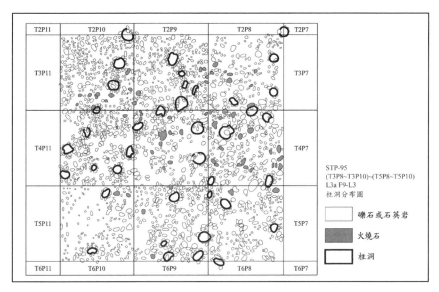

圖6-1 訊塘埔遺址北區訊塘埔文化的部分柱洞與火燒土區等現象圖
（根據劉益昌等 2008: 51圖，本文重繪）

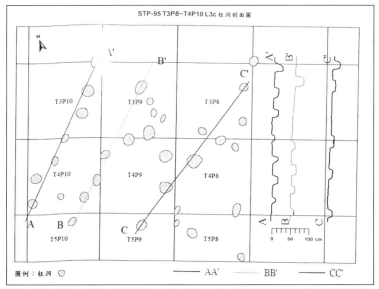

圖6-2 訊塘埔遺址北區訊塘埔文化的部分柱洞現象圖（劉益昌等 2008:52圖）

圖6　新北市訊塘埔遺址柱洞群

所在的地勢明顯高起，土層堆積明顯比周邊地區為厚，但遺物量相當稀少（劉益昌等 2008：47-48，圖3-10）。

　　發掘者認為此硬土面的周邊區域為當時人們主要的居住和活動的場所，此一硬土面的中心區域，可能為當時位於建築物之間或建築物之下人們的活動區域（劉益昌等 2008：47-48，圖3-10）。由於此硬土面大致與上述的柱洞群重疊，走向亦大致相同，筆者同意上述的推測。

3. 火燒區

　　訊塘埔遺址北區的柱洞遺跡旁、文化層底部的礫石層上，經常發現有成堆置放的火燒石和火燒土區，其內的礫石常有高溫燒裂的情形。其堆積的區域，大致集中於柱洞遺跡旁，但較少見於F9硬土面上。由於這些火燒石出現的區域，主要在駁崁和上述的硬土面西側的範圍（劉益昌等 2008：51）。

　　發掘者根據火燒區的現象，和礫石破裂的情形，推測可能為高溫物質堆置於其上悶燒的結果。再從火燒區集中出現的區域看來，推測燒土區和硬土面、柱洞遺跡之間，應有某種程度的關聯。這些火燒區除了可能是當時人類的用火區域外，也不排除為杆欄式房屋燒燬後棄置於原地的結果（劉益昌等 2008：51）。

4. 鬆土區

　　訊塘埔遺址北區發現柱洞群、F9硬土面及火燒區等，為出土遺物較為集中的區域。相對地，發掘區南側的沙質則變得相當疏鬆（鬆土區），從底層礫石堆積的走向看來，南側可能為當時較為凹窪的區域，堆積土層較厚，除了少量於鬆土區周邊的礫石區內出現幾個疑似柱洞外，整體而言，其出土遺跡、遺物明顯減少（劉益昌等 2008：52）。

　　鬆土區的遺物一般較少，但可見局部遺物集中出土的現象，但出土的範圍不大，出土遺物以陶片為主，和斧鋤形器、玉錛、玉鑿、石鏃、切割石刀、磨製石器、3件砥石等，並夾雜不少礫石塊，其中更見有以工作台為主，周邊散置陶片，且有明顯火燒跡象的遺跡。推測鬆土區內的小型遺物集中區，可能與當時人們特定的烹煮或製造石器等行為有關，尤其小區塊集中出現工作台、砥石的狀況，更說明當時人們可能有在這個小區塊進行石器的製作和加工等行為(劉益昌等 2008：54)。

5. 小結

上述訊塘埔遺址北區探坑發掘出土的硬土面、柱洞群及火燒區集中的範圍，亦為遺物集中出土的區域(劉益昌等 2008：54)。其中，北側階崁一帶陶片的分布明顯呈東西走向，其軸向也大致和柱洞、硬土面的走向一致，均呈現幾近於東西向的方向，發掘者認為這可能說明當時人們的建築軸向；而階崁北側幾乎未見陶片出土的狀況，也顯示當時人居住區的北界，這些狀況大致和當時本區域的微地形走向相同。硬土面、柱洞區一帶，陶片主要集中於該區塊東側的礫石面之上，相對而言，硬土面除了少量遺物出現於其南側外，其整體出土的陶片數較少(劉益昌等 2008：59)。

發掘者根據訊塘埔遺址火燒區的現象，和礫石破裂的情形，推測可能為高溫物質堆置於其上悶燒的結果。再從火燒區集中出現的區域看來，推測燒土區和硬土面、柱洞遺跡之間，應有某種程度的關聯。這些火燒區除了可能是當時人類的用火區域外，也不排除為杆欄式房屋燒毀後產生的遺留(劉益昌等 2008：51)。

從礫石層上的柱洞排列看來，當時應先有一套柱洞空間配置的構想後，再將整個礫石層面清出，依所需立柱的坑洞大小、位置挖出柱洞後，再立柱建屋。而在這種凹凸不平的礫石面上置放柱洞群，所建造的建物應是杆欄式。這種杆欄式建物，有順應地形規劃的現象，與將垃圾直接丟棄或棄置於建物旁較低處的現象。換言之，訊塘埔遺址的硬土面和柱洞區的周邊，之所以會有遺物集中出土，可能與居住於杆欄式建物的人們之丟棄行為有關，即人們直接將垃圾棄置於住家旁而形成。由於高起的硬土面本身的遺物量相當稀少，加上許多遺物直接嵌入旁邊較低的沙層或礫石層之中這種現象看來，表示人們習慣將垃圾棄置於較低窪的地點，這種情形亦可以從上述大龍峒遺址的灰坑型態看出。且訊塘埔遺址當時建物周邊的部分礫石層可能因人們的清理而直接暴露地表，以致人們所丟棄的垃圾或生活上的道具(如砥石)等，會多量地嵌入礫石層之中。

而訊塘埔遺址的人們之所以會將礫石層暴露出來，應與考量礫石層的整體礫面狀況，以進行建物的空間設計和挖掘柱洞以安放柱基等有關，而上述礫石層鬆土區的存在，更意味著人們將礫石層整體進行規劃、設計，去挖或整理出所需的設施。因為從訊塘埔遺址的礫石層上的柱洞排列看來，當時應先有一套柱洞空間配置的構想後，再將整個礫石層面清出，依所需立柱的坑洞大小、位置挖出柱洞後，再立柱建屋。在訊塘埔遺址這種凹凸不平的礫石面上挖掘柱洞而未將地整平，或宜蘭大竹圍遺址所在的淺沼地上挖掘柱洞而未將地整平等，意味著當時人們所建造的建物應是杆欄式，而非地面或地下式建物。

訊塘埔遺址的柱洞乃以圓洞的方式出現於礫石層，柱洞主要以大小不同的礫石圍繞而成，柱洞內的土質均較為疏鬆，其內並夾雜有零星、細碎的陶片和木炭，發掘者推測可能是在立柱之後，再以礫石於柱洞周邊緊塞固定填土所造成(劉益昌等 2008：48)。而從這些柱洞的底部形狀主要為平底或平圓底看來，當時並非將立柱根部削尖後插入，而是未將砍下來的木柱做太多加工而直接放入柱洞內做為立柱使用。以常理而論，由於自然的木柱大小、圓度均有所差異，因此所挖的柱洞洞口不可能完全與立柱密合，一種可能的做法是，只要立柱能放入柱洞之中，且柱洞與立柱大小不要相差太大即可，將主柱放入柱洞後，再以填土、礫石等將空隙塞滿以做為穩定木柱的方法，呈現訊塘埔文化人們的生活智慧。

訊塘埔遺址的硬土面形成的原因，可能因柱洞的木柱根部插入礫石層之中，為了穩固木柱使其直立不搖晃，而足以支撐建物的結構，不排除在這些木柱根部，堆疊較厚的土層，並加以夯實，這是為何此硬土面明顯高於周邊的主因。加上在人們居住於建物之內後，可能因為頻繁的步行、活動及其它重物的堆壓等，而更加深土層的硬實度。

　　另外，新北市貢寮區福隆村的貢寮‧虎子山街遺址，當地地主曾於地表下約30公分處發現一排球大小的深褐色陶罐，陶罐旁有人骨（陸泰龍2003），可能意味著有陪葬陶罐的存在，可惜葬姿和相關訊息不明。

四、訊塘埔文化的遺物

　　有關訊塘埔文化的器物組成，主要為陶、石製品，並出土少量骨角器等，可參見圖3。

（一）訊塘埔文化的陶器

1. 陶器製作方法

　　訊塘埔文化的陶器製作方法，為泥片貼塑法（slab building）和拍墊法（paddle and anvil technique），兩方法為先後使用，並非泥條盤築法。所謂泥片貼塑法，即陶器的最初成形為以數片的陶土，從陶容器底部開始貼塑成形（泥片貼塑法）（圖7）；之後再以手指或卵石置於陶器內部，並從陶器外側以拍棒（部分拍棒上纏繞有繩索）進行拍打（拍墊法），除了完成陶器的最後成形和整形外，並有將陶土中的空氣釋出和拍印裝飾紋樣之作用（圖8）。訊塘埔文化的陶器製作方法，與臺灣史前時代各時期的陶器製作方法相同（郭素秋 2013：686）。

　　若以纏繞著繩索的拍棒進行拍打的話，則會在陶器器表形成繩紋，隨著繩索的纏繞方式和在同一部位拍印的次數等之差異，繩紋會呈現出規整、雜亂或疊壓等現象。部分陶器上亦有製作者故意將局部繩紋抹去的情形。多量的繩紋陶器表上，可見再塗上一層紅色顏料所形成的色衣，不過這層色衣很容易剝落。臺灣從新石器時代早期的大坌坑文化開始，即出現繩紋陶器和沒有紋飾的素面陶器，主要器型為中小型的圓底圓腹罐，此種陶器亦持續存在於訊塘埔文化之中，並成為後者的主流陶器之一。

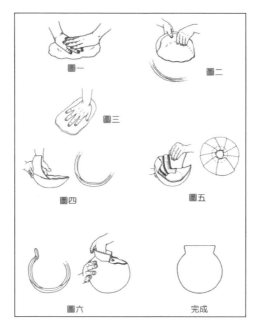

圖7 「泥片貼塑法」陶器製作示意
（郭素秋 2013：686圖1）

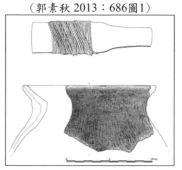

圖8 纏有繩索的拍棒和繩紋陶示意
（郭素秋 2013：687圖2）

　　泥片貼築法，也是中國新石器時代早期的主要成型方法。李文杰先生在《中國古代製陶工藝研究》一書中，結合陶器觀察和實驗結果指出：「所謂泥片貼築法是指將泥料先搓成泥球，再按成泥片，然後經過手捏、拍打或滾壓使泥片之間互相黏貼在一起築成坯體的方法。」李先生並指出其具體方法有兩種，即「大泥片貼築法」、「小泥片貼築法」(李文杰 1996：120-124)，根據筆者的觀察，臺灣史前陶器的最初成形方法，大致相當於「小泥片貼築法」。

臺灣這種泥片貼塑的陶器製作方法、器型或繩紋等，可以在中國的東南沿海地區更早的考古文化中，找到它的起源。不過，值得注意的是，離臺灣最近的福建地區在距今三千多年前已使用泥條盤築或輪轆製陶的技術，且這個時期臺灣曾與福建的考古文化有過接觸，臺灣卻仍舊持續泥片貼塑法這種製陶方式直至晚近幾百年前，而未受影響，表示臺灣史前文化自身是有其主體性和選擇性的，並非毫無抵抗地對外來要素全盤接收。

2. 陶器特徵與組成

訊塘埔文化的陶器種類較大坌坑文化為多樣，陶器的種類增加，訊塘埔文化的陶器主要為帶有安山岩碎屑的褐色夾砂繩紋陶，並有部分的橙色夾砂陶和泥質紅陶。褐色夾砂繩紋陶的器型主要為圜底鼓腹罐，部分帶低矮帶穿的圈足，口緣低矮和大坌坑文化類似，但未見突脊，器表多施有紅色色衣。橙色夾砂陶和泥質紅陶的器型，主要為口緣外侈斜伸的寬沿陶豆，器表部分素面，部分拍印有繩紋或抹平塗上紅色顏料(紅衣)。此外，出現口部穿孔的陶器，亦見有腹部帶有一圈貼塑紋的陶器。器表部分素面，部分拍印有繩紋，不過大坌坑文化的多量的平行線列篦劃紋幾乎消失，而新出現少量的格子印紋、格子劃紋、幾何形紅色彩紋等。

與臺灣島內同時期的考古文化相同，訊塘埔文化的陶器雖仍以圓腹圜底罐為主，但新出現了相當數量的豆、盆形器，其中尤以寬沿的豆、盆形器為主。訊塘埔文化中，出現一些雙連盤(杯)、三連盤(杯)，且可見有大小不一的連盤(杯)，由於多為殘件，其底部的器型尚不清楚，不過從目前的考古資料看來，僅見有較低矮的圈足，而少見高圈足。根據目前的考古資料，除了北部以外，新竹縣的紅毛港遺址亦見有零星連盤(杯)的殘件。在中部(臺中、彰化)在許多遺址出現相當數量的三連杯,但此類器型常接著高度約20公分上下的高圈足。整體而言,北部訊塘埔文化的豆、盆形器,雖多帶有寬沿,但主要為低矮的圈足;而在中部、南部,同時期的牛罵頭文化、牛稠子文化中,則出現相當數量以泥質紅色繩紋豆、盆形器,常帶有中、高圈足,且於圈足上常有圓形穿孔或不規則鏤孔。

以大龍峒遺址的訊塘埔文化層所出土的陶器為例,根據摻和料和器種,可區分為兩大類:一類是泥質陶,多為橙色系,部分可見明顯的紅土粒,器型以罐、豆、雙連杯、陶紡輪等為主。另一類夾砂陶主要為罐形器,可再區分為3小類:第1小類的橙色夾砂陶色澤偏紅,夾砂顆粒細緻,為沈積岩細砂。第2小類常為褐陶,為摻雜火成岩屑的長型顆粒,外表粗糙。第3小類則混合火成岩和沉積岩屑,摻和料顆粒明顯,多見有石英顆粒(財團法人樹谷文化基金會 2012:39)。

根據陶器摻和料來源分析的結果顯示,上述的泥質陶、夾砂陶的第1小類(橙色夾砂陶)的摻和料來源,與現今主要河流,即大漢溪、新店溪、基隆河有關。而夾砂陶的第2小類(褐陶)、第3小類的摻和料來源,則可能與流經大屯火山群的小溪流有關,因為大屯火山群內除火山岩外,亦有少許沈積岩層(其中多為石英砂岩層)之出露(財團法人樹谷文化基金會 2012:39)。

大龍峒遺址出土的陶器,可依器型敘述如下:

1. 陶罐,出土數量最多,可見有兩種質地,一是暗褐色粗砂陶,發現多為罐口,器形呈鼓腹、束頸、外敞口,陶罐頸折處極厚,口部直侈而厚度逐漸趨薄;頸折以下器表常見通體施加繩紋,口部以上則不施紋。另一類為紅褐色夾細砂陶,頸折厚度較薄,口部厚度變化不大,見素面和繩紋兩種(財團法人樹谷文化基金會 2010:27-28)。

2. 寬沿陶豆,多為紅褐色泥質陶,體部先直下後角轉(折肩)接圜底,其下接小圈足,器表常施有繩紋。值得注意的是,在一個灰坑的底層中,出土寬沿陶豆的密集堆積,各件陶豆或仰或俯或橫臥(財團法人樹谷文化基金會

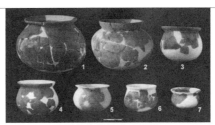

圖9-1 大龍峒遺址陶罐
（財團法人樹谷文化基金會 2012:40圖版40）

圖9-2 大龍峒遺址陶罐
（財團法人樹谷文化基金會 2012:41圖版41）

圖9-3 大龍峒遺址寬沿陶豆
（財團法人樹谷文化基金會 2012:41圖版42）

圖9-4 大龍峒遺址E5-T5P3灰坑底部出土的陶豆群
（朱正宜等 2012:115圖版93）

圖9-5 大龍峒遺址陶蓋
（財團法人樹谷文化基金會提供）

圖9-6 大龍峒遺址訊塘埔文化層出土長頸折腹瓶
（圈足已脫落 財團法人樹谷文化基金會 2010:29圖版45）

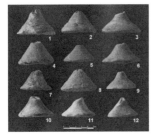

圖9-7 大龍峒遺址陶紡輪
（財團法人樹谷文化基金會 2012:43圖版44）

圖9-8 大龍峒遺址帶把陶支腳
（財團法人樹谷文化基金會 2012:44圖版45）

圖9　訊塘埔文化早階段陶器組成

2010：23, 28），其意義不明。

3.陶瓶，質地為紅褐色夾砂陶，為長頸折腹圈足瓶(財團法人樹谷文化基
金會 2010：28-29)。

4.陶紡輪，為平底單錐的三角形錐體，多為第1類的紅褐色泥質，亦見
有第2類夾砂陶紡輪(財團法人樹谷文化基金會 2012：42)。

5.陶支腳，質地為暗褐色夾砂陶，橫剖面為方形，底部為圓凹底，近
底部處有一圈凸起，頂部呈一斜平面(鳥喙狀)以承器，器身帶有一小豎把(財
團法人樹谷文化基金會 2010：30)。

(二)訊塘埔文化的石器

訊塘埔文化的石器的數量和種類均多，較大坌坑文化的石器多樣化，
包括打製和磨製斧鋤形器、錛鑿形器、矛鏃、石刀、砍砸器、刮削器、大
型尖狀器、砥石、礪石、石錘、凹石、網墜、紡輪、有槽石棒等，和玉環、
玉墜飾等裝飾品。石器的製作工藝方面，已有打剝、磨製、直線切鋸、圓
形旋截、實心鑽孔等技術。

根據圖10的地質圖，可將訊塘埔文化中各種石材取得的地理區做以下
的理解：硬頁岩、變質砂岩、板岩等，來自臺北盆地東南側山區；安山岩
來自臺北盆地北側山區；閃玉、蛇紋岩則來自花蓮豐田一帶。可知大部分
石材為臺灣北部當地所產，少數的玉材等則取自花蓮豐田。

以大龍峒遺址的訊塘埔文化層所出土的石器為例，其出土的石器多
樣，石材可見有砂岩、頁岩、安山岩、閃玉及燧石等，器型有斧鋤形器、
錛鑿形器、石鏃、刀形器、砍砸器、石片器、網墜、石錘、有槽打棒等(財
團法人樹谷文化基金會 2012：30)。敘述如下：

1. 斧鋤形器

數量最多，計84件。質地多為安山岩，少量砂岩，器身通體磨製，僅
殘餘少許打剝痕，中鋒舌刃(財團法人樹谷文化基金會 2012：30)。做為農具使

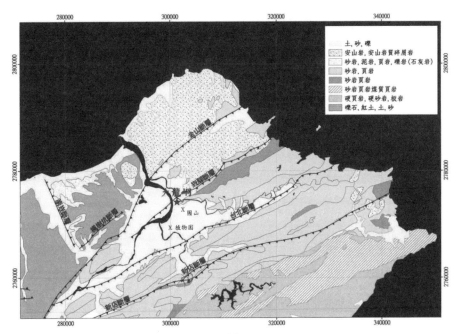

圖10　臺北盆地岩石分布地質圖(修改自朱正宜等 2012：17圖9)

用的斧鋤形器數量最多，意味著農耕應為主要的生業型態。

2.　鑿形器

出土數量次多，計46件。質地大多數為閃玉磨製而成，少數硬頁岩，和1件安山岩製的大型錛鑿形器。器身通體加磨，部分器身可見凹槽痕。為直刃、偏鋒(財團法人樹谷文化基金會 2012：32)。

3. 石鏃與小型尖器

計7件，以頁岩或閃玉全面磨製而成。石鏃多呈扁平片狀三角形，兩側邊全刃，部分中穿1孔。小型尖器僅2件，相對較小，長約僅2公分：其中1件呈三角錐狀，兩側邊為全刃；另1件尖器為細小型工具，閃玉製，一面平面凸，刃在兩側前端（財團法人樹谷文化基金會 2012：33）。

4. 刀形器

　　計11件，為砂岩或頁岩磨製而成。呈半月形或圓轉方形，通體加磨，可見穿孔。刀刃為單面磨製而成的偏鋒，直刃（財團法人樹谷文化基金會 2012：32）。

5. 砍砸器

　　共7件。以扁圓形砂岩交互打剝周緣而成，除刃部外，均留有石皮（財團法人樹谷文化基金會 2012：33）。

6. 有槽石棒

　　出土多件厚型帶柄有槽石棒。內含有2件完整的全器，均以灰色砂岩製作，通體磨製而成，器體均可分為柄部和用部兩部分，柄部呈橢圓形，用部一側或兩側見有鋸切而成的縱向條狀凹槽。其中1件兩側皆見帶槽面者，則有12-13條溝槽，本件頂部並見有中鋒刃線，並有橫向的直線刻痕和明顯的錘擊使用痕。值得注意的是，兩件全器的條狀凹槽上並未留下明顯的拍打損耗痕跡，但卻在兩者的柄部或用部非凹槽的其他面，留下明顯的錘擊痕。該報告的圖版35中，另可見有安山岩製類似形制的有槽打棒殘件（財團法人樹谷文化基金會 2012：34, 35圖版35）。

　　另有1件周邊帶有一圈凹槽的心型標本，砂岩質地，未有槽面，可能為一種複合型石拍，用於最後階段的樹皮布打製工作，抑或是做為網墜使用（財團法人樹谷文化基金會 2012：38）（圖11-9）。

　　厚型帶柄有槽石棒形制看來，可見有平頂、圓頂、尖頂的有槽石棒，主要為帶有一個槽面者，但尖頂石棒則帶有兩個槽面（圖11-7, 11-8）。整體看來，雖然頂部的形狀、槽面數量有所差異，但是這些有槽石棒的製作方式、石材選用、器型大致相同，可能均出自同一文化背景的人們之手。

圖11-1 大龍峒遺址斧鋤形器
（財團法人樹谷文化基金會 2012:31圖版28）

圖11-2 大龍峒遺址斧鋤形器
（財團法人樹谷文化基金會 2012:31圖版29）

圖11-3 大龍峒遺址錛鑿形器
（財團法人樹谷文化基金會 2012:32圖版30）

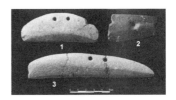

圖11-4 大龍峒遺址刀形器
（財團法人樹谷文化基金會 2012:33圖版31）

圖11-5 大龍峒遺址石鏃和尖器
（財團法人樹谷文化基金會 2012:33圖版32）

圖11-6 大龍峒遺址砍砸器
（財團法人樹谷文化基金會 2012:34圖版33）

圖11-7 大龍峒遺址有槽石棒
（財團法人樹谷文化基金會 2012:35圖版34）

圖11-8 大龍峒遺址有槽石棒
（財團法人樹谷文化基金會 2012:36圖版35）

圖11-9 大龍峒遺址心形石拍
（財團法人樹谷文化基金會 2012:38圖版39）

圖11-10 大龍峒遺址砝碼型網墜
（財團法人樹谷文化基金會 2012:37圖版36）

圖11　訊塘埔文化早階段石器組成

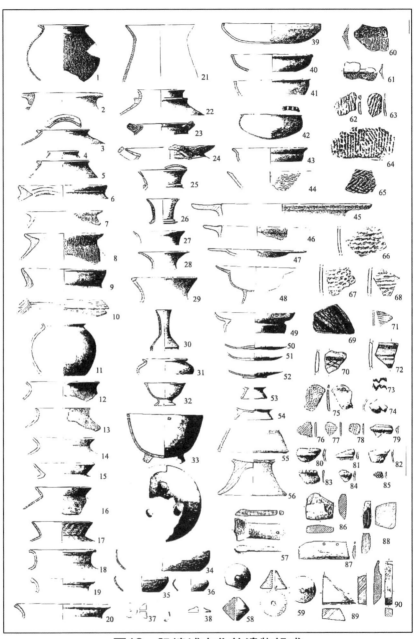

圖12　訊塘埔文化的遺物組成

編號	遺物說明	遺址	出處	編號	遺物說明	遺址	出處
1	夾砂紅褐陶器,繩紋	大竹圍	劉益昌等2001b	46	夾砂紅褐陶,繩紋	東北角管理處	陸泰龍2003
2	夾砂紅褐陶,口部穿孔	大竹圍	劉益昌1993	47	夾砂紅褐陶器,繩紋	大竹圍	劉益昌等2001b
3	夾砂紅褐陶	大竹圍	劉益昌等2001b	48	紅色陶豆	圓山	黃士強1991
4	夾砂紅褐陶,口部穿孔	大竹圍	劉益昌1993	49	紅陶	圓山	黃士強等1999a
5	夾砂紅褐陶	大竹圍	劉益昌等2001b	50	夾砂紅褐陶底部	大竹圍	劉益昌等2001b
6	夾砂紅褐陶,繩紋	東北角管理處	陸泰龍2003	51	夾砂紅褐陶底部	大竹圍	劉益昌等2001b
7	夾砂紅陶,繩紋,	圓山	黃士強1989	52	夾砂紅褐陶底部	大竹圍	劉益昌等2001
8	夾砂紅褐陶,繩紋	東北角管理處	陸泰龍2003	53	紅色圈足	圓山	黃士強等1999a
9	夾砂紅褐陶	虎子山街	陸泰龍2003	54	紅色圈足	圓山	黃士強等1999a
10	夾砂紅褐陶,繩紋	圓山	黃士強1989	55	紅色圈足,刺點紋	芝山岩	劉益昌1997a
11	,夾砂紅褐陶,繩紋	民主公廟	劉益昌1997	56	紅陶	萬里加投	臧振華等1990
12	夾砂紅褐陶,繩紋	圓山	黃士強等1999	57	夾砂紅褐色把手,穿孔	大竹圍	劉益昌1995
13	夾砂紅陶,繩紋	圓山	黃士強1989	58	紅色陶紡輪	圓山	黃士強等1999a
14	夾砂紅陶	芝山岩	劉益昌1997a	59	紅色陶紡輪,刺點紋	東北角管理處	陸泰龍2003
15	夾砂紅陶	萬里加投	劉益昌1997b	60	夾砂紅陶,繩紋	圓山	黃士強等1999a
16	夾砂紅褐陶器,繩紋	大竹圍	劉益昌等2001b	61	夾砂紅褐陶,繩紋	大竹圍	劉益昌1995
17	夾砂紅褐陶,口部有紅色彩紋,腹部有繩紋	大竹圍	劉益昌1995	62	夾砂紅褐色穿孔陶片,繩紋	大竹圍	劉益昌等2001b
18	夾砂紅褐陶	大竹圍	劉益昌等2001b	63	夾砂紅褐色穿孔陶片,繩紋	大竹圍	劉益昌等2001b
19	夾砂紅陶	萬里加投	劉益昌1997b	64	繩紋	圓山	黃士強1989
20	夾砂紅陶	芝山岩	劉益昌1997a	65	繩紋	萬里加投	臧振華等1990
21	紅陶	圓山	黃士強1991	66	繩紋	東北角管理處	陸泰龍2003
22	夾砂紅褐陶	大竹圍	劉益昌等2001	67	繩紋	東北角管理處	陸泰龍2003
23	夾砂紅褐陶,雙把	大竹圍	劉益昌1995	68	繩紋	東北角管理處	陸泰龍2003
24	夾砂紅褐陶,雙把	大竹圍	劉益昌等2001b	69	泥質紅陶,紅色彩紋	萬里加投	臧振華等1990
25	唇部有刺點紋	大竹圍	劉益昌等2001b	70	泥質橙黃色陶,紅色彩紋	龜子山	陳得仁採集
26	夾砂紅褐陶	大竹圍	劉益昌1995	71	紅陶,紅色彩紋	圓山	黃士強等1999b
27	紅陶,	圓山	黃士強等1999a	72	泥質紅陶,紅色彩紋	萬里加投	陳得仁採集
28	夾砂紅褐陶	大竹圍	劉益昌等2001b	73	夾砂紅陶腹片,紅色彩紋	芝山岩	本文採集資料

編號	遺物說明	遺址	出處	編號	遺物說明	遺址	出處
29	夾砂紅褐陶	大竹圍	劉益昌等2001b	74	紅陶,紅色彩紋	萬里加投	劉益昌1997b
30	夾砂紅褐陶	大竹圍	劉益昌1995	75	夾砂紅褐陶,格子印紋	大竹圍	劉益昌等2001b
31	夾砂紅褐陶	大竹圍	劉益昌等2001b	76	夾砂紅褐陶,格子印紋	大竹圍	劉益昌等2001b
32	夾砂紅褐陶	大竹圍	劉益昌等2001b	77	夾砂紅褐陶,格子印紋	大竹圍	劉益昌等2001b
33	泥質紅陶,3足,口部穿孔	圓山,	黃士強等1999a	78	夾砂紅褐陶,格子印紋	大竹圍	劉益昌等2001b
34	夾砂紅褐陶	大竹圍	劉益昌等2001b	79	夾砂紅褐陶	大竹圍	劉益昌等2001b
35	夾砂紅褐陶	大竹圍	劉益昌2001	80	夾砂紅褐陶	大竹圍	劉益昌等2001b
36	夾砂紅褐陶	大竹圍	劉益昌等2001b	81	夾砂紅褐陶	大竹圍	劉益昌等2001b
37	紅色陶紡輪,	芝山岩,	劉益昌1997a	82	夾砂紅褐陶	大竹圍	劉益昌等2001b
38	紅色陶紡輪	圓山	黃士強等1999a	83	夾砂紅褐陶	大竹圍	劉益昌等2001b
39	夾砂紅陶	芝山岩	劉益昌1997a	84	夾砂紅褐陶	大竹圍	劉益昌等2001b
40	夾砂紅褐陶	虎子山街	陸泰龍2003	85	夾砂紅褐陶,格子劃紋	大竹圍	劉益昌等2001b
41	夾砂紅陶	萬里加投	劉益昌1997b	86	磨製石錛	圓山	黃士強1989
42	夾砂紅褐陶,口徑21cm,口內有紅色彩紋	大竹圍	劉益昌等2001b	87	磨製穿孔石刀	圓山	黃士強1991
43	夾砂紅褐陶	虎子山街	陸泰龍2003	88	石製有槽石棒	圓山	黃士強1991
44	夾砂紅褐陶,繩紋	東北角管理處	陸泰龍2003	89	扁平切鋸玉材殘件	虎子山街	陸泰龍2003
45	紅陶	萬里加投	臧振華等1990	90	磨製玉鑿	虎子山街	陸泰龍2003

7. 網墜

均為砂岩質地,兩側以打剝或切鋸的方式製作出對稱凹槽,主要為砝碼型網墜,未見兩縊型網墜(財團法人樹谷文化基金會 2012:33)。

值得注意的是,相對於大龍峒遺址主要為砝碼型網墜,在訊塘埔遺址卻出現相當多兩縊型網墜,其中亦見有長條形兩縊型網墜,但砝碼型網墜則數量較少。

8. 石錘

多半選取大小適合手掌握持的扁圓形、卵形及長圓形砂岩塊直接使用,器身中央、兩端或周緣上常可見錘擊痕(財團法人樹谷文化基金會 2012:37)。

此外有許多打剝石片、帶部分剝面的打剝石塊(財團法人樹谷文化基金會

2012：39）。

五、訊塘埔文化早階段的內涵

（一）承繼大坌坑文化的要素

在訊塘埔文化中，可見到部分大坌坑文化的要素持續存在，如陶器、石器的製作技術的傳承，火成岩系陶土、安山岩石材等的持續愛用，部分陶器、石器的器種和器型之沿用等。

臺灣北部的大坌坑文化的文化內涵，由於大多數的資料多為調查或小規模的試掘所得到者，因此有關本文化的聚落型態或進一步的社會組織等線索並不多，而多為陶器和石器等物質遺留，因此本文僅能就器物形制、種類，進行比較。有關大坌坑文化的遺物組成，可參見圖14。而如上所述，訊塘埔文化的陶器製作，乃承繼大坌坑文化的泥片貼塑法和拍墊法而來。

有關訊塘埔文化中的器物，與大坌坑文化有先後傳承關係者，在陶器方面，最明顯的即為：訊塘埔文化之中，仍可見到大坌坑文化以來的低矮罐口和突脊、繩紋這些傳統要素，器型常為敞口圓腹罐，特別是大坌坑文化的主要陶類－褐色夾砂陶，以火成岩系摻和料為主，器表常塗有紅衣，此類陶即1960年代以來學界所稱的「褐陶」，亦為訊塘埔文化的代表性陶類之一，其口緣低矮，剖面呈三角形，有時在口緣的唇緣施有一圈的壓印紋、口緣外側有多圈平行的凹弦紋，且陶容器呈鼓腹圜底等特徵，均與早一階段的大坌坑文化的陶器相當接近，但在口緣部位已無劃紋。

訊塘埔文化出土許多穿孔陶飾，主要為上穿2孔的長方形或半月形的飾品，類似的陶璜已見於早一階段的南部大坌坑文化之中，如高雄的鳳鼻頭遺址下層，曾出土帶2孔的長方形陶飾（Chang *et al.*, 1969）。上述的情形，加上臺灣周邊同時期的考古文化中不見這類穿孔陶飾的出現，推測這類陶飾可能從大坌坑文化發展而成。

石器方面，大坌坑文化的打製石鋤、石錛、帶柄有槽石棒等器型，其製作方法和形制，仍為訊塘埔文化為承繼(圖13、14)。

另一種型式是複合式有槽打棒(無柄)，為訊塘埔文化新出現的器種，出土於訊塘埔遺址(劉益昌等 2008：166圖4-52-5)；同類型的打棒，亦見於同時期的中部牛罵頭文化，如臺中的中冷遺址有槽石棒(劉益昌等2007)，中興大學的頂橋仔遺址下層(於打擊面可見六條凹槽，腰身有一圈凹槽，「可能加以綁繫藤束或其它附件，手握以拍打，其功能疑似樹皮布打棒」，屈慧麗等2011a：8-I-11圖)，惠來遺址(「惠來路與市政路發現2件殘標本於打擊面見六條凸型長條，柄端平整帶磨，適體圓鈍，兩側邊帶有長條磨製內凹」，屈慧麗等 2011b：10-II-6)。雖然，目前在大坌坑文化中並未見到明確的出土例，不過在臺灣北部的瀾尾埔遺址(劉益昌 1997b)出土圓頂單槽面石棒類似的殘件，但無法確認是否帶柄。

北部的訊塘埔文化(訊塘埔遺址)的複合式有槽打棒(無柄)，和中部的牛罵頭文化(中冷遺址、頂橋仔遺址、惠來遺址等)所出現的無柄有槽石棒的形制大致相同，槽面的刻痕略斜行於器身，且器身偏厚，且均於中央有一圈環繞器身的凹槽，應做為裝柄使用。

有槽石棒方面，自大坌坑文化開始，即可見到帶柄的有槽打棒，且從大坌坑文化經新石器時代中期(如訊塘埔文化)至新石器時代晚期(如圓山文化、卑南文化等)的考古文化中，均可見到。而臺南的大坌坑文化晚期(南關里遺址，臧振華 2004)亦出現帶柄的有槽打棒殘件，可知臺灣的有槽石棒自新石器時代早期的大坌坑文化已經出現。

目前訊塘埔文化中所出現的帶柄有槽石棒，可見兩種型式，一是大坌坑文化已見的單槽面(圖11-7下列、圖11-8)；另一則是新出現的雙槽面(圖11-7上列)，從兩者的形制類似，筆者認為應為同一群人所製作出來。

就目前的考古資料看來，與大龍峒遺址這些帶柄有槽石棒類似的石棒，可見於較早的北部大坌坑文化之中，而與訊塘埔文化早階段同時期的臺南的菓葉期(大坌坑文化晚期至牛稠子文化早期)亦見，先後傳承發展而成的可能性極高。不過，大坌坑文化的時期，目前僅發現帶柄的單槽面打棒，到了其後的新石器時代中期,即北部的訊塘埔文化、中部的牛罵頭文化等所代表的時期,有槽石棒出現更多的變化,除了既有的圓頂、長橢圓形槽面、帶柄等幾個特徵的持續存在外,新出現了平頂、尖頂、雙槽面等帶柄石棒,更新出現了無柄的有槽石棒,唯後者雖為無柄,但其仍保有圓頂、長橢圓形槽面、單槽面等既有特徵,筆者認為新石器時代中期這些無柄有槽石棒,可能是從大坌坑文化的帶柄有槽石棒發展演變而來。

雖然就有柄和無柄石棒的形制看來,筆者認為基本上仍沿續大坌坑文化的有槽石棒的製作方法,但是「複合」(無柄)這種器物的概念,是受到外在的影響而產生,抑或是臺灣新石器時代中期的人們自身之發明,現階段並不清楚,不過,這類打棒目前在中國東南沿海地區並未看到類似的出土例,而東南亞雖有類似的出土例但年代較晚。

(二)訊塘埔文化早階段與同時期菓葉期之比較

訊塘埔文化早階段的年代,適與臺南、澎湖的菓葉期之年代相當。

菓葉期的內涵,透過在臺南的南關里和南關里東遺址發掘成果,得到以下的許多新的理解。兩遺址均定住性的居址,當時已有粳稻、小米的栽種和狗的飼養。廣泛地利用海洋的魚、貝等資源。石器中大量使用從澎湖群島搬入的橄欖石玄武岩製作石斧(長方形和有肩)、石錛、穿孔石刀、石鑿、石鏃、網墜、有槽石棒等。陶器主要為赤褐色泥質陶、暗赤褐色夾砂(石英、貝屑)陶和灰褐色泥質陶。陶器的器種有罐、瓶、豆和陶蓋,但是帶有突脊的口部或穿孔圈足則幾乎不見。紋飾有劃紋、繩紋、彩繪、貝印紋等。特別是出土豐富貝器,有貝斧、貝刀、貝環、貝珠等,並有骨鑿和骨珠。墓葬方面,開始使用木棺做為葬具,葬姿為頭部向南的仰身直肢葬,其中墓葬的男女成年者均拔牙。另外,也出土穿孔人齒和刺有石鏃的人骨(臧振華 2004:90)。

大坌坑文化		訊塘埔文化	
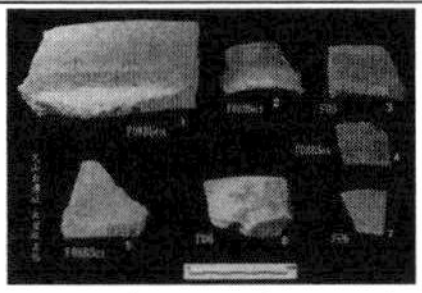 圖13-1 臺北市芝山岩遺址大坌坑文化褐陶（劉益昌1997a：圖版二0）	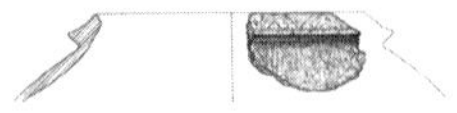 圖13-2 水碓尾遺址大坌坑文化陶器（劉益昌1997b：76圖二九-1）	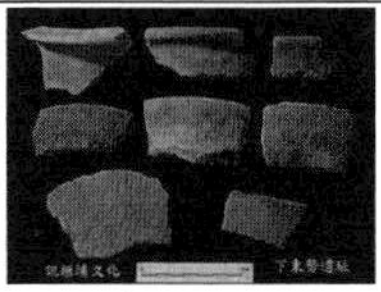 圖13-3 臺北市士林區下東勢遺址訊塘埔文化褐陶（劉益昌、郭素秋 2000圖版25）	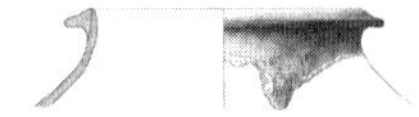 圖13-4 大竹圍遺址訊塘埔文化陶器（劉益昌2001b：71圖21-1）
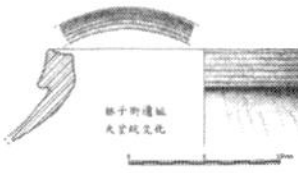 圖13-5 林子街遺址大坌坑文化層陶器（劉益昌等1997b：78圖三一-2）	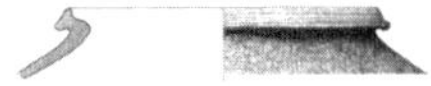 圖13-6 莊厝遺址陶器（大坌坑文化劉益昌1997b：72圖二五-1）	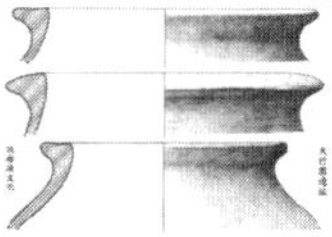 圖13-7 大竹圍遺址訊塘埔文化陶器（劉益昌1995：66圖五三-1~3）	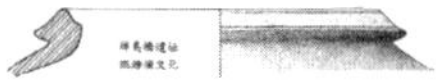 圖13-8 埤島橋遺址訊塘埔文化層陶器（劉益昌等 1997b：78圖三一-2）
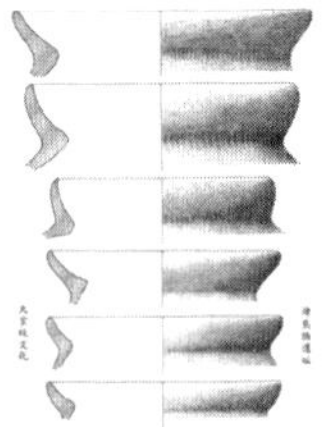 圖13-9 埤島橋遺址大坌坑文化層陶器（劉益昌等1997b：79圖三二-1~6）	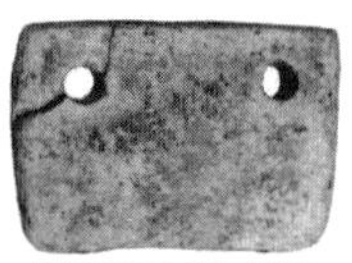 圖13-10 高雄鳳鼻頭遺址下層的穿孔陶飾（Chang et al., 1969: Pl. 16-F）	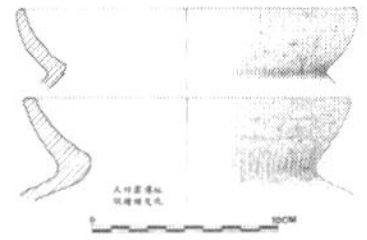 圖13-11 大竹圍遺址下層陶器（劉益昌1993：24圖九-4,5）	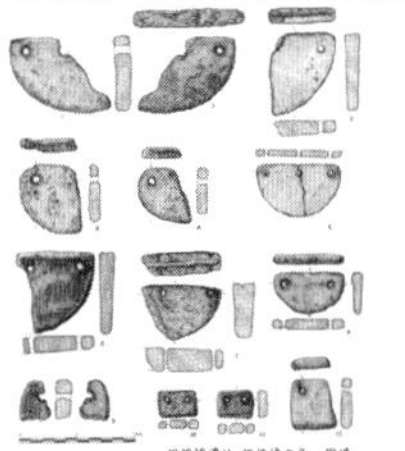 圖13-12 訊塘埔遺址陶璜（劉益昌等 2008：143圖4-44）
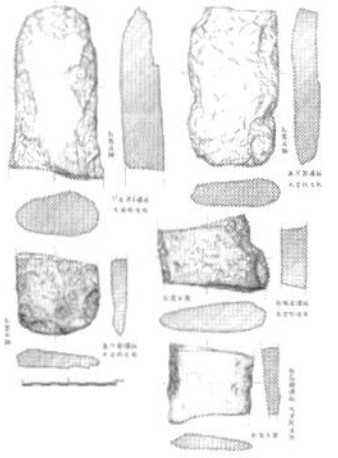 圖13-13 大坌坑文化打製石器（劉益昌1997b：100圖五三）	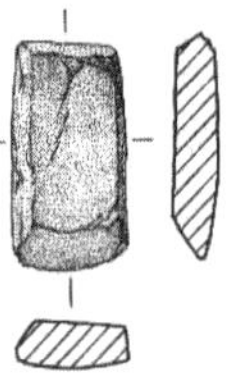 圖13-14 莊厝遺址大坌坑文化石錛（劉益昌1997b：95圖四八-9）	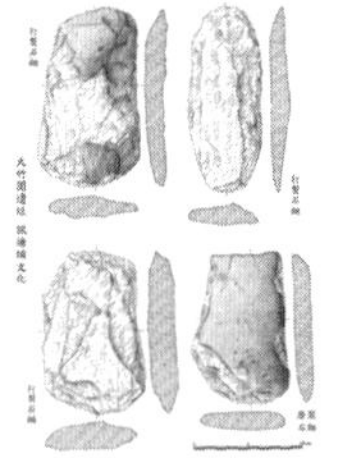 圖13-15 大竹圍遺址訊塘埔文化（劉益昌等2001b：102圖38-1,2,4,5）	 圖13 -16 大龍峒遺址錛鑿形器（財團法人樹谷文化基金會 2012：32圖版30）
 圖 13-17 大坌坑遺址（Chang et al., 1969: 165 Fig.81-5~8）	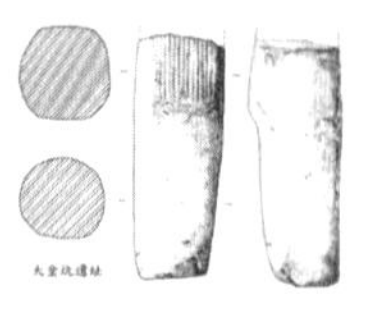 圖13-18 大坌坑遺址大坌坑文化（劉益昌等2001a：110圖38-1）	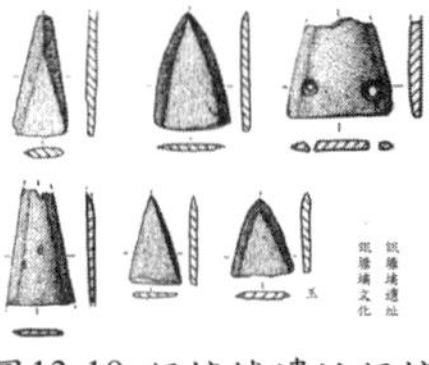 圖13-19 訊塘埔遺址訊塘埔文化石鏃（劉益昌等2008：170圖4-56-2~7）	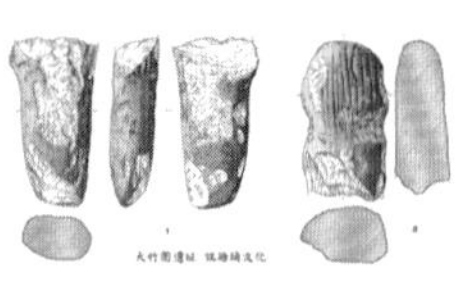 圖13-20 大竹圍遺址訊塘埔文化（劉益昌等 2001b：107圖43-1,2）

圖13　大坌坑文化與訊塘埔文化器物對比

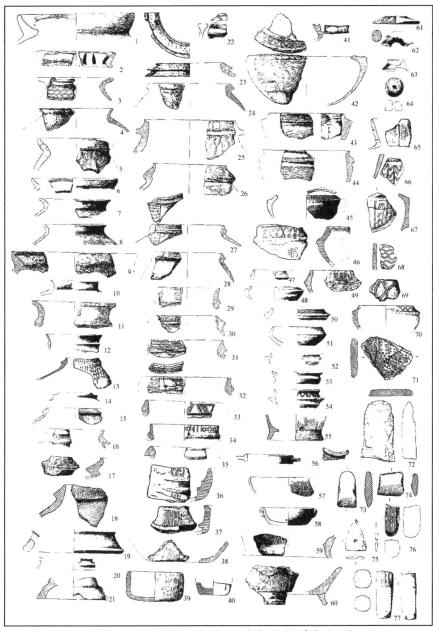

圖14　臺灣北部的大坌坑文化的遺物組成

編號	遺物說明	遺址	出處	編號	遺物說明	遺址	出處
1	罐口內部施有刻劃紋	芝山岩	劉益昌 1997b	41	罐口	大坌坑	Chang et al. 1969
2	罐口內部施有紅彩, 頸部有繩紋	大坌坑	劉益昌等 2001	42-43	口部有劃紋, 體部有繩紋	大坌坑	劉益昌等 2001
3	繩紋和劃紋	大坌坑	劉益昌等 2001a	44	口部有鋸齒紋, 體部有繩紋	大坌坑	劉益昌等 2001a
4-5	繩紋	大坌坑	劉益昌等 2001a	45	口部劃紋, 體部繩紋	內寮	陸泰龍 2003
6	罐口內部劃紋, 頸部繩紋	萬里加投	劉益昌 1997b	46	口部有劃紋, 體部有繩紋	大坌坑	Chang et al. 1969
7	罐口有鋸齒紋, 體部有繩紋	萬里加投	劉益昌 1997b	47	劃紋	龜子山	劉益昌 1997b
8	繩紋	芝山岩	劉益昌 1996	48	口部有劃紋	莊厝	劉益昌 1997b
9	罐口內部劃紋, 頸部繩紋	大坌坑	劉益昌等 2001a	49	圓形印紋, 劃紋	大坌坑	劉益昌等 2001a
10	罐口有鋸齒紋	莊厝	劉益昌 1997b	50	口部劃紋	莊厝	劉益昌 1997b
11	罐口	大坌坑	劉益昌等 2001	51	缽	下圭柔III	劉益昌 1997b
12	罐口	圓山	黃士強等 1999a	52	口部劃紋, 體部繩紋	莊厝	劉益昌 1997b
13	劃紋	大坌坑	Chang et al. 1969	53	缽口	埤島橋	劉益昌 1997b
14	罐口	蛤子山	劉益昌 1997b	54	口部劃紋	莊厝	劉益昌 1997b
15	罐口	水碓尾	劉益昌 1997b	55	圈足徑14.6cm, 繩紋, 穿孔	芝山岩	黃士強 1984
16	繩紋	大坌坑	劉益昌等 2001a	56	口部有鋸齒紋	芝山岩	劉益昌等 1996
17	劃紋	大坌坑	Chang et al. 1969	57	繩紋	芝山岩	劉益昌等 1996
18	刺點紋和劃紋	芝山岩	黃士強 1984	58	帶豎紐平底缽	芝山岩	劉益昌等 1996
19	穿孔圈足	圓山	黃士強等 1999a	59	圈足穿孔, 繩紋	大坌坑	劉益昌等 2001a
20	穿孔圈足	莊厝	劉益昌 1997b	60	圈足, 繩紋	大坌坑	劉益昌等 2001a
21	圈足	大坌坑	劉益昌等 2001a	61	陶蓋	水碓尾	劉益昌 1997b
22	口部有劃紋	龜子山	劉益昌 1997b	62	把手	圓山	黃士強等 1999a
23-27	劃紋	大坌坑	劉益昌等 2001a	63	陶蓋	莊厝	劉益昌 1997b
28	口部有劃紋, 體部有繩紋	大坌坑		64	陶紡輪	芝山岩	劉益昌等 1996
29	口部有鋸齒紋和刻劃紋	大坌坑		65	劃紋	大坌坑	Chang et al. 1969
30	圓形印紋, 繩紋	大坌坑	劉益昌等 2001a	66	劃紋	芝山岩	黃士強 1984
31	波浪狀劃紋	大坌坑	劉益昌等 2001a	67	劃紋	大坌坑	劉益昌等 2001a
32	口部有鋸齒紋和劃紋	大坌坑	劉益昌等 2001a	68	劃紋	圓山	黃士強等 1999a
33	劃紋	圓山	黃士強等 1999a	69-70	劃紋	大坌坑	Chang et al. 1969
34	口部有劃紋, 頸部有繩紋	大坌坑	Chang et al. 1969	71	圓形印紋, 劃紋	大坌坑	劉益昌等 2001a

編號	遺物說明	遺址	出處	編號	遺物說明	遺址	出處
35	劃紋	圓山	黃士強等 1999a	72	打製石斧鋤形器	下圭柔I	劉益昌 1997b
36	劃紋	大坌坑	Chang *et al.* 1969	73	磨製石斧	大坌坑	Chang *et al.* 1969
37	圓形印紋, 劃紋	大坌坑	Chang *et al.* 1969	74	有段石錛	大坌坑	Chang *et al.* 1969
38	繩紋, 底部	大坌坑	劉益昌等 2001a	75	磨製穿孔石鏃	過溪子	陸泰龍 2003
39	繩紋	大坌坑	Chang *et al.* 1969	76	有槽石棒	瀾尾埔	劉益昌 1997b
40	器底	大坌坑	Chang *et al.* 1969	77	有槽石棒	大坌坑	劉益昌等 2001

　　將訊塘埔文化早階段和同時期菓葉期的器物進行比較後，可得圖15。根據圖15可知，兩者的內涵時，有許多類似性，推測兩者間可能有頻繁的互動關係。

菓葉期	訊塘埔文化
 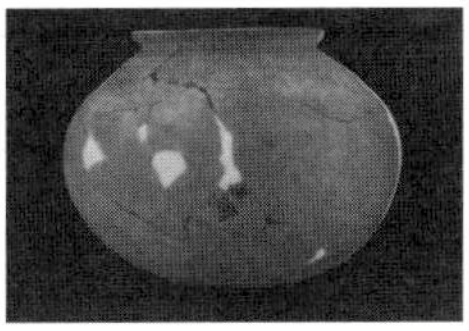   圖15-1 南關里東遺址菓葉期圓底缽（臧振華等 2004:154圖版4-48） 圖15-2 南關里東遺址菓葉期陶罐（臧振華等 2004:150圖版4-40）	 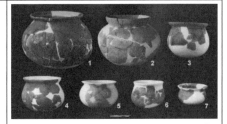 圖15-3 大龍峒遺址陶罐（財團法人樹谷文化基金會 2012:40圖版40）

圖15-4 南關里東遺址菓葉期陶罐（臧振華等 2004:150圖版4-41）
圖15-5 南關里東遺址菓葉期陶罐（臧振華等 2004:151圖版4-42）
圖15-6 大龍峒遺址陶罐（財團法人樹谷文化基金會 2012:41圖版41）

菓葉期	訊塘埔文化

圖15-7 南關里東遺址菓葉期陶罐（臧振華等 2004:155圖版4-51） 圖15-8 南關里遺址菓葉期盆形豆（臧振華等 2004:154圖版4-49） 圖15-9 大龍峒遺址陶豆（財團法人樹谷文化基金會 2012:41圖版42）	

圖15-10 南關里東遺址菓葉期陶蓋（臧振華等 2004:156圖版4-52） 圖15-11 南關里東遺址菓葉期陶蓋（臧振華等 2004:156圖版4-53） 圖15-12 大龍峒遺址陶蓋（財團法人樹谷文化基金會提供）	

圖15-13 南關里東遺址菓葉期陶紡輪（臧振華等 2004:129圖版4-23） 圖15-14 大龍峒遺址陶紡輪（財團法人樹谷文化基金會 2012:43圖版44）	

圖15-15 南關里東遺址菓葉期銹鑿形器（臧振華等 2004:144圖版4-33） 圖15-16 南關里東遺址菓葉期石鏃（臧振華等 2004:124-125圖版4-20） 圖15-17 大龍峒遺址銹鑿形器（財團法人樹谷文化基金會 2012:32圖版30） 圖15-18 大龍峒遺址石鏃和尖器（財團法人樹谷文化基金會 2012:33圖版32）	

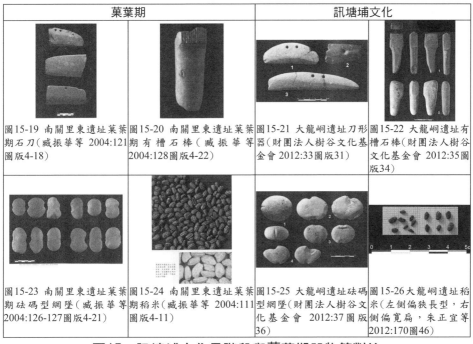

菓葉期		訊塘埔文化	
圖15-19 南關里東遺址菓葉期石刀（臧振華等 2004:121圖版4-18）	圖15-20 南關里東遺址菓葉期有槽石棒（臧振華等 2004:128圖版4-22）	圖15-21 大龍峒遺址刀形器（財團法人樹谷文化基金會 2012:33圖版31）	圖15-22 大龍峒遺址有槽石棒（財團法人樹谷文化基金會 2012:35圖版34）
圖15-23 南關里東遺址菓葉期砥碼型網墜（臧振華等 2004:126-127圖版4-21）	圖15-24 南關里東遺址菓葉期稻米（臧振華等 2004:111圖版4-11）	圖15-25 大龍峒遺址砥碼型網墜（財團法人樹谷文化基金會 2012:37圖版36）	圖15-26 大龍峒遺址稻米（左側偏狹長型，右側偏寬扁，朱正宜等 2012:170圖46）

圖15　訊塘埔文化早階段與菓葉期器物等對比

六、訊塘埔文化的新要素

　　訊塘埔文化的新要素，包括有：寬沿豆、帶把器、凹底器、口部穿孔的陶器、三短足缽，及頸部或腹部帶有一圈凸脊的陶容器；並出現連杯或連盤，如大竹圍遺址（劉益昌等 2001b：71圖版134），植物園遺址（陳得仁、郭素秋 2004），及新北市八里區訊塘埔遺址（劉益昌等 2008）等。最值得注意的是，出土為數不少的帶有同心圓狀輪弦紋的口緣，甚至部分口緣在內、外同時出現（圖12-3, 6），由於這類輪弦紋多僅出現於口部，而陶容器體部一般仍為2-3片泥片貼塑後用手捏製而成，因此，並非真正是輪製所造成，而可能是陶容器成形後，以慢輪修整口緣而形成這些輪弦紋。

繩紋依然為主要的紋飾，不過大坌坑文化出現於口緣以及肩部的多量的平行線列篦劃紋幾乎消失，而新出現少量的方格印紋、格子印紋、條印紋、網印紋、格子劃紋及少量的紅色彩紋等。這個時期塗有紅色色衣的陶器數量相當多，不過彩陶的發現例依然很少，這個現象應與彩繪容易剝落這點有關。

其中，彩紋方面，圓山遺址出土零星的彩陶破片，其質地為製作精良的泥質紅陶，彩紋為紅色V字形平行線列彩紋[3]（圖12-71）。北部海岸的萬里加投（圖12-69, 72, 74）、龜子山遺址（圖12-70）亦見零星彩陶，其中，萬里加投遺址的彩陶質地為製作精良的泥質紅陶。在北部地區，這個時期的彩陶僅發現極零星的紅色平行線列彩紋、V字彩紋、波浪狀彩紋等的腹部破片，應為罐形器類的腹片。值得注意的是，這個時期首次出現粗細線列交互而成的V字彩紋（萬里加投遺址，圖12-69, 72）和格子彩紋（龜子山遺址，圖12-70）。

石器方面，新出現石刀，如圓山遺址出現長方形穿孔偏鋒磨製石刀（黃士強1991：28圖九下）、半月形石刀，大竹圍遺址有卷瓣形石刀；兩縊型長條型網墜、砝碼型網墜等。此外，並出現圓形旋截技術製作的石環（圖17-68）、石圓芯（圖17-69）。

大坌坑文化中，尚未發現明確的石製網墜的出土例，但是到了訊塘埔文化時，明確出現砝碼型網墜和兩縊型網墜，這兩種網墜，持續見於其後的芝山岩文化、圓山文化之中。

(一)訊塘埔文化早階段與福建曇石山文化之比較

訊塘埔文化早階段，新出現的寬沿陶豆，在臺灣同時期的考古文化中雖有廣泛的分布，但是均屬於這個時期新出現的器種，在臺灣並未看到其發展演變的過程。但是，在同時期或稍早的福建的曇石山下層、曇石山文

---

3 原報告為「條紋紅彩」（黃士強等1999a：53），但筆者觀察其彩紋走向，認為應為V字形平行線列彩紋。

化的早晚期中，卻可以看到寬沿陶豆的明確的發展過程。

　　寬沿陶盆、豆形器，是曇石山文化的主要陶類之一。而曇石山文化壺、罐、尊類陶器常在肩腹部飾附加堆紋（突脊）；條紋、交錯條紋亦是曇石山文化最具特徵的裝飾，如庄邊山遺址下層條紋、交錯條紋陶片高占出土陶片總數的55%（林公務 1993）。曇石山文化赭黑色彩陶數量較多，是曇石山文化鮮明的文化特徵之一。施彩集中在罐的口緣和肩部，以不同粗細的線條構成幾何圖案和圓斑點為主（郭素秋 2014c）。

　　訊塘埔文化出現多量的寬沿淺盤豆（器身可見素面和施有繩紋者）、平底淺盤器，及多量於頸部或器腹施有一圈突脊的陶容器；臺南的右先方遺址亦出土塗有黑色顏料（著黑）的寬沿陶豆。臺灣新石器時代中期突然出現多量的寬沿淺盤豆、器腹施有一圈突脊的陶容器、條印紋陶、著黑陶、幾何形彩陶、陶支腳等，應與曇石山文化的影響有關（郭素秋 2014c）。

　　在臺灣新石器時代中期，新出現一些方格印紋陶，且這些方格印紋多直接施加在原本多拍印纏繩紋的敞口罐上，這種敞口罐是新石器時代早、中期的主要器型之一，頸折的橫剖面常為三角形，新出現的刻板方格拍印出現在臺灣新石器時代的固有器型上這個現象，呈現出將新的施紋技術和紋飾，與傳統製陶技術的結合，不全然是全新的器物搬入，而是將新的施紋概念融合於傳統的陶器工藝之中（郭素秋 2014c）。

（二）訊塘埔文化晚階段與福建庄邊山上層類型之比較

　　訊塘埔文化晚階段的年代，與福建庄邊山上層類型同時期。

　　福建的庄邊山上層類型是繼曇石山文化之後，出現在閩江下游和福建東北（福安、壽寧、周寧、霞浦）等地區的考古文化，閩南（廈門、惠安、南安等）、閩北（邵武、建甌、松溪）亦有零星發現（陳龍 1993：51）。經過發掘而具有代表性的遺存，有曇石山遺址上層、庄邊山遺址上層、東張遺址中層，和福建東北部的黃瓜山遺址等。有關庄邊山上層類型與曇石山文化的關係，筆者已於他文進行過詳細的討論，基本上認為庄邊山上層類型是曇石山文化發展而成的考古學文化(郭素秋 2003)。

　　庄邊山上層類型的陶器,在選擇泥料、燒造水平以及裝飾技巧上與曇石山文化相比都有鮮明特點,反映製陶工藝的明顯進步,其中最具特色的是印紋硬陶的普遍發現。所謂印紋硬陶,指的是器表拍印幾何形紋飾、經過高溫燒成使胎質緻密,不易吸水,擊之發出清脆的金石聲等一類陶器,包括橙黃色半硬陶、灰色硬陶。陶器器型有陶釜、陶罐、短頸罐、束頸罐、圈足罐、尊、盆、缽、簋、豆、壺、盤、甕、杯、勺、器蓋、支腳、器座、陶拍、陶紡輪。石器有石錛,石錛的平面多為梯形,其次為長方形或方形,少量為上窄下寬近三角形者;並有石鑿、石鏃、石刀、礪石。貝器有貝鏟。骨器有骨鏃、骨刀(圖16)。

　　將訊塘埔文化晚階段和福建庄邊山上層類型的器物進行比較的結果,可得圖17。根據圖17,可知兩者的多量器物形制類同,如大竹圍遺址出土多量於頸部或器腹施有一圈突脊的陶容器(圖17-40, 41),類似的器型亦多見於福建黃瓜山遺址(圖17-31, 42);帶輪弦紋的罐口(圖17-5~11)和施色衣的陶器,亦多見於訊塘埔文化和庄邊山上層類型兩文化之中。大坌坑文化的陶容器口緣上,尚未見如此內內明顯做出凹凸有致的弦紋,一直到訊塘埔文化晚階段,這種口緣內外同時做出同步凹凸的輪弦紋,成為主要特徵之一。觀察同時期的福建庄邊山上層類型的陶器發展時,可發現這個時期福建的陶器開始轉變為以轆轤製作的原始硬陶器,一直到其後的黃土崙類型原始硬陶成為主流的陶類(郭素秋 2003、2007a),訊塘埔文化晚階段中見到這種在陶容器口緣刻意做成輪弦紋的現象,也許是欲模仿福建當時較進步的以轆轤製作的原始硬陶,所出現的時代產物。

　　紋飾方面,大竹圍遺址的網印紋、三角網印紋(圖17-52, 53)等,亦見於黃瓜山遺址(圖17-54, 55)。彩陶方面,訊塘埔文化中出現少量粗細線列交互而成的V字彩紋(萬里加投遺址,圖12-69, 72)和格子彩紋(龜子山遺址,圖12-70),類似的彩紋亦見於福建東北部的黃瓜山遺址、浙江南部(郭素秋2003)。

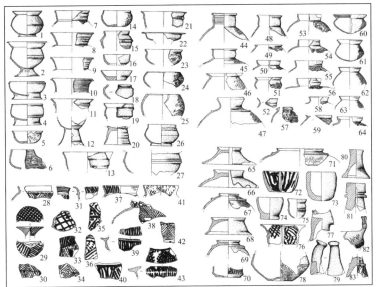

圖16-1　庄邊山上層類型陶器組成

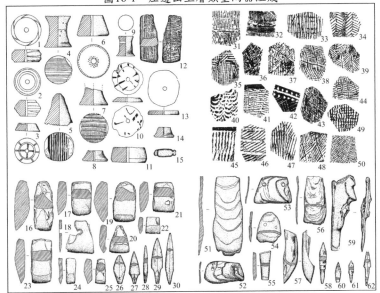

圖16-2　庄邊山上層類型其他器物圖

圖16　福建庄邊山上層類型器物組成

（均庄邊山遺址上層　製圖自福建省博物館1998）

　　訊塘埔文化之中出現極少量的打製有頸石器（圖17-64），與閩東的打製有肩石器（圖17-66）有類似性。且大竹圍遺址下層與福建的黃瓜山遺址，均可見圓形旋截技術所製作的石環、石圓芯或石琮等之出土（圖17-68~71），意味著浙江北部一帶的良渚文化的圓形旋截製玉技術，曾向南傳至福建東北部一帶。

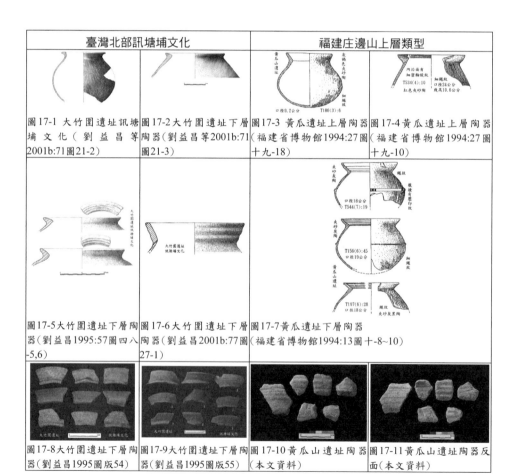

臺灣北部訊塘埔文化		福建庄邊山上層類型	
圖17-1 大竹圍遺址訊塘埔文化（劉益昌等2001b:71圖21-2）	圖17-2大竹圍遺址下層陶器（劉益昌等2001b:71圖21-3）	圖17-3 黃瓜遺址上層陶器（福建省博物館1994:27圖十九-18）	圖17-4 黃瓜遺址上層陶器（福建省博物館1994:27圖十九-10）
圖17-5大竹圍遺址下層陶器（劉益昌1995:57圖四八-5,6）	圖17-6大竹圍遺址下層陶器（劉益昌2001b:77圖27-1）	圖17-7黃瓜遺址下層陶器（福建省博物館1994:13圖十-8~10）	
圖17-8大竹圍遺址下層陶器（劉益昌1995圖版54）	圖17-9大竹圍遺址下層陶器（劉益昌1995圖版55）	圖17-10黃瓜山遺址陶器（本文資料）	圖17-11黃瓜山遺址陶器反面（本文資料）

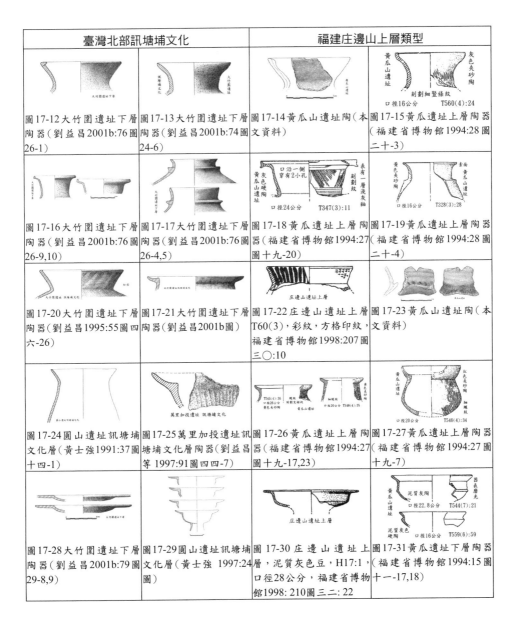

臺灣北部訊塘埔文化		福建庄邊山上層類型	
圖17-12大竹圍遺址下層陶器（劉益昌2001b:76圖26-1）	圖17-13大竹圍遺址下層陶器（劉益昌2001b:74圖24-6）	圖17-14黃瓜山遺址陶（本文資料）	圖17-15黃瓜遺址上層陶器（福建省博物館1994:28圖二十-3）
圖17-16大竹圍遺址下層陶器（劉益昌2001b:76圖26-9,10）	圖17-17大竹圍遺址下層陶器（劉益昌2001b:76圖26-4,5）	圖17-18黃瓜遺址上層陶器（福建省博物館1994:27圖十九-20）	圖17-19黃瓜遺址上層陶器（福建省博物館1994:28圖二十-4）
圖17-20大竹圍遺址下層陶器（劉益昌1995:55圖四六-26）	圖17-21大竹圍遺址下層陶器（劉益昌2001b圖）	圖17-22庄邊山遺址上層T60(3)，彩紋,方格印紋,福建省博物館1998:207圖三〇:10	圖17-23黃瓜山遺址陶（本文資料）
圖17-24圓山遺址訊塘埔文化層（黃士強1991:37圖十四-1）	圖17-25萬里加投遺址訊塘埔文化層陶器（劉益昌等1997:91圖四四-7）	圖17-26黃瓜遺址上層陶器（福建省博物館1994:27圖十九-17,23）	圖17-27黃瓜遺址上層陶器（福建省博物館1994:27圖十九-7）
圖17-28大竹圍遺址下層陶器（劉益昌2001b:79圖29-8,9）	圖17-29圓山遺址訊塘埔文化層（黃士強1997:24圖）	圖17-30庄邊山遺址上層,泥質灰色豆,H17:1,口徑28公分,福建省博物館1998: 210圖三二: 22	圖17-31黃瓜遺址下層陶器（福建省博物館1994:15圖十一-17,18）

臺灣北部訊塘埔文化	福建庄邊山上層類型

圖17-32 圓山遺址訊塘埔文化陶器（黃士強 1991:38圖十五上）

圖17-33 新北市土地公山遺址訊塘埔文化陶器（細砂陶 劉斌雄等1961:132插圖四十三-1）

圖17-34黃瓜遺址下層陶器（福建省博物館1994:18圖十三-15）

圖17-35黃瓜遺址下層陶器（福建省博物館1994:33圖二十四-1,2）

圖17-36大竹圍遺址下層陶器（劉益昌2001b:80圖30-7,8）

圖17-37大竹圍遺址下層陶器（劉益昌2001b:79圖29-7）

圖17-38黃瓜遺址上層陶器（福建省博物館1994:28圖二十-5,6）

圖17-39黃瓜遺址下層陶器（福建省博物館1994:18圖十三-6）

圖17-40訊塘埔遺址陶器，嵌入礫石層之中（劉益昌等 2008:137圖4-38-1）

圖17-41大竹圍遺址下層陶器（劉益昌2001b:58圖18）

圖17-42黃瓜遺址上層陶器（福建省博物館1994:30圖二十一-5）

圖17-43黃瓜遺址上層陶器（福建省博物館1994:24圖十七-15~17,19）

圖17-44 訊塘埔遺址陶缽，嵌入礫石層之中（劉益昌等 2008: 106圖4-16-5）

圖17-45 芝山岩遺址陶器（黃士強1984:25圖二十一-5）

圖17-46 黃瓜遺址上層陶器（福建省博物館1994:30圖二十一-1~4）

圖17-47黃瓜遺址上層陶器（福建省博物館1994:33圖二十四-10）

臺灣北部訊塘埔文化		福建庄邊山上層類型	
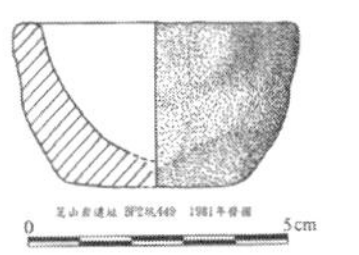 圖17-48 芝山岩遺址陶杯（黃士強惠借，本文繪圖）	 圖17-49 芝山岩遺址陶器（史前館2004: 207 圖113）	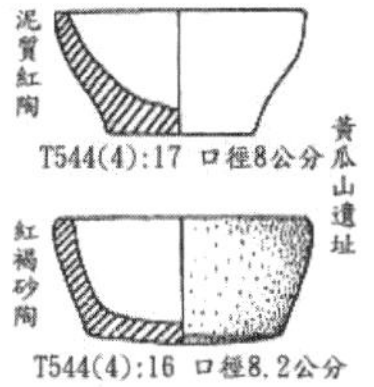 圖17-50 黃瓜遺址上層平底陶杯（福建省博物館1994: 33圖二十四-13,14）	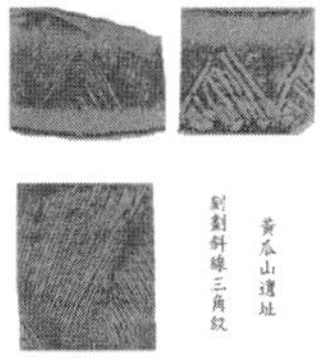 圖17-51 黃瓜遺址上層陶器刻劃斜線三角紋（福建省博物館1994: 24圖十七-7~9）
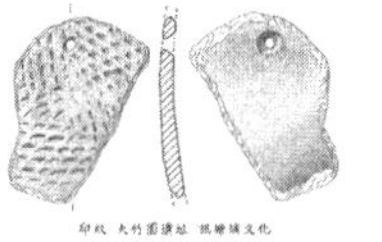 圖17-52 大竹圍遺址下層陶器（劉益昌2001b:58圖18-1）	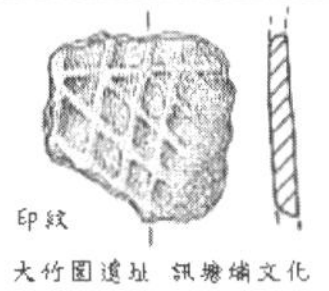 圖17-53 大竹圍遺址下層陶器（劉益昌2001b:58圖18-6）	 圖17-54 黃瓜遺址下層網格印紋（福建省博物館1994:11圖八-8）	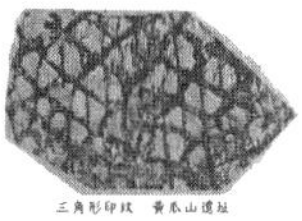 圖17-55 黃瓜遺址下層陶器三角印紋（福建省博物館1994:11圖八-7）
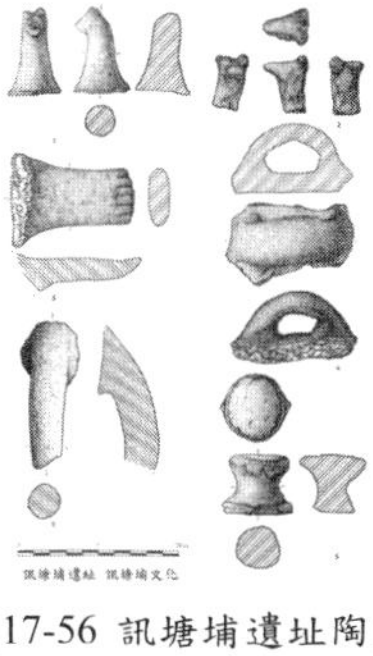 圖17-56 訊塘埔遺址陶蓋（劉益昌等　2008:140 圖4-41）	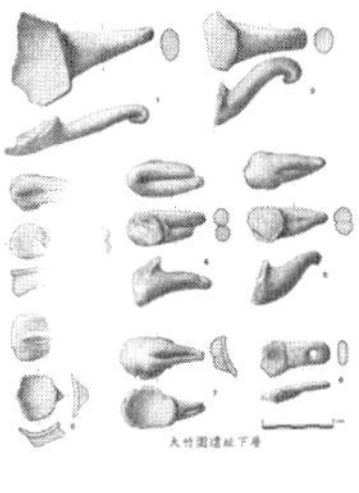 圖17-57大竹圍遺址下層陶器（劉益昌2001b:86圖33）	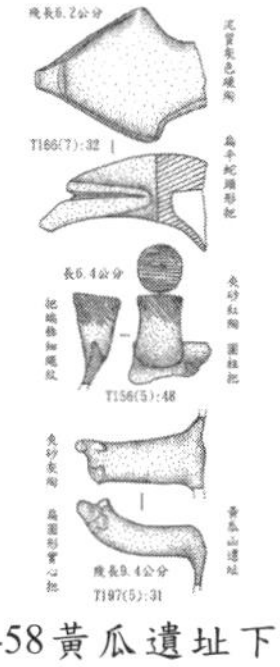 圖17-58黃瓜遺址下層陶把（福建省博物館1994:19圖十四-8-10）	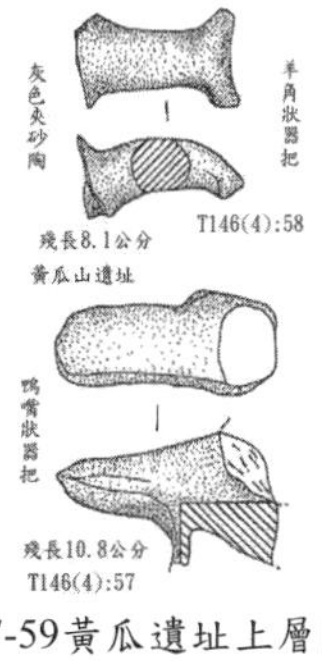 圖17-59黃瓜遺址上層陶把（福建省博物館1994:34圖二十五-6,7）
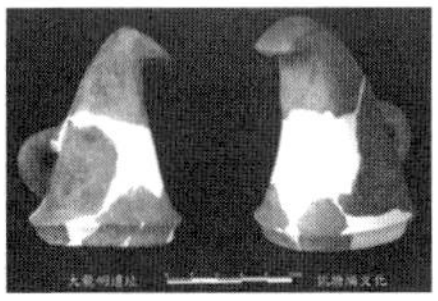 圖17-60 大龍峒遺址訊塘埔文化層出土陶豆（財團法人樹谷文化基金會2010:30圖版47）	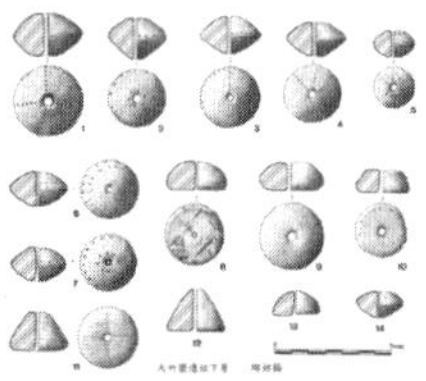 圖17-61大竹圍遺址下層陶紡輪（劉益昌2001b:92圖37）	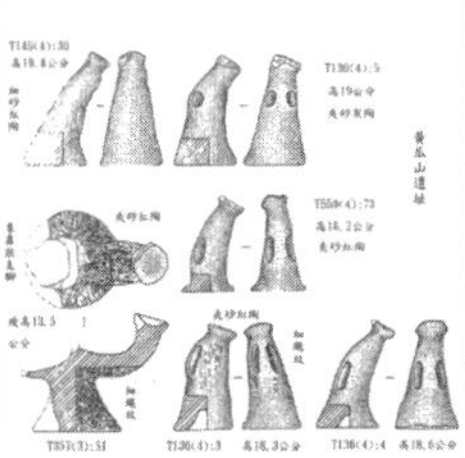 圖17-62 黃瓜山遺址上層陶支腳（福建省博物館1994:34圖二十五-1~5,8）	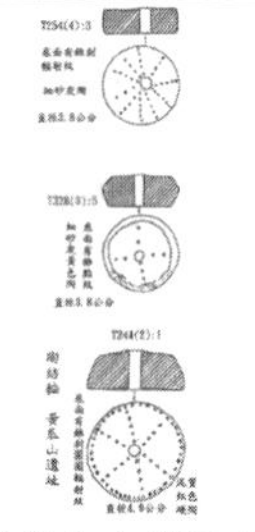 圖17-63黃瓜山遺址上層陶紡輪（福建省博物館1994:23圖十六-10,17,18）

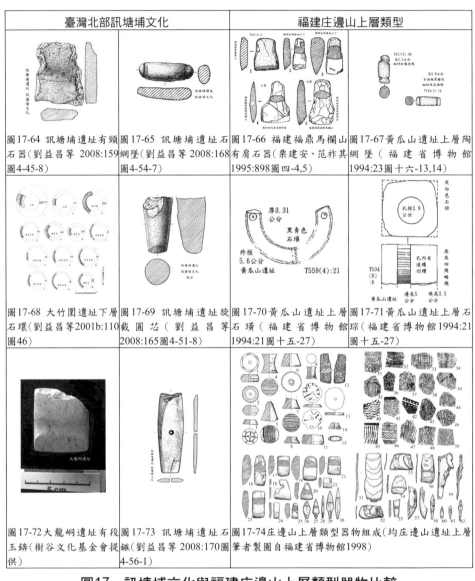

臺灣北部訊塘埔文化		福建庄邊山上層類型	
圖17-64 訊塘埔遺址有頸石器（劉益昌等 2008:159圖4-45-8）	圖17-65 訊塘埔遺址石網墜（劉益昌等 2008:168圖4-54-7）	圖17-66 福建福鼎馬欄山有肩石器（栗建安、范祚其1995:898圖四-4,5）	圖17-67黃瓜山遺址上層陶網墜（福建省博物館1994:23圖十六-13,14）
圖17-68 大竹圍遺址下層石環（劉益昌等2001b:110圖46）	圖17-69 訊塘埔遺址旋截圓芯（劉益昌等2008:165圖4-51-8）	圖17-70黃瓜山遺址上層石璜（福建省博物館1994:21圖十五-27）	圖17-71黃瓜山遺址上層石琮（福建省博物館1994:21圖十五-27）
圖17-72大龍峒遺址有段玉錛（樹谷文化基金會提供）	圖17-73 訊塘埔遺址石鏃（劉益昌等 2008:170圖4-56-1）	圖17-74庄邊山上層類型器物組成（均庄邊山遺址上層筆者製圖自福建省博物館1998）	

圖17 訊塘埔文化與福建庄邊山上層類型器物比較

七、結語

　　根據以上的討論，可知訊塘埔文化主要由臺灣北部較早的大坌坑文化發展演變而來，但是先後受到中國東南沿海的良渚文化晚期（郭素秋 2014c）、曇石山文化及稍晚的庄邊山上層類型等之影響。

（一）訊塘埔文化早階段（4800-4100 B.P.）的文化樣相與區域間互動

　　訊塘埔文化的器型多樣而富變化。此時在大龍峒遺址已有稻米遺留，加上石器中以做為農具的斧鋤形器為主，推測當時聚落大型化，並有水井、排水設施等較長期且完善的聚落規劃，應與農耕行為有關，因為農耕需在定著的土地上進行較長期的耕作，並藉著農耕所種維持基本的生活所需。而因長期定居於某一土地上，使得相關的居住遺跡、墓葬、垃圾丟棄場所、石器製作工坊等，有較齊備的規劃，相關遺留亦因而較為豐富。而如上述，從訊塘埔文化的遺址，主要集中於沿海和淡水河系沿岸地區看來，其移動的方式除了雙腳以外，不排除有使用船隻的可能性。從訊塘埔文化出土陶璜、玉環、石環等看來，當時已有裝飾品。

　　福隆的虎子山街遺址，出土方形扁平切鋸玉材的殘件，並伴出玉鑿（圖12-89, 90）。在宜蘭大竹圍遺址下層（劉益昌等2001: 圖版176左2, 左3），亦出土以切鋸為扁平的方形切鋸玉材，再將兩側邊先行淺切鋸並折斷的方式製作錛鑿形器之半成品，與花蓮豐坪村遺址（郭素秋 2014a）、重光遺址下層等所見的主要錛鑿形器之製法和形制相同。

　　不過，臺北市大龍峒遺址的訊塘埔文化所出土的錛鑿形器，卻呈現出不同的風格，在出土46件的錛鑿形器中，質地大多數為閃玉磨製而成，少數硬頁岩，和1件安山岩製的大型錛鑿形器。器身通體加磨，為直刃、偏鋒（財團法人樹谷文化基金會 2012: 32）。可知此時訊塘埔文化的錛鑿形器主要以閃玉為材料，其中並可見有1件帶凹槽的有段玉錛（圖11-3右上），從大龍峒遺址的閃玉製銼鑿形器之形制，與花蓮地區同時期的銼鑿形器有所差異，推測可能為大龍峒的人們在取得閃玉材料後，自行製作的器物，呈現出閃玉製作的銼鑿形器，隨著製作者的不同而有差異。

本文所確認的訊塘埔文化早階段的新要素，主要來自浙閩一帶的中國東南沿海地區，包含有良渚文化晚期的要素，和福建的曇石山文化晚期的要素。此時開始出現圓形旋截法製成的環玦形器、石圓芯等(郭素秋 2014d)，亦開始出現相當數量且多樣的陶環。

根據考古資料，中國東南沿海地區的良渚文化中，早已出現以圓形旋截法製作環玦形器和玉琮等相當精巧、複雜的玉器。到了良渚文化晚期，可以看到它向南進入福建的閩東、閩江下游等地區，並對曇石山文化晚期產生影響(郭素秋 2007b)；也在同一時期對臺灣的新石器時代中期的考古文化產生影響，目前良渚文化晚期的要素，可以分別於臺灣北部的訊塘埔文化、中部的牛罵頭文化、南部的牛稠子文化中發現。

筆者曾在〈四千年前後的臺灣與中國東南地區文化樣相〉一文中指出，臺灣在新石器時代中期(包含訊塘埔文化在內)，至少同時受到來自浙江、福建、珠江三角洲考古文化的影響。該文將臺灣新石器時代中期的文化樣相，放在整個東亞地區來加以檢視，與同時期的周邊地區之考古文化進行比較研究的結果，發現臺灣這些新要素的來源多重，包括可見浙江北部的同時期文化、浙江西南地區好川墓地、福建閩江下游的曇石山文化、珠江三角洲以寶鏡灣遺址為代表的考古文化之部分要素，顯示這個時期臺灣對外的文化接觸，涵蓋浙江、福建、廣東的中國東南沿海地區，這些地區與臺灣隔著臺灣海峽等海域相望，當時透過海路存在著多條的接觸路線，彼此交織而構成一個互動網絡，使得這個時期的考古文化呈現出一定程度的類似性，但是卻又各自保持著各地的傳統文化要素。這些區域最顯著的文化特徵為良渚文化晚期的製玉技術(直線切割、穿孔、圓形旋截等技法)和相關器物在各地的出現，為當地的人們所吸收，並運用當地的玉材進一步發展出各地特有的玉器形制；另一個明顯的特性為高圈足陶豆、泥質黑陶、鼎等三足器的出現。可知臺灣這個時期所出現的許多新的要素，與良渚文化晚期向中國東南地區的南向擴散所造成的間接影響有關(郭素秋 2014c)。

上述的外來要素可分述如下(郭素秋 2014c)：

1. 浙江良渚文化晚期、好川文化的影響：三足器、高圈足陶豆、有段石錛、玉璜、小型玉片、玉管珠、玉器製作技術(直線切鋸、鑽孔)。臺灣並進而發展出鳳鼻頭的豬形玉飾、陶璜、陶環、高圈足三連杯陶豆、小型梳形玉片等特有的器物。其中而高圈足三連杯陶豆的發想，可能是受到好川墓地之類的高足陶盤、三足袋足鬶等器型之影響，進而產生的新器型。

2. 曇石山文化的影響：寬沿器、寬沿陶豆、陶支腳、兩縊型網墜、縱穿網墜。

3. 珠江三角洲考古文化的影響：玉圭、無柄型薄身樹皮布打棒、砝碼型網墜，玉器製作技術(圓形旋截)、石軸心等。

臺灣在約四千年前後的新石器時代中期，亦突然出現大量精美的玉器，甚至在東部花蓮的玉礦產區一帶首次出現大規模的玉器工坊，即重光遺址，重光遺址出現多量直線切線的玉材，彰化縣牛埔遺址出土十多件長方形切鋸玉材(其中有長度超過30公分者)，應即來自於重光遺址等地。臺中西大墩遺址出土2件長達30公分左右的玉圭和數十件的小型玉片等，筆者認為可能為西大墩的人們從牛埔等地輾轉取得此種長方形玉材之後，再根據他們的目的，自行製作出這2件玉圭和小型玉片等所需的器物，並與大量的高圈足淺盤、三連杯陶豆等一起置放，由於這些器物多為罕見的器物，將這些器物叢集置放的原因，應有特別的目的，且為宗教性的。西大墩遺址出土的玉圭和小型玉片，意味著玉器似乎被賦與禮器和超越其他石器的地位，西大墩人辛苦地取得東部的玉材以製作出所需的宗教性器物，即玉的神聖性地位的出現(郭素秋 2014c)。

臺灣這個時期突然出現大量精美玉器和玉的神聖地位，與前述「良渚文化的社會型態已經產生相當大的變革，主要的指標即為大量精美玉器的出現和玉的神化」(芮國耀 1989：64)這種情形有相當大的類似性，且兩者玉材的使用均使具纖維質的玉材。筆者認為這個時期臺灣突然出現高度發展的玉器工藝技術，且玉材、玉器廣布於臺灣本島、澎湖群島甚至到達菲律賓的北呂宋一帶，器物種類和數量均多，且出現玉圭、小型梳形玉片等明顯具有神聖意涵的禮器，並首次在東部的玉礦產區出現一處大規模的製玉工坊，以直線切鋸初步將玉材切鋸成長方形的玉材，並建立起如中部牛埔遺址的中繼站，將玉材透過交易網絡交易到各個地方，臺灣這個時期突然出現對玉材的高度需求、大量精美玉器的出現及玉器被用做禮器等現象看來，這種製玉技術及其背後對玉器所賦與的神格化等，應非臺灣自身逐漸發展出來的，而應與同時期良渚文化晚期向南擴散所造成的影響有極大的關係（郭素秋 2014c）。

有關臺灣四千多年前這些新要素進入的方式，可能包括少數玉器工匠的進入臺灣、概念的吸收與創新、器物的搬入這幾種方式，分述如下（郭素秋 2014c）：

1. 少數玉器工匠進入的臺灣這點，主要由於臺灣這個時期突然出現工藝技術較高的線切、穿孔及圓形旋截的製玉技術，由於在臺灣並未看到這些製玉技術的發展演變過程，而是突然以相當熟練的手法製作而成的器物，加上在西大墩遺址這些以臺灣東部的閃玉製成的玉圭、玉環、小型玉片、玉條等器物，與具有良渚文化晚期色彩的高圈足陶足等伴出，不排除臺灣這個時期的製玉技術，極可能是透過良渚文化晚期的工匠而傳入（郭素秋 2014c）。

2. 在概念的吸收與創新方面，可見有以下幾個方面（郭素秋 2014c）：

（1）上述玉器製作技術傳入後，乃結合臺灣當地對東部玉材的瞭解和掌握，並在原有的良渚文化的製玉技術上，新創出小型梳型玉片這種器物。

（2）而在西大墩遺址出土的多量高圈足三連杯陶豆，這種器物亦僅見於臺灣，不過從其高圈足的盤面的整體造形，基本上仍為良渚文化常見的高圈足豆的造形，且在浙江好江墓地出土多土帶三袋足的鬹形器，筆者推測西大墩遺址的這些高圈足三連杯陶豆，可能受到鬹形器的三袋足之影響，而將鬶和陶豆結合發展而成的新器型。

（3）在傳統的繩紋陶罐中，出現了以相當的製作和器型的方格印紋陶罐，除了方格印紋與繩紋不同外，其餘幾乎完全相同，意味著當時的史前人們吸收了刻板拍印的方格印紋技術，並將它運用在既有繩紋陶罐的紋飾施印上。

（4）在北部的大龍峒遺址同時出土有柄型厚身打棒和心形無柄型薄身打棒，其中心形薄身打棒與珠江三角洲常見的打棒極為類似。而這個時期同時出現無柄型厚身打棒，除了無柄這點與有柄型厚身打棒不同外，其餘的形制幾近相同。這個時期厚身打棒的無柄外，也許和其與珠江三角洲的薄身無柄型打棒接觸而得到的刺激有關（郭素秋 2014c）。

2. 器物的搬入方面，在臺中西大墩遺址出土少量的黑色泥質陶，可能為外來搬入的器物，因為當時臺灣基本上仍以氧化環境燒製的紅色系陶器為主體，並未出現以還原燒製出現的技術（郭素秋 2014c）。

這些外來要素，在某種程度與臺灣大坌坑文化以來的文化傳統進行融合，也為臺灣北部固有的文化傳統帶來了相當程度的影響，而這種影響和文化融合的力量，應是造成臺灣北部史前文化產生文化變遷的重要契機之一。

（二）訊塘埔文化晚階段（4100-3500 B.P.）的文化樣相與區域間互動

本文透過臺灣北部訊塘埔文化晚階段，所新出現的文化要素（新要素）之釐清，及其與福建庄邊山上層類型進行比較的結果，發現兩者之間有相當多的類似性（圖17）。

以訊塘埔文化晚階段新出現的彩陶為例，這些彩陶和部分新器種陶器的製作更加精巧，且新出現 V 字彩紋（鎖港、萬里加投、圓山遺址）、人字彩紋（鎖港遺址）、格子彩紋（龜子山、鎖港遺址）、交叉平行線列彩紋、波浪狀紅色彩紋（芝山岩遺址）等彩紋圖案。透過變化彩紋的寬度而形成的彩紋，亦見於北海岸的萬里加投、龜子山遺址及澎湖的南港遺址。 這些新的彩紋圖案有施在製作較精巧的陶器上，亦有施於臺灣當地傳統工藝製作的較粗糙的陶器之上者，後者可能意味著這些新的彩紋圖案為固有製陶工藝所吸收之後再表現的器物。這些新出現的紅色V字形線列彩紋、格子彩紋、人字形線列彩紋等，與福建的庄邊山上層類型的彩陶有類緣性（郭素秋 2007b、2014c）。

訊塘埔文化的新要素與福建的庄邊山上層類型雖然有如此多的相似性，但是訊塘埔文化的這些新要素，基本仍以臺灣北部當地的陶土、摻和料及自大坌坑文化以來的製作陶器和石器的技術傳統製作而成，這種以臺北盆地或宜蘭當地陶土和製陶技術等，製作出與福建庄邊山上層類型許多類似器型的現象看來，筆者認為這個時期，臺灣北部的史前文化人，可能透過某種管道接觸到福建閩江下游、福建東北部（閩東）的器物，並進而以自身既有的器物製作傳統（泥片貼塑法），去模仿部分福建的器型，雖然是模仿，但並非是全面抄襲，而是有選擇性的模仿某些器型的製作，也進而從模仿中發展出創新的器型。

訊塘埔文化的人們以固有的陶器製作技術（泥片貼塑法）製作一些新的器型和裝飾新的紋飾這種現象看來，除了可能僅是對進到臺北盆地的外來器物（外物的搬入）的單純模仿，也有可能有少數外來的人們帶著這些外來的器物進入臺北盆地（外人的移入），並教導臺北盆地當地的人們，如何淘洗陶土以獲得較純淨的陶土製作陶器，如何燒製陶器以製作出器壁更薄、硬度較高、器型較大、器型變化較多且製作較為精巧的陶容器；而雖然從臺北盆地分布到宜蘭的訊塘埔文化的人們，取用當地較為粗質的陶土、摻和料來製作陶器，但仍能製作出與臺北盆地類似器壁偏薄而器型富於變化的陶容器，意味著其對陶容器製作的要求和控管，是相當一致而嚴格的。

由於與臺灣新石器時代中期同時期的中國東南沿海地區的陶器製作，主要以泥條盤築法的方式燒製而成，因此訊塘埔文化以泥片貼塑、用手捏製成形的這種製作方式，也成為識別臺灣史前文化陶器的主要特徵之一。實際上，臺灣從新石器時代早期的大坌坑文化開始，一直到距今數百年以前，幾乎所有的陶器均以泥片貼塑法製作，這也再一次呈顯臺灣史前文化的韌性和持久的傳承性。

引用書目

石璋如

1954 〈圓山貝塚發掘概況〉，《臺北文物》3(1)：8-13。

李文杰

1996 《中國古代製陶工藝研究》，北京：科學出版社，1996.11。

李匡悌

1999 《淡水河北側沿河快速道路文化遺址試掘補充調查報告》，交通部臺灣區
國道新建工程局。

朱正宜等

2012 《大龍峒遺址搶救發掘及施工監看計畫成果報告》，臺北市政府文化局委
託財團法人樹谷文化基金會執行之報告，民101.10。

林公務

1989 〈霞浦黃瓜山遺址調查簡報〉，《福建文博》1989(1,2)：5-10。

1990 〈黃瓜山遺址的發掘與認識〉，《福建文博》1990(1)：25-28。

1993 〈福建新石器時代的陶器〉，《福建文博》1993(1/2)：46-50。

1994 〈福建霞浦黃瓜山遺址發掘報告〉，《福建文博》1994(1)：3-37。

林朝棨

1966 〈概說臺灣第四紀的地史並討論其自然史和文化史的關係〉，《國立臺灣
大學考古人類學刊》28：7-44。

屈慧麗

2009 《城市考古 隨筆與論述》。

2012 〈梳理的文明－再看西墩里的牛罵頭文化特色〉，《田野考古》15(2)：
17-47。2012.6.30。

屈慧麗等

2010 〈臺中市12期重劃區公兼兒六基地的考古發現〉，《2009年臺灣考古工作
會報會議論文集》，臺北：中央研究院人文社會中心考古專題中心主辦
2009.3.19-20(屈慧麗、何傳坤、趙啓明)。

2011a 〈中興大學頂橋仔遺址試掘報告〉，《2010臺灣考古工作會報研討會論文

集》，臺東：國立臺灣史前文化博物館，2011.5.28-30（屈慧麗、劉克竑、趙啓明、紀科安、閻玲達）。

2011b 〈梳理的文明——再看西墩里的牛罵頭文化特色〉，《2010臺灣考古工作會報研討會論文集》，臺東：國立臺灣史前文化博物館，2011.5.28-30（屈慧麗、楊小青、科博館考古團隊）。

邱水金等

2010 《臺北都會區大眾捷運系統後續路線調查分析暨土建基本設計服務DX102標 萬大－中和－樹林線LG02站植物園遺址考古試掘成果報告暨後續維護管理建議書》，中興工程顧問股份有限公司委託財團法人樹谷文化基金會執行之報告，民99.11（邱水金、朱正宜、戴志家、蔡佳輔）。

財團法人樹谷文化基金會

2010 《大龍峒遺址搶救發掘及施工監看計畫期初報告》，臺北市政府文化局委託財團法人樹谷文化基金會執行之報告，民99.4。

2012 《大龍峒遺址搶救發掘及施工監看計畫期中報告》，臺北市政府文化局委託財團法人樹谷文化基金會執行之報告，民101.5。

郭素秋

2000 〈台湾の縄蓆文土器について〉，《東南アジア考古学》20：17-47。

2003 〈福建庄辺山上層類型彩陶的源流及其與浙南地區的關係〉，《中央研究院歷史語言研究所集刊》74（3）：389-443。臺北：中央研究院。

2007a 〈福建閩江下游幾何印紋陶文化遺存研究述評〉，《中央研究院歷史語言研究所集刊》78（2）：261-357。

2007b 《彩文土器から見る台湾・福建と浙江南部の先史文化》，日本東京大學考古學專門分野博士論文（未出版）。

2012 〈臺灣北部圓山文化的內涵與起源〉，「第一屆臺灣研究世界大會」文稿，臺北：中央研究院主辦，2012.04.26-28。

2013 〈縄文時代に並行する台湾の縄蓆文土器とその文化様相について〉，今村啓爾、泉拓良編，《講座日本の考古学3 縄文時代（上）》，頁684-702。日本東京：青木書店。

2014a 〈花蓮縣壽豐鄉豐坪村遺址試掘研究〉，宣讀於「2013年度本院考古研究計畫成果發表會」，臺北：中央研究院歷史語言研究所，2014.2.12。

2014b 〈彰化縣牛埔遺址的文化內涵〉，「宋文薰教授九秩華誕慶祝活動暨2013年度臺灣考古工作會報」文稿，國立臺灣大學人類系主辦，國立臺灣大學校總區文學院演講廳，2014.3.21-23。

2014c 〈四千年前後的臺灣與中國東南地區文化樣相〉，「2014從馬祖列島到亞洲東南沿海：史前文化與體質遺留研究國際學術研討會」文稿，中央研究院歷史語言研究所、連江縣政府文化局主辦，地點：臺北中央研究院歷史語言研究所，2014.9.27-28。

2014d 〈臺灣新石器時代的圓形旋截法及其旋轉機械初探〉，鄧聰主編，《澳門黑沙史前輪軸機械國際會議論文集》，頁268-299。澳門：民政總署文化康體部，2014.12。

2014e 〈植物園遺址－見證臺北盆地人類發展史〉，收於鄭建文著，《時空的行舟 神秘的植物園遺址》，頁75-110。雄獅美術執行編輯，臺北市政府文化局出版，2014.12。

郭素秋等

2008 《彰化縣遺址普查計畫第一期：彰化市、福興鄉、花壇鄉、芬園鄉、員林鎮》報告，彰化市：彰化縣文化局，民97.9(郭素秋、戴瑞春、陳得仁、吳美珍)。

張光直

1954 〈圓山發掘對臺灣史前史研究之貢獻〉，《大陸雜誌》9(2)：36-41。

陳仲玉等

1994 《土地公山遺址第三次發掘報告：臺北都會區大眾捷運系統土城延伸線文化遺址發掘及初步展示規畫(期末報告)》，臺北：中央研究院歷史語言研究所(陳仲玉、袁萬里、張敏麗)。

陳得仁、郭素秋

2004 《臺北市植物園遺址採集資料整理研究計劃》，臺北：臺北縣三峽國民中學。

陸泰龍

2003 《石碇溪與雙溪川之間新石器時代考古遺址調查與研究——以內寮等五個遺址為例》，國立臺灣大學人類學研究所碩士論文(未出版)。

國立自然科學博物館

2010 《臺中市西屯區12期重劃區西墩里公兼兒六基地遺物內涵調查工作執行計畫成果報告》，文英基金會委託國立自然科學博物館執行之報告，民99.9。

盛清沂

1961 〈記臺北地區二處史前遺址〉，《臺北文物》10(2)：13-17。

1962 〈臺灣省北海岸史前遺址調查報告〉，《臺灣文獻》13(3)：60-152。

黃士強

1984 《臺北芝山巖遺址發掘報告》，臺北：臺北市文獻委員會。

1989 〈臺北市圓山遺址第二地點試掘報告〉，《國立臺灣大學考古人類學刊》45：20-65。

1991 《圓山遺址中山三十三號道路試掘與評估》，臺北市政府民政局委託國立臺灣大學人類學系之研究報告。

黃士強、劉益昌

1980 《全省重要史蹟勘察與修整建議》，臺北：交通部觀光局委臺灣大學考古人類學系之報告。

黃士強等(黃士強、劉益昌、楊鳳屏)

1999a 《臺北兒童主題公園圓山遺址考古調查研究計畫》，臺北市立兒童育樂中心委託國立臺灣大學人類學系之報告，1999年10月15日。

1999b 《圓山遺址史蹟公園範圍區考古發掘研究計畫》，臺北市立兒童育樂中心委託國立臺灣大學人類學系之報告，1999年12月31日。

福建省博物館

1994 〈福建霞浦黃瓜山遺址發掘報告〉，《福建文博》1994(1)：3-37。

1998 〈福建閩侯庄邊山遺址發掘報告〉，《考古學報》1998(2)：171-227。

臧振華

1990 〈論臺灣的細繩紋文化——兼論臺灣史前文化來源問題研究的概念和方法〉，《田野考古》1(2)：1-31。

臧振華等

1990 〈臺灣北海岸新發現的萬里加投遺址——兼述隣近的龜子山遺址〉，《田野考古》1(1)：27-36。990年6月30日(臧振華、劉益昌、朱正宜執筆)。

2004 《臺南科學工業園區道爺遺址未劃入保存區部份搶救考古計劃期末報

告》，南部科學工業園區管理局委託中央研究院歷史語言研究所之報告，民93.6.30。

2006　《南科考古發現專輯 先民履跡》，臺南：臺南縣政府，民95.8（臧振華、李匡悌、朱正宜執筆）。

劉益昌

1992　〈臺灣北部地區史前文化的新資料及其檢討〉，中央研究院歷史語言研究所講論會文稿。

1993　《宜蘭縣大竹圍遺址初步調查報告》，宜蘭文獻叢刊2，宜蘭：宜蘭縣立文化中心。

1995　《北宜高速公路頭城交流道匝道與宜蘭縣大竹圍文化遺址重疊部分發掘調查報告》，交通部臺灣區國道新建工程局委託宜蘭縣政府執行之報告。

1997a　《臺北市芝山岩遺址受「天母忠誠路次幹管工程」影響部份處理報告》，臺北市政府民政局委託執行之報告，民86.4.27。

1997b　《臺北縣北海岸地區考古遺址調查報告》，臺北縣立文化中心委託中國民族學會之報告，民86.5.24。

2003　《臺北市芝山岩史蹟公園施工前考古試掘計畫 考古試掘工作計畫報告》臺北市政府文化局委託之報告，民92.5.15。

2004　〈澎湖早期人類活動－以地質資源和人類關連為主〉，《澎湖永續發展經營管理研討會地質公園設置與推動論文集》，頁71-83。指導單位：行政院農業委員會；主辦單位：澎湖縣政府；承辦單位：國立臺灣大學、國立澎湖技術學院，2004.6.12-13。

2007a　《臺北市「六藝廣場考古探坑試掘計畫」試掘結果報告書》，臺北市政府文化局委託執行之報告，民96.1.25。

2007b　《臺北市大龍國小考古探坑挖掘計畫期末報告書》，臺北市政府文化局委託執行之報告，民96.10.31。

劉益昌、郭素秋

2000　《臺北市考古遺址調查報告》，臺北市民政局委託之研究報告，民89.3.15。

劉益昌等

1996　《芝山岩文化史蹟公園史前文化、人文歷史、視覺景觀等資源及居民資源之培育》，臺北市政府民政局委託中華民國都市計劃學會之調查報告（劉益昌、陳儀深、詹素娟、陳亮全執筆)。

2001a　《第一級古蹟大坌坑遺址調查研究報告》，臺北縣政府文化局委託中央研究院歷史語言研究所之報告(劉益昌、陳光祖、顏廷仔)。

2001b　《宜蘭縣大竹圍遺址受北宜高速公路頭城交流道匝道影響部份發掘研究報告》，宜蘭：宜蘭縣政府(劉益昌、邱水金、戴瑞春、王美玉、李貞瑩)。

2004　《臺閩地區考古遺址　臺北縣、基隆市、臺北市》，內政部委託中央研究院歷史語言研究所之報告，2004.12.2(劉益昌、郭素秋、盧瑞櫻、戴瑞春、陳得仁)。

2006　《臺北植物園及南海學園地下遺址之考古探勘專業分析評估計畫期中報告》，行政院農業委員會林業試驗所委託臺灣打里摺文化協會之報告(劉益昌、郭素秋、林淑芬、林美智)。

2007　《臺中縣考古遺址普查與研究計畫研究報告》、《臺中縣考古遺址普查與研究計畫　遺址登錄表》，臺中縣文化局委託中央研究院人文社會科學研究中心考古學研究專題中心執行之報告。(劉益昌、陳俊男、曾宏民、李佳瑜)。

2008　《東西向快速公路八里新店線八里五股段工程影響訊塘埔遺址緊急考古發掘與資料整理分析計畫》，新亞建設開發股份有限公司委託執行之報告，民97.9(劉益昌、鍾亦興、顏廷仔)。

劉斌雄

1963　〈臺北縣八里鄉十三行及大坌坑史前遺址之發掘〉《臺灣文獻》13(3)：52-64。

顏廷仔、王淑津

2015　《淡海新市鎮後期發展區開發案「二期一區考古探坑試掘工作」委託專業服務案調查報告書》，內政部營建署委託社團法人臺灣打里摺文化協會執行之報告　民104.1.30。

Chang, *et al*.(張光直等)

1969　*Fengpitou, Tapenkeng and the Prehistory of Taiwan*. New Haven: Yale University Publications in Anthropology no. 73, Yale University.

從考古學社群研究的概念初探蔦松文化與西拉雅族的關係及其社會文化變遷

顏廷伃[*]

一、前言

　　日治時期不少人類學者進入臺灣這個新殖民地，他們從事相關的考古學與民族學調查，其目的不外於瞭解這個新殖民區民族的組成，以作為其他政策研議的參考；其中包括森丑之助、鹿野忠雄、宮本延人等人針對臺灣各地出土考古遺物的調查與研究，均不免關切這些史前文化與住居於臺灣的原住民族之間的關連性，且對於史前人類後裔尚存於臺灣的可能性，大多持肯定的態度（國分直一 1941：55、1974，宮本延人著、宋燁譯 1954）。但是日治時期大數的研究均著重於山地原住民，對於漢化較早、文化特徵較不明顯的平埔族群，則著墨較少（劉益昌 1995：78-80，2001：189）。

　　到了戰後，除了林朝棨從自然史與文化史關連的討論中，把不同的史

*　國立暨南國際大學人類學研究所兼任助理教授。

前文化與原住民族作對等,諸如圓山文化可能和賽夏族有關,繩紋陶文化可能和泰雅族有關之外(林朝棨 1966),尤其針對史前文化的命名,如張光直先生將臺北盆地最晚期的史前文化層命名為「凱達格蘭文化層」(張光直1954a、1954b),以及宋文薰、連照美教授也將東部地區金屬器時代的文化稱為「阿美文化」(宋文薰、連照美 1975),均可視為將史前文化與原住民相聯繫的嘗試。這樣的概念其實在1972年張光直進行「臺灣省濁水大肚兩溪流域自然與文化史科技研究計畫」(簡稱「濁大計劃」)時,亦曾將漢人移住臺灣前的史前史分為四個階段,並將其中最後一個階段即約當西元第十世紀前後的「原史時期」,視為聯繫史前與歷史時期的重要段落(張光直 1977:4-5)。但是張光直先生於1974年「濁大計畫」第一期工作結束之後,針對該計畫提出評論,認為其中之考古組焦點在史前,民族組則放在歷史時代及現代,卻缺乏對這二個時間段落連續性的研究。因此自1974年開始的第二期工作計畫,即選定「史前與歷史時期聚落史」作為專題研究的重點之一,並由以石再添教授為首的地形組進行研究(石再添等 1977:75-94)。這個研究計畫同時關注文獻與考古資料的蒐集,尤其著重於與物質遺留較為相關的生業與聚落型態的研究,雖然仍然缺乏相互驗證與進行歷史發展連續性的分析,但仍可視為「濁大計劃」中對於該研究議題的重要嘗試。

　　不同於日治時期大多著重於高山原住民的調查,1940年代以來包括國分直一、吳新榮先生等人即陸續針對南部地區的史前文化與當地平埔族—西拉雅族如知母義、頭社等聚落的風俗與祭儀進行調查,在吳新榮調查佳里「飛番墓」的啟發之下(吳新榮1942),國分直一進而提出與這些祀壺祭儀相關的聚落所串連的「祀壺之村」,認為其可作為探討西拉雅族之聚落分布與人群遷徙方向的重要參考(國分直一 1938、1942a、1942b、1981b)。此後陸續有不少學者競相投入調查與研究(吳新榮著、林永梁譯1953,江家錦 1955、1956、1958,吳新榮 1956,陳漢光 1961、1962a、1962b、1962c、1963a、1963b,陳春木1974、1975,劉茂源 1974,石萬壽 1981、1990,劉斌雄 1987),使得西拉雅族不論從學術研究議題或是族群認同運動而言,都成為平埔研究中炙手可熱的研究對象。

這些與民族誌相關的調查資料，也成為1980年代之後考古學研究進行相互比對的重要參考，其中又以針對南部地區金屬器時代最晚階段的蔦松文化，從年代、遺址分布、自然環境、生業型態、器用、風俗習慣等角度，討論其與西拉雅族之間的關係最引人關注（黃台香 1982：101-102，劉克竑1986），而這個看法也初步得到學者的認同（劉益昌、陳玉美 1997：62）。基於南部地區逐年累積愈來愈多的考古資料基礎上，劉益昌嘗試從史前文化、原住民族時間、空間謀合的角度出發，對於蔦松文化與西拉雅族之間的關連性提出更多的討論（劉益昌 1995、2005、2006、2008），雖然這個初步結果仍遺留諸多尚待進一步論證的空間，但至少提供予歷史學、民族學界，延伸討論原住民族時間尺度的重要參考（詹素娟 1998，鍾幼蘭 1997，簡炯仁 2003）。

1995年劉益昌於第九十九回臺灣研究研討會上演講「史前文化與原住民關係初步探討」，當時與會者不乏考古學、民族學、語言學等不同領域的學者，會後也針對演講內容進行相關的討論，截至目前為止依然可視為進行該議題相關研究時的重要參考。其中劉益昌提出五個研究方法的建議：「1.要給一個假設性的穩定狀態作為研究的基礎，2.時間的尺度應該縮小，3.空間廣度的擴張，4.重新思索民族誌資料對考古學者的意義，5.與其他學科如民族學、語言學、體質人類學配合」。如果進一步參酌會後諸位學者間的討論，包括李壬癸提到從民族誌看到近二、三百年內的族群遷徙，似乎未能反應於史前文化對應的區域，以及如何解釋同一個文化內含括二個以上族群的現象等問題；以及臧振華所提之「文化」與「族群」界定的問題等，均可作為進一步研究該相關議題的參考（劉益昌 1955：88-97）。

參考張光直先生的意見，他認為要研究史前文化與原住民之間的關係實隱藏有另一項難題，即「語言」和「民族」、「文化」之間的關係在理論上缺乏一定的準則可循，但即便如此，臺灣仍是唯一有把亞洲東南部史前文化與大洋洲現代民族的語言、文化歸併在一起的地方，他建議了一套程序：「1.先釐清現代各原住民族的物質文化特徵，再從考古學的遺物、遺

跡上找出與現代族群之間關係的項目為何，2.再根據原住民各族遷徙路線的
紀錄與傳說，與已知舊址裏遺物的種類，把現代各群的考古歷史一步步的
往上推，3.根據以上步驟，也許可以知道不少現代族群的遷徙史與物質文化
的演變史」，因此可能可以回答以下三個問題：「1.史前的哪些文化到現在
持續下來成為哪些族群，2.史前的哪些文化到後來絕滅或同化，3.現在的哪
些族群在本島之內沒有史前的歷史背景」（張光直 1964：8-9），雖然張光直建
議的研究程序係針對全台史前文化與原住民族全面性的對比研究而言，與
本文嘗試就單一史前文化與原住民族群的文化內涵進行關連性分析不完全
相同，但仍可作為進行該研究議題的重要參考。

綜合以上的分析，本文嘗試就蔦松文化與西拉雅族的文化內涵進行分
析，並且參酌考古學對於聚落與社群研究的概念，跳脫傳統上僅以特定器
物類型進行單一對比的單薄性，而關注研究資料歷時性的演變與區域分布
的關連。如以傳統上常被學者拿來討論其間關連的鳥頭狀器、小型陶罐為
例，本文除了從考古學的角度出發，關注各類器物時間、空間的分布狀況
之外，也參考民族學、歷史文獻的記載，試圖分析這些器物背後所隱藏的
象徵意義的變遷過程。也就是說，唯有分別瞭解器物類型、象徵意義變遷
的脈絡，才可能進一步思考這些「史前」時期的民族，逐漸過渡轉變成為
歷史文獻記載之「西拉雅族」的社會文化變遷過程。

二、考古學社群研究背景

考古聚落，指的是一種處於「穩定狀態」，佔有一定地域並延續一段
時間的史前文化單位（Chang 1967: 38）。以這個概念出發，雖然於1940年代
Gordon Willy 執行Virú Valley Peru計畫時才較為具體化其研究內容與方式，
但早先於19世紀晚期，考古學研究即在文化歷史學派的脈絡下，嘗試進行
直接民族史方法（direct ethnohistorical method），試圖將考古遺留對應於特定人
群，並聯繫至史前時代，影響所及也促使Kossinna於1911年發表以「聚落考

古」（settlement archaeology）為名，將特定區域、時間內相關物質文化組成所建構的文化，作為族群延續的證據；Childe也嘗試歸納物質文化的群組性，以建構大不列顛的文化歷史，但其實這樣的研究概念仍然不脫類型學研究的特徵（Jones 1997: 15-17）。

實際上，聚落考古學研究的範圍很廣，但主要可以區分為生態學與社會學二種取向，前者係與與環境、技術相關，而後者則與史前文化的社會、政治與宗教結構相關（Trigger 1968: 54，Ameer and Reddy 1998: 35）。本文擇取其中與社會結構較為相關的討論作為切入點，說明考古聚落中研究時間、空間與人群間的關係。以張光直先生提出的聚落考古研究為例，他將原本單純的聚落（settlement），區分成與自然環境、空間等有形因素相關的的聚落（settlement），以及與社群結構等因素相關的無形社群（community），並且進一步將Vogt指稱的區域族群（local groups）再細分為家戶（household）、社群（community）與社群集合體（aggregate of community），其中家戶概念係以空間布局為主的功能性分析，而社群研究旨在強調內在互動的網絡關係，至於社群集合體的研究則是更進一步考量部份具有相近的社會、政治、軍事、商業與宗教背景的社群之間的關聯性（Chang 1958: 298-308）。針對這個概念，Rouse則從不同的觀點提出對於以上社群（community）的定義，他認為聚落指的應該是一個特定族群所進行的各類型活動遺留，而這些遺留也可能散布於不同遺址上，因此有可能是一種跨時間、空間的遺存（Rouse 1968: 23）。整體而言，張光直與與Rouse二者的概念並無根本性的差異，因此，Willey也評析他們只不過是提出不同層級的定義（Willey 1968: 209-210）。

在如此衍申的研究概念下，聚落考古學研究的範疇似乎有從具體性空間意義的探討，跨足於社會結構面的關連，因此Trigger（1968: 53-75）將聚落類型區分成單一建築或結構，以及這些結構在社會內部的組成，甚至關注跨區域的分布等三個由近而遠的層次，尤其著重於歷時性與同時性的空間結構問題。其實有關聚落空間研究的變數，若擴及思考其背後人的行為時，即可發現形式互異的聚落與生業型態，或同一遺址在不同季節的生業型態差異，都可能會影響考古遺留形態的差別（Renfrew 2002: 2-3，6-7，Headland and Reid 1989: 44）。因此於1980年代，David Wilcox針對美國西南考古所提出的區域系統（regional system）也是在類似的概念下發展，即使對於聚落與社群研究的範疇仍具相當的彈性，但是對於小區域間的互動、更大範圍社會系統間的關係及歷時性變化的可能，均受到相當的重視（Neitzel 2000）。

　　如果拿張光直先生進行南部地區鳳鼻頭遺址的研究為例，他將該遺址的文化層以「聚落」作為一種考古學單位分析，區分為泥質紅陶聚落（2400-1900B.C.）、夾砂紅陶聚落（1900-1400 B.C.）、下層貝塚聚落（1400-900 B.C.）、上層貝塚聚落（900-400 B.C.），並認為這四個發展階段為四種穩定狀態的聚落，從一種穩定狀態過渡到另一種穩定狀態並非單純、孤立，而是密切相關之種種因素的綜合變化；也就是說一個人類群體佔居一個地域後，他們的後代也隨之繼續結成集團，而他們的聚落結構也從一種穩定狀態，逐漸過渡並演變成另一種新的穩定狀態（Chang 1968: 47-52）。除此之外，以本文試圖從宗教祭儀切入探討與史前文化的聯繫而言，包括1940年代Willey就「功能性」的分析，探討宗教因素與聚落模式的關係（Willey and Sabloff 1974: 148-150），以及Sears分析具有單一或多個不同祭儀中心的不同聚落模式差異（Sears 1968）等案例，均可作為相關研究的參考。

　　參酌以上的分析，回歸至本文想要探討以臺灣南部地區金屬器時代蔦松文化與當地原住民西拉雅族之間關係的討論。二者中，「蔦松文化」為透過考古學研究建立的臺灣南部地區金屬器時代的史前文化，如果根據南科園區歸納的史前文化層序年代，其最晚階段的看西期約當為距今1000~500年前，下一階段則被稱為「西拉雅文化」，年代為距今500-300年左右（臧振華等 2006：79-80），以麻豆前班遺址為例，可見同時出土蔦松文化典型的夾砂陶片與17世紀中國東南沿海貿易瓷，顯示蔦松文化最晚階段已可見同時使用本地製陶器與外地輸入之器物的現象（劉益昌、顏廷仔 2010）。而「西拉雅族」一詞的出現，最早見於1904年伊能嘉矩於《臺灣蕃政志》中，他將平埔族與其他高山原住民族並列，並將其中位於南部地區的平埔族區分為西拉雅(Siraiya)與馬卡道(Makattao)部族，前者又包括新港社與大武壠社，後者則包括大傑顛社、武洛社、塔樓社、阿猴社(伊能嘉矩 1904：301)。這二個文化或族群，不僅研究背景不一，時間、空間與人群層次的概念也不完全一致，如要進一步討論其間的關連，似乎需分別從考古學、民族學與歷史文獻等資料分頭並進，二相拉近彼此的時間與空間尺度，如果參考劉益昌先生所建議的「假設性穩定狀況」或張光直先生指稱的「穩定性狀態」聚落，或許需進一步思考合適於討論其間關係的最佳時間段落、空間範圍與族群辨識等相關的課題，以作為進一步分析其背後社會文化變遷的歷史發展過程。

三、蔦松文化與西拉雅族之研究

(一)考古學

　　蔦松文化為廣泛分布於臺灣南部地區金屬器時代的史前文化類型，目前對於它的分類，有從區域類型與時間分期等二個角度進行。其中有關區域類型的分類，劉益昌根據出土器物的特徵，將蔦松文化區分為分布於臺南、高雄平原地區的蔦松類型、高雄沿岸鳳山丘陵、屏東平原西部的清水岩類型，以及美濃平原周圍及楠梓仙溪下游旗山附近低位河階的美濃類型。以陶器的類型而言，蔦松類型主要為夾砂紅陶，另有少量的泥質紅陶、夾砂灰、黑陶及泥質黑陶，其中夾砂紅陶器又以一種可能作為穿繩、提攜用的四繫罐或缽為典型，泥質陶器則經常被製作成陶環、鳥頭狀器、小陶罐、杯及陶珠、陶紡輪等器；清水岩類型多為紅色素面夾砂陶，少量紡輪與灰黑色、紅色泥質陶環，但不見小型灰黑色泥質陶環與鳥頭狀器；美濃類型主要亦屬紅色夾砂陶，不見泥質黑陶、泥質紅陶製造的鳥頭狀器與陶環(劉益昌、陳玉美 1997：59-69)。若就時間分期的區分而言，根據南科園區考古發掘研究的資料，則將蔦松文化區分為鞍子期(1800-1400B.P.)、蔦松期(1400-1000B.P.)、看西期(1000-500B.P.)，以及進入到歷史初期階段的西拉雅文化(500-300B.P.)等前後發展階段。這些分期中，可見鳥頭狀器在鞍子期已普遍出現，蔦松期則開始出現紐、矮圈足，至於看西期中的看西遺址則出土有豐富的貝類，到了最後階段的西拉雅文化則除了出現蔦松文化典型的紅色夾砂素面陶之外，也出現不少外來的硬陶與瓷器(臧振華等 2006：77-81)。

考古學的研究中，有從蔦松文化與西拉雅族之年代、分布區域、自然環境、生業型態、器用、風俗習慣等角度切入，討論其間的關連性(黃士強口述、林朵兒筆記 1980，黃台香 1982：101-102)；也有針對蔦松文化常見出土的陶壺、鳥頭狀器、鹿角等遺留，與西拉雅文化所見的祀壺儀式、公廨屋頂所見的「烏秋」假鳥形象討論二者之聯繫(劉克竑 1986)。對於史前文化與原住民族之間的聯繫，長期以來學者都習慣以帶有原住民族社稱呼的史前文化命名方式，暗示其間的關連性。如南科文化園區考古發掘研究中將蔦松文化最末期階段(500-300B.P.)稱為「西拉雅文化」(臧振華等 2006：80)，其他包括張光直稱呼北部地區的「凱達格蘭文化層」(張光直 1954a、1954b)，以及宋文薰、連照美稱呼東部地區的「阿美文化」等(宋文薰 1965：147，連照美 1998：6)，都是類似的概念。但是，對於以特定族名稱呼的史前文化類型，究竟與其前身的史前文化與後期原住民族之間的關連與演變關係，似乎並未有進一步的分析與討論。

(二)歷史文獻

如果以元代汪大淵《島夷誌略》記載之〈琉球〉條所指者為臺灣的話，可知當時的原住民「知番主酋長之尊，有父子骨肉之意。他國人倘有所犯，則生割其肉以啖之，取其頭懸木竿。地產沙金、黃豆、黍子、琉黃黃蠟、鹿豹鹿皮；貿易之貨，用土珠、瑪瑙、金珠、粗碗、處州磁器之屬。海外諸國，蓋由此始」(汪大淵 1996：75-76)，其中「取其頭懸木竿」即顯示當時人有將敵人首級吊在木竿上的行為，且已有與外界交換「土珠、瑪瑙、金珠、粗碗、處州磁器」等器物的現象。此外，明代張燮《東西洋考》記載之〈琉球〉條也提到其族群「種類甚蕃，別為社，社或千人、或五六百，無酋長，子女多者眾雄之，聽其號令。……議事必於公廨，以便調發」（張燮 1996）。

到了17世紀包括清代與荷蘭文獻對於西拉雅族的記載就更多了，最早者可以成書於1603年陳第的《東番記》為代表，若其記錄的範圍「……居澎湖外洋海島中，起魍港、加老灣，歷大員、堯港、打狗嶼、小淡水；雙溪口、加哩林、沙巴里、大幫坑，皆其居也，斷續凡千餘里」，確認約當為今日臺灣西南平原嘉義南邊至屏東以北的區域的話，則其記錄之內容則可視為17世紀西拉雅族最早的紀錄（周婉窈 2003：35-37），而當時「山最宜鹿，儦儦俟俟，千百為群」的記載，更說明了當時鹿群活躍的狀態。

1624年之後，荷蘭人入據大員，西拉雅族與外界陸續有了更多的接觸。傳教士Rev. George Candidus根據van Rechteren的報導，撰述有關福爾摩沙島之地形、貿易與宗教的記載，除了說明當時原住民的多神信仰外，對於擔當祭師或女祭師Inibs的地位尤為重視，記載中顯示當時的原住民只任由土地自然生產，而不播種，他們仰賴中國人供給米鹽，中國人則會以廉價收購原住民獵殺的鹿，或與之以物易物；他們會將敵人的首級拔去毛髮加以剖開製成裝飾品，編毛髮為繩紐懸於竹竿；而當地的「住屋」如倉庫空虛，無家具，除了敵人的首級與骸骨外，一無所有；當地有「教堂」七所，其內均以鹿及豬的顎骨作為裝飾，這類所謂的教堂，應該就是他們的祭屋（temple），除了懸掛人頭骨之外，主要擺放的物品包括宰殺的豬、米飯、檳榔、大量飲料，以及鹿或豬的頭（村上直次郎原譯、郭輝譯 1970：32-34，Campbell 1903：24）。

到了1628年，蘇格蘭人David Wright短暫居留臺灣時記錄南部地區Akkou、Zoetanau等地的住屋「以木板與竹子建成，寬約60呎、長約200呎，屋內懸吊大量的豬牙、玻璃、貝殼以及像是非實用而美觀的飾品（Baubles），這些飾品是以繩索懸吊，彼此碰撞時會發出清脆的聲音」，他們崇拜十三個偶像，播種祭時，他們會擺置一大團土塊於大黑陶罐中，以祈求穀物生長飽滿，並於田間建造小屋，其內懸吊裝飾品，特殊祭典時會以彩繪貝殼、骨頭獻祭。Campbell也說他們的房子是竹子做的，每個房子有四個門，有時有六個，都建在台基上，台基以泥土構成，差不多一個人的高度，通常用公鹿和野豬的頭來裝飾屋子內外（Shepherd 1984: 2、59-60、62、73，千治士著、葉春榮譯註 1994：210-209）。

　　到了18世紀，周鍾瑄主編《諸羅縣志》（1717）內提到「社中擇公所為舍，環堵編竹，敞其前，曰公廨。通事居之，以辦差遣」，清楚說明公廨的存在與功能（周鍾瑄 1993：159）。黃叔璥〈番俗六考〉（1722）中更清楚記載了「作向」的內容，尤其可能成書於光緒二十年（1894）的《安平縣雜記》，對於四社番的作向的內容、方式甚至日期，更是清楚記錄「……每年定舊曆三月十五日禁向，至九月十五日開向。……建築竹屋一間，屋上蓋以茅草，前後倒水，中作一脊，脊之左右角各用土作假鳥三隻，鳥身糊以竹模。鳥口唧以稻草（查其名曰「阿唵，竹模名曰「而伶」，稻草名曰「攤因」）。插於其間。屋之左右兩傍，則以刀、鎗、牌、銃四件，每件各數枝，排列該處。蓋取其作向告神祈福，飲酒、歌舞、射獵之義也」。此外「屋中脊下則豎大竹一根，竹頭插入地中，竹尾接於屋脊。此大竹前，又用小竹節一枝，約長四尺左右；將朝上一尺許，用刀劈開數十絲，攤起張大，另用篾皮一束紮於該竹刀未劈之處，恐其裂開。其已劈開張之處，猶若竹筐，則用泥安放其內，便插香燭。置於大竹之前，插入地中，與正門相對，名之曰「向神座」。座前則另安置大石一塊，以為神棹。棹上排列檳榔、燒酒，朔望之日更換一次」並提及「當時毋論開向、禁向，先期必殺一人，取頭刮骨祀神。嗣因清廷知情，傳諭嚴禁，准其獵獸，不許殺人。」（臺灣銀行經濟研究室編 1993：59-61）。

　　以上對於公廨內奉祀形式的記錄，可以1874年俄國海軍准尉伊比斯（P. Jbis）訪問頭社時所見的紀錄相互比對「後牆上掛著鹿角，左右對稱二個鐵槍及幾個鹿頭蓋骨，飾以彩色石子。前面擺著幾個盛著水的罐子，盛著白酒的瓶子，還擺著檳榔果。另外還有村外的廟，實際上是一座四面無牆的小棚子，小棚中央豎著一根柱子，柱子上面掛著鹿頭蓋骨」（李福清 1991：1、9，葉春榮 2006：245-246，圖1）。

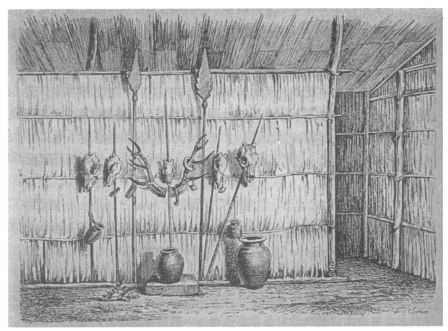

圖1　P. Jbis繪製的頭社公廨形象
（採自葉春榮 2006，圖1）

　　根據以上的記錄，顯示至少在13、14世紀與17世紀時，當時的住家均有懸吊物品作為裝飾或特殊功能的記載，而公廨中除了擺置人或鹿、豬頭骨、米飯、檳榔、大量飲料之外，特殊祭儀中也會出現彩繪貝殼、骨頭獻祭之形式。較為特別的是，至少要到18、19世紀之後才有較為清楚的「作向」以及與「向竹」相關的記錄，而1874年伊比斯(P. Jbis)圖繪的頭社公廨中，也出現不少中國式鐵槍、大型陶罐等外來器物。如果參照日治時期之後記錄的西拉雅公廨與祭儀形式，已可見其中已明顯摻雜諸多漢文化的因素，因此也有學者從「文化合成」與「地方文化」的概念切入，說明西拉雅族阿立祖信仰與公廨祭儀，可能意味著漢文化在地化的過程，或甚至是與漢文化結合的結果(潘英海 1994b、1995b，葉春榮 2006：232-247)。

　　整體而言，但就歷史文獻的記載而言，可見宋元時期以來西拉雅族內

即陸陸續續出現不少從外地輸入的中國式器物，因而促發歷史學、民族學
者對於西拉雅族「漢化」議題的諸多討論。但如果從長期文化變遷的脈絡
看來，有關不同階段這些外地輸入器物的數量、類別的變化狀況，以及傳
統史前文化受這些外來文化的影響及其變遷過程，可能需配合更多具脈絡
化考古資料的分析，方得以進一步討論。

(三)語言學

　　參酌早期語言學的研究，費羅禮(Ferrell)根據17世紀荷蘭人的紀錄分
析，認為臺灣南部地區的平埔族應該至少包括Siraya、Taivuan、Takaraian
(Makatao)、Pangsoia-Dolatok及Longkiau等五個不同的平埔族(Ferrell 1971：
226)。其中包括Siraya、Taivoan(四社熟番)、Makatao被視為西拉雅族的三大
亞族，但這三個族群是否使用不同的語言，目前仍無定論。但是從詞彙與
音變的資料看來，西拉雅語當初應該是一種通用語，它不只影響了鄰近的
Taivoan、Makatao等平埔族，也影響了南鄒卡納卡那富、沙阿魯阿，以及魯
凱族、排灣族，甚至北方的平埔族。至於Makatao有被視為Siraya的一種方
言，但也有認為他們其實分屬二種不同的語言(李壬癸 1992：222-220，土田滋
1991：152)。但近年來李壬癸先生根據音韻系統的研究為基礎又有不同的見
解，他提出麻豆社雖然長期被視為屬於Siraya，但其語音演變卻是屬於
Taivoan；從構詞的現象看來，也顯示麻豆社與灣里社接近，而與新港、卓
猴二社不同。因此他認為傳統被視為西拉雅三大亞族的Siraya、Taivuan、
Makatao，大約於三千多年前從史前文化分化而成，並且逐步經由海路向東
部擴散成阿美族、巴賽和噶瑪蘭，但其間的語言並非全然的統一(李壬癸
2006：22-28)。如果就族群分屬的研究而言，劉益昌認為如果參照費羅禮(R.
Ferrell)的意見，認為西拉雅語為荷蘭人在南部臺灣使用的共通語言的話，那
麼也就可以解釋17世紀荷蘭人與19、20世紀日本人提出的族群分類有別的
現象(劉益昌 1998、2002、2005)。

　　整體而言，針對從歷史學、語言學、遺傳學研究所見的族群分屬現象，

不可避免的均需考量到其背後影響因素的分析，甚至考慮階段性演變的結果。既然與人群相關的語言、基因等特徵，均可能因人群流動性的影響而改變，那麼我們似乎需回歸至考古學文化內涵的分析著手，再參酌以上研究的結果予以詮釋與分析。

四、考古出土資料分析

根據以上相關研究資料的分析，本文試圖再度擇取其中被視為較具聯繫與西拉雅族相關的考古出土資料進行分析，以進一步說明可以據以討論的時間、空間段落與族群所屬。

(一)鳥頭狀器與阿淹

鳥頭狀器為出土於蔦松文化的典型器物，但由於其形式特殊不似實用器，因此對於其功能與使用方式，因尚未有直接的考古出土證據，因此仍未完全得以確認。由於其器體上常見數量不等的穿孔，因此早期被認為可能是作為插飾羽毛用，因此被拿來與19世紀《安平縣雜記》中屋頂上土做的假鳥「阿淹」相類比，並以之作為聯繫蔦松文化與西拉雅族的重要參考依據(劉克竑 1986)。

如果重新檢視蔦松文化出土的鳥頭狀器，分別可以從形制特徵與出土年代等二個層面加以分析。其中，針對其形式特徵而言，這些鳥頭狀器主要可以區分為空心、平頂以及突紐狀等三種類型，其主要的特徵均為筒狀器身、頂端具穿孔，且器體側邊均具有直條狀溝槽；至於器端穿孔的形式又可分為二類，一類為貫穿器端與器身的穿孔，包括常見之一個直向或斜向的穿孔，少部分亦可見二或三個直穿孔，可能用來懸吊特定物品；另一則為橫向二二相對、互相貫通的穿孔，通常為一或二組，呈上下平行或交錯的方式排列，但這類穿孔只貫穿於實心之器端裡，可能是作為懸吊鳥頭狀器本身使用，而前述於器端直穿二個穿孔的形式，也可能是反折穿繩以懸吊該器物本身用，少數有三孔形式者，則可能除了其中二孔作為反折繫繩懸吊之外，另一孔亦可能作為懸吊器裡吊掛物使用。根據以上的形式特徵，顯示這類鳥頭狀器以「懸吊」形式使用的狀態應該是確認的，但它是否也插飾羽毛則難以確認。至於，它是否為一種類似響鈴的發聲器，如以其中長條ㄇ形體為發聲的共鳴室，器頂上方穿孔作為繫繩用，垂直縱向穿孔則在於穿繩以繫附撞鈴為考量的話(臧振華 2004：322-323)，根據目前出土鳥頭狀器的伴隨物中，仍難以確認是否繫附有撞鈴，因此它本身是否可以發出聲響，仍難以確認。

如果回頭檢視歷史文獻的記載，1628年蘇格蘭人David Wright記錄臺灣南部地區平埔族的家屋內，常見「屋內懸吊大量的豬牙、玻璃、貝殼以及像是非實用而美觀的飾品(Baubles)，這些飾品是以繩索懸吊，彼此碰撞時會發出清脆的聲音」的現象(Shepherd 1984：62)，說明這些懸吊物可能是透過彼此碰撞才得以發出聲響，因此如果鳥頭狀器即如當時記載之「飾品」的話，其內懸吊的物品也有可能是不易保存的有機物質，因此才不易於考古遺留中出現，而它們也可能是透過彼此碰撞的方式發出聲響。再加上1874年俄國海軍准尉P. Jbis訪問頭社公廨時所記錄並圖繪的祭壇形象，文字中雖然只記載其內包括「一對頭骨、一個鹿角、兩支舊長矛、色彩鮮豔的石頭，以及水罐和酒罈」，但從圖像資料中則可見祭壇上供奉的祭物除了前述物品外，尚包括有懸掛在鹿角上的環狀器、懸吊小陶罐以及具直向開口的筒狀器(圖1，轉引自葉春榮 2006：245-246)。其中筒狀器的形象，即與蔦松文化常見的平頂筒狀器相似。如果這個觀察可供參考的話，那麼鳥頭狀器作為「懸吊物」本身所具有的儀式性或一般住家的裝飾性功能，應該更值得加以關注。

如果從鳥頭狀器出土的年代進行分析的話，參酌南科園區出土的資料看來，顯示這類器物應該在蔦松文化鞍子期即普遍出現，且可能更早於大湖文化烏山頭期即已出現(臧振華等 2006：75-78)。但如果進一步分析不同時期出土的鳥頭狀器類型，則可見前述大湖文化烏山頭期已出現之所謂「類鳥頭狀器」，僅具有端頭、穿孔之特徵，其筒身開口處很大，與鳥頭狀器常見的直筒或斜直筒不同，且筒身側邊亦未見有直向溝槽的形式，相較而言，似乎較為接近南部地區常見的陶器蓋類型。如果比較與之約略同時期出土於鳳鼻頭遺址的筒狀器，其被認為是一種臂環類之器物（Chang *et al.* 1969: 104-108），同樣的亦不具典型的鳥頭狀器之直向溝槽與穿孔特徵，但這些具有類似之製造工藝與器物特徵的器物，仍可作為同類型器物出土時間、區域的參考。

　　根據目前發掘出土的資料分析，以麻豆西寮遺址的發掘結果為例[1]，可見典型的鳥頭狀器主要出土於大湖文化末期／蔦松文化早期階段（1800-1400B.P.），但出土數量並不多，根據器型特徵，同時可見前述三種不同的類型，主要分布於將軍溪至二仁溪流域一帶。其中空心狀鳥頭狀器主要見於臺南關廟的埤仔頭遺址（劉益昌等 2010a：60），帶有突紐的鳥頭狀器，則常見出土於新化丘陵邊緣如道爺遺址，有少數甚至遠至於斗六丘陵番仔溝遺址出土，至於平頂狀鳥頭狀器目前則以西寮遺址所在的平原地區出土最多，器身以方筒狀為主，也有少數呈圓筒狀，器端除了可見直穿一孔之外，大多穿有二孔，陶質以粉砂泥質紅陶為主，也有少量的泥質黑陶，器表常飾有幾何三角或線性刻劃紋，器身一般較小。出土數量最多的階段，則為蔦松文化中期（1400-900B.P.），器身一般都很大，製作工藝也較為規整、細緻，主要分布於曾文溪流域南北二側，器型則以平頂與帶突紐二者為多，前者常見於以西寮遺址為代表的曾文溪流域以北區域，後者則以曾文溪以南、新化丘陵邊緣的南科國小遺址為代表（陳有貝 2005）。到了蔦松文化晚期（900-300B.P.），鳥頭狀器出土的數量不僅急遽減少、器型明顯變小之外，製作工藝也更為粗率，除了延續出土前述二種類型之外，器型也顯得更為一致化，其中帶突紐的類型中，曾文溪流域以南區域並出現器端形似鳥喙狀的鳥頭狀器，製作工藝則較為細緻（黃台香 1982：55）。

1 感謝計畫主持人劉益昌先生同意使用文中引述之西寮遺址發掘資料，在此致上由衷謝忱。文內有關西寮遺址圖版均引自西寮遺址發掘報告，再經排版。

　　綜合以上的出土資料分析，可見鳥頭狀器的製造與使用，約當於距今900年左右為一個分界，不僅出土數量明顯減少，器型也變小，製作工藝也較為粗率，顯示這個階段對於鳥頭狀器的使用頻率可能逐漸遞減，似乎顯示當時人對其珍視的程度明顯減弱，也說明到了這個階段，這類器物日常使用的模式已逐漸改變（圖2）。

（二）小型陶罐與與祀壺

　　蔦松文化的小型陶器，一般器高約15公分左右，但最小的迷你型器，甚至只有2-3公分左右，由於器體不大，且小型器中常見製作工藝十分精緻，器表飾有以三角刻劃紋為主的紋飾，較不常見於典型的蔦松文化的素面陶器上，因此經常被視為可能與祭儀形式相關，而被拿來作為聯繫蔦松文化與西拉雅族的依據（黃台香 1982：99-100）。

　　如果進一步參考前述歷史文獻的記載，則可知至少於17世紀西拉雅族的公廨上，就有擺置容器的記錄。包括1624年傳教士Rev. George Candidus根據van Rechteren的報導，記錄他們的祭屋（temple）內，主要擺放的物品包括宰殺的豬、米飯、檳榔及大量飲料（村上直次郎原譯、郭輝譯 1970：32-34，Campbell 1903：24），其中大量飲料理當是使用容器裝存。而1894年《安平縣雜記》中記錄四社番的作向，也提到他們的「向神座」前面會安置一個大石塊，作為神棹，棹上排列檳榔、燒酒，朔望之日更換一次。至於1874年，俄國海軍准尉伊比斯（P. Jbis）訪問頭社時記錄當地的公廨，文字記錄祭壇前面擺置有幾個盛著「水」的罐子，以及盛著「白酒」的瓶子，從圖像資料上，可見大型的陶罐是擺置於祭壇前面的地上，而小型的陶罐則在頸部繫繩，懸吊於同時插掛有獸類頭骨的竹子上，這二種不同的容器形像、大小差異與擺放位置，均可能與文字敘述中描述盛裝水與白酒的差異有關。綜合以上的文獻記錄，顯示至少於17世紀就有奉祀「飲料」或酒的記錄，但是直到19世紀，才出現裝置水與酒同時並存的記錄，且其裝存的容器之形式與器體大小可能有所差異。

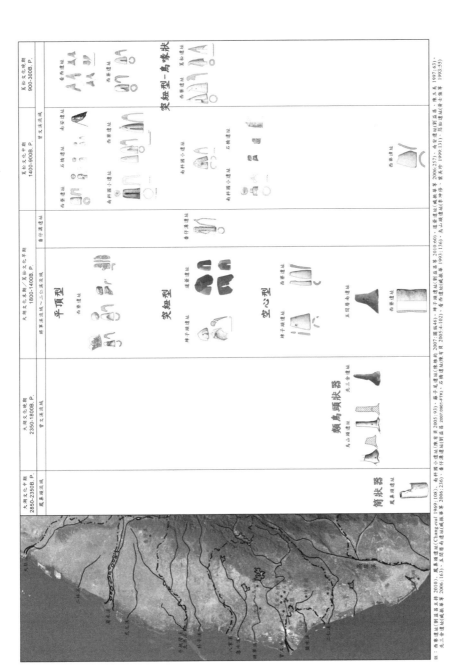

圖2 臺灣南部地區出土鳥頭狀器與類鳥頭狀器年代與分布

註：西寮遺址(臧振華等 2010)、鳳鼻頭遺址(Chang et al.、臧振華等 2006:163)、牛稠子遺址(劉益昌等 2005:93)、菜子私遺址(陳珍如 2007:圖6:46)、牛埔遺址(劉益昌等 2010:60)、道爺遺址(臧振華等 2006:257)、南安遺址(劉益昌等 2006:236)、石橋遺址(劉益昌 2007:0603:FTx)、石橋遺址(陳珍如 2005:4:102)、香安遺址(劉益昌等 1993:136)、烏山頭遺址(陳珍如 1993:136)、南科園區遺址(劉益昌等 2006:257)、布安遺址(劉益昌等 2006:257)、陳玉 1997:63)、菜寮(1999:131)、烏松遺址(衛上強等 1993:55)

　　關於以上的紀錄，針對蔦松文化出土的陶瓷器，可以從二個層面分析，一為小型器的類型與主要出土的時間，其二則為遺址內出土外來陶瓷器的年代。針對其中第一個問題，根據西寮遺址的發掘資料顯示，小型器主要出土於蔦松文化中、晚期，尤其集中於約當900-300B.P.的晚期階段，陶器器型包括長頸壺形器、直筒縮頸罐形器、以及折肩、折腹小型器等，陶質以夾砂紅陶為主，也有少量的黑陶，器表除了大部分為素面之外，也有少數小型黑陶罐器表，常見刻劃有三角劃紋或壓印貝印紋之式樣。而同時期也陸續出土較多外來的陶瓷器，根據瓷片類型分析，主要又集中於前後二個階段，其一為以西寮遺址蔦松文化中期地層出土年代約當12、13世紀的宋元青瓷為例(劉益昌等 2010b)；其二則以被認為可能與17世紀目加溜灣社、新港社相關的社內遺址為例，可見出土不少青花瓷、安平壺與長頸壺、四繫紐硬陶罐、缽等產自中國東南沿海窯系的陶瓷器(李匡悌 2004)，這二個主要出土外來陶瓷器的年代，即分別約當為蔦松文化晚期的初始與結束階段，似乎可作為探討史前文化轉變、結束，並進入歷史初期階段的重要參考資料(圖3)。

　　觀察這些小型陶器的特徵，器體一般較小、呈長頸或縮頸狀，雖未能確認它們的功能與使用方式，但至少均符合得以繫繩以垂掛的特徵。以其中少數出土於西寮遺址蔦松文化晚期的小型黑色陶罐為例，器表刻劃的三角劃紋式樣，也常見於大湖文化末期／蔦松文化早期(1800-1400B.P.)的方形鳥頭狀器與陶環上，說明製作這類紋飾的時間應該可溯源至更早階段。如果進一步參考以西寮遺址為例，刻劃有同類型紋飾的陶環之出土狀況，則可見約當西寮遺址之大湖文化末期(1800-1400B.P.)階段，首見出土刻劃有三角劃紋的陶環，器型以扁方形窄板為主，同時期亦見有寬板陶環，但大多為素面，且器表多見有可能作為穿繫修補的穿孔痕。到了蔦松文化中期(1400-900B.P.)，器型轉以三角形剖面為主，且器表刻劃有三角形劃紋的比例增加，形式也較為固定；到了蔦松文化晚期(900-300B.P.)，雖可見少量寬板凹弧狀陶環上刻劃有三角劃紋，其他大部分為素面、剖面為圓形或水滴狀，

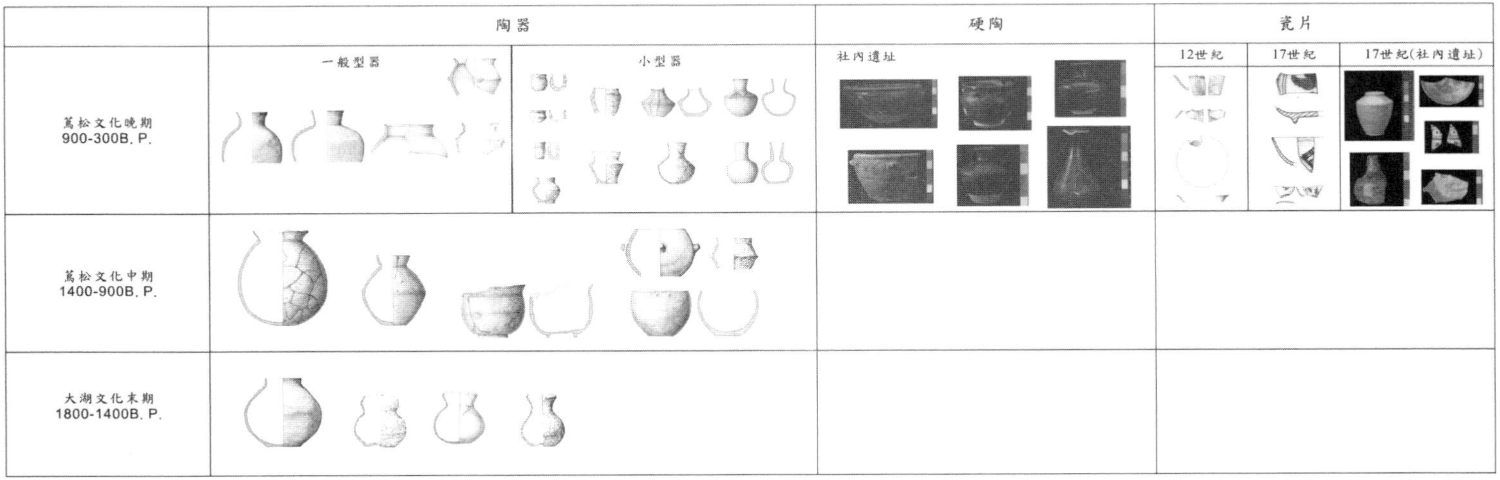

	陶器		硬陶	瓷片		
	一般型器	小型器	社內遺址	12世紀	17世紀	17世紀(社內遺址)
蔦松文化晚期 900-300B. P.						
蔦松文化中期 1400-900B. P.						
大湖文化末期 1800-1400B. P.						

圖3 臺灣西南平原西寮遺址出土陶、瓷器類型示意

註：社內遺址(李匡悌 2004)

　　綜合以上的出土資料，大抵上認為蔦松文化人大量使用小型陶罐的時間應該在蔦松文化晚期(90-300B.P.)，但與其製作方式相關的紋飾特徵，則可遠溯至以西寮遺址為例的大湖文化末期(1800-1400B.P.)階段，這個時期也是蔦松文化開始成型並進入鄰近區域，影響當地文化的階段。

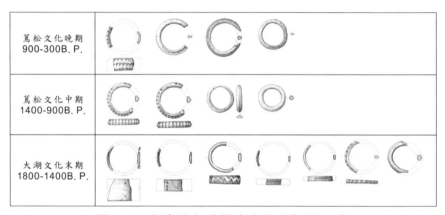

圖4　西寮遺址各時期出土陶環類型示意

　　回頭檢視西拉雅族的祀壺祭儀，學者認為其奉祀的主神是不現身的，而是以水象徵宇宙間至高無上的力量，因此他們在意的應該是其內的「水」，而非壺本身(潘英海 1995a：451-452，李國銘 1998)；但從前述1874年俄國海軍准尉伊比斯訪問頭社時記錄的公廨中，則可見分別包括奉祀「水」與「酒」等二種不同的溶液，參酌其中可能裝酒的大型陶罐形式，可能有不少屬於中國東南沿海燒製的硬陶罐，其實早至17世紀時，臺灣已可見不少產地可能在靠近福建漳州、泉州、福州等輸出港周邊的高溫硬陶罐如盆、罐、瓶、缸、甕等，原來可能是用來裝盛貿易物資或備於船中存放補給用品，後來才被轉賣給臺灣本地居民用作盛裝、儲存或炊煮用器(盧泰康 2006：278)。

　　除了這個可能性之外，觀察蔦松文化晚期出現的本地製陶器與外來的硬陶器，包括四繫罐或缽帶繫紐大口硬陶缽、長頸小陶罐/玉壺春瓶、縮頸小口罐/安平壺等,其間的形式特徵似乎有相雷同的現象。以其中常見於西拉雅公廨的安平壺為例,分布區域主要集中於臺南地區,包括北頭洋、左鎮、東山、吉貝耍、新化、山上鄉隙子口等地(蘇奐豪 2004:78-79,82),也是17世紀中國外銷的重要貿易瓷品類。針對這些形式特徵與本地製陶器頗為相似的硬陶、瓷器,從各器類燒製的窯址區與出土時間而言,均不能忽略它們與17世紀的貿易網絡關聯性,但是它們的輸入是否僅為單純的擇取當時流行的貿易品類,還是經過特定的選擇,就值得進一步討論。參考熱蘭遮城日誌的記載,曾記錄:

> 1629年11月6、7日,晚上得知,有兩個中國人攜帶一些衣服出去,要去村落(麻豆)銷售的,在路上被野人打死,這是非常奇怪的事,因為所有運送衣服、鹽和其他需用品的人必須可以來往,沒有這些東西,他們就不知如何生活了。……這也是造成中國人在他們村落裡人數激增的原因,增多到幾乎超過當地原住民的人數了(江樹生譯註 2000:4)。

也就是說,至少在17世紀初期,中國人即經常的在西南平原如麻豆等地販售一些外來的物資,因此,他們也可能特別針對當地原住民先前已習慣使用、且具特定功能的陶器器型,選擇較為耐用的硬陶與瓷器品類,販售給當地原住民,以取代他們自己製造的陶器。根據同時出土蔦松文化陶器與17世紀陶瓷器的前班遺址為例,就各器類陶器與硬陶、瓷器出土量的消長而言,愈近上層,陶器出土數量的比例逐步減少,硬陶器數量則逐漸增加,而製作較為精細的瓷器,則於最晚階段才有少量出土(劉益昌、顏廷伃 2010)。這些資料說明至少在荷蘭人之前,中國人可能就根據當地原住民的需要,有意識的「進口」當地人日常生活所需的容器類型,包括大型的素燒炊煮器、上釉容器,或是小型的薄胎細質硬陶罐或壺等,而這些外來物品的輸入,也因此逐漸擴散至西拉雅族的公廨中,而成為後來所見阿立祖公廨中的壺器之一。

五、問題與討論

(一)祭儀形式與文化變遷

　　史前時期的蔦松文化及歷史文獻記載中，得見記錄當時原住民族的祭儀形式，至少可於17世紀找到二者的接合處。也就是說，根據十七世紀的文獻，得知當時的西拉雅族應該就有公廨與屋內懸吊物品作為裝飾的習慣，時已約為蔦松文化的最晚階段，其他包括可能也以懸吊方式繫掛於公廨向竹上的小型陶罐，也是盛行於蔦松文化晚期(900-300B.P.)。除此之外，如果不同形式之鳥頭狀器可視為一種具族群分類特徵的懸吊物的話，它主要盛行於蔦松文化中期(1400-900B.P.)，並可追溯至大湖文化末期／蔦松文化早期(1800-1400B.P.)的初始階段；而包括空心、平頂與突紐等三種鳥頭狀器之形式特徵，也分別集中於不同區域，空心鳥頭狀器目前僅見出土於關廟埤子頭遺址，西寮遺址也有極少量出土，但這個類型主要出土於大湖文化末期(1800-1400B.P.)；其他平頂與突紐狀的鳥頭狀器均主要集中出土於蔦松文化中期(1400-900B.P.)，但分別位於平原與新化丘陵二個不同區域。

　　參考出土於西寮遺址蔦松文化中期地層出土的特殊遺跡，可見於一個經整理過的空地上擺置二排、三件並列的橫切剖半陶罐的現象，稍遠處並且有以血蚶整齊排列成三道平行帶狀的現象(劉益昌等 2010b)。這些特殊的遺跡現象，如果與17世紀文獻記載西拉雅族的播種祭相較，說明他們會擺置一大團土塊於大黑陶罐中，以祈求穀物生長飽滿，並於田間建造小屋，其內懸吊裝飾品，特殊祭典時則會以彩繪貝殼、骨頭獻祭(Shepherd 1984: 59-60、62、73)；以及日治時期國分直一於知母義、佳里與南部鄒族四社番的調查，記錄他們在壺體內擺放毛蚶類之貝殼或銅鈴的記錄，並說明這種貝是作為一種祭祀用的神體，在祭典中將它放在平缽上注酒，該神體就會動起來(國分直一著、廖漢臣譯 1962：103，吳新榮著、林永梁譯 1953：62，國分直一著、周全德譯 1955：98)。尤其臺南縣四社番民族誌的紀錄中,也記錄他們稱其祖靈祭為Miatongusu,每二年舉行一次,主要奉「貝」作為神體,稱為 takearu,但這些貝除了祭祀外,不得攜出(江家錦 1958：18、20)。這些民族誌資料,均可作為進一步探討同樣是以毛蚶或血蚶類的貝殼進行特殊祭儀的現象,而出土遺物中的剖半陶罐理應無法裝置溶液,因此與後期所知裝水或酒的「祀壺」現象又有所不同。雖無法確認發掘出土中剖半陶罐內的土塊是特意填充,還是後期堆積所致,但至少可知蔦松文化中期所見的陶罐,應該不是作為裝盛水或酒的容器使用。

如果參照費羅禮(Ferrell)根據17世紀荷蘭文獻的分類,臺灣南部地區的平埔族可分為Siraya、Taivuan、Takaraian(Makatao)、Pangsoia-Dolatok及Longkiau等五個族(Ferrell 1971: 226)。而日治時期1904年伊能嘉矩於《臺灣蕃政志》中,則將其中位於南部地區的平埔族區分為西拉雅(Siraiya)與馬卡道(Makatao)部族,前者又包括新港社與大武壠社(伊能嘉矩 1904：301)。國分直一則為了區別曹族的四社番,將以加拔、芒仔芒、頭社、宵里等四社視為祖先之地的番社,稱為「四社平埔」,相當於平埔族自稱的新港番,荷治時期居住在海岸之地,他們與南部曹族有密切的接觸,而進出甲仙埔、六龜一帶;其界址東至老濃底加俚山為界,西至火燒寮李四公為界,南至濠仔溝竹仔坑口茄苳坑仔茄苳崙為界,北至大武壠加拔駱駝山館為界。他們有作向之俗,也有土製稱為「阿唵」的鳥,竹屋二旁排以刀槍牌銃,作為向神祈禱打獵之福,以供作酒、歌舞之用(國分直一著、周全德譯 1955：95-97)。

針對大武壠的所屬地區,盧家興認為應該在今日的玉井盆地,大武壠頭社亦稱大年哖社,即今臺南縣玉井鄉鹿陶,大武壠二社故地在今玉井北極殿附近,目加溜灣社為今之善化;且他認為因昔時大武壠巡檢置於灣裡街,致使日人安倍明義認為大武壠社故地為善化,且因善化東邊有加拔庄,北邊隔灣裡溪有頭社村落,因此認為目家溜灣社故地為臺南縣安定鄉安定,原稱直加弄社(盧嘉興 1965：155、170)。頭社村被認為是昔日的大武壠

頭社,玉井盆地則屬於昔日的大武壠社群,但大武壠社群包含的地域很廣,
18世紀中葉之後,尤其嘉慶至同治年間,正當平埔族面臨漢人拓墾壓力最
大,也是平埔族漢化最為劇烈的時期,從頭社村的地理位置與交通方向來
看,18世紀之前,臺南平原的開發由西而東,由平原而內山(玉井盆地),當
時曾文溪是唯一的孔道,頭社正好是蕭壠社群、麻豆社群、目加溜灣社群、
新港社群以及大武壠社群在面臨遷徙時的首衝隘口,其形成時間約當於雍
正末年至乾隆中期。如果從阿立祖信仰分部的區域看來,又以頭社為中心
的大內段丘分布最密,而頭社一年一度的阿立祖祭儀也最為複雜(潘英海
1994a:89-95、103、115)。

反觀史前時期以西寮遺址為例的考古出土資料,大抵可知約當大湖文
化末期(1800-1400B.P.)時,平原地區除了出現方形或圓形的平頂狀鳥頭狀器
之外,也出現極少量空心狀鳥頭狀器,二者陶質與製作方式明顯有別,但
製作概念則大抵相似,根據陶類區分,空心狀鳥頭狀器主要是屬於以玉井
盆地為主要分布區的鹿陶類型,而方形或圓形平頂狀的鳥頭狀器,則為出
現於平原地區的大湖文化末期,但可能與主要分布於丘陵地區的蔦松文化
鞍子類型有關。此外,這個階段原本居住於平原地區的大湖文化,燒製陶
器的方式也逐漸改變,器表色澤從原本的灰黑色為主,轉變成以黃褐色、
橙色為主,可能說明原本住居在新化丘陵東側的人群逐漸進入原以大湖文
化為主的平原地區。到了蔦松文化中期(1400-900B.P.),文化面貌急遽改變,
除了出現大量製作精緻的鳥頭狀器之外,也於聚落外側的空地上出現疑似
17世紀記載的奉貝祭祀,這些現象均可作為進一步探討蔦松文化與口傳資
料中的四社平埔或大武壠族間相關性討論的參考。直至蔦松文化晚期
(900-300B.P.),其初期已出現少量宋元時期的青瓷片,到了17世紀,則有愈
來愈多可能是經由中國人有意識的選擇特定陶瓷器與當地原住民進行交
換,因此到了18、19世紀的西拉雅公廨中,已經可見不少中國式樣的刀槍、
硬陶罐。

如果僅以公眾性的公廨作為西拉雅族祀壺祭儀判定的參考,且其形式

為吊掛獸類頭骨、壺等祭祀物品於一處的話，初步認為其成型的時間至少在十七世紀已很完備，且甚至可能追溯至蔦松文化晚期(900-300B.P.)階段。如果參考元代汪大淵《島夷誌略》中「地產沙金、黃豆、黍子、琉黃黃蠟、鹿豹麂皮；貿易之貨，用土珠、瑪瑙、金珠、粗碗、處州磁器之屬。海外諸國，蓋由此始」；以及1603年陳第《東番記》中「山最宜鹿，儦儦俟俟，千百為群」等紀錄，加上這些西拉雅阿立祖祭儀主要均集中於大內段丘一帶，包括山上鄉、左鎮與新化鎮等地，均常見有向竹與鹿頭殼奉祀的祭儀現象的話(潘英海1998：180)，說明西拉雅族祭儀物品的改變可能與中國人進入臺灣南部地區，以中國東南沿海燒製的陶瓷器或其他物品換取當地狩獵的鹿隻等之貿易活動有關，而這些交換後遺留的鹿、豬頭骨，可能也成為當地人祭祀祈福的重要物品，這種現象一直到17世紀荷蘭人進入西南平原後，更有策略的經營鹿隻貿易活動(中村孝志1997)，而導致漢人、原住民與荷蘭人之間的關係逐漸發生變化，另一方面也因為荷蘭人有意識的抑制原住民的宗教祭儀，因此導致西拉雅族的傳統祭儀形式遭遇另一波新的衝突。

　　參考西方研究者根據宗教祭儀中心作為研究聚落模式的參考(Willey and Sabloff 1974: 148-150，Sears 1968)，則西拉雅族的宗教祭儀形式似乎可見從強調「懸吊」概念之如鳥頭狀器及奉貝等祭儀或風俗，發展至以獸類頭骨、祀壺整合而成的阿立祖信仰，如果懸吊物可同時見於一般住屋與公廨，則其早期出土特定懸吊物的區域應該與其居住的聚落有關，至於如果阿立祖信仰為後期才發展的祭儀，則從考古出土遺留中可能可見集合獸類頭骨與附屬陶瓷器伴隨出土的現象。而其間祭儀形式逐步變遷的時間可能約當為距今900年前後，也就是蔦松文化晚期開始出現較多外來物品的年代，到了17世紀出土遺物的數量與種類就更為豐富，18、19世紀，西拉雅族的阿立祖信仰就已經混雜大量漢文化的成分，說明漢文化滲入的比例逐步增加。也就是說，日治時期以來所見的阿立祖信仰，早已是漢文化與原住民文化長期互動的結果。而造成這些文化變遷的契機可能與五代北宋以來福建沿海的海上活動有關，參酌1619年張燮撰述《東西洋考》內的〈舟師考〉，即指出早自宋元以來中國東南沿海的漁戶即可能為了追隨烏魚迴游路線，而開闢了其中起自澎湖至安平而南折至臺灣南端的「東洋針路」，首度開啟了當時中國東南沿海漢人與臺灣島原住民接觸的機會（曹永和 1979：119-120）。而陳第〈東番記〉內有關「漳泉之惠民、充龍、烈嶼諸澳，往往譯其語，與貿易，以瑪瑙、磁器、布、鹽、銅簪環之類，易其鹿脯皮角」的記載，正說明中國東南沿海尤其「漳泉之惠民、充龍、烈嶼諸澳」的漢民，過往臺灣進行貿易的活動模式。

（二）西拉雅族聚落模式變遷與人群遷徙

西拉雅族的聚落模式以及其周遭的環境為何？如果參酌熱蘭遮城日誌1623年的報告，指出從蕭壠社上岸後，會遇到數排與海岸線平行的沙洲，其間仍可用吃水較淺的舢舨渡過泥濘的海岸，但不久又會被沙洲阻隔，需改走陸路，映入眼簾的即為由林木與草原組成的景觀。而當時西拉雅族習慣以火清理出一片耕地，以及用放火方式圍捕鹿群的生業型態，亦會使自然景觀不斷呈現出介於草原與林木的循環生態週期（康培德 2001：4-7）。康熙三十九年（1700）郁永河記錄他遊歷臺灣時見到的西南平原景象情況：「……時四月初七日，……是日過大洲溪，歷新港社、嘉溜灣社、麻豆社，雖皆番居，然嘉木陰森，屋宇完潔，不減內地村落」。這裡的大洲溪即今鹽水溪周遭環境樹木蒼鬱，五穀茂盛，尤其蔗田遍布，見到檳榔、芭蕉、番石榴、橡子、刺竹林等植物，而他們的番社大多是用檳榔芭蕉或刺竹林作成圍籬，他們的住屋大多完整，環境整潔，在佳里興附近的番社蕭壠社，地處海濱，但生活富庶（郁永河 1959：17-18，吳新榮 1953：29-31）。

若進一步觀察從17世紀以來，他們與中國人的關係，根據1644年17世紀文獻的記載，荷蘭人曾禁止新港社與大目降社的中國人在原住民村社附近開墾農地與播種，但是可以等到原住民作物收成後，才在上述村社的邊緣外重新開墾農地，但需繳納每morgen農地2里耳給公司（江樹生 2002：370）。此外，參酌康熙中葉的輿圖，顯示在麻豆社周遭有不少區塊狀分散，並標示有作物圖示的農耕地，但其間也錯落分布一些荒埔狀的塊狀土地（洪英聖 2002：107、115、223）雍正年間黃叔璥搜羅散見於地理海防島夷諸傳記始撰成之《臺海使槎錄》，其中卷五包括新港、目加溜灣、蕭壠、麻豆、卓猴等北路諸羅番記載，提到「四社地邊海空闊，諸番饒裕者，中為室，四旁列種果木；廩禾圍幸，次第井井，環值刺竹至數十畝」（黃叔璥 1957：99）。更晚近階段，國分直一對於麻豆古聚落發展的研究也有類似的土地利用型態，並提出有關「角」的分出之推論，認為麻豆聚落發展的先後與角頭的形成有關，其先後發展大抵自後牛稠一帶的北角、什二路的東角、草店尾的西角、以至於巷口的南角，而這些角頭增加的歷史，即為麻豆地區漢族壓迫平埔族，增加街市發展的歷史，他並且參考富田芳郎對於這種合成聚落的形態，認為是一種大型而疏狀的集居型聚落（國分直一著、周全德譯 1954：58-60）。其背景可能就是漢人入墾之初，常先受限於水源而夾居於原住民聚落內，俟開墾完成累積了一定的資產，才又選擇其他較佳之地建立永久性的集村所致（陳正祥 1993：256-260）。以上資料，均顯示至少在17世紀之後，西拉雅族大抵均屬一種大型但疏狀的莊園式聚落。

如果從史前文化發展的過程看來，以西寮遺址為例，其主要佔居與活動的時間為蔦松文化中期（1400-900B.P.），並可見二至三次早晚期不同的堆積；到了蔦松文化晚期（900-300B.P.），遺址內文化層分布的範圍已經明顯縮小，聚落變小（劉益昌等 2010b），因此認為該遺址並非荷蘭人所見之麻豆社的主要分布區域。也就是說，前述17世紀以來記載的文獻，均指涉西拉雅族的聚落應該是一種疏放式的大型莊園，若就考古資料看來，至少其盛期應該符合大型莊園的模式，只不過多層次的文化層堆積，可能也說明人群重複遷徙與佔居的過程，顯示頻繁的自然環境變遷對於該區域聚落模式的影響。

進一步參考周遭區域自然環境的變化，游峻一應用直流電阻法研究西南海岸平原的環境變遷，透過等深度電阻率切片分析並結合地調所總爺井的絕對年代資料，估計約1500年前，曾文溪往現在河道以南發展，約在土城子一帶出海；約800年前，曾文溪則在土城子北方現今河道的南、北二個方向出海(游峻一 2003)。陳文山等人則依據岩芯中所獲得的古環境資料，認為大約1000年前左右，海岸線大致位在今日海岸東側約5-15公里處，海退速率約每年1.4-2.8公尺。在鹽水溪以南區域由於構造活動劇烈，晚全新世之後地表褶皺隆起形成臺南台地，使得海岸線更加速向西遷移，而鹽水溪以北地區因屬於沉降環境，每千年沉降量可達10公尺，造成曾文溪下游區域在17世紀時還是呈現江灣環境，直到極為晚近才開始淤積成陸(陳文山等 2005)。而曾文溪下游則自17世紀以來曾發生四次重大河道變遷，第一期流路自蘇厝轉向西北，經佳里北方，由將軍溪出海；第二期則因台江內海淤積，故分流甚多，其主流由西港大橋附近轉向西南，經溪埔寮、學甲寮南側，由鹿耳門溪出海；第三期主流向西自國聖大橋轉南入鹿耳門溪出海；第四期自國聖大橋轉西北經三股溪出海；第五期則主流沖開河口外沙洲，向西直流入海，此即今日之景象。短短三百年間河道擺幅南北達25公里以上，北自將軍溪，南至鹽水溪間，皆在其影響範圍之內，尤其自1904年以來曾文溪除河口段外，主河道以麻豆河段的變化較大(張瑞津等 1997)。

　　參考17世紀荷蘭人記載的〈臺灣番社戶口表〉看來，顯示從1647-1656年南部地區劃歸北部集會區的大社，除了新港社(Sinckan)、目加溜灣社(Bacaluwang)、蕭壠(Soulang)及麻豆(Mattau)之外，還有大武壠社(Tevorangh)(中村孝志 1936)。針對這些大型聚落，Shepherd認為西拉雅社會是一種基於親屬組成的組織，因此從妻婚、年齡階層及族內婚是說明其形成大型聚落的原因，而征戰行為或獵首習俗的威脅，也是促使當時維繫大型聚落的主要因素之一(Shepherd 1995: 44-45)。但是康培德則認為上述因素似乎應被視為「維繫」大型聚落的因素，針對其形成原因，他除了強調村內獵首戰爭引發危機的驅力，也強調可能導因於海上貿易興盛的結果；此外，他也提出聚落間地理上的距離以及歷時性因素的影響，都可能會導致外來者對於聚落組群的誤判(Kang 2003: 121-127)。針對以上意見，從考古資料看來，顯示漢人進入臺灣西南平原之前，蔦松文化的聚落就有大型化的特徵，直到蔦松文化晚期約當距今900年前後，因海上貿易逐漸興盛，開始有漢人逐漸進入西南平原，並與當地原住民接觸，因貿易之需促使聚落間的互動更為頻繁。這些現象不單純說明大型聚落的出現與維持，而是原以村社單位為主的聚落，由於器物流動、互動機會增加，逐漸消弭村社間的差異，因此可能逐漸擴展至族群相屬的認同。

綜合以上的分析，顯示蔦松文化於臺南地區的發展過程中，其自然環境正處於急遽變遷的歷程，因此人受限於自然環境變遷而改變其居地的可能性就很高。但是如果從人群互動的角度言，蔦松文化晚期(900-300B.P.)陸續出現不少外來遺物，分別集中於12、13世紀及17世紀前後，但也在同一時期，個別遺址如西寮則出現聚落迅速縮小的情況。如果從17世紀麻豆仍為當時的大社來看，可能說明當時的人逐漸搬遷至他處而形成另一處新的大型聚落，而這個地點可能位於西寮遺址南側如前班遺址周遭區域，但其確切分布的範圍仍需進行更深入的研究方能確認。

也就是說，蔦松文化發展的過程中，其住居的聚落遭逢海岸線與曾文溪河道變遷的影響甚大，因此西拉雅族很多關於洪水、老鼠租、七年饑慌、七神受難記、望母調、五姊妹、七姊妹、七兄弟、祈雨等神話、傳說，均可能與這個背景有關，其中與西拉雅四大社密切相關的是有關洪水的傳說，與蕭壠社群相關的是破船海難的傳說，與大武壠社群相關的傳說，則以五姊妹、七姊妹、七年饑荒、祈雨等傳說的形態出現(潘英海 1995a：465-468)。而前述以頭社聚落為例，18世紀中葉之後即可見不少原居於平野地區的西拉雅族人往東遷徙的現象(潘英海 1994a：93)，也可以進一步思考其背後的因素。

如果說17世紀時，西拉雅族的認同只發展到社群階段，而未到達族群階段的話(潘英海 1994a：112)，1904年伊能嘉矩於《臺灣蕃政志》中所列的西拉雅(Siraiya)中只包括新港社與大武壠社(伊能嘉矩 1904：301)的記載，可能顯示小型社群逐漸結群，或因互動頻繁，造成語言、文化逐漸融合的過程，使得研究者對於單一族社範圍的認定更為寬鬆與模糊，而造成聚落似乎呈現大型化發展的狀況。因此不論從考古學文化、語言、族群分屬等資料，均可能出現互動過程中所造成之不同面貌的文化變遷，因此對於單一族群辨識以及與史前文化相聯繫的問題也顯得更為錯綜而複雜。

六、結論

考古學研究所見的史前文化與歷史文獻記載的原住民族群，要討論二者間的聯繫，原本就存在諸多變數。但是如果能分別就影響這二個文化與民族相關的時間、空間與人群等因素一一分析，則雖難以從時間下限理出個別族群的聯繫，但或許可能從較大的時間與空間層次，找到可茲比對的族群，並瞭解造成這個文化變遷過程中背後可能的社會文化與自然環境變遷等因素。

根據以上的推論，本文認為就時間層次而言，蔦松文化晚期(900-300B.P.)可能為探討與西拉雅族相關連的重要時間點，其初始與末期階段，分別為12、13世紀與17世紀前後，南部地區出土較多外來物品，也是蔦松文化從傳統強調「懸吊」與奉貝的祭儀，逐漸成型為近世所見西拉雅族的阿立祖公廨祭儀的階段。而造成這種祭儀形式變遷的契機，可能與13、14世紀以來才見諸於文獻中，有關中國人參與的獵鹿活動，以及宋元以來中國東南沿海漁戶為追隨烏魚迴游路線，開闢起自澎湖、安平而南折至臺灣南端的「東洋針路」有關(曹永和 1979：119-120)，這些歷史發展過程，也促使統整性的「西拉雅族」之逐漸成型。而當時原住民可能是以鹿隻作為重要的交換物資，除了鹿肉、鹿皮之外，較不具經濟價值的鹿頭，可能就因此被留下來，甚至後來被輾轉作為阿立祖祭儀中的重要物品。

若進一步往前追溯蔦松文化的源頭，則可見約當1800-1400B.P.左右，即開始出現典型的鳥頭狀器，但這種類型的器物，是否與17世紀所見南部平埔族家屋中的懸吊物有關，尚無法完全確認，但就器型特徵而言，似乎與1874年俄國海軍准尉Jbis訪問頭社公廨時所繪製懸吊於當地公廨祭壇上的筒狀器相似，如果二者相關的話，西拉雅族應該與這個會製作與使用鳥頭狀器的族群有關。分析鳥頭狀器的類型，則可見西寮遺址的大湖文化末期(1800-1400B.P.)主要有空心、平頂與突紐狀等三種類型，到了蔦松文化中晚期，空心筒狀器則已不見，不同的器型也有分布區域的差異，或可說明族群間可能的界線，其中又以蔦松文化中期(1400-900B.P.)為其主要盛行的年代。另外一種被視為可能與西拉雅族祀壺相關的考古遺物—小型陶罐，其中少數器表飾有三角刻劃紋的小型黑色長頸罐，類似的紋飾也可於陶環上追溯至西寮遺址的大湖文化末期(1800-1400B.P.)，同時亦為蔦松文化開始發展的階段，但其主要盛行的時間則要晚於鳥頭狀器，約當為蔦松文化晚期(900-300B.P.)階段，略晚於前者成型的主要年代。因此，1874年Jbis繪製的頭社公廨上亦可見有懸吊小型陶罐的圖像，除了說明懸吊模式的延續之外，也可能指涉鳥頭狀器沒落之後新興的奉祀方式；到了日治時期調查擺置於西拉雅公廨前的各式容器，更說明有不同階段的外來族群進入原住民社會，與他們有更多接觸並可能進行交換之遺留。

　　西寮遺址蔦松文化中期出現陶罐與血蚶排列的遺跡現象，如果視之為公眾性且位於聚落外側祭所的特殊祭儀形式的話，參考17世紀文獻與民族誌口傳資料，顯示這種奉貝祭儀可能與四社平埔或大武壠族有關。如果參考蔦松文化與大湖文化的關係言，以西寮遺址為例之平原地區的大湖文化末期(1800-1400B.P.)，開始出現小區域集中的外來文化，也就是帶有鳥頭狀器、少部分陶器上飾有幾何劃紋或貝印紋式樣為特徵的蔦松文化。也就是說，平原地區的大湖文化末期階段，可能有一群原可能分布於淺山丘陵地區，以燒製紅色陶器為主的人群進入，因而逐漸影響了後期大湖文化的面貌。

　　整體而言，蔦松文化晚期(900-300B.P.)以來，由於中國人、荷蘭人先後進入臺灣西南平原，可能因鹿隻貿易而與當地原住民產生漸為頻繁的互動，一方面造成了史前文化的改變，而貿易交換物品如獸類頭骨、陶瓷器等，也可能成為後來各村社阿立祖信仰中公廨上的奉祀物品。而17世紀所見以社群為主要認同的情況，也可能因距今二千年以來西南平原劇烈的環境變遷，迫使人群的遷徙更驅頻繁，村社間互動的機會也更為增加，因此逐漸融合成幾個主要的大社，甚至逐漸促使「西拉雅」族群意識的成型。

參考書目

中村孝志
    1936   〈荷蘭蕃社戶口表〉，《南方土俗》4(1)：59-42。
    1997   〈十七世紀臺灣鹿皮之出產及其對日貿易〉，吳密察、翁佳音編著，《荷蘭時代臺灣史研究(上卷)概說・產業》，頁81-120。稻鄉出版社，臺北。
干治士著、葉春榮譯註
    1994   〈荷據初期的西拉雅平埔族〉，《臺灣風物》44(3)：228-193。
土田 滋
    1991   〈平埔族諸語研究雜記〉，《東京大學言語學論集》12：145-179。
石再添等(石再添、鄧國雄、張瑞津、黃朝恩)
    1977   〈濁大流域的聚落分部與地形之相關研究——濁水、大肚兩溪流域自然與文化史科技研究計畫地形組第三年度研究報告〉，《臺灣文獻》28(2)：75-94。
石萬壽
    1981   〈西拉雅平埔族的阿立祖信仰〉，《歷史學報》8：143-181。
    1990   《臺灣的拜壺民族》，台原出版社，臺北。
伊能嘉矩
    1904   《臺灣蕃政志》，南天書局有限公司，臺北。
江家錦
    1955   〈從祀壺來談西拉雅族的信仰〉，《南瀛文獻》3(1/2)：16-27。

1956 〈平埔族信仰雜記〉，《南瀛文獻》4(上)：14-22。

1958 〈西拉雅族的信仰〉，《臺北文物季刊》7(1)：115-118。

江樹生譯註

2000 《熱蘭遮城日誌(一)》，臺南市政府，臺南市。

2002 《熱蘭遮城日誌 第二冊》，臺南市政府，臺南。

村上直次郎原譯、郭輝譯

1970 《巴達維亞城日記 第一冊》，臺灣省文獻委員會，臺北。

汪大淵

1996 〈島夷誌略(摘錄)〉，趙汝适，《諸蕃志》，頁63-78，附錄，臺灣文獻
叢刊第119種，臺灣銀行，臺北。

宋文薰

1965 〈臺灣西部史前文化的年代〉，《臺灣文獻》16(4)：144-155。

宋文薰、連照美

1975 〈臺灣西海岸中部地區的文化層序〉，《國立臺灣大學考古人類學刊》
37/38：85-94。

李壬癸

1992 〈臺灣平埔族的種類及其相互關係〉，《臺灣風物》42(1)：238-211。

2006 〈臺南和高屏地區的平埔族語言〉，葉春榮主編，《建構西拉雅：研討會
論文集》，頁17-38，臺南縣政府，臺南。

李匡悌

2004 《三舍暨社內遺址受相關水利工程影響範圍搶救考古發掘工作計劃 期末
報告》，臺南縣政府委託中央研究院歷史語言研究所之研究報告。

李國銘

1998 〈頭社夜祭與祀壺信仰初探〉，《臺灣風物》48(1)：63-136。(後輯於《族
群、歷史與祭儀——平埔研究論文集》，頁129-208，2004)。

李福清

1991 《蘇聯所藏關於臺灣的資料及臺灣研究的概況》，淡江大學淡江時報社，
臺北。

吳新榮

1942 〈續飛番墓〉，《民俗臺灣》2(7)：26-27。

1953 〈郁永河時代的臺南縣〉，《南瀛文獻》創刊號：29-31。

1956 〈採訪記 第六期〉，《南瀛文獻 季刊》3(3/4)：92-98。

吳新榮著、林永梁譯

1953 〈飛番墓與阿立祖〉，《南瀛文獻》1(3/4)：60-62。

周婉窈

2003 〈陳第「東番記」——十七世紀初臺灣西南地區的實地調查報告〉，《故宮文物月刊》241：2-45。

林朝棨

1966 〈概說臺灣第四紀的地史並討論其自然史和文化史的關係〉《國立臺灣大學考古人類學刊》28：7-44。

郁永河

1959 《裨海紀遊》，臺灣文獻叢刊第44種，臺灣銀行，臺北。

洪英聖

2002 《畫說康熙臺灣輿圖》，聯經出版事業公司，臺北。

宮本延人著、宋燁譯

1954 〈臺灣土著族與石器時代遺存之關係〉，《公論報》1954年6月14日，第六版。

國分直一

1938 〈知母義地方の平埔族について〉，《民族學研究》1(4)：57-83。

1941 〈南部に於ける先史文化の二三の問題〉，《臺灣教育》3：52-55。

1942a 〈阿立祖巡禮記 上〉，《民俗臺灣》2(7)：6-8。

1942b 〈阿立祖巡禮記 下〉，《民俗臺灣》2(8)：38-40。

1942c 〈曾文溪〉，《文藝臺灣》4(1)：32-36。

1942d 〈蔴豆の歷史〉，《科學臺灣》10(5)：13-18。

1974 〈臺灣先史文化と原住民族文化〉，《えとのす》1：62-69。

1981a 〈臺灣南部平埔族の壺神追跡記〉，《臺灣考古民族誌》，頁310-320。慶友社，東京。

1981b 《壺を祀る村——臺灣民俗誌》，財團法人法政大學出版局，東京。

國分直一、金子壽衛男

1940 〈臺南台地に於ける先史遺跡に就いて第一報——臺南西南周緣部にけ

る遺跡及遺物〉，《考古學》11(10)：555-570。

國分直一著、周全德譯

　　1954　〈麻豆的歷史〉，《南瀛文獻》2(1/2)：57-60。

　　1955　〈四社平埔族的尪姨與作向〉，《南瀛文獻》3(1/2)：95-98。

國分直一著、陳日三譯

　　1955　〈阿立祖巡禮記〉，《南瀛文獻》2(3/4)：79-82。

國分直一著、廖漢臣譯

　　1962　〈祀壺之村〉，《臺灣文獻》13(2)：90-103。

黃士強口述、林朵兒筆記

　　1980　〈從蔦松遺址看臺灣史前最後文化〉，《南瀛文獻》25：1-5。

黃台香

　　1982　《臺南縣永康鄉蔦松遺址》，國立臺灣大學考古人類學研究所碩士論文，
　　　　　臺北(未發表)。

黃叔璥

　　1957　《臺海使槎錄》，臺灣銀行經濟研究室，臺北。

曹永和

　　1979　《臺灣早期歷史研究》，聯經出版事業公司，臺北(1997年初版第六刷)。

　　2000　《臺灣早期歷史研究續集》，聯經出版事業公司，臺北。

張光直

　　1954a　〈臺北盆地的史前文化〉，《公論報》1954年5月24日，臺灣風土174期。

　　1954b　〈再論臺北盆地的史前文化〉，《公論報》1954年7月5日，臺灣風土180
　　　　　期。

　　1964　〈對臺灣遠古文化史研究的一些意見〉，《南瀛文獻》9：2-10。

　　1977　《臺灣省濁水溪與大肚溪流域考古調查報告》，中央研究院歷史語言研究
　　　　　所，臺北。

張瑞津、石再添、陳翰霖(張瑞津等1996、1997、1998)

　　1997　〈臺灣西南部嘉南海岸平原河道變遷之研究〉，《臺灣師範大學地理研究
　　　　　報告》27：105-131。

張燮

　　1996　〈東西洋考(摘錄)〉，趙汝适，《諸蕃志》，頁79-106，附錄，臺灣文獻

叢刊第119種，臺灣銀行，臺北。

陳文山、宋時驊、吳樂群、徐澔德、楊小清（陳文山等 2005）

2005 〈末次冰期以來臺灣海岸平原區的海岸線變遷〉，《國立臺灣大學考古人類學刊》62：40-54。

陳正祥

1993 《臺灣地誌 上冊》，南天書局有限公司，臺北。

陳有貝

2005 《南科國小北側坐駕排水滯洪池工程文化遺址搶救計畫報告書》，臺南縣政府文化局委託國立臺灣大學人類學系之研究報告，臺北。

陳邦雄

1970 〈西拉雅系平埔族之性器崇拜〉，《臺灣風物》20(4)：15-16。

陳叔倬

2006 〈西拉雅族體質文獻數據分析〉，葉春榮主編，《建構西拉雅：研討會論文集》，頁61-79。臺南縣政府，臺南。

陳春木

1974 〈壺を祭る村〉，《えとのす》1：59-61。

1975 〈東和村平埔族「阿立母」的祭祀〉，《南瀛文獻》20：137-143。

陳漢光

1953 〈臺南縣地名研究初稿〉，《臺灣文獻》1：18-24。

1961 〈臺南縣六重溪之五太祖崇拜〉，《臺灣文獻》12(4)：146-180。

1962a 〈高雄縣荖濃村平埔族信仰調查〉，《臺灣文獻》13(1)：102-105。

1962b 〈高雄縣匏仔寮平埔族宗教信仰調查〉，《臺灣文獻》13(4)：88-99。

1962c 〈臺灣匏器調查〉，《臺灣文獻》13(3)：168-173。

1963a 〈臺南縣六重溪「豬頭殼」奉祀調查〉，《臺灣文獻》14(2)：139-142。

1963b 〈高雄縣阿里關及附近平埔族宗教信仰和習慣調查〉，《臺灣文獻》14.1：159-172。

連照美

1998 〈七世紀到十二世紀的臺灣——臺灣鐵器時代文化及相關問題〉，《國立臺灣大學考古人類學刊》53：1-11。

康培德

2001　〈十七世紀的西拉雅人生活〉，詹素娟、潘英海編，《平埔族群與臺灣歷史文化論文集》，頁1-31。中央研究院臺灣史研究所籌備處，臺北。

葉春榮
2006　〈西拉雅平埔族的宗教變遷〉，葉春榮主編，《歷史‧文化與族群》，頁231-257，臺灣原住民國際研討會論文集，臺灣原住民博物館，臺北。

詹素娟
1998　《族群、歷史與地域——噶瑪人的歷史變遷(從史前到1900年)》，國立臺灣師範大學歷史研究所博士論文(未發表)。

臧振華
2004　《臺南科學工業園區道爺遺址未劃入保存區部份搶救考古計劃期末報告》，南部科學工業園區管理局委託中央研究院歷史語言研究所之計畫報告，臺北。

臧振華等(臧振華、李匡悌、朱正宜)
2006　《先民履跡——南科考古發現專輯》，臺南縣政府，臺南。

臺灣銀行經濟研究室編
1993　《嘉義管內採訪冊、安平縣雜記》，臺灣省文獻委員會，南投。

潘英海
1987a　〈平埔研究的困惑與意義——從邵式柏的博士論文「十七及十八世紀臺灣拓墾中的漢番關係」談起〉，《臺灣風物》37(2)：157-165。
1987b　〈有關平埔族研究的西文資料〉，《臺灣風物》37(2)：39-53。
1994a　〈聚落、歷史、與意義——頭社村的聚落發展與族群關係〉，《中央研究院民族學研究所集刊》77：89-123。
1994b　〈文化合成與合成文化〉、莊英章、潘英海主編，《臺灣與福建社會文化研究論文集》，頁235-256。中央研究院民族學研究所，臺北。
1995a　〈祀壺釋疑——從「祀壺之村」到「壺的信仰叢結」〉，潘英海、詹素娟主編，《平埔研究論文集》，頁445-474。中央研究院臺灣史研究所籌備處，臺北。
1995b　〈「在地化」與「地方文化」——以「壺的信仰叢結」為例〉，《臺灣與福建社會文化研究論文集(二)》，頁299-319。中央研究院民族學研究所，臺北。

1998　〈「文化系」、「文化叢」與「文化圈」——有關「壺的信仰叢結」分布
　　　與西拉雅族群遷徙的思考〉，劉益昌、潘英海主編，《平埔族群的區域研
　　　究論文集》，頁163-202。臺灣省文獻委員會，南投。

2000　〈文化合成之區域研究—臺灣平埔族群、福建畲族群與和文化互動之比較
　　　研究 結案報告〉，國科會87至90年度人類學門專題補研究成果發表會論
　　　文，臺北。

2001　〈傳統文化？文化傳統？——關於「平埔族傳統文化」的迷思〉，詹素娟、
　　　潘英海主編，《平埔族群與臺灣歷史文化論文集》，頁205-236。中央研
　　　究院臺灣史研究所籌備處，臺北。

劉益昌

1995　〈史前文化與原住民關係初步探討〉，《臺灣風物》45(3)：75-98。

1998　〈臺灣西南平原地區史前時代晚期的文化〉，臺灣省文獻委員會編，《臺
　　　灣原住民歷史文化學術研討會論文集》，頁15-40。南投：臺灣省文獻委
　　　員會。

2001　〈考古學與平埔族群研究〉，詹素娟、潘英海主編，《平埔族群與臺灣歷
　　　史文化論文集》，頁185-203。中央研究院臺灣史研究所籌備處，臺北。

2002　《臺灣原住民史　史前篇》，國史館臺灣文獻館，南投。

2005　〈西拉雅的考古學研究〉，發表於第一屆南瀛學國際學術研討會，臺南縣
　　　政府主辦，臺南縣政府文化局、國立成功大學歷史系、南瀛國際人文研究
　　　中心合辦，財團法人愛鄉文教基金會協辦，2005.10.15-16。

2006　〈考古學研究所見人群互動關係與分布界線：以嘉南平原東側丘陵山地地
　　　區為例〉，葉春榮主編，《建構西拉雅：研討會論文集》，頁39-60。臺
　　　南縣政府，臺南。

2008　〈蔦松文化與西拉雅關係考古學研究的檢討〉，林玉茹、Fiorella Allio(艾
　　　茉莉)主編，《南瀛歷史、社會與文化》，頁389-407。臺南縣文化局，臺
　　　南。

劉益昌、顏廷伃、吳佩秦(劉益昌等 2010)

2010a　《臺南縣考古遺址調查與研究計畫 第二期 溪南地區11鄉鎮》，臺南縣政
　　　　府委託臺灣打里摺文化協會之研究報告。

劉益昌等(中央研究院歷史語言研究所西寮考古隊)

2010b 《東西向快速道路北門玉井線西寮遺址搶救發掘工作發掘報告》初稿，交通部公路總局高南區工程處委託中央研究院歷史語言研究所之研究報告。

劉益昌、陳玉美

1997 《高雄縣史前歷史與遺址》，高雄縣政府，高雄縣。

劉益昌、顏廷伃

2010 〈臺南縣前班遺址發掘簡報〉，臺灣考古工作會報會議論文暫訂稿。

劉克竑

1986 〈從考古遺物看蔦松文化的信仰〉，《人類與文化》22：20-29。

劉茂源

1974 〈曾文溪畔の平埔族——シラヤを訪ねて〉《えとのす》1：40-49。

劉斌雄

1987 〈臺灣南部地區平埔族的阿立祖信仰〉，《臺灣風物》37(3)：1-62。

盧泰康

2006 《十七世紀臺灣外來陶瓷研究——透過陶瓷探索明末清初的臺灣》，國立成功大學歷史研究所博士論文，臺南(未出版)。

盧嘉興

1965 〈大武壠地方考〉，《南瀛文獻》10：155-173。

鍾幼蘭

1997 〈平埔研究中的「族群分類」問題——再議Hoanya(洪雅族)之適宜性〉，周宗賢主編，《臺灣開發史論文集》，頁137-166。

簡炯仁

2003 〈從《熱蘭遮城日誌》第一、二冊有關的紀錄試論屏東平原的平埔族〉，《高市文獻》16(2)：1-92。

蘇奐豪

2004 《臺南地區西拉雅族祀壺文化與其壺器》，國立成功大學藝術研究所碩士論文，臺南(未發表)。

Ameer, Naseem and K. Thimma Reddy

1998 *Settlementl Archaeology*, Reliance Publishing House, New Delhi.

Campbell, WM.

1903 *Formosa Under the Dutch*. SMC Publishing INC. Taipei, Taiwan(reprinted in

2001）.

Chang, K.C.

1958 "Study of the Neolithic Social Grouping: Examples from the New World," *American Anthropologist* 60（2）: 298-334.

1967 "The Settlement," in K.C. Chang, *Rethinking Archaeology*, pp. 38-56. Random House, New York.

1968 "Toward a Science of Prehistoric Society," in K.C. Chang（eds）, *Settlement Archaeology*, pp. 1-9. National Press Books, Palo Alto, California.

Chang, Kwang-chih & the Collaborators

1969 *Fengpitou, Tapenkeng, and the Prehistory of Taiwan*. New Haven: Yale University Publications in Anthropology No. 73.

Ferrell, Raleigh

1971 "Aboriginal Peoples of the Southwestern Taiwan Plains," *Bulletin of the Institute of Ethnology* 32: 217-235.

Headland, Thomas N. and Reid Lawrence A.

1989 "Hunter-Gatherers and Their Neighbors from Prehistory to the Present," *Current Anthropology* 30.1: 43-66.

Jones, Sîan

1997 *The archaeology of ethnicity*. Routledge, London.

Kang, Peter

2003 "A Brief Note on the Possible Factors Contributing to the Large Village Size of the Siraya in the Early Seventeenth Century," Leonard Blussé（ed.）*Around and About Formosa- Essays in honor of Professor Ts'ao Yung-ho*, 111-127. 南天書局有限公司，臺北。

Neitzel, Jill E.

2000 "What is a Regional System? Issues of Scale and Interaction in the Prehistoric Southwest," Hegmon M.（eds）*The Archaeology of Regional Interaction: Religion, Warfare, and Exchange Across the American Southwest and Beyond*, 25-40. University Press of Colorado Boulder.

Renfrew, Colin

2002   "Pastoralism and Interaction: Some Introductory Questions," in K. Boyle, C. Renfrew, and M. Levine（eds）, *Ancient Interactions: East and West in Eurasia*, pp. 1-12. Mcdonald Institute for Archaeological Research, Cambridge.

Sears, William

1968   "The State and Settlement Patterns in the New World," in K.C. Chang（eds）, *Settlement Archaeology*, pp. 134-153. National Press Books, Palo Alto, California.

Shepherd, John Robert

1984   "Sinicized Siraya Worship of A- Li- Tsu," *Bulletin of the Institute of Ethnology Academia Sinica* 58: 1-80.

1995   *Statecraft and Political Economy on : the Taiwan Frontier 1600-1800.* 南天書局有限公司，臺北。

Trigger, Bruce G..

1968   "The Determinants of Settlement Patterns," in K.C. Chang（eds）, *Settlement Archaeology* , pp. 53-78. Palo Alto, California.

Willey, Gordon R.

1968   "Settlement Archaeology: An Appraisal," in K.C. Chang（eds）, *Settlement Archaeology*, pp. 208-226. National Press Books, Palo Alto, California.

Willey, Gordon R. and Jeremy A. Sabloff

1974   *A History of American Archaeology.* Thames and Hudson, London.

聚落間陶器紋飾的變異與意義
——以墾丁鵝鑾鼻二和三/四文化期的陶器爲例

陳瑪玲[*]

一、前言

　　互動學習、訊息交換、隱喻取徑、技術選擇等理論相繼在考古學中發展以用於詮釋考古學器物遺留風格的變異，並且以此闡釋風格變異與社群的邊界與認同間的關係。然而社群、文化的邊界與群體的認同往往是孕育在一特有的文化社會脈絡下，在變動的歷史過程中形成與不斷的再生。因此，沒有一個單一的理論論述或方法論可適用於研究所有的文化、社會的邊界與認同的議題。同時，邊界與認同鑲嵌所在的風格層面，往往是多層次的依附在不同的文化與物質面向上的；因此也非由單一面向或單一層次的分析研究就可完全，而是須透過一個多面向與多層次的分析與互相驗證檢視的過程。細繩紋陶是臺灣地區在新石器時代中期廣泛分布的一陶器形式，而這些分布各地區的相同形式的陶器都是由同一技術製作產生的嗎？擁有這些陶器的人群都是屬於相同的文化傳承的嗎？或只是因人群的互動

＊　國立臺灣大學人類學系暨研究所教授。

而分享了相似的陶器形式？器物的外在形式與製作技術、內在成分的研究都是討論這些議題的取徑，但本研究嘗試另由分析紋飾在細微層次屬性的方面著手，討論製陶的工匠[1]在施作紋飾(細繩紋陶)時對於紋飾形式的思維理念，在不同的文化屬性與遺址間(墾丁地區)是否有所變異，是否此分析研究也可成為區辨文化社會的邊界與人群認同的有效取徑之一，成為與其它取徑在其他面向、層次上的分析研究，可互相檢視的基礎。

二、理論與方法

長久以來考古學以研究器物風格作為辨識社會群體與文化界線的指標，並用以區隔過去的人群團體。在這段期間，一些理論如互動學習(interaction learning)、訊息交換(information exchange)、隱喻取徑(metaphor approach)等相繼發展出，這些都是聚焦在器物紋飾風格上的研究，作為陶器分類與人群辨識的方法論。而其中的隱喻取徑則是近期的發展，也仍待日後能進一步發展臻至成熟穩固。民族誌或民族考古學的研究成果一再被用來檢視這些理論論述的有效性與否，因此他們也歷經了多次修飾與綜合的歷程(Grave 1985; Hill 1985; Kintigh 1985)。近期一些考古學家意識到紋飾的風格是被有意識的操縱的，並且民族誌的例子也一再呈現了，風格並非是被動性的被形塑成社會認同的表徵，而是有其能動性的一面；一些風格如同過去學者所主張的是作為溝通的媒介，但也有一些風格是無此功能或無此作用的，自此風格研究的概念在某些層面上也有了修正。學者開始認為風格事實上是鑲嵌在文化的各種不同層面與不同的物質文化上，而並非僅僅只是單獨依附在物質形式或紋飾上。同時他們也意識到群體與外顯的風格之間的關係並非是決然的，因此開始關注、尋找、分析一些較不顯眼、非有意識引介的風格屬性與群體認同、社群邊界間的關係(Grave 1985; Kintigh

---

1 陶匠在此文中用以指涉任何形式下的製陶者。

1985; Stark et al 1998）。

　　考古學研究所分析辨識的風格形式，大都是由有意識的象徵化作用與共享的學習脈絡此二文化要素，在功能性的運作下交互編織而成的（Kintigh 1985）。個人在群體中學得文化體系所界定的認同知識與所認可的風格特質，這些都是個人在所處的文化、社會脈絡中，經由天天彼此的互動與各式各樣不同層面與方法的學習而獲得的。這些指引在其文化體系內的行動者如何行事，也同時限制了行動者可有的選擇範圍，而此過程形塑了風格的產生。另一方面，一個文化的制約或結構的原則體系，在工藝生產的過程中，也往往會牽制、影響行動者行動的選擇範圍，也會規範用以表徵社會認同的設計，而製造、形塑出所謂的行動風格或物質風格來。工匠在文化制約與結構原則中有意識或無意識的選擇、或實踐所學得的，都會產生可能的變異，這些將鑲嵌於風格中。因此，辨識風格變異的模式，尤其是鑲嵌在物質層面上的，即是在一些物件中尋找、揭露工匠有意或無意嵌入於設計樣式或技術面向上的行動選擇。

　　近期一些考古學家認為（Chilton 1998; Goodby 1998; Stark et al 1998），考古學長久以來一直將紋飾的變異當成是區辨與區隔社群邊界的主要標誌，但卻鮮少意識到陶匠在製造陶器的過程中，其實在各個步驟的層面上都有其文化體系下特有的選擇範圍的。早期此種過於強調紋飾在陶器研究上的重要性，造成無法對陶器生產、使用的製造技術與其背後的社會脈絡有深入的正確認識。他們的研究指出，在一些社會情境下，器物的樣式與紋飾其實比起技術而言，是比較無法反映文化的傳統或社會的認同的（Chilton 1998; Stark 1999）。反而是形塑器物形制的技術與過程而非成品與其形制本身更能反映社會面向的資訊，而技術的選擇與所使用的原料或工具對於決定器物最後成品為何，都扮演著關鍵的地位。自然環境只是提供了社會關係產生的背景與情境，因此工匠在制約下的選擇，是決定、界定、說明特殊技術和操作程序的關鍵。製作程序、生產與使用的脈絡與成品的外形，對於了解風格是如何產生的，有著同等的重要性。工匠製作器物與施於紋飾的方法與器物的形制及紋飾本身，都應當同樣被視為是風格，而技術或形式的風格反映了隱藏在基本技術背後，工匠由其社會所習得及自有的行動意識下所作的選擇與行動。因此某一社群成員所擁有的技術風格，當可反映隱藏在此人群日常行為背後不易意識到的文化規範與社會結構原則，及鑲嵌在其物質文化中的社群邊界。

一個群體可藉由許多不同的方式與路徑營造或呈現其群體的認同風格，例如使用或憑藉理念、行為、語言或物質等層面。風格是一個多層面的現象，並且不同的風格面向與層面反映了不同的文化過程。一群體是否選擇物質文化去呈現其認同風格以區隔自己與他人，特別是否選擇關聯到裝飾或技術的變異層面，是在其特有的社會與文化的情境下，經特有的歷史過程而形成的。因此，非是所有的群體都歷經此相同的過程，也就非所有的人群都會一定選擇關聯到裝飾或技術的要素作為其呈現認同的風格。同時，認同與邊界的呈現也往往不只是鑲嵌於單一的文化與單一的物質層面上的。Goodby（1998）認為風格與一群體的認同或社群邊界間的關係是複雜的，並且是鑲嵌在一群體特有、動態的歷史與社會脈絡中的。物質文化被視為是可提供社群認同、邊界資訊的一種類型或形式，但並非是所有社群或個人的認同媒介與邊界皆是由此形式呈現。因此，一形式須與其他面向的證據如語言、歷史、民族誌加以比對，才能有正確的詮釋。僅只是單一的物質模式層面的資訊，是無法提供說明社群邊界是如何行使其功能、是如何被擷取、及如何形塑人群的行為的。考古學家的研究須能揭示、說明物質文化是如何由各層面與社群邊界有所關連，並由其他非物質的風格面向來加以呼應、證明此關連。另外，如前所述，風格與群體的認同與邊界是鑲嵌在其動態、特有的歷史與社會脈絡中，因此沒有一個單一的方法論或理論取向可通用於所有的脈絡或個案的研究。

早期大部分的考古學者都認為風格尤其是表現在紋飾上的風格，是具有呈現社群認同的功能的，因此在視覺上須有醒目可見、具區隔性的特徵。也因此，器物的型態、紋飾的紋樣與元素、紋飾在器物上的空間布局、紋飾的整體圖樣等，都是紋飾的樣態與視覺面向的屬性，被認為是應當具有傳遞群體認同與社群邊界訊息的功能，因而長期被關注與研究。若有完整或趨近完整的器物資料，則有利於此取向的研究；然而，考古遺址出土者有此面向資料者並不多，考古學者有的往往只是細碎的陶器破片或其他器物的部分殘餘，而非完整的器物，紋飾資料往往無法由此提供以從事此方向的研究。因此，在所擁有的資料只是些細碎不完整的物質遺留時，由技術的變異面向分析物質風格，進以討論社群邊界當是較為容易與可行的，但此並非是在宣稱技術變異應當被視為是唯一、最有力的研究取向。

雖然Redman（1978）、Kintigh（1985）與Grave（1985）三人的理論架構尚未能有一整合的成果，但都發展了一套相似的方法論，是運用屬性（尤其是紋樣的屬性）分析，以討論與陶器生產相關的風格研究與其社會面向的詮釋。結合技術風格研究的論述，及其三人所提倡的以屬性作為分析基礎單位的方法論，或許可運用於陶片的材料，而可分析、討論風格的變異。同時，由紋飾製作技術的層次中萃取出的屬性不止是紋飾的圖樣，更包括紋飾的施於方式的資訊，當可揭示較紋飾本身更多關於陶匠如何創造、產生一風格形式的訊息。因此，由紋飾施於方式的層次中萃取出屬性分析，以檢視技術的選擇，或許可用以作為研究、分析社會認同、邊界的取徑，尤其是在一地區有一普遍流行於此地區人群間的相同紋飾者。分析聚落間人群陶器風格的變異，是因相信在分享著相同的文化制約與結構原則下，陶匠間的互動在特有的社會脈絡下影響著選擇的範疇，因而形塑陶匠自有的技術認同與風格。一般而言，陶匠雖會有屬個人的創作，但同一社群的陶匠都是浸浴在相同的文化制約與社會結構中而被引領如何作選擇、產生設計，製造工藝品，因此個人的創作，往往會與文化的制約協調，也在其中被評估與選擇。因此，一社群的陶匠在工藝的製作上分享著在同一文化制約下學得與實踐而呈現的設計特質，而成為展現與區隔自己與其他社群的憑藉。在此情境下，若是不同人群團體但享有一或一些共有或普遍流行的物質形式，或可能會結合各自原有的不同技術體系，以不同的製造方式製作此相同、流行的物質，因而呈現群體間的認同或區隔。

　　然而猶如前面所論述的，不論由型態風格、紋飾風格或技術風格面向去研究群體呈現在物質文化上的群體認同都是種嘗試，在未嘗試前，何者適切、有效，是無法定論的。同時，尋求物質文化的風格變異形式以揭示社群邊界，須要意識到風格的變異可能不只呈現在單一的文化面向或單一的物質層面上而已。任何一面向的結果都須與其他層面的證據交錯比對，以檢視其結果的有效性；並且在缺乏整器的資料下，一些可能產生的誤差也須加以考量；因此，由各面向、多層次的證據交織比對、檢視結果，降低誤差是必要的。

三、研究主旨與方法

　　長久以來考古學家將特定的物質文化（尤其陶器類型）與特定的文化或群體相互勾連，以發現某一物質文化的遺留來標誌某一特定文化或人群的存在足跡。換句話說，一特定文化、人群往往是由一特定的物質遺留如某一陶器類型的出現來加以顯示或象徵，例如紅陶或點刺人臉紋即標誌著南島語族，因此此陶類的發現與散布，即表徵、反映著此族群的存在與擴散。考古學者也往往以最醒目或特殊的器物作為文化辨識的標誌，而未能對此器物在其文化或社會脈絡中所扮演的角色與意義加以釐清，並以相似器物的出現視為是相同文化存在的證據。

　　是否有著相同風格的物質文化的人群就一定屬於同一文化傳承或親緣關係的群體？陶器擁有相同的紋飾風格就是同文化傳承的人群製造的？或是由不同的人群使用相同或不同的技術製造出來的？外表看似相似的紅陶可由至少三種不同的技術製造出來（Longacre 2001），不同的人群也可能因交易或一些其他形式的互動而造成擁有相同風格的物質文化（如陶器）。在將擁有相似的物質文化之人群詮釋為具同一文化傳統、或為同一親源人群團體前，須先釐清、排除這些不同的因素作用。同時，須先系統性的比較、分析二群物質文化中的各器物組合，並尋求理解一器物組合在一文化中的意義與其變異範圍。Childe早在1929年已談論到要辨識不同類型的器物是否有著歷史的象徵意義，需檢視器物在其文化中扮演的角色而定，一些如家庭手工製作的特用器物、飾物、埋葬儀式等較能反映地方性的嗜好，相對地較能抗拒變遷，因此能較有效的用以辨識特有的族群團體。相反的，屬於實用性的器物、武器等因其技術容易藉著交易或學習在不同群體間傳播，因此較適合用以辨識一些鄰近的文化是否屬於同時期，而可用以建立文化的層序、年代學(Childe 1929: viii, 248; Trigger 1989: 171)。雖然一個易流行的物質文化可作為年代的判定，但需有足夠的樣本以提供對其變異範圍的足夠認識，才得以建立其持續的時間範圍。

　　細繩紋陶在臺灣史前特定時期是一普遍流行、分布廣泛的陶器形式，一般都將所有的廣泛分布的此類陶器視為是來自同一文化傳承的。雖然一些學者由器物的型態，將此廣泛分布的陶器組合再細分為一些文化或次文化類型，但分類的依據並非有一致明確的準則，並且也未對類型的意義給於詮釋。這些分布廣泛在許多地區看似相似的陶器是由一相同的傳統技術體系製作出來的？這些看似相同紋飾的陶器其紋飾都是一致的或是有變異、差異的？這些分布廣泛的陶器是來自相同文化傳承的人群的散布或是因不同人群的某種社會互動造成的？其間人群是否仍有著自我的風格，而有著區隔的風格存在？這些問題都須由對不論是紋飾或技術的風格分析、尤其是更細微的層次著手，而非單重在形制的觀察，以尋求不同面向的證據、深入的洞察。

　　本篇文章最主要的研究焦點是在應用技術風格的分析方法，對來自不同文化、不同遺址的細繩紋陶作分析，目的在運用此研究取向以偵測風格的變異，並辨識同享一相同陶器紋飾的人群是否仍有任何的技術區隔的差異存在。雖然技術的體系涵蓋許多不同的層面，但本文的研究分析將只強調在聚落間陶器紋飾設計、製作上的技術屬性變異。而研究對象是`以墾丁地區鵝鑾鼻第二文化期與第三/四文化期之各遺址出土的細繩紋陶上的繩紋紋飾的施於為主。主要的陶器紋飾風格顯示鵝鑾鼻第二文化期是以高比例（甚至是百分之百）的細繩紋陶為特色，而鵝鑾鼻第三/四文化期則是以素面紅陶為主但以有少數彩繪陶為特色；雖如此，但鵝鑾鼻第三/四文化期仍含有少數細繩紋陶與其他紋飾之陶器。前期的研究顯示二期陶器的原料當是採自當地，因此這些陶器當是當地生產而非外來者（陳瑪玲 2006；Chen 2006）。因此，選擇此二文化期的細繩紋陶樣本加以分析研究，以檢視不同文化期及同一文化期但不同遺址的相同紋飾器物的風格是否有所差異，是否在紋飾施作的技術上有風格的變異、區分的存在，是否可能被用以作為群體在技術體系較不顯而易見的層次上之認同、區隔的表徵。

　　二個不同文化期的五個遺址之細繩紋陶樣本將以上述的方法分析，比較繩紋紋飾在陶片上可顯示紋飾設計與施於之屬性上的差異。在本文中所用以分析的紋飾設計與施於之屬性計有繩紋密度、繩紋寬度、繩紋間隔寬度、繩紋結密度、二繩紋交錯角度、繩紋交錯數等六個屬性，期冀這些屬性可呈現陶匠所作的紋飾施於技術的選擇，即施於繩紋的理念與方法為何而非僅紋飾的形式而已。什麼樣的繩索陶匠選擇用於施紋上？所用的繩索間距？交錯的角度？交錯的繩索數？等等，這些或可反映陶匠所認為更正確或更理想的繩紋形式或呈現所謂「我們的」形式為何。本篇文章重點在檢視是否雖擁有相同的陶器紋飾形式，但因著不同的文化歸屬，在施紋技術上會有呼應的差異存在。同時，也期冀在如此的分析下，具有相同紋飾形式陶器的聚落人群，若在技術體系上有差異存在也可被揭露。藉此，各文化的技術內涵或可被細緻、深入的理解或社會邊界可被檢視出。此取向的分析若有效，也許可運用於有著細繩紋陶散布、流行的更廣大的區域，配合其他面向的分析證據（形制、成分、其他技術面向、其他物質面向等的分析）交差比對，期冀風格的認定與辨識、文化的區隔、社群的邊界可被更準確、精細的揭示與理解。

四、研究區域

　　墾丁地區(圖1)到目前為止,一共發現六十幾處考古遺址,分屬於十個不同的文化階段,年代從距今5000多年前的到當代的都有。鵝鑾鼻第二文化期(又稱墾丁文化期)與鵝鑾鼻第三／四文化期,是屬此地區的新石器時代文化。鵝鑾鼻第二文化期為墾丁地區最早的新石器時代文化,屬於細繩紋陶文化,出土文物幾乎全是繩紋的陶片,年代約由4500 B.P.至2300 B.P.(李光周1983,1985;Chen 1998)。此文化期的遺留於1930年首度被發現,發掘者並將出土地點命名為墾丁遺址,其後共發現十三處的遺址均有相似的遺留,

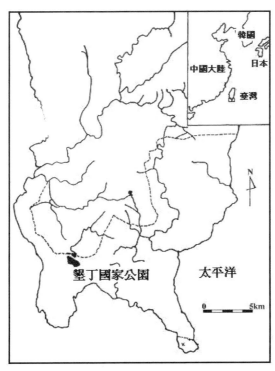

圖1　墾丁國家公園位置

分布範圍涵蓋了墾丁國家公園的東、西海岸區（李光周1983，1985；見圖2）。

圖2　鵝鑾鼻第二、三／四文化期之遺址分布

　　而鵝鑾鼻第三／四文化期的年代為3700 B.P.至1900 B.P.(Chen 1997，1998)[2]，特色是具有彩陶與素面陶，其組成主要為素面紅陶，加上少許

2　鵝鑾鼻第三文化期與第四文化期是由李光周先生所界定的（大部分學者也沿用此，如黃士強1987，臧振華等1994，Li 1997），但他當時是根據地表採集的陶器遺留及這些遺留的特性所做的，並無足夠、確實的層位資料加以佐證。筆者根據數個遺址的層位、陶器遺留與定年資料檢視，並無法找到如此分類界定的依據，反而是顯露了當時依據地表採集資料常見的抽樣誤差所造成的分類界定上的失真，因此決定加以修正為單一的文化層（鵝鑾鼻第三／四文化期）。詳細討論請參見Chen(1998)。而黃瑞金對墾丁地區陶器工藝技術的分析，則是將鵝鑾鼻三／四文化期分成第三與第四兩期做為分析的依據，分析結果顯示二者極為相似，沒有什麼差異（黃瑞金1984）。這結果一方面可佐證筆者對李光周先生早期文化序列界定的修正並無不當之處，另一

的彩繪陶、繩紋陶、畫紋陶、弦紋陶及壓印紋陶等等。此文化期的遺留首
次在鵝鑾鼻第二遺址與番仔洞遺址被發現,其後總共發現了十處遺址(李光
周 1985;Chen 1997, 1998;見圖2)。鵝鑾鼻第三/四文化期所出土的陶器不只
是在紋飾的形式上與出土全為細繩紋陶的鵝鑾鼻第二文化期有所差異,在
火候、陶土的處理、摻和料的種類與粒徑大小上也都有所不同(黃瑞金
1984)。新的定年資料顯示,此二文化期在時間上可能有所重疊,並非是如
先前研究者所認為的是截然一前一後接續的關係(Chen 1998)。同時,鵝鑾鼻
第三/四文化期共有十處遺址,其中包括了兩個不同的聚落形態:遺址中
如龜山、船帆石、番仔洞、鵝鑾鼻第二與第三遺址,是坐落於岩蔭處,範
圍侷限、狹小而封閉;而其餘的遺址如猴仙洞、水坑、古山宮、屏鵝與白
沙等,則是坐落於開闊的海階地上,範圍廣闊而延展。根據筆者先前初步
的分析結果顯示,這些遺址雖坐落不同地形、呈現不同的遺址形式,但比
較可能都是屬於自給自足性的居住地(陳瑪玲 1999)。這些遺址彼此之間可能
的互動關係與形式,以及各自與共同的社會、經濟形式與脈絡為何?深入
探討這些議題,將有助於重新檢視先前對於聚落形態初步研究的成果以及
詮釋。而由陶器生產之技術變異的研究分析,尤其是從技術風格分析的研
究著手,對於這些問題的討論應當有所啟發與貢獻。

五、分析方法

　　如前所述,本文分析主旨以尋求對陶匠所作的技術選擇,即在對施於
繩紋的理念與方法上的理解為主。換句話說,什麼樣的繩索陶匠選擇用於
施紋上?所排列的繩索間距?繩索交錯的角度?繩索交錯的數目?等等,
這些細微的紋飾屬性或可反映陶匠所認為更正確或更理想的繩紋形式或呈
現所謂「我們的」紋飾風格形式為何。因此呈現紋飾設計、施於技術的屬

(續)─────────────────
　　方面也說明了即使分成兩個文化期,筆者在本文的分析結果也並不會有差異。

性如繩紋寬度、繩紋密度、繩紋間隔寬度、繩紋結密度、二繩紋交錯角度、繩紋交錯數等，也是容易由陶片取得的資訊，將作為對樣本分析的主要重點，比較來自不同文化歸屬、不同遺址的樣本之紋飾在這些面向上，是否有著呼應的變異存在。

繩紋寬度是以繩索印紋的二邊外緣間的距離為依據加以測量，在每單一的陶片樣本上，任意抽樣六條繩索印紋測量寬度，並加以記錄、計算其平均值作為此一陶片樣本的繩紋寬度數據。繩紋間隔寬度是以二條繩索印紋外緣中間的距離為準，亦是在每單一的陶片樣本上，任意抽樣五個繩紋間距加以測量、記錄、計算其平均質，作為此一陶片樣本的繩紋間距數據。繩紋密度是以一陶片上垂直於繩索印紋的直線範圍內，測量其長度與計算其內繩索數目，作為繩紋密度之計算與記錄。繩紋結密度是以計算單一繩索的長度範圍內的繩索結數目為準，每單一的陶片樣本上，任意抽樣六條繩紋測量其長度、計數其繩紋結數，加以記錄、計算平均數，作為此樣本的繩紋結密度數據。二繩紋交錯角度是以任二交錯繩索所形成的最大交角為測量依據，每單一的陶片樣本上，任意抽樣一組交錯繩紋測量交角度數，加以記錄，作為此樣本的二繩紋交錯角度數據。繩紋交錯密度是在交錯繩索最大面積內計數繩索交錯的數目及測量其面積，作為計算繩紋交錯密度之數據（見圖3）。

本文的研究以分析墾丁區域內不同文化期與不同遺址內出土的細繩紋陶的紋飾設計與施紋技術為主，以比較其間的差異：例如比較鵝鑾鼻第二與第三／四文化期出土的繩紋陶、鵝鑾鼻第二文化期的不同遺址出土的繩紋陶、鵝鑾鼻第三／四文化期不同遺址出土的繩紋陶等等。本文共採用繩紋陶片標本253片，做為分析的樣本。抽樣原則以墾丁（70片；4500 B.P.）、鵝鑾鼻第一與落林（37片與79片；2300 B.P.）三遺址代表鵝鑾鼻第二文化期；猴仙洞（60片）、水坑（7片）二處遺址代表鵝鑾鼻第三／四文化期。須說明的是，在本文的研究中，由於繩紋陶片在各遺址中的分布頻率並不均，因此樣本的抽樣過程無法系統化也無良好的策略。猴仙洞（60片）與水坑（7片）因出土

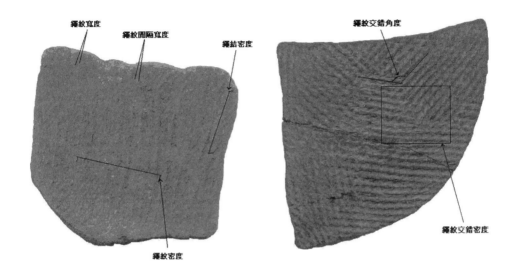

圖3　繩紋六屬性測量方法示意圖

繩紋陶片數量並不多，故是所有的繩紋陶片樣本全數抽取；落林(79片)遺址
則是因試掘面積小，雖出土陶片全屬繩紋但總數少，故亦是全數抽取。而
由於墾丁與鵝鑾鼻第一遺址之陶器出土標本的使用有所限制，無法得知全
部繩紋陶片出土的數量，只就可及之標本作任意之抽樣得墾丁遺址樣本70
片、鵝鑾鼻第一遺址樣本37片(見表1)。

表1　分析樣本數

文化期	鵝鑾鼻第二文化期			鵝鑾鼻第三／四文化期	
組別\遺址	墾丁 （KT）	鵝鑾鼻第一 （OLPI）	落林 （LL）	猴仙洞 （HHT）	水坑 （SK）
四屬性	70	37	79	60	7
六屬性	18	12	8	8	1
總　　數	70	37	79	60	7

六、分析結果

叢集分析

　　253陶片樣本依上述六個屬性測量原則一一作測量、紀錄，成為分析的基礎。分析先是以在SPSS中的K-mean進行叢集分析，叢集分析重在檢視樣本在這些可展現陶匠施紋技術與理念的屬性上的變異性。若各群體的陶匠在施作繩紋的理念與方法上，因所屬的群體有別而有所不同，並以此作為體現群體區隔的媒介，那我們當可期待在叢集分析下，樣本會依著不同的文化歸屬，甚至不同的遺址，而被區分開成不同的群組。換句話說，樣本如來自墾丁、鵝鑾鼻第一與落林等三遺址者當群聚成一群，而相反的，來自猴仙洞與水坑二遺址的樣本則另聚成群；甚或群體若在更小的單位上做社群的分隔，那樣本當以來自不同的遺址為群組的依據而分群。

　　由於只有47個樣本在二繩紋交錯角度與繩紋交錯密度此二屬性上有測量數據(換言之，253個樣本中只有47個樣本的繩紋是呈幾何交錯形式的，其餘皆為線條形式)，分析時K-mean會只就此47樣本作叢集分析，而排除其餘的206個樣本；因此，分析時將樣本分成二組，一為所有253個樣本但只具四個屬性(繩紋寬度、繩紋密度、繩紋間隔寬度、繩紋結密度)資料者；另一為只含47個樣本但具有所有六個屬性測量數據者。叢集分析以2、3與5叢集層次進行分析，對此二組資料分別進行叢集分析。

　　叢集分析的結果顯示，第一組資料(所有253個樣本但只具四個屬性資料者)在2叢集層次的分析中，樣本並未依不同的文化歸屬被分群，相反的，所分成的二群都各含有來自五個遺址的樣本(見圖4)；在3叢集層次的分析中，各群組仍是含有來自所有遺址的樣本(見圖5)；5叢集層次的分析，第一、二與三群組如前一樣含有來自各遺址的樣本，第四群組則只含四遺址的樣本(缺鵝鑾鼻第一遺址者)，第五群組則單單含1個猴仙洞遺址的樣本(見圖6)。

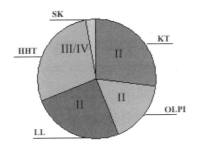

2叢集層次的第1群組

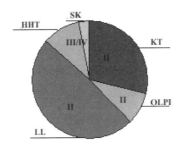

2叢集層次的第2群組

圖4　第一組資料在2叢集層次分析的所得結果

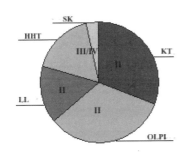

3叢集層次的第1群組

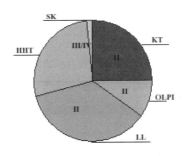

3叢集層次的第2群組

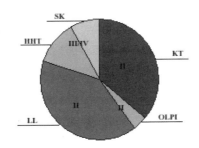

3叢集層次的第3群組

圖5　第一組資料在3叢集層次分析的所得結果

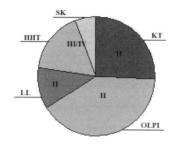

5叢集層次的第1群組

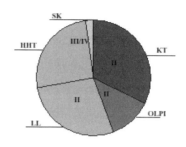

5叢集層次的第2群組

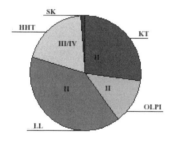

5叢集層次的第3群組

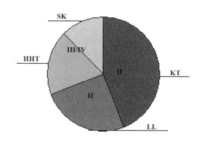

5叢集層次的第4群組

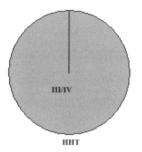

5叢集層次的第5群組

圖6　第一組資料在5叢集層次分析的所得結果

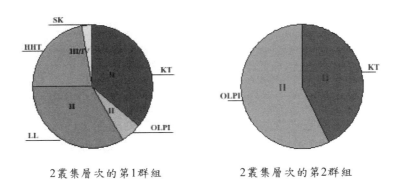

2叢集層次的第1群組　　　　　　　2叢集層次的第2群組

圖7　第二組資料在2叢集層次分析的所得結果

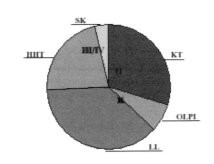

3叢集層次的第1群組

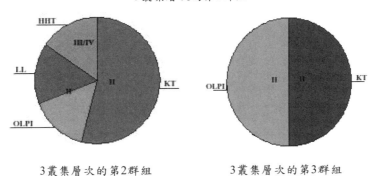

3叢集層次的第2群組　　　　　　　3叢集層次的第3群組

圖8　第二組資料在3叢集層次分析的所得結果

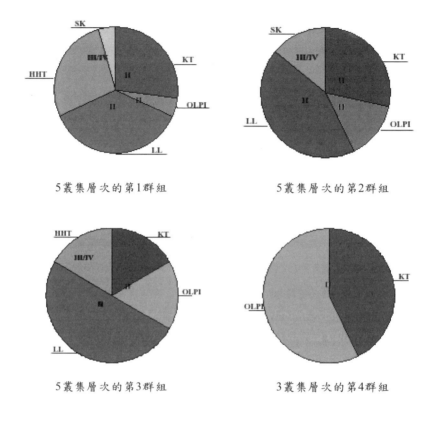

5叢集層次的第1群組 5叢集層次的第2群組

5叢集層次的第3群組 3叢集層次的第4群組

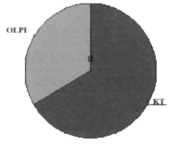

5叢集層次的第5群組

圖9　第二組資料在5叢集層次分析的所得結果

　　第二組資料（即含47個樣本但具有所有六個屬性測量數據者）在2叢集層次的分析中，第一群組含有來自各遺址的樣本（墾丁：13，鵝鑾鼻第一：2，落林：12，猴仙洞：8，水坑：1），第二群組則只含來自墾丁遺址（5）與鵝鑾鼻第一遺址（6）的樣本（見圖7）。3叢集層次的分析，第一群組含有所有遺址的樣本，第二群組則含有除水坑遺址外之所有遺址的樣本，而第三群組如同前一層次的分析，只含來自墾丁遺址（4）與鵝鑾鼻第一遺址（4）的樣本（見圖8）。5叢集層次的分析，第一群組含有所有遺址的樣本，第二與第三群組則含有除水坑遺址外之所有遺址的樣本，而第四與第五群組則皆只含有來自墾丁遺址與 鵝鑾鼻第一遺址的樣本（見圖9）。

　　二組資料分析的結果，都未能如預期的將樣本依不同的文化歸屬或單一遺址加以區隔分群，顯示樣本並不因文化或遺址的不同而有所差異。換句話說，來自不同文化或是遺址的樣本彼此間並無明顯可區分之處，但仍能看見二組資料的表現是不一致而有所變異的。在第一組資料的分析中，樣本不但未如預期的依文化與遺址歸屬被分群，並且無論是分成2、3或5群，來自各遺址的樣本皆被群聚在一起，除在5叢集層次的分析中，一個來自猴仙洞的樣本，被獨立出而單獨形成一群組。在第二組資料中，無論是2、3或5叢集層次的分群分析，部分來自墾丁與鵝鑾鼻第一遺址的樣本，一直是被群聚在一起，自成一群而與其他樣本區隔開。

　　第一組資料是所有的樣本但只含四個屬性之資料者，而第二組資料是包含所有六屬性的47樣本。第一組資料的此四屬性為繩紋寬度、繩紋結密度、繩紋間隔寬度與繩紋密度，即是與陶匠所使用的繩索特性與繩索的排列形成紋樣有關。叢集分析的結果，說明了即使是屬不同文化歸屬或不同聚落人群，陶匠所使用的繩索與排置繩索形成紋樣的方法（對繩索紋樣形式的設計），是相近而無大差異的。雖然來自猴仙洞遺址的一個樣本的變異較大，特質較明顯突出，但由於是在5叢集層次的分析中，才被區分出、且只含一樣本，故其意義與重要性，似乎得等待日後加入更多樣本的分析，確定其現象，才能作進一步的檢視與討論。

　　而第二組資料所擁有的屬性是除了上面所述的表現繩索的特性與繩索紋樣形式的設計外，再加上二繩紋交錯角度與繩紋交錯密度的資料；此後二項的屬性，是屬陶匠如何排置繩索呈現幾何圖樣方法的資訊。叢集分析的結果，總是將一些來自墾丁與鵝鑾鼻第一遺址的樣本獨立區隔成群，此現象與第一組資料的分析結果一起檢視，顯示了陶匠在使用的繩索與紋樣的設計上雖無太大差異，但在幾何圖形上的構築設計，就有一些變異，尤其墾丁與鵝鑾鼻第一遺址此二遺址聚落人群的陶匠，在幾何圖樣的設計上有較顯著的獨特性與變異。

區分分析

　　將資料同樣分成二組進行區分分析，再與叢集分析的結果比對，以便檢視叢集分析結果的有效性。區分分析在此基本上是用於檢視已知之群組內成員特質的同質性程度，以便對照叢集分析的結果，以檢驗叢集分析結果的正確性。而在此所設定做為檢視的群組，是依叢集分析所作的分析而定，即是將樣本依已知所屬之不同文化屬性與不同遺址分成不同的群組，各別進行區分分析，以檢視各群組的成員特質；因此二組資料都同時進行了不同文化屬性與不同遺址群的區分分析。

　　第一組資料為所有樣本但只含四個屬性，在不同文化屬性與不同遺址分群的二種區分分析中，結果呈現在不同文化屬性的群組之區分分析，樣本分群達61.7%的正確性，而不同遺址的群組之區分分析呈現，樣本分群只達37.9%的正確性(表1)。此結果顯示，四個屬性在不論是不同的文化歸屬內的成員中，或是不同遺址內的樣本中，都沒有明顯的特性，因此各種的群組內的同質性與特性都不高，尤其是在以遺址為分群的層次中，樣本的特性更是低、群組內的特質相當分歧；此由圖10可看得相當清楚，各遺址的樣本幾乎都是混雜在一起，並不區分開來。

表2　第一組資料區分分析結果

Classification Results[a]

Original		CULTURE	Predicted Group Membership		Total
			1	2	
Original	Count	1	111	75	186
		2	22	45	67
	%	1	59.7	40.3	100.0
		2	32.8	67.2	100.0

a. 61.7% of original grouped cases correctly classified.

Classification Results[a]

		SITE#	Predicted Group Membership					Total
			1	2	3	4	5	
Original	Count	1	17	16	19	9	9	70
		2	13	28	5	23	10	79
		3	6	7	20	1	3	37
		4	6	10	9	28	7	60
		5	0	0	2	2	3	7
	%	1	24.3	22.9	27.1	12.9	12.9	100.0
		2	16.5	35.4	6.3	29.1	12.7	100.0
		3	16.2	18.9	54.1	2.7	8.1	100.0
		4	10.0	16.7	15.0	46.7	46.7	100.0
		5	.0	.0	28.6	28.6	42.9	100.0

a. 37.9% of original grouped cases correctly classified.

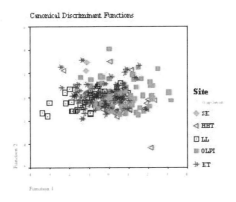

Canonical Discriminant Functions

Site
◆ SK
◁ HBT
☐ LL
▨ OLPI
✳ KT

圖10　第一組資料區分分析結果

　　第二組資料為47個樣本含所有六個屬性，在不同文化屬性與不同遺址群的二種區分分析中，結果呈現不同文化屬性群組的區分分析，樣本分群達70.2%的正確性，而不同遺址的群組之區分分析，樣本呈現分群達55.3%的正確性（表2、圖11）。換言之，此結果顯示六個屬性在不同的文化歸屬內的成員中，在各個不同文化歸屬內呈現較為同質、有較一致的特性（此程度有70.2%），但在不同遺址層次的成員中，各遺址內樣本的同質性與特性就不甚明顯了，因此彼此的區分只達55.3%。

表2　第二組資料區分分析結果

Classification Results[a]

		CULTURE	Predicted Group Membership 1	2	Total
Original	Count	1	27	11	38
		2	3	6	9
	%	1	71.1	28.9	100.0
		2	33.3	66.7	100.0

a. 70.2% of original grouped cases correctly classified.

Classification Results[a]

		SITE#	Predicted Group Membership 1	2	3	4	5	Total
Original	Count	1	7	2	6	0	3	18
		2	1	9	0	2	0	12
		3	1	1	5	1	0	8
		4	0	3	0	4	1	8
		5	0	0	0	0	1	1
	%	1	38.9	11.1	33.3	.0	16.7	100.0
		2	8.3	75.0	.0	16.7	.0	100.0
		3	12.5	12.5	62.5	12.5	.0	100.0
		4	.0	37.5	.0	50.0	12.5	100.0
		5	.0	.0	.0	.0	100.0	100.0

a. 55.3% of original grouped cases correctly classified.

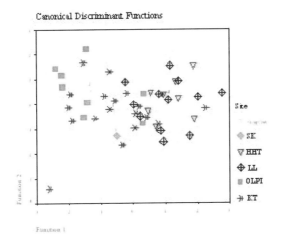

圖11　第二組資料區分分析結果

　　此二組資料的區分分析結果，呈現了與叢集分析的結果有所呼應的現象，也就是一方面樣本無法依文化屬性或遺址歸屬而區隔開，顯示樣本群內特質的分歧，並且四屬性都低於六個屬性在群組中所展現的特性。換句話說，加上二繩紋交錯角度與繩紋交錯密度此二屬性資料，樣本的特性就變得較為顯著，不同文化與遺址的樣本的區隔，在某些部分就較為可行。這也說明了二繩紋交錯角度與繩紋交錯密度此二紋飾施於屬性，在不同文化與遺址上有較其他屬性大的差異，在這二層面上較能表現出文化與遺址自有的特性。

七、討論與結論

　　253陶片樣本來自5個遺址分屬二不同文化傳承，依六個屬性測量分析，以檢視樣本在陶匠施紋技術與理念的屬性上的變異性，是否因所屬的群體有別而有所不同。由於只有47個樣本在二繩紋交錯角度與繩紋交錯密度此二屬性上有測量數據，因此將樣本分成二組，一為所有253個樣本但只具四個屬性資料者；另一為只含47個樣本但具有所有六個屬性測量數據者，分別進行叢集與區分分析。由叢集分析與區分分析對二組資料所作的分析結果檢視，二分析顯示在第一組只含四屬性的資料中，無論是不同文化屬性或不同遺址歸屬的樣本，其群內的特質是分歧的，而較無法與他群產生區分。而含六屬性的第二組資料，在不同的文化與不同遺址歸屬的樣本中，其群內的特質呈現較為同質、有較一致的特性，較可與他群區分開來；但這特性在不同的文化歸屬的層次中較明顯些，但在不同遺址歸屬層次中就不甚清晰了。第一組資料的四屬性為繩紋寬度、繩紋結密度、繩紋間隔寬度與繩紋密度，這些屬性當是與陶匠所使用的繩索特性與繩索如何被排列形成紋樣有關。分析的結果，顯示了即使是屬不同文化或不同遺址聚落的人群，陶匠所使用的繩索與排置繩索、對繩索紋樣形式的設計，是相近而無明顯差異的。第二組資料含的六屬性，是另外加上了二繩紋交錯角度與繩紋交錯密度的資料，此二項的屬性，是屬陶匠如何排置繩索呈現幾何圖樣方法的資訊。叢集分析的結果，總是將一些來自墾丁與鵝鑾鼻第一遺址的樣本獨立區隔成群；而區分分析則是顯現了樣本較有自我的特性，不同文化與不同遺址樣本的區隔，在某種程度上較為可行、較能表現出不同文化與不同遺址之間的差異。此現象與第一組資料的分析結果一起檢視，顯示了陶匠在使用的繩索與紋樣的設計上雖無太大差異，但在幾何圖樣上的設計理念，不同文化歸屬與遺址聚落就有一些自有的特性，尤其是墾丁與鵝鑾鼻第一遺址此二遺址聚落人群的陶匠，在幾何圖樣的設計上有較顯著的獨特性與變異。

　　先前的研究顯示鵝鑾鼻第二文化期與鵝鑾鼻第三／四文化期，此二不同文化歸屬的陶器工藝技術體系在陶器的紋飾風格、表面處理、摻和料的粒徑大小、密度與火候等屬性、面向上都有差異(黃瑞金 1984)。而成分分析(Chen 2006，陳瑪玲 2006)顯示二文化歸屬之陶片樣本的成分是相同的，即均是採擷自恒春西台地東側地區內之小溪流河床的沈積泥層(除鵝鑾鼻第三／四文化期中之F類陶器外)；但細部深入分析也顯示製陶原料雖然都是來自當地，並且是來自同一地點，可顯示陶器的在地生產而非外來。但不同的文化、不同遺址聚落，在陶土的擷取、處理與陶器製作技術上，仍有其細微層面上的差異，例如處理（淘洗）過程卻因某種因素而有所不同。而由本文對繩紋在施於技術上、尤其是陶匠所認為更正確或更理想的繩紋形式及施於的選擇的分析，對於先前二文化傳統陶器工藝製作體系的認識，在技術的選擇上有更多與細微層次的理解。

　　二文化的人群雖採擷相同的陶土原料，但在陶土的處理與陶器製作技術上如摻和料的粒徑大小、密度與火候等面向上有所不同外，另在陶器外表的紋飾選擇上，雖有極大不同但都選擇了繩紋作為主要（鵝鑾鼻第二文化期）或部分陶器（鵝鑾鼻第三／四文化期）的紋飾，然而這在外表看似相似的紋飾，在陶匠所認為理想的形式及施於方式的選擇上，根據分析是有些差異的。陶匠在使用的繩索與紋樣的設計上雖無太大差異，但在幾何圖樣上的設計理念，不同文化歸屬與遺址聚落就有一些的差異，尤其是墾丁與鵝鑾鼻第一遺址，此二遺址聚落人群的陶匠在幾何圖樣的設計上似有著較獨特之處；這又增加了二文化傳統在陶器製作技術上可區分的差異點。

　　另外，墾丁、鵝鑾鼻第一遺址與落林三遺址同屬鵝鑾鼻第二文化期，若年代資料無誤，前二者在年代上較早，而落林年代則較晚；如此，墾丁、鵝鑾鼻第一遺址屬此文化的早期，而落林則屬晚期。墾丁、鵝鑾鼻第一遺址同屬相近的時期，而其陶器的樣本特質由分析結果顯示較為相近且與其它有別。此是否顯示鵝鑾鼻第二文化期之陶器製作技術體係雖有一定的傳承，但歷時而有所變異，早晚期之間產生了些許的變化。此現象當可就陶器製作技術體係的其他面向加以分析檢視，以明確現象及揭示其意義。

　　此研究主要以尋求對陶匠所作的技術選擇，即在對施於繩紋的理念與方法上的理解為主，期冀以細微的紋飾屬性反映陶匠所認為更正確或更理想的繩紋形式，因此以繩紋寬度、繩紋密度、繩紋間隔寬度、繩紋結密度、二繩紋交錯角度、繩紋交錯數等可呈現紋飾設計、施於技術的屬性，也是可由陶片取得的資訊，作為對樣本分析的主要重點。由各種分析結果顯示，陶匠在使用的繩索與紋樣設計上的技術風格選擇，在某些層面上顯示了文化或遺址聚落人群可能自有的特意選擇，而此與先前的陶器技術體系與成分分析結果，有著部分的呼應。

然就如前所述，風格是一個多層面的現象，並且不同的風格面向與層面反映了不同的文化過程。一群體是否選擇物質文化、或選擇關聯到裝飾或技術的變異層面，去呈現其認同風格以區隔自己與他人，是在其特有的社會與文化的情境下，經特有的歷史過程而形成的。同時，認同與邊界的呈現也往往不只是鑲嵌於單一的文化與單一的物質層面上的。因此，一形式須與其他面向的證據加以比對，才能有正確的詮釋。僅只是單一的物質模式層面的資訊，是無法提供說明確切的社群邊界，或是其意義。因此沒有一個單一的方法論或理論取向可通用於所有的脈絡或個案的研究。

本研究只在嘗試在所擁有的資料只是些細碎不完整的物質遺留時，由技術的變異面向，尤其是細微層次屬性的方面著手，分析物質風格，進以討論社群邊界，當是較為容易與可行的，但此並非是在宣稱技術變異應當被視為是唯一、最有力的研究取向，也非在呈現此為技術分析的唯一或最適切的面向。猶如前面所論述的，不論由型態風格、紋飾風格或技術風格面向去研究群體呈現在物質文化上的群體認同都是種嘗試，在未嘗試前，何者適切、有效，是無法定論的，也是須透過一個多面向與多層次的分析與互相驗證檢視的過程。本研究的面向只是其中的一環，其結果尚須與其他面向的分析互相驗證檢視，尤其是施壓印紋方式的分析。施壓印紋至少有三種，如綁繩於板或棍上而壓印或滾印，或直接用繩壓印，而進行此面向的分析須有較大的陶片或較完整的陶容器樣本。這些不同方式雖會對繩紋間距與繩紋交錯密度產生影響，而此正是陶匠的一種選擇面向，同時無論是將繩索綁在板或棍上，或直接拿繩索壓印而產生的繩紋間距或密度，都取決於陶匠的設計，本文的研究雖未對施壓印紋的方式有所分析討論，但對間距與密度屬性的分析，當可涵蓋了此面向帶來的變異意義。另，施壓印紋的深淺也會影響繩紋寬度與間距，而此也會是在陶匠考量什麼是正確與理想的繩紋形式的面向之一，因此，除非陶匠的工藝技術水準相當浮動，否則繩紋寬度與間距屬性的分析，並非在討論繩索絕對的寬度，其結果當也涵蓋了此面向帶來的變異意義。當然，若有可量測繩紋深淺的方式，分析其變異當可對此論述的有效性作檢視。

　　本研究最大的缺憾在於樣本數與抽樣方式，由於客觀條件作為分析之樣本的抽樣方式與數目，未能盡系統性與足夠代表性，此分析的結果仍有待日後克服抽樣方法與樣本數量的問題，增加樣本的數量與系統性，才能對於結果作一有效與進一步確認的工作，但此初步的結果當可視為日後朝此面向再做分析的肯定與憑藉。

【致謝】

　　本文研究的完成有賴哈佛大學哈燕社與人類學系在經費與設備上的協助，而中央研究院歷史語言研究所臺灣史前專論編輯小組的邀約與襄助，審閱者與責編費心的閱讀與在文章結構及文辭修正上，所給予的難能可貴的協助，在此一併致上誠摯的謝意。

參考書目

李光周

1983　《鵝鑾鼻公園考古調查報告》，台北：國立臺灣大學人類學系。

1985　《墾丁國家公園考古調查報告》，台北：國立臺灣大學人類學系。

黃士強 陳有貝 顏學誠

1987　《墾丁國家公園考古民族調查報告》，保育研究報告第37號，恆春：內政部營建署墾丁國家公園管理處。

黃瑞金

　　1984　〈鵝鑾鼻半島史前陶業的變遷〉，國立臺灣大學人類學研究所碩士論文。

陳瑪玲

　　1999　〈鵝鑾鼻III-IV期文化相的聚落模式與系統〉，《國立臺彎大學考古人類學刊》54：63-96。

　　2006　〈考古學陶器化學成分分析方法的運用：以墾丁地區為例〉，《臺灣人類學刊》4（2）：1-36。

臧振華等

　　1994　《臺閩地區考古遺址－屏東縣》，台北：內政部。

Chen, Maa-ling

　　1997　"Settlement Patterns, Subsistence Systems and their Changes in Kenting National Park during O-luan-pi Phases III and IV," Ph.D. dissertation, Department of Anthropology, Arizona State University.

　　1998　"What Dating Results Imply: Redefining the Separation of O-luan-pi Phase III and Phase IV, and the Potential Relationship between O-luan-pi Phase II and Phase III," *The Bulletin of the Department of Archaeology and Anthropology* 53: 125-143.

　　2006　"Physicochemical Compositional Analysis on Ceramics: A Case Study in Kenting, Taiwan," *Archaeometry* 48（4）: 565-580.

Childe, V. G.

　　1929　*The Danube in Prehistory*. Oxford university Press, Oxford.

Chilton, Elizabeth S.

　　1998　"Cultural Origins of Technical Choice: Unraveling Algonquian Iroquoian Ceramic Traditions in the Northeast," in *The Archaeology of Social Boundaries* ed. by Miriam T. Stark, pp132-60. Smithsonian Institution Press, Washington

Goodby, Robert G.

　　1998　"Technological Patterning and Social Boundaries: Ceramic Variability in Southern New England, A.D. 1000-1675," in *The Archaeology of Social Boundaries* ed. by Miriam T. Stark, pp. 161-82. Smithsonian Institution Press, Washington.

Graves, Michael W.

　1985　"Ceramic Design Variation within a Kalings Village: Temporal and Spatial Processes," in *Decoding Prehistoric Ceramics*, ed. by B.A. Nelson, pp. 9-34. Southern Illinois Press, Carbondale.

Hill, James N.

　1985　"Style: A Conceptual Evolutionary Framework," in *Decoding Prehistoric Ceramics*, ed. by B.A. Nelson, pp. 362-385. Southern Illinois Press, Carbondale.

Kintigh, Keith W.

　1985　"Social Structure, the Structure of Style, and Stylistic Patterns in Cibola Pottery," in *Decoding Prehistoric Ceramics*, ed. by B.A. Nelson, pp. 35-74. Southern Illinois Press, Carbondale.

Li, Kuang-ti

　1997　"Change and Stability in the Dietary System of a Prehistoric Coastal Population in Southern Taiwan," Ph.D. Dissertation, Arizona State University, Tempe.

Longacre, William A.

　2001　"Can There Be an Austronesian Pottery? Voices from the Philippine Present," Paper Presented at the International Symposium on Austronesian Cultures: Issues Relating to Taiwan. 11 Dec. 2001. Taipei, Taiwan.

Redman, L. Charles

　1978　"Multivariate Artifact Analysis: a Bases for Multidimensional Interpretations," in *Social Archaeology, beyond Subsistence and Dating,* ed. by L.C. Redman, pp 159-192. Academic Press.

Stark, Miriam T., Mark D. Elson and Jeffery J. Clark,

　1998　"Social Boundaries and Technical Choices in Tonto Basin Prehistory," in *The Archaeology of Social Boundaries* ed. by Miriam T. Stark, pp208-31. Smithsonian Institution Press, Washington

Stark, Miriam T.

　1999　"Social Dimensions of Technical Choice in Kalinga Ceramic Traditions," in *Material Meanings* ed. by Elizabeth S. Chilton, pp24-43. The University of

Utah Press, Salt Lake City

Trigger, Brace G.

1989   *A History of Archaeological Thought*. Cambridge University Press.

聚落發展與自然環境變遷
——以宜蘭地區史前為例

林淑芬[*]

一、前言

　　人類自20世紀末葉以來，環境變遷課題已愈來愈受到學術界、政府部門、甚至一般民眾的重視。自然界為人類提供了生存發展的必要舞台，可是自然環境的風雲變幻卻也時刻影響著人們的社會、經濟，以至政治、軍事、宗教等一切活動，即使是在科學發達的今日，自然環境的變化仍不斷考驗著現代人的生存應變能力。

　　在人類的發展史中，早期社會由於處在較原始的生活狀態，自然界的地形、氣候、動植物資源分布等等皆深深影響著史前族群的活動與發展。此階段的人群由於對自然災害的抵禦能力仍很薄弱，改造環境的力量有限，因此當外在環境發生變化時，史前社會通常只能隨之做出不同程度的改變來適應環境變遷。根據環境考古學的研究顯示，因自然環境發生變化影響史前聚落的正常發展，進而引發社會文化興衰動盪的現象十分常見。

　　* 中央研究院歷史語言研究所研究助技師。

許多學者提出在世界文明最為蓬勃發展的全新世期間，距今五、六千年前由於全球氣候較為溫暖濕潤，世界上許多地區的自然生態與之前相比大為改善，在有利的環境條件下，包括埃及文明、兩河流域文明、印度河流域文明和中國文明相繼誕生，許多學者也相信導致各大古文明衰落的原因可能與氣候條件改變使得人們的生存環境惡化有關（俞偉超 1992；Weiss *et al.* 1993；Binford *et al.* 1997；Stanley *et al.* 1999；Yu *et al.* 2000；deMenocal 2001；Weiss and Bradley 2001；吳文祥、劉東生 2001、2004；Wu and Liu 2004；Yasuda *et al.* 2004；吳文祥、葛全勝 2005；王星光 2005；王紹武 2005）。這樣的論述雖然引來環境決定論[1]的爭議，但是不可否認，人類的一切活動都必須在自然界中進行，環境條件的改變對人類活動必定有著不可忽視的影響力。氣候與環境的變化會使古代文明面臨壓力，無論是對當時尚在原始狀態的農業，還是對尚未充分掌握技術與對策來應付環境事件的社會組織都可能產生影響，尤其是突發性、大幅度變化的氣候事件往往對早期人類的生活及其社會文化帶來毀滅性的打擊。

實際上，因外在自然環境改變使得人們在文化行為上做出調整以重新適應的現象對於位在氣候和生態系統較為敏感脆弱的區域尤其明顯。例如中國北方沿著長城一帶是我國農業與畜牧業的分界線，半農半牧的經濟型態是此地最具代表性的地域特徵，因此一般稱之為農牧交錯地帶。這裡的自然地理正好也位在半濕潤與半乾燥、暖溫帶與溫帶的過渡帶上，生態體系對於氣候波動的反應極為靈敏，過去隨著全球氣候的週期性變化導致氣候帶的南推北移，冷暖乾濕的起伏波動曾對當地農牧業經濟造成巨大影響，考古學資料顯示在全新世大暖期結束後，此地由於氣候日趨乾冷，環

1　環境決定論（environmental determinism）是近代科學對於人地關係的早期認識，它的核心思想是自然環境對人類社會、經濟、政治有著絕對性的支配作用，是社會發展的決定性因素。由於環境決定論把人類及其文化發展都歸結於環境這個唯一原因，過度誇大環境的決定力量，忽視了人類文化發展與技術進步對於社會進化的作用，顯然過於偏頗。

境條件的惡化不僅使得人們在經濟型態上由農牧並重的形式逐漸轉變為以游牧業為主（楊志榮2000；楊志榮、索秀芬2000；李水城2002；索秀芬2003、2005；滕銘予2005；韓茂莉2005），這裡的史前文化更出現明顯衰落甚至中斷的現象（田廣金、史培軍1997；田廣金2000；靳桂雲2004）。

　　沿長城地帶是一個氣候敏感帶，這裡的生態體系具有易變的環境特質，因此能夠敏銳地反映出氣候波動。在水源及動植物資源分布等人類生存所必需的要件發生變化下，先民通常透過經濟型態、社會結構、生產技術等多方面的改變來進行環境適應，但是一旦環境極端惡化，勢必引發社會內部的不安與衝突，甚至導致整個文化系統的衰落。因此透過氣候敏感地區史前文化特徵的轉變及聚落時空分布的研究，可以對過去人與外界環境之間的關係得到較為明確的認識，這將有助於合理解釋許多考古事件發生的原因，並對當前環境變遷問題提供有益的啟示。

　　宜蘭位在臺灣本島的東北隅，三面崇山峻嶺環繞，一面濱臨太平洋，形勢隔絕的天然條件使得此地在自然地理和人文發展上均成一獨立體系。考古學資料顯示這裡的史前文化開始於新石器時代早期的偏晚階段，優越的自然條件及豐富的天然資源雖然造就了豐富多樣的古人文歷史，然而相關資料卻顯示這裡的史前文化曾經發生明顯的轉變，期間甚至一度中斷，過去考古學者曾將之歸因於遺址未被發現或已遭到破壞所致，然而隨著古環境資料的累積，說明影響宜蘭地區史前聚落發展的因素可能與自然環境變化有關。宜蘭由於特殊的地理位置與地形條件使得此地深受冬季季風影響，是臺灣低海拔地區生態系統較為敏感脆弱的區域，過去冬季季風的消長不僅造成此地在地貌、水文、植被及自然資源分布上的改變，亦可能影響蘭地居民的生活條件。本文宏觀分析宜蘭地區史前時期的聚落分布及地理環境特徵，並透過多項指標重建此地的古環境變化，試圖由環境變遷的觀點，探討史前聚落發展與自然環境之間的關係。

二、宜蘭史前聚落的時空分布

　　宜蘭原稱 "Kavalan"，又稱蛤仔難、甲子難等，文獻上也有稱之為蘭地或蘭陽，因為地處東北一隅，在山海阻隔之下陸上交通相當不便，因此早有「曠野荒埔，與世無通」之說。封閉的地理蔽障使得近代漢人的拓墾與開發歷史比臺灣西、南部地區足足晚了一、兩百年，然而宜蘭水源充足，兼俱漁獵農牧等各項優勢，雖然漢人的開發較晚，考古學資料顯示此地的史前人類活動已有悠久的歷史。這裡的史前文化可以追溯到四、五千年前的新石器時代早期之末，其發展過程與相鄰的北海岸地區及台北盆地極為類似，與花蓮的史前文化亦有密切的關係。

　　根據劉益昌(2004)所建立的文化架構，宜蘭地區的史前文化層序包括屬於新石器時代的大坌坑文化晚期、繩紋紅陶文化和丸山文化，以及屬於鐵器時代的十三行文化普洛灣類型與舊社類型，各文化層序的編年、代表性遺址及遺址分布特徵請參見表1[2]所示。

　　關於宜蘭史前文化的演變，劉益昌(2000)曾經指出：

> 大竹圍遺址代表新石器時代中期以拍印繩紋暗紅褐色陶為代表的文化，喜歡居住在海岸沙丘地區，其來源可能是北海岸地區的訊塘埔文化；丸山遺址代表新石器時代晚期以淺褐色素面灰胎夾砂陶為代表的文化，遺址都發現在淺山與平原交會的邊緣地帶丘陵或小山丘；利澤簡、下福遺址代表以使用鐵器為主的金屬器時代較早階段，以灰褐色拍印紋夾砂陶為主，並有少數灰黑色細砂陶，喜歡居住在海岸沙丘地區；流流遺址上層代表金屬器時代較晚階

2　本表主要依據劉益昌在執行普查計畫時所建立的文化架構(劉益昌 2004)，但鐵器時代的年代則是參考淇武蘭遺址的發掘成果(陳有貝 2005a、b，2013)。

表1　宜蘭地區史前文化層序與編年

考古學文化	年代 （B.P.）	代表性遺址	遺址分布特徵
鐵器時代較晚階段 （十三行文化舊社類型）	600-近代	淇武蘭、打馬煙、加禮宛、 流流、新店、宜蘭農校、社 尾、下番社、猴猴、奇立板、 貓里霧罕等	河流下游岸邊 或海岸內側沙丘、 河口附近
鐵器時代較早階段 （十三行文化普洛灣類型）	1600-800	淇武蘭、利澤簡、下埔、流 流、中崙、五十二甲、海岸	海岸沙丘
（文化空白）			
新石器時代晚期 （丸山文化）	3600-2400 （可能延續 至更晚）	內員山、枕頭山、丸山、武 荖坑、月眉山、大隱、內城、 東澳、海岸等	平原邊緣的丘陵緩 坡、突出的小孤山、 海岸附近的緩坡
新石器時代中期 （繩紋紅陶文化）	4200-3700	大竹圍、份尾、海岸、丸山	平原區古老沙丘、平 原與丘陵接壤的邊 緣地區
新石器時代早期 （大坌坑文化最晚階段）	5000-4500	蘇澳新城	河口或靠近海岸的 階地

段，以紅褐夾細砂拍印紋陶為主，並經常伴隨出土漢人製造的陶
瓷器。

　　這段話扼要說明了宜蘭地區不同時期的史前文化特徵，同時也透露出
各時期先民選擇建立聚落的地理條件並不相同。一般而言，人們對於居住
空間的選擇首要為環境，包括地形地貌、水文條件、自然資源分布及其經
濟效應等等皆是考慮的基本要素，因此宜蘭史前聚落分布位置的變化暗示
著不同時期的人們所面臨的外在環境條件並不相同。

　　整體而言，宜蘭的考古遺址通常座落於平原的溪畔、海岸沙丘後方、
或是平原周緣的緩坡上。在距今3700年前之前的新石器時代早、中期文化（包
括大坌坑文化最晚階段及繩紋紅陶文化），聚落大多位在平原區上的古老沙丘或

是平原與四周高地接壤的邊緣地帶。根據大竹圍遺址的出土石器包括斧鋤形器、錛鑿形器、刮削器、砍砸器、刀形器、矛鏃形器、穿孔石器、砥石、搥打形器、臼砧、尖狀器、網墜等，以及生態遺物包括木炭、浮石、貝殼、植物種子、樹木枝幹等，可知當時人群的生活型態是以農耕與漁獵並重，其中對於水域資源的依賴頗深，充分利用平原上的河流與海岸資源（劉益昌等 2001；劉益昌 2004）。可是之後屬於新石器時代晚期的丸山文化卻捨棄平原區豐富的天然資源，向地勢較高的丘陵緩坡或淺山上遷徙，同時逐步改變生活型態。這樣的變化可以從丸山遺址的發掘資料中得到證實。在丸山遺址下層出現部分屬於新石器時代中期繩紋紅陶文化的代表性遺物，之上疊壓著新石器時代晚期丸山文化的遺物，說明兩者之間一脈相承的類緣關係（劉益昌 1995a）。而由丸山時期出土豐富的斧鋤形器、錛鑿形器、刮削器、砍砸器、刀鐮形器、矛鏃形器、網墜、尖狀器、圓板形器、方形多孔器、砥礪石器、環玦形器等石器，推測當時的生活型態包含了農耕、漁撈和狩獵，但是與前期文化相比，此時斧鋤形器的比例明顯增加，說明山林開墾與農耕活動的重要性提高，先民顯然是以近山地區的山地資源利用為主（劉益昌 2004）。由大竹圍遺址與丸山遺址的絕對年代資料可知，這次人群遷移的時間大約發生在距今3900-3700年前。

　　考古學資料亦指出，宜蘭地區的史前文化發展並不周全，在丸山文化結束之後，這裡的史前文化進入一段空白時期（劉益昌 1995a、2000、2004）。根據遺址地層堆積與碳十四定年結果，在距今大約2400年至1600年前之間，宜蘭地區尚未發現任何屬於這段時間的考古遺留，劉益昌（1995a）更指出除了文化層序上的中斷，在此空白時期的前後期文化也呈現出兩種完全不相關的遺物內涵與文化面貌。在這段文化空白的時間裡，與宜蘭在地理位置十分接近的台北盆地及北海岸地區仍進行著連續的史前文化發展，包括屬於新石器時代較晚階段的植物園文化與圓山文化土地公山類型，以及屬於鐵器時代最早階段的十三行文化番社後類型與十三行類型，這些文化遺物卻完全不見於宜蘭地區（劉益昌 1995a、2000）。

經過將近千年的文化空白之後，宜蘭的史前文化正式邁入鐵器時代。在距今1600年前左右，一群可能與花蓮普洛灣類型文化有關的人群來到宜蘭定居。此時期的聚落大多建立在平原區海岸後方的古老沙丘上，根據利澤簡遺址發現的小型貝塚，推測當時的生活型態是以海岸資源利用為主(劉益昌1995a)。然而淇武蘭遺址的發掘資料顯示，鐵器時代的人群並非自此在平原上安居樂業，在距今800年前左右，屬於淇武蘭遺址下文化層的人們曾暫時搬離居住了數百年之久的聚落所在，一直到五、六百年前才又再度回到此地(陳有貝 2005a、b)。

綜合上述考古學資料，說明宜蘭地區的史前聚落分布曾有多次時空變化。在新石器時代早、中期的考古遺址多座落於平原區的古老沙丘或與丘陵接壤的邊緣地帶(圖1)，可是在距今3900-3700年前左右，屬於新石器時代晚期的人群捨棄平原上豐富的天然資源，向平原四周地勢較高的丘陵區遷移(圖2)，甚至自2400年前左右消失於宜蘭地區，這裡的史前文化發展也進入一段接近千年之久的空白時期，一直到距今1600年前左右屬於鐵器時代的人們來到宜蘭，重新在平原區的海岸沙丘上建立聚落(圖3)，而在最近幾百年內，平原上河流兩岸及河口海岸一帶已有相當多的聚落分布，居住於此的人群與聚落規模皆達到相當程度的發展(圖4)。

事實上，發生在二千年前左右的文化空白現象也同時出現在臺灣東北部包括海岸及山區的考古遺址。根據陸泰龍(2003)的研究，東北海岸雙溪口附近的史前文化層序在圓山文化[3]之後出現的是十三行文化福隆類型及舊社類型[4]，說明雙溪口一帶的史前文化發展在距今大約2300-1000年前期間亦出現與宜蘭類似的空白時期。過去劉益昌研究臺灣北海岸地區的史前文化類型和遺址分布，亦顯示北部海岸的史前遺址大致以萬里至基隆一帶為分界，此界以西迄淡水河口從新石器時代早期開始一直具備連貫完整的史前

3　根據劉益昌、郭素秋(2000)的研究，圓山文化的年代在3500-2300年前左右。

4　根據劉益昌(1995b)的研究，十三行文化福隆類型的年代估計在1000-600年前之間，舊社類型則是在600-150年前。

7:蘇澳新城　18:份尾　22:大竹圍

圖1　宜蘭新石器時代早、中期史前遺址分布
（修改自劉益昌 1995a、2004）

7:蘇澳新城　8:武荖坑　28:內城　29:內員山　30:大礁溪　31:外員山
32:枕頭山　38:丸山　49:阿里史　50:下湖　51:田心仔　52:天送埤　53:
大隱　54:月眉山　56:長嶺口　57:牛鬥苗圃　58:松羅　59:大同大溪

圖2　宜蘭新石器時代晚期史前遺址分布
（修改自劉益昌1995a、2004）

9:中崙　13:下埔　20:淇武蘭　43:流流　44:利澤簡　48:五十二甲

圖3　宜蘭鐵器時代較早階段史前遺址分布

（修改自劉益昌1995a、2004）

1:珍仔滿力　2:宜蘭農校　3:歪阿歪　5:猴猴　6:功勞社　8:武荖坑　9:中崙　10:二
城　11:福成橋　12:福德坑橋　14:砂港橋　15:頭城埔頂　16:打馬煙　17:奇立丹
19:辛仔罕　20:淇武蘭　21:瑪璘　22:大竹圍　23:武暖　24:下番社　25:貓里霧罕
26:哆囉美遠　27:惠好　33:珍珠里簡　34:奇武荖　35:里腦　36:打那美　37:武罕
39:武淵　41:加禮宛　42:新店　43:流流　44:利澤簡　45:掃笏　46:社尾　47:鼎橄社

圖4　宜蘭鐵器時代較晚階段史前遺址分布

（修改自劉益昌 1995a、2004）

文化發展，但是在萬里─基隆以東的東北海岸地帶，至今尚未發現有關植物園文化(年代約為2500-1800BP)與十三行文化早期(年代為1800-800 BP)的考古遺留，其間文化空白的現象十分明顯(劉益昌 1995b、1997)。

位在宜蘭平原南方的海岸遺址也出現類似的考古紀錄。考古學資料顯示海岸遺址的地層包括繩紋紅陶文化／丸山文化／十三行文化普洛灣類型三個文化層的堆積(劉益昌 2004)，顯然在丸山文化與十三行文化普洛灣類型兩文化層之間也存在著與宜蘭地區相同時段的文化間斷。而在鄰近的山區，七家灣遺址也記錄著相同的文化斷缺現象。七家灣遺址的地理位置位在蘭陽溪上游河谷的延伸線上不遠，考古發掘資料顯示這裡的地層包括上、下兩個文化層，大量碳十四分析數據表明下文化層的年代約在4000-2600年前之間，上文化層的年代則在距今1200-500年前左右，上、下兩文化層之間也存在著長時間的文化間斷(劉益昌等 1999)。

由此看來，開始自二千年前的文化斷缺現象普遍出現在臺灣東北部地區，可是在這範圍之外，包括地理位置相鄰、史前文化發展也極為相關的台北盆地、大屯山一帶的北海岸、以及花東地區，新石器時代晚期至鐵器時代的文化發展都連續進行，並未出現類似的文化缺環。為何二千年前左右臺灣東北部會出現文化發展的中斷是值得深究的問題，是單純因為考古遺址已被破壞或尚未被發現？還是有其他因素迫使史前人群放棄家園另覓生活處所？近年來古環境研究成果提供了一個合理的科學論證。

三、宜蘭的自然環境演育

宜蘭不論在大地構造、地形及氣候上皆具備極為特殊的條件。根據地質及地球物理的資料顯示，宜蘭在大地構造上位在沖繩海槽的西南緣，數十萬年前由於沖繩海槽的張裂作用向西南方延伸，在臺灣東北角的中央山脈與雪山山脈之間撕裂開成一凹陷的構造盆地，隨著蘭陽溪、宜蘭河、羅東溪等河流長期攜帶大量泥砂堆積於此，沖積扇平原的地貌也逐漸成形

（Suppe 1984; Letouzey and Kimura 1986; Yeh *et al*. 1989; Liu 1995）。直到今日，海槽的張裂作用仍在持續進行並不斷對宜蘭地區造成影響，不僅造就了此地頻繁的地震活動和豐富的地熱資源，在快速沉降的平原區下更堆積了厚層且完整的地層紀錄（江新春 1976；陳文山 2000；賴典章等 2001）。

在氣候型態上，臺灣位於世界上最顯著的季風區內，天氣變化主要受控於夏季季風（西南季風）與冬季季風（東北季風）的互動消長。宜蘭由於偏居東北角，在周圍高山峻嶺的屏障之下，夏季受到西南季風的影響較小，然而在冬季卻是直接面迎東北季風，這裡的氣候與植被皆深受東北季風所左右。在每年的秋冬之際，臺灣西、南部各地紛紛進入枯水期，此地卻在東北季風的主導之下，呈現完全不同的氣候型態。因為寒冷的東北季風自海面長驅直入，加上漏斗狀獨特地形所產生的阻擋效應，使得宜蘭的冬天不僅寒風凜冽，更形成連續不停的降雨，多雨成為宜蘭地區最大的氣候特徵。

宜蘭由於特殊的地理條件，使得這裡的生態體系受到東北季風的影響甚鉅，對於氣候波動的反應相對敏銳，加上此地具備快速沉降與堆積的地質特性，提供了重建高分辨率古氣候和古環境資料的契機。近年來有不少學者投注於宜蘭的古環境研究，然而對於考古學年代範圍的資料，目前主要來自地下花粉化石的分析結果（林淑芬等 2004；Lin *et al*. 2004；林淑芬2007a、b；Lin *et al*. 2007）。

花粉分析是研究過去植被、氣候及地理環境的重要手段之一。由於氣候與環境的變化會引起植物族群的改變，因此根據沉積物和土壤中所保存的花粉化石，可以追溯過去植群的演替歷史，並藉由植群與其生育習性之間的對應關係，重建古氣候和古環境變遷。宜蘭地區目前已建立的花粉分析資料包括位在蘭陽溪南側的武淵、龍德，以及位於北側的淇武蘭、大竹圍等地點（圖5），但因受限於花粉資料的完整性，目前古環境重建主要依據武淵井及淇武蘭遺址的分析，年代範圍為最近4200年之內。

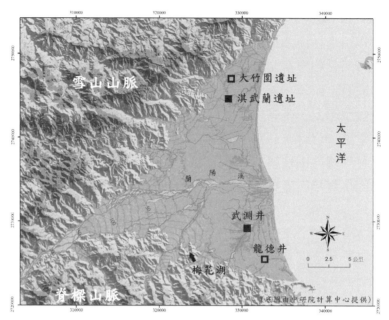

圖5 宜蘭地區進行花粉分析之研究地點位置

（1）古地理演育

　　宜蘭自末次冰期以來的古地理演育大致是在全球海水面變化的架構中進行。根據經濟部中央地質調查所長期研究宜蘭地下地質的結果，宜蘭平原在末次冰期以來經歷了大規模的海進、海退事件（圖6）。鑽井資料顯示隨著末次冰期的結束，全球海水面快速上升，自大約15000-14000年前開始海水逐漸入侵至宜蘭平原內部，在8000年前左右平原區幾乎全面被海水淹沒，此時的海岸線位在平原最西側的山麓前緣，估計當時海岸線向西移動的速度約為每年2公尺。在距今8000年前之後，雖然全球海水面仍然持續上升，但因平原四周的地形陡峭，加上蘭陽溪供應大量沉積物堆積在沿海地帶，迫使海岸線逐步向太平洋側移動，在6000年前左右海岸線已大致向東退至宜蘭平原中部，而3000年前的海岸線則位在今日海岸西方約2-3公里處，估計當時海退速率約為每年3.5公尺（陳文山等 2004）。

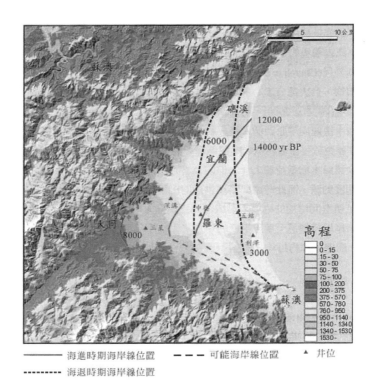

圖6　末次冰期以來宜蘭平原各時代之海岸線變遷
（摘自陳文山等2004）

　　地下花粉資料則提供了更詳盡的環境變遷紀錄。武淵井的分析結果顯示在距今3800-3200年前宜蘭平原曾經再次發生海侵，並在地下地層中留下大量屬於紅樹林植物的紅茄苳屬（*Bruguiera*）花粉及鹵蕨屬（*Acrostichum*）孢子（圖7），推測這次事件很可能是地區性構造活動所引起的小規模海水入侵。雖然這次事件只維持了數百年的時間，但造成平原區海陸相對位置改變，沿海低濕地帶的自然生態因此受到影響。

　　在海侵事件結束之後，海岸線也逐步向東移動，花粉資料顯示平原區紛紛進行著由生長著紅樹林的潮間帶環境，過渡為長滿禾本科（Gramineae）及莎草科（Cyperaceae）等草類的沼澤濕地環境，最後轉變為類似今日河間地環境的古地理演育，其過程類似由今日的海岸地帶往內陸環境的逐步遞移。然而由於地理位置的差異，不同地點的環境演化進程出現了時間上的先後落差，位在平原南側的武淵在距今3200-1700年前期間是一沼澤濕地或草澤，在1700年前之後才逐漸轉變為穩定的河間地環境(圖7)；淇武蘭遺址的資料則顯示這裡在距今2770-2480年前還是受到海水影響的河口灣環境，之後隨著海岸線的遠離轉為淡水環境，並在大約2170年前開始成為典型的沼澤濕地環境，然而隨著時間的推移，沼澤濕地慢慢乾涸、消失，在大約1290年前成為類似今日的河間地環境(圖8)。

(2)古氣候重建

宜蘭由於面迎東北季風，大氣環流的變化直接反映在這裡的氣候和生態系統的改變，因此過去氣候變遷的訊息清楚地記錄在此地的沉積物中。一般而言，木本花粉是所有植物花粉當中較能反映氣候條件改變的指標，武淵井的花粉組合由於是以草本花粉和蕨類孢子為主，所記載的古氣候訊息較為微弱難辨，相較之下，淇武蘭遺址是重建古氣候的較好材料，根據此地木本花粉的組合，可以建構出宜蘭地區最近2800年來的古氣候變化(圖9)。

淇武蘭遺址的花粉分析結果顯示宜蘭地區在最近2800年來的氣溫並未出現明顯的變動，但是隨著赤楊屬(*Alnus*)及其他樹種的興衰，說明小幅度氣候波動依然存在。花粉紀錄顯示宜蘭地區在2770-2480年前期間是一段較為冷涼的時期，屬於冷溫帶樹種的鐵杉屬(*Tsuga*)出現相對繁盛的景象，之後由鐵杉屬的逐漸式微，說明氣溫有回升的趨勢。在2480-2280年前期間，花粉紀錄中先驅樹種赤楊屬(*Alnus*)花粉的佔有比例增高，此時可能因暴雨或是地震因素，造成山區發生山崩事件，崩塌地的形成使得赤楊屬的生育地因此擴大。而在距今2280年前之後，自然環境顯然較為穩定，赤楊屬出現衰退，其重要性被山龍眼屬(*Helicia*)所取代。不過自2170年前開始，赤楊屬再次出現繁榮的景象，宜蘭地區可能因為暴雨頻仍引發山區的山崩事件頻

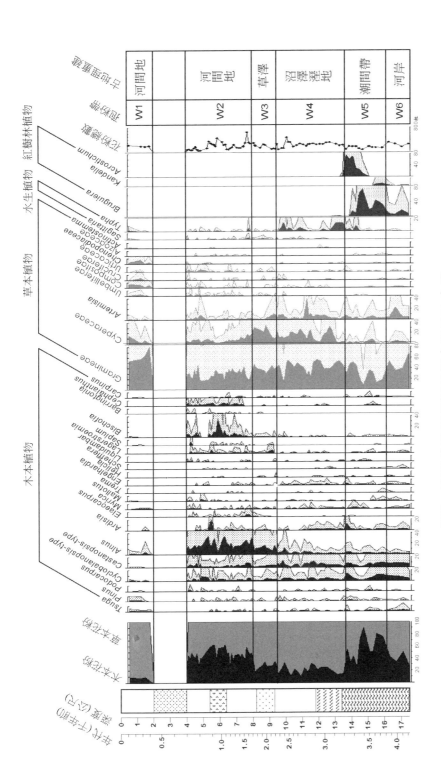

圖7 武淵井重要花粉種屬之百分比含量

木本與草本花粉百分比是以陸生植物花粉總和為分母計算而得，水生和紅樹林植物花粉是以陸生植物花粉加上水生、紅樹林花粉總和為分母計算而得，孢子是以孢粉總和為分母計算而得。

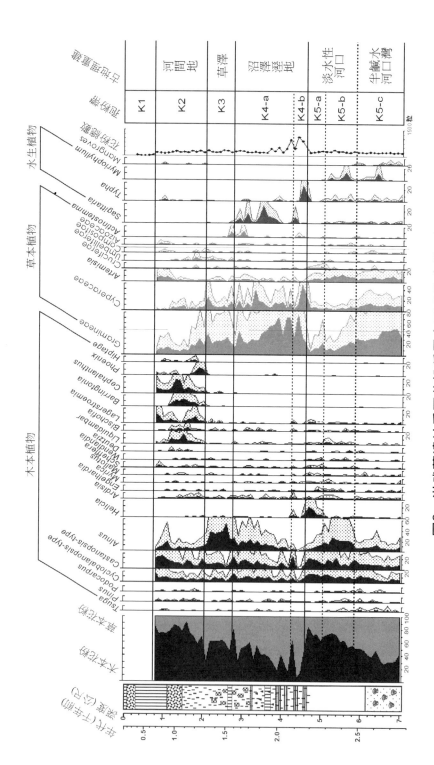

圖8 淇武蘭遺址重要花粉種屬之百分比含量

木本與草本花粉百分比是以陸生植物花粉總和為分母計算而得，水生和紅樹林植物花粉加上水生、紅樹林花粉總和為分母計算而得。第K1孢粉帶由於花粉數量太少，在此忽略不計。

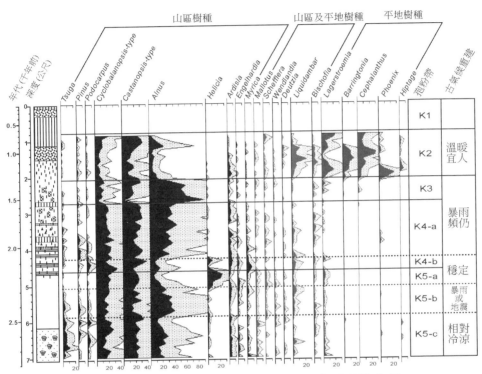

圖9　淇武蘭遺址重要木本花粉種屬之百分比含量

木本花粉是以陸生植物花粉總和為分母計算而得。第K1花粉帶由於花粉數量太少，在此
忽略不計。

繁發生，平原區的沖積扇三角洲也不斷擴張。這樣的氣候型態一直持續到
1290年前左右才明顯好轉，花粉紀錄中喜暖的九芎屬（*Lagerstroemia*）、楓香屬
（*Liquidambar*）及刺葵屬（*Phoenix*）出現繁盛，此地進入一段較為溫暖適宜的時
期。至於最近千年內的氣候波動，根據筆者分析位在平原南側梅花湖中沉
積物的花粉組合，顯示在大約850-700年前期間宜蘭地區的降雨量明顯增
多，當地的水文與自然生態也因此受到影響。

　　近年來已有多項古環境指標顯示在距今2000多年前至1400年前期間宜
蘭地區的降雨型態可能改變，因而對該地的生態體系造成衝擊。在淇武蘭
遺址的花粉紀錄中，赤陽屬花粉在2170-1580年前出現逐步增加的態勢，並

在1580-1290年前期間達到鼎盛,說明這段期間宜蘭可能因為暴雨頻率增加,在山區引發山崩、土石流事件頻繁發生,暴雨也自山區帶來大量沉積物堆積在平原上,造成沖積扇三角洲的幅員擴大,而赤楊屬除了大量生長在山區的崩塌地上外,更以先驅之姿繁茂於平原區逐漸擴大的新生土地上,因此在地下地層中留下逐漸增加以至鼎盛的花粉紀錄。此時期的氣候事件不僅在地下花粉中留下訊號,同時也在蘭陽溪上游堆積了大規模的礫石沖積扇(謝孟龍等 1997;齊士崢等 1998;齊士崢、宋國城 2000;Liew and Hsieh 2000),並在宜蘭平原南側的梅花湖及平原區沉積物(順安井及武淵井)中分別留下異常水文狀態的證據(林淑芬等 2006)。

四、影響聚落發展的環境因素

影響聚落發展的因素雖然極為複雜,但是人們對於居住空間的選擇首重環境條件,包括地形地貌、水文氣候、土壤植被等自然因素,在塑造各地聚落特徵上常具有決定性的影響力,這些要素對於史前聚落的建立與發展更是關鍵。一般而言,沿海平原由於具備地勢平坦、天然資源豐富等各項有利條件,深受古代人群的青睞,然而過去全球氣候變遷與海平面升降曾引起濱海環境的滄桑巨變,這些變化不僅對人類的生活與生業型態產生影響,對其生存空間以及聚落位置在水平和垂直方向上的移動也有十分重要的相關性(Ricklis and Blum 1997;Stanley *et al.* 1999;Yu *et al.* 2000;Ybert *et al.* 2003;王張華、陳杰 2004;張強等 2004;鄭卓等 2004;Compton and Franceschini 2005)。

綜觀宜蘭地區自古迄今的聚落分布主要集中在平原區,只有少數散布於平原周緣的丘陵或淺山地帶。平原區除了農業開發較為容易之外,由於河道交錯、水網發達,也具有水資源豐富和航運條件優越等優點,因此在陸運交通建構之前,多數聚落選擇建立在河流兩側,尤其是在水運交通線旁,聚落往往應運而生。可是平原區也有地勢過於低平,易受洪澇威脅的缺點。反觀丘陵地上的聚落享有近山資源，倘若傍水而居，水源亦不至匱乏，同時也能享有河流中的水生資源，只是丘陵地上腹地狹小，農耕發展不易，對外交通亦不便利，加上近山，聚落易受土石流等天然災害襲擊，其生活條件實不如平原地區。

由於史前聚落大多分布在河流兩側或是河流與河流的交匯之處，過去水文條件的改變往往影響著該地的聚落面貌，甚至決定了這些傍水聚落的命運。根據古環境資料顯示，宜蘭地區在距今3800-3200年前曾經發生地區性海侵事件，這次海侵事件極可能是迫使四千年前左右原本居住在平原上的新石器時代人群向高處遷移的原因。海水的入侵將使得海陸相對位置改變，人們在平原上的活動空間因此受到壓縮，各項自然資源的形成與分布也會有所變化，再加上平原地帶洪水位上升，聚落安全受到威脅，當時的人們很可能是在居住條件惡化之下，不得不放棄平原上的生活方式，遷徙至地勢較高的丘陵地上重新建立聚落。大竹圍遺址的地層紀錄便指示著人群的遷移極可能與自然環境的改變有關（劉益昌等 2001）。

古環境資料亦顯示這次海侵事件只持續了數百年的時間，平原地區自大約3200年前開始已陸續進行著陸化的轉變。然而根據地下花粉的分析結果，此時平原上河道縱橫、濕地遍布，在土地仍然潮濕且不穩定的情況之下，史前人群並未即刻回到平原上居住，反而選擇留在山區繼續生活。考古學資料顯示分布在丘陵地上的新石器時代晚期文化延續了千年以上的時間，一直到2400年前或是更晚才消失於宜蘭地區，自此宜蘭也進入一段將近千年之久的文化空白時期。

近年來得到的古環境訊息表明，宜蘭地區在二千年前左右曾發生氣候條件的重大變化，由於降雨型態改變，不僅在蘭陽溪上游堆積了大規模的礫石沖積扇（謝孟龍等 1997；齊士崢等 1998；齊士崢、宋國城 2000；Liew and Hsieh 2000），在宜蘭平原南側的梅花湖及平原區沉積物中也留下異常水文狀態的證據（林淑芬等 2006）。根據淇武蘭遺址的地下花粉資料，此地在距今2170-1290年前可能因為暴雨頻率增加，導致山區山崩、土石流事件頻繁發生，平地也飽受洪澇之苦(林淑芬 2007a；Lin et al. 2007)。

　　實際上，根據竺可楨整理中國歷史紀錄中的物候與方志資料，重建最近五千年來氣候變遷的結果，在距今2000-1400年前(東漢至南北朝時期)正是一段寒冷時期(竺可楨 1972)，說明這段期間的冬季季風較為強盛。宜蘭由於地理位置與地形之故，冬季季風的增強將使此地面臨較為嚴苛的環境條件，因為冬季季風增強將使宜蘭的冬天變得更加寒冷，冬季的持續時間也將拉長，蘭地居民必須忍受更長時間且更加惡劣的冷酷環境。更重要的是冬季季風增強將使得氣候的季節性變化更加明顯，降雨量的季節性分配也將更加極端。因為相同的年降雨量，若是在季節分布上均勻合理則表現為風調雨順，但是如果季節性過強則易釀成水、旱之災。因此在距今2000-1400年前期間，很可能是因為冬季季風的增強，造成宜蘭地區的冬天更冷，冷期更長，加上季節性降雨的幅度與頻度增加，引發經常性的山洪爆發，這不僅造成山區的山崩、土石流等災害頻繁發生，平地也飽受洪水侵襲，極端惡劣的氣候與環境條件很可能是迫使當時人群捨棄家園，選擇離開宜蘭的原因。

　　根據花粉分析的結果，宜蘭地區的氣候條件自1300年前左右已經好轉，平原區的古地理演育也大致完成。穩定的土地不僅給予史前族群發展聚落的基礎，合宜的氣候更提供古人良好的生存條件，屬於鐵器時代較早階段的人群就在這樣溫暖適宜的環境條件下來到宜蘭平原建立聚落。然而隨著有利條件的消失，史前聚落發展也可能再次受到阻礙。根據梅花湖的花粉紀錄，宜蘭地區在距今850-700年前期間可能因為降雨量再度增加而飽受洪澇侵襲，臨河而居的淇武蘭遺址下文化層人群可能就在洪水威脅之下被迫暫時搬離淇武蘭，一直到大約五、六百年前，屬於上文化層的人們才又再度回到這裡。而在最近的幾百年內，隨著人們治水能力的提昇和人口壓力的逐漸擴大，平原上的聚落不斷增加，不論在數量和規模上都有相當程度的進展。

五、結語

　　人類社會的發展與自然環境之間的牽連互動一直是受到極大關注的課題，長久以來，學者對此也普遍存在著學科上的認知差異與意見分歧。引起古代文明興衰變化的原因十分複雜，但歸納起來，不外乎社會本身的內在因素與自然環境的外在因素兩大類。過去史學家習慣從宗教、戰爭、社會結構等方面討論這些變化的內在原因，認為戰爭、人口壓力、森林毀滅、資源枯竭等是社會崩潰與聚落消失的主要因素，然而越來越多證據表明，人類社會的發展固然有其內在的演化規律，但是外在環境因素的作用也不容忽視，如果缺乏古代文化發展的環境背景知識，單純利用社會因素將很難客觀的認識古代文化演變的真正原因。

　　近年來由於在高分辨率氣候事件和變化序列的重建上已有重大進展，對探討人類行為與自然環境之間的關係提供了前所未有的空間。本文綜合宜蘭地區的古環境研究成果與考古學資料，嘗試以新的角度討論臺灣考古學上的一些問題，然而在強調氣候變化引起環境變化，進而左右史前社會發展的同時，並非否認其他因素的存在。事實上影響文化興衰的原因是極為複雜且多面相的，而氣候與環境變化對社會發展的影響也必須是透過影響人的行為與決策來實現，因此也受到社會、政治、宗教等諸多因素的制約，不過由本文的研究結果可知，氣候和環境等外在因素的轉變對於人類社會發展所可能產生的影響絕對是不可忽視的問題。

【後記】本文蒙科技部專題計畫MOST103-2410-H-001-055-MY2資助相關研究，特此致謝。

參考文獻

王星光

    2005　〈中國全新世大暖期與黃河中下游地區的農業文明〉，《史學月刊》4：
        5-13。

王張華、陳杰

    2004　〈全新世海侵對長江口沿海平原新石器遺址分布的影響〉，《第四紀研究》
        24：537-545。

王紹武

    2005　〈2200-2000BC的氣候突變與古文明的衰落〉，《自然科學進展》15：
        1094-1099。

田廣金

    2000　〈岱海地區考古學文化與生態環境之關係〉，《環境考古研究》第二輯，
        頁72-80。

田廣金、史培軍

    1997　〈中國北方長城地帶環境考古學的初步研究〉，《內蒙古文物考古》2：
        44-51。

江新春

    1976　〈宜蘭平原之震測〉，《礦業技術》14(6)：215-221。

李水城

    2002　〈西拉木倫河流域古文化變遷及人地關係〉，《邊疆考古研究》第一輯，
        頁269-288。

吳文祥、劉東生

    2001　〈4000aB.P.前後降溫事件與中華文明的誕生〉，《第四紀研究》21：
        443-451。

    2004　〈4000aB.P.前後東亞季風變遷與中原周圍地區新石器文化的衰落〉，《第
        四紀研究》24：278-284。

吳文祥、葛全勝

    2005　〈全新世氣候事件及其對古文化發展的影響〉，《華夏考古》3：60-67。

竺可楨
    1972 〈中國近五千年來氣候變遷的初步研究〉，《考古學報》1：15-38。
林淑芬
    2007a 〈宜蘭淇武蘭遺址的花粉分析研究〉，《經濟部中央地質調查所彙刊》20：
          1-22。
    2007b 〈由地下花粉紀錄看宜蘭最近4200年來的自然環境變化〉，《宜蘭文獻雜
          誌》75/76：247-262。
林淑芬、劉平妹、賴慈華（林淑芬等）
    2004 〈由武淵井的花粉紀錄推估宜蘭平原晚全新世的濕潤期及其古季風意
          義〉，《經濟部中央地質調查所彙刊》17：107-128。
林淑芬、賴慈華、李德貴、魏國彥、宋聖榮、楊天南、陳惠芬（林淑芬等）
    2006 〈宜蘭地區發生在二千年前左右的環境變化事件〉，《第十一屆「臺灣之
          第四紀」研討會論文集》，頁96-99。
俞偉超
    1992 〈龍山文化與良渚文化衰變的奧秘──致"紀念發掘城子崖遺址六十周年
          國際學術討論會"的賀信〉，《文物天地》3：27-28。
索秀芬
    2003 〈內蒙古農牧交錯帶考古學文化經濟形態轉變及其原因〉，《內蒙古文物
          考古》1：62-68。
    2005 〈中全新世內蒙古東南部和中南部環境考古對比研究〉，《內蒙古文物考
          古》2：42-55。
陳文山
    2000 《臺灣地區地下水觀測網第二期計畫水文地質調查研究八十九年度報
          告：沉積物與沉積環境分析及地層對比研究──蘭陽平原》，經濟部中央
          地質調查所。
陳文山、宋時驊、吳樂群、徐澔德、楊小青（陳文山等）
    2004 〈末次冰期以來臺灣海岸平原區的海岸線變遷〉，《國立臺灣大學考古人
          類學刊》62：40-55。
陳有貝
    2005a 〈從淇武蘭與龍門舊社兩遺址看族群研究〉，《國立臺灣博物館學刊》

58（2）：25-36。

2005b 〈蘭陽平原淇武蘭遺址的問題與研究〉，《田野考古》10（2）：31-48。

2013 《國道5號二龍河段側車道延伸新闢工程與淇武蘭遺址重疊範圍之搶救發掘計劃案第一次後續擴充計劃期末報告》，宜蘭縣政府。

張強、劉春玲、朱誠、姜彤（張強等）

2004 〈長江三角洲地區全新世以來環境變遷對人類活動的影響〉，《海洋地質與第四紀地質》24：9-15。

陸泰龍

2003 〈台北縣石碇溪口與雙溪河口及鄰近地區新石器時代考古遺址調查與研究－以內寮等五個遺址為例〉，國立臺灣大學人類學研究所碩士論文。

靳桂雲

2004 〈燕山南北長城地帶中全新世氣候環境的演化及影響〉，《考古學報》4：485-505。

楊志榮

2000 〈中國北方農牧交錯帶東南部環境考古研究〉，《乾旱區地理》23：320-325。

楊志榮、索秀芬

2000 〈中國北方農牧交錯帶東南部環境考古研究〉，《環境考古研究》第二輯，頁81-88。

齊士崢、宋國城

2000 〈臺灣界限斷層帶上沖積扇階地地形發育的複雜性〉，《環境與世界》4：77-92。

齊士崢、宋國城、陳邦禮、謝孟龍、蔡衡、傅炯貴（齊士崢等）

1998 〈蘭陽溪上游沖積扇的地形演育〉，《環境與世界》2：137-150。

鄭卓、鄒韞、張華、余榮春、陳熾新（鄭卓等）

2004 〈華南沿海熱帶──亞熱帶地區全新世環境變化與人類活動的關係〉，《第四紀研究》24：387-393。

劉益昌

1995a 〈宜蘭史前文化的類型〉，《「宜蘭研究」第一屆學術研討會論文集》，頁38-56。

1995b 〈核四及鄰近地區史前遺址與文化〉，《凱達格蘭族文化資產保存──搶救核四廠遺址與番仔山古蹟研究會專刊》，頁70-92。

1997 《台北縣北海岸地區考古遺址調查報告》，台北縣立文化中心。

2000 〈宜蘭在臺灣考古的重要性〉，《宜蘭文獻雜誌》43：3-27。

2004 《台閩地區考古遺址普查研究計畫──宜蘭縣、花蓮縣》，頁14-18。

劉益昌、郭素秋

2000 《台北市考古遺址調查與研究》，台北市政府民政局。

劉益昌、顏廷妤、許理清（劉益昌等）

1999 《七家灣遺址受國民賓館影響範圍發掘報告》，行政院退輔會。

劉益昌、邱水金、戴瑞春、王美玉、李貞瑩（劉益昌等）

2001 《宜蘭縣大竹圍遺址受北宜高速公路頭城交流道匝道影響部份發掘研究報告》，宜蘭縣政府。

滕銘予

2005 〈赤峰地區環境考古學研究的回顧與展望〉，《邊疆考古研究》第三輯，頁263-273。

賴典章、費立沅、陳文政、侯進雄、黃智昭、陳瑞娥、陳利貞、賴慈華、呂學諭、陸挽中、周素卿、陳志楷、邱淑雯、王元才、王菁穗、陳文和（賴典章等）

2001 《臺灣地區地下水觀測網第二期計畫：嘉南平原及蘭陽平原水文地質調查報告》，經濟部中央地質調查所。

謝孟龍、齊士崢、陳邦禮、劉平妹（謝孟龍等）

1997 〈蘭陽溪、二仁溪全新世河階的成因與氣候變遷〉，《海峽兩岸地形與環境教育研討會論文集》，頁65-70。

韓茂莉

2005 〈中國北方農牧交錯帶的形成與氣候變遷〉，《考古》10：57-67。

Binford, M. W., Kolata, A. L., Brenner, M., Janusek, J. W., Seddon, M., Abbott, M. and Curtis, J. H.（Binford *et al.*）

1997 "Climate variation and the rise and fall of an Andean Civilization," *Quaternary Research* 47: 235-248.

Compton, J. S. and Franceschini, G.

2005 "Holocene geoarchaeology of the Sixteen Mile Beach barrier dunes in the

Western Cape, South Africa," *Quaternary Research* 63: 99-107.

deMenocal, P. B.

   2001   "Cultural responses to climate change during the Late Holocene," *Science* 292: 667-673.

Letouzey, J. and Kimura, M.

   1986   "The Okinawa Trough genesis, structure and evolution of the backarc basin developed in a continent," *Marine and Petroleum Geology* 2, 111-130.

Liew, P. M. and Hsieh, M. L.

   2000   "Late Holocene (2 ka) sea level, river discharge and climate interrelationship in the Taiwan region," *Journal of Asian Earth Science* 18: 499-505.

Lin, S. F., Liew, P. M. and Lai, T. H. (Lin *et al.*)

   2004   "Late Holocene pollen sequence of the Ilan Plain, northeastern Taiwan, and its environmental and climatic implications," *Terrestrial, Atmospheric and Oceanic Sciences* 15(2): 221-237.

Lin, S. F., Huang, T. C., Liew, P. M. and Chen, S. H. (Lin *et al.*)

   2007   "A palynological study of environmental changes and their implication for prehistoric settlement in the Ilan Plain, northeastern Taiwan," *Vegetation History and Archaeobotany* 16: 127-138.

Liu, C. C.

   1995   "The Ilan Plain and the southwestward extending Okinawa Trough," *Journal Geological Society China* 38, 229-242.

Ricklis, R. A. and Blum, M. D.

   1997   "The geoarchaeological record of Holocene sea level change and human occupation of the Texas Gulf Coast," *Geoarchaeology* 12: 287-314.

Stanley, D. J., Chen, Z. and Song, J. (Stanley *et al.*)

   1999   "Inundation, sea-level rise and transition from Neolithic to Bronze Age Cultures, Yangtze Delta, China," *Geoarchaeology* 14: 15-26.

Suppe, J.

   1984   "Kinematics of arc-continent collision, flipping of subduction, and back-arc spreading near Taiwan." Memorial Geological Society China 6, 21-33.

Weiss, H. and Bradley, R. S.

    2001   "What drives societal collapse?" *Science* 291: 609-610.

Weiss, H., Courty, M. A., Wetterstrom, W., Guichard, F., Senior, L., Meadow, R. and Curnow, A.（Weiss *et al.*）

    1993   "The genesis and collapse of third millennium north Mesopotamian Civilization," *Science* 261: 995-1004.

    Wu, W. and Liu, T.

    2004   "Possible role of the 'Holocene Event 3' on the collapse of Neolithic Cultures around the Central Plain of China," *Quaternary International* 117: 153-166.

Yasuda, Y., Fujiki, T., Nasu, H., Kato, M., Morita, Y., Mori, Y., Kanehara, M., Toyama, S., Yano, A., Okuno, M., Hiejun, H., Ishihara, S., Kitagawa, H., Fukusawa, H. and Naruse, T.（Yasuda *et al.*）

    2004   "Environmental archaeology at the Chengtoushan site, Hunan Province, China, and implications for environmental change and the rise and fall of the Yangtze River civilization," *Quaternary International* 123-125: 149-158.

Ybert, J. P., Bissa, W. M., Catharino, E. L. M. and Kutner, M.（Ybert *et al.*）

    2003   "Environmental and sea-level variations on the southeastern Brazilian coast during the Late Holocene with comments on prehistoric human occupation," *Palaeogeography, Palaeoclimatology, Palaeoecology* 189: 11-24.

Yeh, Y. H., Lin, C. H., and Roecker, S. W.（Yeh *et al.*）

    1989   "A study of upper crustal structures beneath northeastern Taiwan: possible evidence of the western extension of Okinawa Trough." Proceeding of Geological Society China 32, 139-156.

Yu, S., Zhu, C., Song, J. and Qu, W.（Yu *et al.*）

    2000   "Role of climate in the rise and fall of Neolithic Cultures on the Yangtze Delta," *Boreas* 29: 157-165.

島嶼、人群、遷徙與適應

陳玉美[*]

In just a few centuries, the people of Easter Island wiped out their forest, drove their plants and animals to extinction,, and saw their complex society spiral into chaos and cannibalism. Are we about to follow their lead ?

—Diamond 1995 Easter's End

I am part of the sea and the sea is part of me when I am on it.

—George Kaddy, Meriam Elder, Torres Strait 1999, Sharp 2002:27 [1]

Only with the lengthy time perspective of historically ordered change can the complex considerations [of global change] be disentangled.

—Adams 1990, 轉引自 Kirch 1997: 284

一、前言

「白沙、碧海、藍天是太平島給人的第一印象，純淨的美景，彷彿來

---

* 中央研究院歷史語言研究所副研究員。
1 引自 McNiven 2003, p. 329.

到與世隔絕的世外桃源。」(http://vm.nthu.edu.tw/southsea/index1.htm 南海發現
之旅)

　　如同這位作者的描述，島嶼的意象，一般都是遺世獨立、海角一樂園。
地理空間上的完整與獨立，有限的面積，讓島嶼成為一個"天然的實驗室"，
適合觀察人類社會文化之發展與變遷，並進行相關的研究(Evans 1973,
1977)。Evans從McArthur等人之生物地理學研究得到啟發，並進而將之運用
到地中海島嶼考古學的研究。以前述的假設與概念為基礎，他將Malta與
Lapiri兩個位在西西里島東北與西南的兩組小群島，進行比較研究，發現兩
者因天然資源的差異，造成其與外界的關係網絡不同，也造成當地人不同
的心態與不同的社會發展軌跡(Evans 1977)。島嶼作為"天然實驗室"與島嶼
的孤立性，在大洋洲考古學的研究，更因為其研究發展的時機，正好也是
新考古學興起的時期，受到功能論與文化生態學的影響，其研究議題自然
環繞在人類遷徙、定居與島嶼環境之變化[2]。不過，島嶼孤立特性的假設，
近年來受到許多質疑與挑戰(Fitzpatrik 2004; Rainbird 1999; Kuklick1996; Terrell
1997)。直線遷徙的景象(A→B→C)，因為人群回流等現象，單一發展的方向
與路線，顯然過度簡化、不足，更複雜的區域關係網絡，開始被提出來，
作為新的解釋框架[3]。臺灣作為一個海島，近年來因為南島語族擴散的議題，
開始與鄰近地區、甚至大洋洲地區的考古學研究，有了某種程度的關連！

　　在上述的背景之下，本文除了探究島嶼孤立性與作為天然實驗室等假
設的問題，並進一步透過蘭嶼民族誌的資料，對相關的問題進行討論。區
域人群的形成，事實上，是需要透過大的時空架構(spatio-temporal framework)
進行理解。

2　人與環境關係的議題與歷史生態學的發展，另一個主要背景則是全球自然資源與環
　　境之危機。
3　2008年5月29-30日「生物多樣性與南島語族遷徙：演化與影響」研討會上，Lisa
　　Matisoo-Smith 提出multiple introductions.

二、島嶼：一個天然實驗室

　　島嶼作為一個天然實驗室的概念，是建立在島嶼地理空間的完整性/島嶼孤立性以及其有限的面積，島上資源有限，因而容易掌握，進而分辨出當地或外來的物品，以確認其與外界的互動關係。也因為其面積有限，相較於大陸，比較容易掌握(可能影響的因子)，就像自然科學的實驗室一般，島嶼(社會)提供了一個天然的「實驗組」，是研究社會文化發展與變遷過程的最佳所在(Evans 1973, 1977)。事實上，島嶼作為一個天然的實驗室的概念與其孤立性的假設，可以追溯至19世紀演化論發展的背景。達爾文與華萊士兩人的生物演化論，都建基於當時太平洋地區島嶼生物地理學的現象與材料，而島嶼的孤立性就是其中一項生物發展演化重要的指標(Kuklick 1996)。

　　李光周先生是第一位將「臺灣」與「天然實驗室」連結的臺灣考古學者。在其1987年出版的小書中，揭櫫「臺灣：罕見的考古學實驗室」：

　　「學者認為臺灣是一個人類學研究自然實驗室。同樣地，筆者也認為臺灣是一個考古學研究的自然實驗室；並且是世界上至為珍貴而罕見的一處考古學研究的自然實驗室。」(p. 50)，「理出行為、文化的規律，臺灣考古有地緣關係、生態環境、研究資料、研究環境等極為優越、得天獨厚的條件」(p. 5)。李先生進一步分疏臺灣為何是一個天然實驗室以及其相關的四個條件：

　　地緣關係：東亞大陸棚邊緣，處亞洲大陸與西太平洋島嶼之間的橋樑位置；介於大陸與海洋之間，中國東部海域海岸、島嶼與太平洋西緣島弧緩解樞紐之北；

　　生態環境：地形、動、植物多元複雜

　　研究資料：臺灣雖然地處邊陲，但從史前時期即有頻繁的族群活動。……過去人類的行為、文化，學者不僅在臺灣可以觀察到邊

陸地區的特殊現象；並且可以看到同時性的或異時性的人際之間以及人與自然環境之間互動和適應的複雜現象。除了「適應」現象之外，也見「演化變遷」與「抉擇」現象。臺灣地區史前時期與歷史時期文化的發展，因其特殊地緣關係，另一方面，可見有外來移入者，有本地發展者，有向外移出者。大規模的航海活動，或較目前推測者為早。

研究環境：臺灣面積不大，地域上並有明顯的範圍界限，學者在從事研究工作之時，空間範圍容易掌握與控制。臺灣具有豐富的民族學資料，考古學可以因而結合人類學者的研究作類比研究，對於人類過去的文化與行為秩序、規律可有更多的認識與了解。(李光周 1987：50-53)

此外，劉益昌、臧振華兩位先生，也曾提出相關的敘述。

島嶼考古學的研究：臺灣及附屬島嶼很多，島嶼的文化及相貌表現與大陸或大型島嶼不同，「利用島嶼本身的特性企圖說明人類的生活方式與運動方式」。(劉益昌 1996：72)

再者，臺灣的自然環境極為複雜，在很小的範圍內，即具有多樣性的地形、氣候和生物區帶，是研究人類生態適應及其變異的良好實驗室。(臧振華 1995：19)[4]

張光直先生在談論「臺灣考古的重要性」(1972)[5]時，分四點敘述，其中的第二點，也提及臺灣是研究現代與過去文化生態學的一個良好實驗室，因為「麻雀雖小，五臟俱全」。

---

4 臧振華先生在Archaeology of Penghu lsands，直接引述Evans有關島嶼考古的論述。
5 「臺灣考古的重要性」(1972史語所演講)。

現代的文化生態學注重文化系統的諸種成分與自然環境中諸種成分之間的連鎖關係。自然環境越是複雜，所含成分越多，對文化生態學的研究越有意義。從這個觀點來看，臺灣是研究現代與過去文化生態學的一個良好實驗室，因為「麻雀雖小，五臟俱全」，……複雜的自然環境……地形、氣候、植被、現代住民的聚落形態……就很清楚的反應各種文化成分與各種環境類型之間的連鎖關係，而古代聚落形態的變化也可以由這類觀點深加研究。這類研究的機會，不是到處都有的。在這一點上臺灣也可以說是「得天獨厚」了。(引自張光直 1977)

上面幾段引文，作者們皆指出「臺灣」這個海島，因島嶼環境的特性，是個適合作為探討生態適應與社會文化發展與變遷的天然實驗室。

島嶼作為一個天然/良好的實驗室的概念，主要是建立在島嶼孤立性的假設之上，當這個假設受到質疑時，「天然實驗室」自然失去其立論的基礎。相關的問題，在之後有關島嶼孤立性的檢討的段落，將進一步討論。

三、人與島嶼生態環境

人與其居住的島嶼生態環境的關係，究竟是前者影響後者，還是後者影響前者？或者，有另外一個更複雜的圖像？

Kirch1997年的文章，提出目前歷史生態學[6]的主要議題有四：1. 自然或人為因素導致變遷；2. 人的行為對島嶼生態所造成的影響；3. 人群移居是否可從環境的相關資料中找到線索(如土壤中碳粒子之數量)；4. 島嶼生態環境究竟是脆弱亦或是強韌？(Kirch 1997b: 13-21) 這些主題之出現，有其學

---

6 歷史生態學是結合考古學、古植物學、古生物學、地質學等多學科的研究，目的在探究長期環境變遷以及人類社會文化所可能扮演的角色。

術史與時代背景的因素[7]。一方面，大洋洲地區的科學考古學研究，要到1947年才由E. W. Gifford正式展開。另一方面，(特別是)東部的大洋洲地區(remote Oceania)，在玻里尼西亞人移居之前，皆是無人居住的島嶼，因而提供了一個單純、良好的(如實驗室般)的條件，特別適合觀察、探究人的行為與環境之間的關係。再加上1960年代末，新考古學帶來功能論與文化生態學的相關概念，更加強了有關人與生態環境適應關係等相關議題的發展與研究。人類社會對(島嶼)生態環境產生負面影響進而導致本身社會文化崩解，並具有警世作用的，莫過於復活節島的例子。不過，1980年代開始逐漸確認的人類社會及其活動對其居住的島嶼生態環境確實造成影響的結論，得來不易。18世紀歐洲航海探險家對大洋洲島嶼居民「高貴原始人」(noble savages)、自然人的描述，形塑一個天人合一、人間天堂的景象。島民與當地自然環境和平共處，豐富的自然資源，成就當地人平和、寧靜的氣質。法國航海家de Bougainville，1768年4月抵達大溪地時，說道："I never saw men better made" "I thought I was transported into the garden of Eden"。翌年，英國的庫克船長(James Cook)造訪該島時，其反應與de Bougainville一般。談到人與環境的關係時，庫克船長："In the article of food these people may almost be said to be exempt from the curse of our forefathers; scarcely can it be said that they earn their bread with the sweat of their brow, benevolent nature hath not only supply'd them with necessarys but with abundance of superfluities" (Kirch 1997b, 4-5)。上述這種人間天堂的景象，自然沒有留下任何可以討論人的行為如何影響環境的空間[8]。進入19世紀，西方研究者開始對太平洋地區進行系統的調查，也是民族學發軔的時期。研究者對於居民與島嶼環境的關係，基本上仍維持前述的看法，這樣的看法並持續至20世紀初葉。1920-21年，由地

7　即文化生態學、新考古學之興起以及環境資源之危機。

8　在庫克船長第二次航行，再度造訪大溪地時，其團隊中的博物學家Foster父子，已經注意到當地居民對環境的改造，以及外來品種等現象，不過他們仍舊維持當地人與環境和諧相處的看法。

質學家Herbert Gregory領軍的調查團——Bayard Dominick Expeditions，團隊中的植物學家與民族學家對於Maquesas 島民與其居住的環境的關係，出現兩極的解釋！前者認為當地人的農耕活動對環境造成明顯的影響；後者則認為環境對當地的人與文化造成很大的影響。這也是日後自然科學與人類學對相關議題存著不同看法的前奏。1960年代，文化生態學影響之下的人類學研究，開始注意島嶼生態環境與當地人的複雜的互動網絡。不過，此時的研究仍未注意到古代生態環境相關資料，所以基本上是一個同時限，缺乏時間深度的研究。此外，對於島嶼生態環境之改變，主要焦點仍是放在當地人與歐洲人接觸之後，所發生的一連串劇烈的動植物相的改變。也就是說，對於史前時期人類如何、是否對環境造成影響，並未得到相關研究者特別注意[9]。1961年，植物學家Raymond Fosberg 在第十屆太平洋科學會議，組了一個「島嶼生態系統中的人的角色」的議題小組(Man's Place in the Island Ecosystem)[10]，會議論文之後並集結成冊，成為相關研究的里程碑，同時啟發了日後歷史生態學的發展與研究(Kirch 1997b)。1970年代與1980年代，在夏威夷，考古學家透過對沖積扇(colluvial fan deposits)進行地形學與動物相(fauna)的研究，確立了史前時期山田燒墾的游耕式的農業，對當地環境造成影響(土壤侵蝕、森林破壞)。史前居民對環境/資源產生重大影響，其相關的直接證據，則來自考古遺址中出土的，已經絕種的多種鳥類骨骼的遺留。直接證實在歐洲人造訪之前，當地居民對環境資源的攫取、利用以致枯竭的例子，確實存在，其程度甚至不亞於歐洲人。同樣地，在紐西蘭與新幾內亞高地，古生態學的資料，也證實了史前人的農耕、狩獵行為，確實對當地環境與資源造成影響。新幾內亞高地的例子，除了指出自9000年前以來，人的(農耕)活動與環境的關係，並進一步指出，交換、養豬、農耕

9　這個時期大洋洲考古學還在初步發展的階段。

10　Fosberg指出孤立與有限的範圍/面積，是島嶼的特性，也是島嶼與大陸不同之處。1961的研討會，與會者主要討論的是歐洲殖民者對當地島嶼生態環境的嚴重影響，認為在歐洲人到來之前，當地人對島嶼生態環境的影響是微不足道的。

等社會/文化人類學家認為是當地社會文化最顯著的特色,事實上,是在2000至1000年前之間,逐漸成形(Golson 1997)。新幾內亞高地的例子,一方面指出社會文化現象有其長期歷史發展的背景,另一方面,也指出人與環境的關係並非簡單的單向關係,而是一種較複雜的辯證式的關係。同樣的島嶼環境卻可能因為社會文化因素的介入,而有不同的命運(Diamond 1995; Kirch 1997a, 1997b; Kirch & Hunt 1997; Rainbird 2002)。

四、一樣的島嶼不一樣的軌跡與命運:社會文化機制

每一座島嶼,各自代表一個具體而微的「歷史(過程/經驗)」(Kirch 1997a)。條件相近的島嶼,是否意味著其將有相近的發展軌跡與命運?Mangaia與Tikopia的例子,證實社會文化的機制,可以成就不同的命運。Mangaia與Tikopia兩島有相近似的環境史。其自然生態環境與地形/地貌,都因為人類的移居而有了重大的改變。不過,因為對類似的生態環境的改變,採取了不同的因應策略,特別是有關人口的控制,而使得兩地居民有了不同的命運。

Mangaia與Tikopia自然環境對照表

	Mangaia	Tikopia
Land area (km^2)	52	4.6
Geologic age (ma)	17-19	0.08
Parent materials	Deeply weathered lateritic basalt; uplifted coralgal limestone	Unweathered basalt andesite lavas, capped by breccia and tuff
Soil phosphorus	Limiting	Nonlimiting
Reef biotic diversity	Low	High
Reef biomass	Low	High
Annual rainfall(mm)	1,967	4,000
Cyclone frequency	1.4/yr	2/yr

(Kirch 1997a)

Mangaia

根據花粉分析所建構的當地古環境，證明從7000年至4000年前之間，植物相以樹種為主，火山錐只有輕微的侵蝕的現象。但是在2400年至1600年前之間，隨著南島語族移居當地，自然環境開始起了一連串的變化。土壤中陡增的碳粒子含量，可能是山田燒墾/游耕的農業型態所造成的現象。土壤中游離鐵、氧化鋁、二氧化矽含量增加，而磷的含量減少，這些都是火山錐表層肥沃的有機質土壤流失，暴露出底層嚴重風化、貧瘠的紅土的指標。覆蓋島上中央的火山錐上的樹林，因為人類農耕活動造成的環境變化而迅速消失。到了800年前，游耕的農業型態，因為環境改變，土壤流失，無法持續，轉而在谷地從事水芋的種植。當歐洲人到達之時，這些水田已經成為部落之間戰爭與爭奪的原因與對象。除了前述土壤侵蝕與植物相的改變，從考古發掘的證據顯示，當地豐富的動物資源，也受到嚴重的影響，其中包含各種鳥類、水果蝙蝠與海洋資源等。大約從1000年至350年間，當地的鳥類，從22種減少到9種。當然這可能是幾個不同的原因造成的結果，除了人類捕獵，其中也包含了棲地消失等因素。

島上的居民之祖先遷徙之初，也帶著豬、雞、狗等典型的南島語族飼養的家禽、家畜，定居在本島。當自然資源因為人的活動而開始衰竭，當地人，在大約1000年前開始積極地養豬、養雞，以補蛋白質之不足。不過，當1777年庫克船長造訪時，已經見不到豬與狗。考古發掘的資料，證實在遺址上層（約500BP），也就是歐洲人到達之前的最後一個階段，豬與狗就已經消失不見。鳥類、魚、貝類等，在遺址中的數量也很少，相反地，遺址中開始出現大量的有燒烤痕跡的（太平洋）鼠以及人的骨頭。這個現象，一方面指出當地社會對有限資源強烈地競爭的現象[11]，另一方面，自然資源的惡化，也造成當地社會文化－宗教與政治有重大的轉變。Rongo原本是當地的

---

11 能夠開墾成水芋田的耕地，只佔2％的面積，因而成為部落之間爭奪的主要資源。

農神(水芋)，轉化成同時是戰神的神祉。傳統世襲的酋長的權威，被戰爭領袖取代。而後者則透過向Rongo奉獻水芋與人的犧牲，取得其權威的正當性。

如同復活節島一般，生態環境與資源的破壞，導致Mangaia社會的崩解。

不過，復活節島與Mangaia的例子，是否是一個必然的結果？Tikopia的例子，則呈現不一樣的答案。

Tikopia

Tikopia的面積，只有Mangaia的十一分之一，人口密度卻有五倍。雖然在移居之初，有與Mangaia類似，因農耕活動導致自然環境破壞的情形，不過當地人以發展新的耕作型態，並透過社會文化的機制，對人口進行有效的控制，得以「永續」發展。著名的人類學家Raymond Firth在當地作田野調查時，就注意到當地發達的果園式的農耕方式。這個農耕方式，是模仿熱帶雨林多樣性的上層林冠的結構形式，在高大的果樹之下種植芋頭、薯蕷等作物。在海洋資源方面，也透過禁忌，達成維護資源不至於枯竭的目的。人口方面，則透過獨身、避孕、殺嬰等機制有效地控制。

考古資料顯示，大約在西元前900年，開始有人移居Tikopia。一開始，其過程與Mangaia一般，游耕式的農耕型態對當地自然環境造成很大的影響。動物考古學的資料，也顯示人的活動/行為，造成6種鳥類絕種。定居不到一千年的時間內，從遺址灰坑/貝塚所觀察到的，其魚、鳥類的遺留，只有當初的三分之一，而貝類更是只剩十分之一。水果蝙蝠也消失不見。自然資源裏的蛋白質來源因人類的採集，而逐漸衰竭，與此同時，在西元前200年左右，豬的飼養明顯地加強。也就是說，在定居之初的一千年間，Tikopia的人與環境關係的發展軌跡與Mangia並無二致。不過，從西元前100年至西元1200年間，新的農耕策略開始發展。模仿熱帶雨林上層樹冠的結構形式的農耕策略，取代了先前游耕的形式。經過數百年的嘗試錯誤，逐漸建立了日後當地特殊的農業景觀。另外一項特殊的發展，是在西元1600左右，當地停止了豬的飼養。原因可能是豬對農作物的破壞，同時，原先枯竭的海洋資源，也逐漸復原（Kirch 1997a, b）。

綜合上述，Mangaia與Tikopia兩座島嶼，由歷史生態學的資料觀之，兩者的人與環境關係的發展軌跡，早期是相似地，不過在面臨環境與資源的危機時，兩個社會採取了不同的策略，導致日後完全相反的命運[12]。

五、島嶼孤立性

地理空間的獨立完整、有限的面積、孤立性，是島嶼最主要的特性。這些特性成為島嶼作為一個天然實驗室的基礎。不過即使是最早倡導島嶼作為天然實驗室的考古家Evans也注意到孤立程度因個案而異。海固然區隔了社群，但在某些情況下，卻也可能成為互動媒介。

> Sea divides and isolates one community from another, it can also be in certain respects, a most effective medium of communication between them once adequate water transport becomes available. ...（Evans 1973）

島嶼孤立性的意象與相關的假設，有其歷史背景。Rainbird即提出，西方對島嶼的刻板印象，是16世紀以來，西方文學作品長時期塑造的結果。在西方，島嶼原先被視為是隱居、修行的處所，並未見日後一般對島嶼負面的看法。島嶼孤立、匱乏、危險等意象，事實上是西方地理大發現之後，從莎士比亞（暴風雨一劇）以來，相關文學作品建構的結果[13]。這種島嶼孤立性的假設，進而影響了日後人類學的研究——每一個人類學家研究的部落/社會/文化，自成一獨立完整的「島嶼」。與通俗文學作品中描繪的荒島意象——危險、未知，同時存在的，是海角一樂園的意象。不過，這種世外

12　兩座島嶼不同的地質年代，自然也扮演某些影響的角色，如土壤。

13　18世紀初Defoe的魯濱遜漂流記，是其中的代表。

桃源，卻也是(資源)匱乏與孤寂的。Kuklick更進一步申論，達爾文物種形成的隔離機制(speciation in isolation)的理論，如何透過Hadden影響日後人類學的研究[14]。人類社會，與其他自然界的物種一般，透過隔離機制，發展成一個新的物種/社會型態(Kuklick 1996; Rainbird 1999; Renfrew 2004; Terrell & Gosden 1997)。

島嶼孤立性的假設，也受到「當地人」的質疑。Hau'ofa即提出，是歐洲人引入島嶼是汪洋大海中的一個孤立的小黑點的觀點；當地人則視島嶼為相互關連的，海洋與島嶼構成同一張畫("islands as joined in a sea of islands")(Hau'ofa 1993)[15]。對大洋洲當地人而言，海/洋是無限的，海/洋的作用不是分隔島嶼，而是連結島嶼。換言之，當地人(people of sea)的世界觀與「大陸人」(people of continent)的世界觀，大不同。

近年來，考古學家如Terrell等人，在探討大洋洲史前文化時，開始提出以網絡關係的概念(reticulation)替代孤立(isolation)的概念。

島嶼孤立性的意象，與生物地理學、演化論的研究發展有密不可分的關係。物種孤立演化的機制，又以隱微的方式，對人類學的研究造成影響。島嶼考古學的研究，也繼承了前述的學術資產，這可以從Kirch總結大洋洲歷史生態學的研究主題看出端倪(Kirch 1997a)。西方文學，在16世紀地理大發現之後，在形塑島嶼孤立的意象上，扮演重要的角色。而當地人的觀點，反轉西方人視島嶼為汪洋中孤立的小黑點的觀點，海/洋並非隔離而是連結

---

14 Hadden原為動物學家，因帶領Torres Strait的研究調查團，開始對民族學感興趣，之後並成為劍橋大學的第一個民族學講座之講師/教授

15 "I think that how people make a living, how they survive, and how their culture evolves are all interrelated," Nainoa once said. "Pacific Islanders are ocean people and they are very tied to the ocean. They know how to live within that ocean environment and to survive in it. I think that people who for generations almost without end have evolved in an ocean world evolved a much different way of seeing the world than did people who lived in large land masses like continents." (夏威夷長者Nainoa)

的媒介。而網絡關係(reticulation)概念的提出,更能貼近當地複雜的人群互動與文化發展的現象。

以下將以蘭嶼為例,就當地民族誌、相關歷史文獻、考古學與語言學資料,探討區域歷史過程與人群發展的過程,作為「島嶼、人群、遷徙與適應」相關議題的一個註腳。

六、區域互動與人群的形成:以蘭嶼為例

> (*Siapen Kotan/Isamo*)指著海平面說道:「那邊,那西南風吹來的方向,也是每年飛魚來,以滋養我們的方向。它們(飛魚)知道那條路,如果我們對它們好,它們一定會回來。我們祖先瞭解海與海流,就如海中的魚一般。他們建造大船,以星座指引方向,航行到遠方的巴丹島。他們機巧、驚險的航行,數說不盡。我一直夢想有天能有位強人,號召大家,一起建造大船,航行到巴丹島。那兒有金子、*maraponay*(藍色玻璃珠)與*pagad*(牛皮製的戰甲)我們的魚鉤-*ayos*,也是從巴丹島傳來。那兒,一定是個美麗的地方。」(Benedek, 1987: 87)

上面引文,是Benedek1983年在蘭嶼進行地名之田野調查時,同行的當地長者*Siapen Kotan*(*Isamo*)[16] 的一段話。其內容,直接點出南方/巴丹島是珍寶(藍色玻璃珠*maraponay*、黃金*ovay*)與飛魚的源頭,同時也是嚮往與思念的珍土以及南方作為一個象徵的社會文化價值。這些南方來的物品,不僅為當地人所珍惜與寶貴,它們更是當地相關生命儀禮與歲時祭儀的重要成分,換言之,它們是當地社會再生產(social reproduction)不可或缺的重要元素。

蘭嶼與其南方巴丹群島的歷史文化關連,在20世紀上半葉,日本學者

---

16 *Siapen Kotan*是當地親從子名制中,曾祖父的稱呼。

已經透過口傳、物質文化與語言等論之甚詳。不過，蘭嶼島上各聚落之間的差異，直到今日，仍舊可以觀察到。鹿野忠雄以其在蘭嶼多次田野調查，累積了長時間的田野工作經驗，做了如下的觀察：

「紅頭嶼目前有七個番社，仔細觀察時，各番社之風俗習慣，多少有些不同。紅頭嶼的Yami族人，是否都是從巴丹島移來？目前尚言之過早。不過，可以確定的是，Yami族混有巴丹島人的血統」（鹿野 1946：38）[17]。

同樣地，《臺灣高砂族系統所屬》的作者們，也注意到，即使同一村子，也有不同說法的情形[18]。在鹿野忠雄、移川子之藏與淺井惠倫等人先後透過語言、動植物、物質文化、傳說、考古資料、當地人的地理知識、社會制度等，一一論證蘭嶼與南方巴丹群島無可否認的文化親緣關係，再加上蘭嶼島上居民的風俗習慣與物質文化，與臺灣本島之原住民，有明顯的的差異。蘭嶼與巴丹島的關係，蘭嶼島上各村之為「單一/同一文化群」的印象，似乎就逐漸取代了各村之間有歧異的現實。

若要處理蘭嶼當地人群的組成，究竟是是單元或多元的問題，就必須回到歷史過程中，加以探討。以下將分別從考古、口傳、歷史文獻等相關資料進行討論。

（一）史前時期的蘭嶼人群

蘭嶼地區仍然沒有正式的考古發掘工作，除了lobosbosan/dobosbosan[19]與蘭嶼國中兩處遺址，因工程破壞出土的甕棺，有經過清理或發掘，其餘

---

17 儘管鹿野忠雄先生在其相關的生物地理學與物質文化的研究，直指蘭嶼巴丹兩地關係密切，不過終其一生，仍傾向蘭嶼島上的人群可能有多種來源的說法。

18 「系統所屬」作者們，因為在計畫執行期間無法前往蘭嶼進行調查，卻又覺得若因此而遺漏Yami族，實屬遺憾，因而以其數年前在蘭嶼的田野調查資料為基礎，寫成此章。

19 Stamps最早的拼音為lobosbosan，lo-為接頭詞，表地名，不過正確的標音，應為do-。為配合既有之文獻，兩者將交互使用。

皆是地表的考古調查[20]（de Beauclair 1972；Stamps 1977；米沢 1984、1986；陳仲玉等 1989；臧振華、葉美珍 2000；劉益昌等 2002）。

筆者在《臺東縣史——雅美族篇》，曾依據已有的考古學文獻，對蘭嶼的史前史做了以下的整理與敘述：

蘭嶼當地出土的考古遺物有幾項特色：

1. 當地人有將在田、園中尋獲的石器帶回家保存的傳統。同時認為這些石器是祖先使用，遺留下來的器物[21]。

2. 出土的遺物中除了安山岩製的法碼形打製石鋤（斧）、石錘，其餘石器的石材多非本地所出產。換言之，這些石材是來自於蘭嶼島外[22]。

3. 考古遺物、遺跡往往與當地口述傳統有密切的關係。如島上發現的甕棺，根據當地口傳，在約300年至900年前仍然有如此的葬俗。而野銀村民稱作為甕棺的陶甕（陶罐）為paraparai(palapalai)，此一稱呼與筆者在巴丹島調查時，Basco居民稱當地出土的作為甕棺的陶甕的稱呼為palapalai，完全一樣。而筆者所見巴丹島的甕棺，無論在形制、尺寸或外形上，都與鹿野忠雄1935年在紅頭發現的甕棺相同[23]。

4. 有些出土甕棺的考古遺址之地點，如現在紅頭聚落與漁人聚落所在地或其邊緣之遺址，並非紅頭與漁人聚落的舊社遺址。口述傳統中，或指其為另一群人之村落舊址或墓地。

雖然蘭嶼當地的考古工作，目前主要的資料，仍是來自地表調查與採

20　另外一處有甕棺出土的地點，是紅頭聚落南方，目前已經廢除的原軍方的「蘭嶼指揮部」

21　當地發現的打製石鋤（斧），當地人稱之為chichivchiv no inapo。磨製石錛則稱為wasai no inapo。Inapo是祖先的的意思。不過也有將磨製石錛稱為chichivchiv no inapo的例子。

22　當地出土磨製石器常見的石材有basalt, porphyry, sandstone, quartzite and nephrite.

23　根據鹿野忠雄的調查，紅頭聚落在16代之前，Minarosoobai之時，才停止甕棺葬的葬俗。野銀聚落則是在11代之前才停止。漁人聚落則是在33代前仍行此葬俗。鹿野以一代25年為計算的標準。其起算點則應以1935年為起點。野銀聚落對甕棺的稱呼與巴丹島相同，也可作為其與巴丹島文化親緣關係的佐證。

集。極少數的搶救式的發掘工作,並未提供較可靠的層位方面的資料。即
便如此,仍然可以依據現有的文獻資料與鄰近地區的考古工作的成果,做
一些初步的討論。

　　與蘭嶼接隅的臺灣本島東部地區,近年來在考古調查與發掘工作累積
之下,考古學界已經可以建立從舊石器時代晚期至最近300-500年前的史前
文化層序,如下表(表1):

表1　史前文化層序(劉益昌 2008)

北段地區	南段地區		年代
巴賽人	當代原住民族群　　「中央山地類型」		A.D.1900 A.D.1620 原住民時代 500B.P.
普洛灣類型　水璉類型	靜浦類型/工作地類型/Lobusbussan		
富南類型	山棕寮類型		1500B.P.金屬器及金時並用時代
平林類型	富里山類型	三和類型	2000B.P.
花岡山文化	麒麟文化	卑南文化	2500B.P. 3000B.P. 3500B.P. 新石器晚期
"鹽寮類型"	富山類型		4000B.P.「繩文紅陶文化」
"小馬類型"			4500B.P. 新石器中期
大坌坑晚期(月眉)　大坌坑晚期(芝田)　大坌坑晚期(卑南) 中期(長光)			5000B.P. 5500B.P. 新石器早期
長濱文化晚期			6300B.P. 10000B.P.舊石器晚期持續
長濱文化中期? 長濱文化早期			30000B.P. 50000B.P.舊石器晚期

　　蘭嶼與綠島是在新石器時代中、晚期，才開始有人群從臺灣本島之東部或南部遷居。由於兩地的考古資料，並未確切顯示新石器時代中期(所謂東部繩文紅陶文化)單獨成層的考古證據，比較確定的是新石器時代晚期，也就是所謂卑南文化的時期，開始有人群遷徙到綠島與蘭嶼。他們並與臺灣本島(故居)保持交換與互動的關係。最具體的例子，以綠島考古資料言之，是摻有板岩碎屑摻和料的陶片、臺灣玉製飾品、板岩製石器以及石板棺等。由於蘭嶼與綠島皆為火山島，島上不出產板岩，比較合理的推測是其來自臺灣本島。跨海搬運石板棺用的石材/石板，工程不可謂不浩大！目前由於綠島地區的考古發掘規模仍小，無法做進一步的討論，不過，應該是日後值得進一步探究的問題。綠島的考古資料，有另一個值得注意之處，是其史前時期人群可能來自臺灣本島不同地區，多元組成的現象。表二、表三是綠島漁港與油子湖兩處遺址出土陶片的成分、特色與其比例組合。漁港遺址位於西岸，陶片摻和料，以安山岩為主79.11%，生業則是農業為主漁業為輔。油子湖遺址，位於東岸偏南，陶器摻和料，剛好與前述之漁港遺址相反，以板岩為主(82.51%)，生業則是漁業為主農為輔(海洋資源比例高)。除了陶器摻和料比例所提示的訊息[24]，以及兩處遺址生業型態的差異，更重要的是，油子湖遺址出土遺物的內涵與鵝鑾鼻遺址晚期史前文化(第三文化層)相近，而漁港遺址，則與卑南文化接近。換言之，由綠島的史前文化觀之，新石器時代晚期，人群的移動與互動的動能與範圍，包含了臺灣本島東岸與臺灣南端，而蘭嶼可能也包含在這個互動圈之內。下一個階段，進入(使用)金屬器時期[25]的階段，也是綠島、蘭嶼開始出現金屬器(銅器、鐵器、金器)、玻璃器(玻璃珠、玻璃手環)、石板棺、甕棺的階段。石板棺目前僅見

24　陶片摻和料比例的不同，究竟是遷居時間不同，而有因在地化程度而導致的差異，或是各「聚落/人群」與臺灣本島維持不同程度的互動關係所導致？因為原報告並無詳細的層位資料(含層位圖與各種遺物、現象的分布圖等)，因此無法作進一步的分析與推論。

25　不同的地區，情況不同，有些已有相關的冶煉技術，有些地區則是經由交換得到金屬器，並對金屬器進行初步的加工。

於綠島；同時期蘭嶼出現甕棺。綠島則僅中寮遺址出土一例甕棺。從出土遺物的組成觀之，本時期綠島的史前文化與臺東舊香蘭遺址相近[26]。蘭嶼則主要是甕棺葬的資料，出土有玻璃珠、玻璃手環、黃金手環、鐵器、銅鈴、中國陶瓷。除此之外，從de Beauclair的報告中，也見到一件所謂三和文化的陶罐，1989年陳仲玉等的報告中，也出現一件所謂龜山式的陶片[27]。提示其與東海岸臺東平原以南地區的人群，某種程度的互動關係。不過，其互動的強度，以目前的考古資料觀之，似乎不如綠島地區。所謂lobusbusan/dobosbosan的蘭嶼地區特有的史前文化，也在此時出現[28]。綜合言之，所謂的三和文化與由其發展而來的晚期史前文化，都曾出現在綠島與蘭嶼，與此同時，蘭嶼、綠島地區特有的史前晚期文化lobosbosan/dobosbosan也開始出現。換言之，我們可以觀察到蘭嶼地區從新石器時代晚期以來，當地史前文化/人群的發展軌跡，從早期(新石器時代晚期)臺灣本島遷徙而來的人群（參見圖1），到晚期發展出特有的，不同於臺灣本島的史前文化——lobusbusan/dobusbusan(參見圖2)，之後，到了歷史時期，「其人從不至埤南，無船往來」的轉變[29]。

---

26 紅頭第二遺址，lobusbusan, Stamps:1170+/-145(校正 1064BP)，臧振華 1200+/-40BP；舊香蘭遺址：2300-1200BP(早期到晚期)。舊香蘭遺址，特別是晚期階段，出土玻璃器、鐵器、銅器、金器、各種模型等，同時也出土東南亞地區特有的linglingo。同遺址出土深海魚釣的魚鉤，顯示其海上活動之能力。

27 三和文化依目前考古學者的意見，認為是從卑南文化發展出來的，臺東平原以南的史前文化。龜山文化，最早在屏東龜山發現，當初被視為是一個特殊、找不到其文化親緣關係的史前文化，不過近年來考古工作的累積，證明其應該是東部地區三和文化的後續發展(請參看表1)

28 綠島也有出土該文化遺物的報導，不過從層位資料觀之，極為稀薄。(劉、邱 1995)另外，根據地表調查歸屬為lobosbosan的遺址，包括呂麻絞、溫泉、烏山頭、柴口III等。

29 胡鐵花修《臺東州採訪修志冊》(光緒20年/西元1894年)；史前文化的分布請參考圖1、圖2

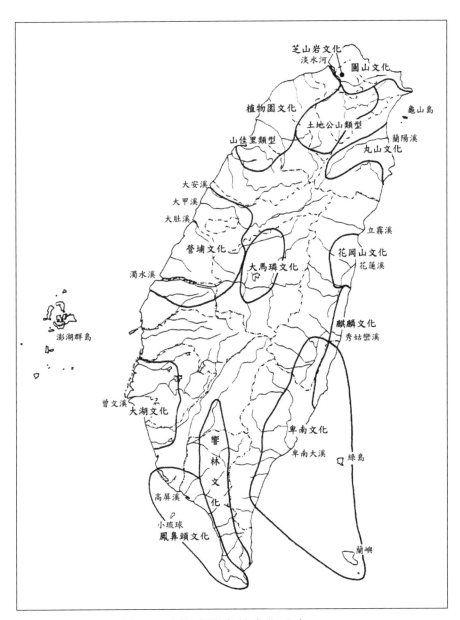

芝山岩文化
淡水河
圓山文化
植物園文化
龜山島
土地公山類型
蘭陽溪
山佳里類型
丸山文化
大安溪
大甲溪
大肚溪
立霧溪
營埔文化
花岡山文化
花蓮溪
大馬璘文化
濁水溪
麒麟文化
秀姑巒溪
澎湖群島
曾文溪
大湖文化
卑南文化
響林文化
卑南大溪
綠島
高屏溪
小琉球
鳳鼻頭文化
蘭嶼

圖1　新石器時代晚期史前文化分布(劉益昌 2006)

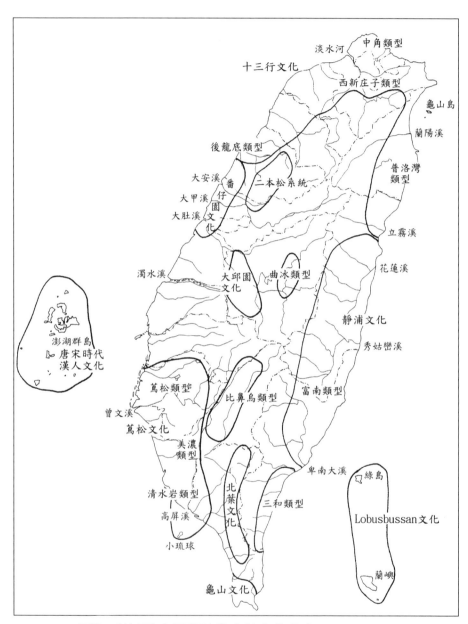

圖2 （使用）金屬器時代史前文化分布（劉益昌 2006）

表2 （漁港遺址）（農業爲主漁業爲輔）[30]

陶　　類	摻和料	比　　例	紋　　飾
1.紅色粗砂	板岩	1.04（0.57）	素面
2.紅色細砂	安山岩	79.11(87.26)	本遺址主流，少數施有繩紋、劃紋
3.紅色細砂	板岩	15.29（9.58）	少數施有繩紋、劃紋、印紋、脊狀突起
4.紅色泥質	不含砂	4.45（2.55）	繩紋、脊狀突起
5.黑色細砂	板岩	0.11（0.04）	繩紋

表3 （油子湖遺址）（海洋資源比重高）

陶　　類	摻和料	比　　例	紋　　飾
1.紅色粗砂	板岩	26.98(33.56)	素面
2.紅色細砂	安山岩	22.78(20.05)	多素面，少數圓圈紋、劃紋重圓圈紋、指甲紋、凹弦紋、脊狀隆起。兩件加塗紅色色衣
3.紅色細砂	板岩	45.51(38.20)	多素面，少數圓圈紋、劃紋、繩紋、凹弦紋、脊狀隆起。主流陶器
4.紅色泥質	不含砂	4.70（3.17）	繩紋、凹弦紋
5.黑色細砂	板岩	0.02（0.02）	繩紋

表4 綠島考古遺址出土遺物

遺址	墓葬	金屬器	玉器	玻璃	陶/摻和料	附註	地理位置
大白沙					安山岩3	泥質1	SW
漁港南					安山岩2	素面	W
漁港	墓葬(村民1972)				安山岩(79-87%)	錛鑿、磨製石鏃、網墜、石針(石器多板岩) 繩紋 三層文化層	W
南寮	石板棺	青銅短劍	玉環				NW
中寮	甕棺						N
柴口二						素面紅陶	N
柴口一					安山岩8/板岩3		N
公館	墓葬				安山岩5/板岩1 板岩(63%)＞安山岩	螺蓋刮器、凹石、砥石、網墜	N

30　表2、表3依據劉益昌、邱敏勇1995之報告資料整理而成。表4摻和料：陶片片數資料取自劉益昌之普查報告；百分比的資料取自、劉邱1995報告。

遺址	墓葬	金屬器	玉器	玻璃	陶/摻和料	附註	地理位置
呂麻蛟	石板棺	青銅器			安山岩	素面陶	N
呂麻蛟二							NE
蘭子湖						素面陶	E
觀音洞							E
油子湖	仰身直肢		玉環、玉管、玉玦		板岩為主(70/80%)	貝珠、釣鉤、夜光螺蓋刮器	E
溫泉					安山岩18/板岩1	素面	E
溫泉南					安山岩3/板岩1	素面	E
白沙尾	石板棺						S

　　考古資料所見蘭嶼史前時期的人群活動，大致上，可以分成早、晚兩期。早期的人群活動與臺灣本島的關係較為密切，而晚期的人群活動則與南方巴丹島與菲律賓地區的關係較為密切。以下將從蘭嶼當地的口傳與相關的歷史資料，討論當地的人群組成，以及巴丹與蘭嶼兩地的關係。

(二)口傳與歷史資料

口傳資料所見蘭嶼當地的人群組成

　　相關的口傳資料，以始祖傳說與各部落的「歷史」為核心。大體上，無論是前者或後者，其敘述的形式，總是包含三個部分[31]：

　　　　以前的人→ 大漲潮/洪水→ 部落祖先

　　以前的人(*Tao do kakwo*)，這些最早出現在蘭嶼島上的人，總是被描述為「半人半鬼」，或不事耕作，或喝風飲水過日，或以幼兒為食，可以死而復生，陸上海中來去自如，但行為乖張粗暴，因而受天神降下大洪水懲罰。其僅存者，逃至*Jipeygangen*(青蛇山)山頂。洪水消退之後，人們陸續下

31　有關形式分析的部分，請參考陳敏慧1987〈從敘事形式看蘭嶼紅頭始祖傳說中的蛻變觀〉。

山，分散至各處定居，逐漸形成現在各部落或其前身。

各部落之「歷史」內容，雖然也有出現錯置的情況，不過仍可見到其他人群的蹤影。這些人群，或直接被稱為外（國）人（如*Ipazk*、*do bosbosan*），報導人並強調其不與*Tao*混居。*Ipazk*人的聚落，位於現在蘭嶼中學所在地。這個地方緊鄰現在椰油部落的墓地。蘭嶼中學校區，自1960年代末開始建校舍以來，即陸續有甕棺葬出土報導，這個現象一直持續到2006年仍繼續發生。1970年代中葉，Richard Stamps首先在位於紅頭部落與漁人部落之間的 *do bosbosan* 遺址，對工程破壞出土的甕棺葬，進行處理。兩處遺址的碳十四定年相近，都在距今1200年左右[32]。紅頭的口傳資料中，亦提及祖先曾仿其（do bosbosan）習，做陶甕為棺，旋因取土不易而放棄。另外一群人——*Tao do teraem*（地下的人），則出現在數個口傳資料中。這一群人，不同於當時的*Tao*，已經有農耕、漁撈、編織、造船與蓋屋的知識與技術。是*Tao*相關知識與技術的來源。在一則東清的口傳資料中，*Tao do teraem*（地下的人）甚至是提供小米種子者。

東清村口傳中被蟒蛇吞食，卻又奇蹟般復活的小男孩，在父母死後，娶妻並育有二子。某日兩兄弟上山砍柴，遇見一位髮型與*Tao*相同，穿著漂亮禮服與丁字褲，手上帶著銀手環的「地下的人」。之後，兩兄弟中的弟弟，跟著地下之人到了地底世界，學習其文化與祭儀。

> ……主人把地底世界的一切的事物、祭儀向地上人說明：（水渠、主屋（一～四門）、工作屋、涼臺、靠背石、船屋、織布、船隻建造與下水典禮、各種工藝、釣飛魚、種小米、生命禮儀等等。）

十年之後，他離開地底世界，並將其習得的祭儀帶回自己的部落。（余光弘、董森永 1998：24-31）

---

32 參見註26。

　　野銀部落的人說：「東清的祖先本來住在山上，不是真正的人，是半人半鬼，之後慢慢下山，漸漸變成人。」

　　就如同當初移川子之藏等人所觀察到的，不同的部落，傳說不盡相同，同一部落之中，不同的家族，也有不同的口傳。以朗島部落為例：

1. *sira do enyo*「……島上人漸多，行為不檢，天神乃降洪水，淹沒九年。只有*Jipeygangen*（青蛇山）沒被淹沒。（水退後）到*Jimazisang*居住，等土地乾了，打算到東清部落與其共居，東清人不歡迎。就到*do pongsow*……不知過了幾代，再搬到現在朗島部落所在。當時已有一些人居住……」

2. *sira do raraan*：「很久以前，不知名的島上，住一家人（父母兒女以及一僕人*Si gomazalaw*），其女兒因違反風俗（禁忌），吃了海邊的果實，被父親放逐。僕人*Si gomazalaw*載著女孩出海，經過數島，皆無人跡，精疲力盡之時，到了一美麗之島─蘭嶼。兩人結為夫妻，生下許多子女，發生許多亂倫關係，畸形、殘暴之人遍布島上，天神乃降洪水。僅*Jipeygangen*（青蛇山）沒被淹沒，水退之後，倖存之人，朝各方向去─有紅頭、漁人、東清、朗島，人口繁衍。紅頭有一座山*Ji paptok*，天神降下石與竹。（交換通婚──兩兄弟環島找食物……在五孔洞*Jikaraem*見到鬼拿火把捉螃蟹、魚。……鬼帶兩兄弟到洞裡見他們的祖父，……兩兄弟請鬼給他們一點火，……往朗島方向走，當時朗島村落位於*Jimawawa*。隔天早上，在海邊見到兩顆石頭，兩兄弟以指沾水，觸摸石頭──使成男嬰。這是達悟命名禮的起源。……弟弟留在此生活，娶虎頭坡*Jikavatoan*之女為妻。〔老鷹吃人〕夫妻之後搬到*Jipaparey*→*Jirakowrong*→*Jisaod*→*Jitaralan*。*Jitaralan*附近有大部落*Jimawawa*位於現在朗島部落右側。人口約400多人。*Jimawawa*部落的祖先究竟從何處來，已無人知道。現朗島部落也有從*Jimawawa*部落遷移來者。*Jimawawa*行惡事，天降大災——火災與山洪。朗島部落有四個家族——*sira do raraan, sira do enyo, sira do zawang, sira do kaniypan*。）

3. *Imawawa*部落為原先居住的地方，人數眾多，因此他們作出越軌行為，凡是經過*Imawawa*部落的外村的人，不是被搶就是遭拳打腳踢，無人倖免，受害者，只得空手、遍體鱗傷的返回家園。

天神自天俯視*Imawawa*部落的惡行，祂便決意毀滅部落的人。某一夜，突如其來的一場豪雨，使溪水暴漲，積水成河，然後直撲伊罵哇哇部落，人們在半夢半醒之間，尚未來（不）得及反應，就被大量土石、急流活生生的淹死，整個部落也被淹沒，據說；當時只有五戶人家倖存。

*Imawawa*部落左側（*do kaozi*）有一大片草木叢林，他們就在那裡，砍木除草，重建自己新家園。這家族就是現在的*sira do rarahan*「道路家族」。（余光弘、董森永 1998：15-24）

以上引述之朗島口傳，其中實包含了創世神話、部落與人群的遷徙歷史，人群間的婚姻關係等。其內容，固然不能直接等同於史實，不過，朗島部落人群多元組成，確是一個間接表述的事實。

口傳與歷史文獻所見的蘭嶼與巴丹兩地的關係

蘭嶼島上居民與其近鄰臺灣本島的關係，清代文獻記之甚詳。蘭嶼雖然離臺灣本島不遠，晴天之時，可以看見臺灣本島。北邊的朗島部落，則可同時看見綠島。不過，在清代文獻的記載中，島上居民，顯然不與臺灣本島往來[33]。

---

33 據說朗島部落的人會到綠島尋找食物，並從該島帶回一種綠色的玉製品，將之傳承給長子之習。不過，在這同時，綠島Itanasai島上有銅身紅眼的魔鬼。

> 南路沙馬磯頭之南，有澳名龜那禿，北風可泊巨艦。從此東去，
> 水程四更至紅頭嶼，生番聚處，地產銅，所用什物皆銅器，不與
> 中國通，順風兩日夜即是呂宋之謝崑山，大小覆金山，沿山行四
> 五日夜，至呂宋共水程五十八更。（《台海使槎錄》）
>
> 紅頭嶼：在八塱衛之東海中，望之，其嶼較大於火燒嶼，其人從
> 不至埤南（案：今臺東）無船往來，不能知其詳。（胡鐵花修《臺東州
> 採訪修志冊》）

反之，20世紀早期，日本的研究者，則注意到當地人對南方地理知識豐富，以及當地口傳中與南方巴丹群島的關係。其中以野銀部落男祖先 *Simina Vean* 以及漁人部落的傳奇英雄 *Siapen Mitozid* 兩則最為突出。這兩則口傳，皆建基於巴丹島人與蘭嶼人時常互訪的基礎之上。

口傳中，常有巴丹人到蘭嶼近海釣魚，與蘭嶼人結識，成為朋友，並互訪的故事。雙方建立友誼、技術與經驗交流，不過，這交往的關係，同時也充滿競爭的氛圍。前述的兩則口傳，就是在這樣的氛圍與基礎上發展的。

Simina Vean

野銀的女祖先 *Sinan Manoyu*，從朗島嫁到 *Imasik*（紅頭的舊社），生下二子之後，先生過世。巴丹島人 *Simina Vean*[34] 聽說蘭嶼有位美麗的寡婦，前來求婚。經過一連串的考驗之後[35]，*Sinan Manoyu* 終於同意出嫁，並出發前往巴丹島。*Sinan Manoyu* 抵達巴丹島時，穿戴整齊，面見婆婆，也遭遇一段競爭/較量與考驗的過程。*Sinan Manoyu* 再婚之後，育有二子。數年之後，巴丹島發生飢荒，*Sinan Manoyu* 乃建議回到蘭嶼「我的家鄉蘭嶼，有吃不完的食

34　確切的地點應該是Itbayat島（當地人稱Itbalat）
35　即讓Simina Vean試穿、戴其亡夫之衣服與銀手環等

物」。在經過一連串驚險的神奇之旅，之後，終於抵達蘭嶼。一開始先造訪*Sinan Manoyu*在朗島的娘家，未被接受[36]，之後，前往情人洞，因當地蚊子太多，再次遷居，最後定居在今日野銀部落[37]。因為遍地是*valino*，因名*Ivalino*。其系譜傳承如下：

Simina Rugrug（Iralalai）→ **Sinan Manoyo**	
↩two sons	
Simina Manitjo（Imasik）→ Siaman Ratonan	
Simina Vean ↩Sidjurumut→ Sitarak→ Sinovur →Sidjumimit→	
Sitominawag→ Simina Malu→ Simina Katetoktoken→ Simina Mayovayoben→ Silipingen→	
Sidjorig→ Siaman Poyopoyen→ Si Poyopoyen	

——野銀Simina Vean系譜（採自鮑克蘭1959a）[38]

　　從系譜資料觀之，野銀部落的祖先，是在13代前遷居蘭嶼。若以一代25年計算，其遷居蘭嶼時間是在17世紀上半葉。

Siapen Mitozid

　　*Siapen Mitozid*為*Iratai*人，身材高大。結識來蘭嶼的巴丹人*Si Vakag*，在經過一番較技之後，彼此惺惺相惜，成為好友。*Si Vakag*在蘭嶼停留20天，之後並時常來訪，帶來金子與當地人進行交易/交換。*Siapen Mitozid*受*Si Vakag*邀請，訪問巴丹島。他召集鄉人（80人），乘大船（*avang*）前往巴丹島，前後五次。第一次在巴丹島停留一個月。巴丹人五位壯丁無法制伏的一頭

36　朗島的外祖父讓兩位外孫去釣魚，結果釣到的是ilek；讓他們上山砍柴，拿回來的是龍眼木。表示兩人能力/運氣好。外祖父擔心會影響自家子孫的運氣，因而未收留他們。

37　最早的聚落在現在聚落的東北方約300公尺處。

38　表內的拼音主要仍依原文，僅少數地方，如shi改為si。

牛，*Siapen Mitozid*一人就將之制伏！第二次巴丹之行，巴丹人用盡辦法無法捕取的一條巨鯊，*Siapen Mitozid*一人就將之拖上沙灘！第二次巴丹行之後，相隔一個月的時間，*Siapen Mitozid*再次召集鄉人（80人）前往巴丹島，這一次，他帶了一株巨大的絲芭蕉樹，獲得巴丹島當地婦女的歡心。接著，第四次巴丹之行，*Siapen Mitozid*帶來一根山上砍下的巨竹。第五次巴丹之行，巴丹島的人準備了一場雙方摔角的比賽。蘭嶼人因為腳被東西絆到，因而跌倒，輸了比賽。蘭嶼人心中不服，要求重新比賽，結果得到勝利。此舉，讓巴丹島人不滿，加上蘭嶼人與當地婦女調情，進一步引發當地男性不滿的情緒，進而爆發衝突，不歡而散。蘭嶼人被警告不受歡迎，禁止再來。

之後，*Siapen Mitozid*因為與其堂/表兄弟起嚴重衝突，雙方準備交戰之時，*Siapen Mitozid*發現其最小的兒子*Si Ripo*沒有戰甲。遂決定再度率鄉人冒險前往巴丹島，以取得當地牛皮製的戰甲，結果全軍覆沒，僅兩人（一說一人）（*Si Ripo*為生還者之一）僥倖逃回蘭嶼。之後，*Si Ripo*雖然企圖再次前往巴丹島，不過，他過世的父親，託夢警告他不能前往。當他正式準備出航時，遭遇極大的風浪，無功而返。自此兩地的來往中斷（de Beauclair 1959a；鹿野1946）。

鹿野忠雄依系譜（11代）[39] 推算，並以一代25年為計算標準，推出該事件發生的時間大約是公元1662年。根據1802年駐巴丹島的西班牙道明會神父Fr. Francisco de Paula，寫給在馬尼拉的Fr. Rafael Serrn的信中提到：

> Diami島位在Itbayat島東北方，當天氣極其清朗之時，可從Itbayat島望見該島。島上有人居住，其居民之語言與風俗與巴丹人相同。許久之前，兩島原本相互來往。不過，因為巴丹島人將一艘船

---

39 鹿野的系譜資料11代，de Beauclair的系譜資料14代，其間的差別，在於兩人的報導人年齡不同，同時，採集時間相距20年。

(tataya)上的Diami人殺害，僅一人乘船逃往Itbayat島，之後再回到Diami。自此，兩地不再往來。這個事件顯然並未為Diami人淡忘，即使過了十年之久，當一艘巴丹島的船航抵該島時，遭當地人洗劫，並有一人被殺害。據說該島有人口不少。(de Beauclair 1959: 123-24)

　　這一份西班牙文獻中所提的事件為*Siapen Mitozid*的故事，提供了一個巴丹島方面的版本[40]。

　　蘭嶼與巴丹島關係的終止與斷裂，在*Ivalino*(野銀部落)是以另一種形式表達。當地人說，以前*valino*(馬鞍藤)的藤很粗，要幾個大人合抱，*valino*並一路延伸到巴丹島。之後，*valino*藤斷了，海流也變強。這可以說是一種間接、隱喻式的表達兩地關係斷裂的陳述方式。

Simaori			
Siapen Mitozid→　　Simirai			
Siripo　→　　　Simina Paralinan→　　Simina Piasonakenakem→			
◆→Simina Ipangan→　Simina Kabarubaren→ Simina Ovuluan→　Simina Karang→			
Simina Lagaro→　Simina Kalbog→　　Simina Lissaden→　Siaman Lissaden→			
Siaman Poyopen			
Sigarivas(informant)			

——Siapen Mitozid系譜(採自鮑克蘭1959a)

　　*Siapen Mitozid*的口傳資料中傳遞出幾個相關的訊息。一個是航行的能力與規模[41]，一個是交換/交易的物品內容。蘭嶼以農、畜產品(豬、羊、甘蔗、

40　傳說、歷史事件的關係牽涉更廣，不在此討論。
41　根據日本寬文八年(1668年)尾張國孫左衛門等人漂流巴丹島的漂流記中，提及巴丹島當地有可載乘40人的大船。

小米或特殊的巨大林產等)交換巴丹島的黃金、玻璃珠與牛皮製的戰甲(鹿野 1941；de Beauclair 1958, 1959a, 1959b)。

南方來的珍寶：玻璃珠與黃金

Ovay 與 *maraponay*，「這是祖先航海的主要目的」。

藍色玻璃珠(*maraponay*)與黃金(*ovay*)，是蘭嶼當地人重要的傳家寶物。這兩項物品，都是南方巴丹島來的。這兩項物品，都具有重要的儀式與象徵意義。*Ovay* 與 *maraponay*，一方面是財富與社會地位的象徵，另一方面，更重要的，是「換命」。當衝突造成流血不止時，以 *ovay* 或 *maraponay* 按在傷口，並唸禱，可以止血。衝突造成死亡，黃金可作為賠償之用。*Maraponay* 除了可作為賠償，在喪禮與治病儀式中，皆扮演洗淨/祛穢與補償的功能。當嬰兒十個月大時，父母為其戴上苧麻繩作的項鍊，男嬰是一粒 *maraponay*，女嬰則是瑪瑙珠(*olo*)。兩者皆有保護嬰兒靈魂，防止 *anito* 接近的作用。近親結婚，違反禁忌，需進行洗淨/祛穢儀式，儀式最後，將一顆 *maraponay* 打破丟棄。體弱之人，戴 *maraponay* 可以恢復元氣。*Ovay* 與 *maraponay* 也作為通姦事件賠償之用(徐韶英 2004)。

1994年，當筆者準備前往巴丹島時，蘭嶼友人交代，如果見到 *maraponay*，務必幫忙買回。根據紅頭部落長者的說法：「*maraponay*：當祖先移居於 *Jimasik* 時，其部落人結識了菲律賓巴丹島人。巴丹島友人將 *maraponay* 輸入蘭嶼島。同時，巴丹島友人並將此珠的用途傳授於當時的達悟族。自此後居住於 *Jimasik* 的達悟族便開始使用 *maraponay*。」(徐韶英 2004：1)換言之，*manaponay* 不只是單純的交易(商)品。*Maraponay* 所具有的社會、文化象徵意涵，一起傳入蘭嶼，整合入當地社會再生產的過程中，從生命禮儀到歲時祭儀，皆扮演重要的角色與作用[42]。

---

42 *Maraponay*，也可作為換取豬、羊、食物之用。

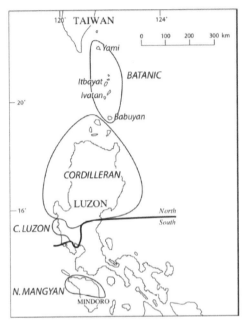

圖3　The Batanic Languages（Ross 2005）

　　巴丹島，從17世紀開始受西班牙殖民，1686年道明會開始到島上宣教。19世紀是巴丹島西班牙化的時期。儘管如此，*manaponay*在當代巴丹社會仍舊是飛魚季招魚祭的儀式，以及治病的儀式中，不可或缺者（Benedek 1987）。這兩點與蘭嶼相同。

　　Benedek將從Itbayat島帶回的玻璃珠與蘭嶼當地的同類/同名的玻璃珠，送去實驗室進行化學分析，發現兩者的成分幾近相同。幫忙進行科學分析的賓州州立大學地球科學系的William White博士，認為其可能出自同一作坊。至於兩地的*shinangit*（gilt beads），分析者更指出，其可能來自同一座（玻璃）煉爐！（參見表5）

表5 蘭嶼(Irara)、Itbayat兩地玻璃珠之化學成分分析結果

（依Benedek 1987資料重製）

成分 名稱/採集地	shinangit	shinangit	namet	maraponay	maraponay	motin
	Irara	Itbayat	Irara	Itbayat	Irara	Itbayat
TiO	0.33	0.00	0.23	0.10	0.17	0.00
	0.16	0.00	0.16	0.21	0.19	0.07
	0.31	0.00	0.32	0.09	0.09	0.00
	0.17					
FeO	2.30	3.50	1.54	0.23	0.37	0.43
	2.34	3.54	1.60	0.30	0.27	0.29
	2.43	3.51	1.48	0.20	0.62	0.31
	2.30					
CuO	0.32	0.22	5.48	1.54	2.10	1.86
	0.09	0.21	5.58	1.45	2.57	2.22
	0.18	0.18	4.97	1.54	2.05	2.14
	0.05					
ZnO	0.00	0.27	0.00	0.47	1.26	0.82
	0.00	0.31	0.07	0.36	1.70	0.95
	0.00	0.10	0.13	1.46	1.68	0.99
	0.00					
PbO	39.68	40.82	0.06	36.64	34.09	32.80
	39.62	40.79	0.05	35.81	35.45	32.24
	40.02	40.18	0.10	36.66	34.84	32.07
	39.61					
KO	9.20	8.21	1.37	7.64	7.97	8.18
	9.53	8.63	1.37	7.68	7.93	8.32
	9.56	8.68	1.32	7.54	8.26	8.10
	9.45					
CaO	0.72	1.38	3.61	3.18	3.40	4.14
	0.71	1.34	3.66	3.34	3.53	5.20
	0.71	1.44	3.67	3.89	3.52	4.09
	0.74					
NaO	0.17	0.07	11.45	0.37	0.22	0.07
	0.13	0.00	11.10	0.32	0.19	0.14
	0.19	0.11	11.18	0.35	0.11	0.15
	0.30					

名稱/採集地 成分	shinangit	shinangit	namet	maraponay	maraponay	motin
	Irara	Itbayat	Irara	Itbayat	Irara	Itbayat
MgO	0.00	0.04	0.75	0.09	0.01	0.03
	0.00	0.06	0.82	0.11	0.02	0.02
	0.03	0.00	0.68	0.10	0.00	0.00
	0.00					
AlO	1.68	1.46	12.30	0.52	1.01	0.91
	1.68	1.42	11.96	0.55	0.61	0.91
	1.85	1.43	11.68	0.55	1.18	0.89
	1.67					
SiO	42.92	43.69	68.50	48.02	46.63	49.07
	42.04	44.22	66.42	48.11	45.82	47.01
	43.64	43.61	67.14	47.53	46.04	46.55
	44.56					

婚姻交換

如果說*Siapen Mitozid*故事中傳述的，主要是有關兩地的相互競爭、友誼與交易。*Simina Vean*的故事，主要傳述的，則是兩地婚姻的交換。蘭嶼口傳之中，除了前述*Simina Vean*的例子，漁人部落(*Iratai*)在63代前，*Sigui*有兩個女兒——*Si Tagagun*與 *Si Tarato*，分別嫁到*Ivatan* 與*Itbalat*。此外，*Ivatas*村同時也有人嫁到巴丹島。這一段口傳的資料，固然無法直接視為是一件歷史事實，不過，間接提示，蘭嶼當地，不同的部落，曾與巴丹地區聯姻。

南向的地理觀

在建構與確認蘭嶼與南方巴丹群島的歷史、文化親緣關係的過程中，當地人對南方地理知識豐富，相反地，卻對晴天時可以目視的臺灣本島視若未見的現象，事實上，也是證成兩地親緣的主要依據之一。不過所謂的南向地理觀，畢竟是研究者的說法。當地人的看法究竟如何？或許鹿野忠雄先生在1929年請當地人畫的地圖中可以看出端倪(圖4)。

這是一張以海為中心的地圖，陸地世界─蘭嶼以及巴丹群島諸島嶼，環

繞其周圍，這是一個以海為中心的當地人的世界觀，其中包含了太陽
（*arau*）。另外值得注意的是，*Tao* 過世之後，其頭靈的歸屬，是位於南方的
白島（*malavang a ponso*）。不過，臺灣並未在其中。這樣的世界觀，是區域歷
史發展的結果。蘭嶼當地人對南方海域掌握的知識，相對於其對臺灣本島
的視而不見，對當地人而言，其生活世界、交換關係的伙伴，在前者而不
在後者。對當地人而言，其地景中，是沒有臺灣島的。除了考古資料所顯
示，早期到晚期的轉變，近年語言學的研究，提出巴丹－蘭嶼地區的語言
自成一群的看法，也間接地說明當地人的世界觀，有其歷史發展的背景。

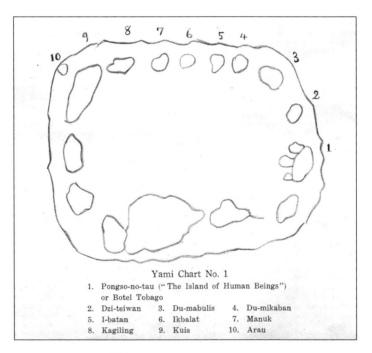

圖4 （Kano & Segawa 1956）

分離與創新

巴丹群島，自17世紀末，被西班牙殖民，道明會也在同時期開始在當

地宣教。目前，島上居民主要是天主教徒，人名也西班牙化。據Itbayat島長者（當時約70歲）的說法，在其大姊小時候，也就是1920、1930年代，當地仍是親從子名制[43]。19世紀，是當地西班牙化的時期。目前島上的人文景觀，與蘭嶼實有相當差異。也就是說，自從約300年前，兩地停止往來之後，因大的政治環境的變化，兩地分屬不同的政治勢力管轄。與巴丹地區不同的是，蘭嶼事實上，一直要到20世紀初期，殖民勢力才正式進駐當地。

　　不過，儘管與南方珍寶之鄉，斷絕往來，Tao社會並非全然停滯不動。創新的活動，仍持續進行。其中最顯著的例子，就是銀帽/盔（volanga）。被視為是蘭嶼重要物質文化指標之一的銀帽，事實上，是19世紀才開始發展，是一項全新的創作。「依漁人社報導人的說法，銀子開始在島上大量出現，是4代前Si Kunagan之時；一隻成豬可換兩枚銀幣，小豬則換一枚銀幣」（鹿野 1946：21）。銀帽與ovay（黃金）rakaraka（婦女之長串項鍊，由瑪瑙、玻璃珠串成）一起，在飛魚祭的儀式中扮演重要角色。男主人的銀帽在招魚祭時，呼喚、吸引飛魚來訪。飛魚季時，男主人的銀帽與女主人的長串大珠飾，一起懸掛在晾曬飛魚的掛魚木架之上，祝福、祈求吸引更多的飛魚造訪（漁獲豐富）。

七、島嶼、人群、遷徙與適應

　　大洋洲，特別是東部大洋洲地區，在南島語族遷居之前，無人居住。因此，提供一個檢視人群遷徙、人類對生態環境的影響、社會文化的發展以及複雜社會的起源與發展等議題的絕佳場域。在文章前半部份，有關島嶼孤立性、島嶼作為天然實驗室等假設的檢討，蘭嶼可以提供比較深入的關照點。

　　蘭嶼的例子，很清楚地指出，人類遷徙的模式，，並非直線式的。近

43　1994年筆者前往當地進行田野調查時所聞。

年來，相關學者即提出網絡關係的概念(reticulation)。人群互動的對象與範圍，與地理空間的遠近，不必然有直接的關係。如馬達加斯加島上最初的移民，是來自印尼地區，而非鄰近的非洲(Anderson 2005)。儘管與巴丹地區斷絕往來，三百多年來，當地的社會文化價值與取向以及其世界觀並未改變。這不能不從其與巴丹地區互動過程，進而建構出來的社會再生產的模式加以考量。這個社會再生產的模式與其特殊的世界觀，相互強化。不過，就如前述，Tao社會，並非全然停滯不動，創新的活動持續進展[44]。

蘭嶼Tao的語言，在臺灣原住民族之中，是唯一屬於non-Formosan的南島語。Ross將其與南方菲律賓以及北方臺灣地區的語言進行比較，指出巴丹語(Batanic languages)——包含Yami/Tao、Itbayat、Ivatan、Babuyan——自成一語群。巴丹語屬馬來－玻里尼西亞語，不過無法歸屬於其他馬來－玻里尼西亞語分支之下。巴丹語可能是人群遷徙至該地區之後，由原馬來－玻里尼西亞語，直接發展而成(Ross 2005)。這個現象，除了前述的推論，亦有學者提出是否是長期孤立所造成(Anderson 2005)。不過，如果將之放在區域人群互動的歷史脈絡之中觀察，可以得到更大的啟發。Golson與Gardner即指出新幾內亞高地的人群與語言現象，可能是當地自史前以來區域互動及交換模式的結果。

蘭嶼，自19世紀末，日本學者鳥居龍藏先生第一次登島進行民族學田野調查以來，其「未開化社會」的意象，一直維持到1990年代，年輕一輩的日本學者，仍舊有當地較純淨、未受現代文明「污染」的刻板印象。觀光客對當地的預期，也是「原始」、「奇風異俗」。清代文獻對蘭嶼(紅頭嶼)的描述「孤懸海外，其人不與埤南往來」。蘭嶼在地理空間上與臺灣本島近與巴丹群島遠，不過其與兩地的關係與心理距離，卻恰好相反！

Kuklick以模里西斯為例，對所謂島嶼「孤立性」進行另一番詮釋。模

---

44 創新的事物，可能包括房屋建築。當地人說「以前的房子，小小的，跟工作房一樣。有了鐵之後，才能蓋大房子」

里西斯的國民組成複雜，有華裔、印度裔、非裔、歐裔(英、法)等，從其國民的多元特性觀之，該島可謂最具國際性，換言之，無任何「孤立性」可言。不過，當政府大力鼓吹國家認同，鼓勵拋棄族群/社群認同差異之時，各個族群/社群卻以各種策略，努力維持自身的完整性。在國際性開放的外表之下，是許多「孤立」的文化島嶼(Kuklick 1996)。

隨著大環境改變，區域互動範圍與對象的轉變，Tao社會會有怎樣的新發展？

參考書目

李光周
    1987 《墾丁國家公園史前文化》。臺北：文建會。
李坤修 等
    2005 《臺東縣舊香蘭遺址搶救發掘計畫期末報告》。委託單位：臺東縣政府文化局。執行單位：國立臺灣史前文化博物館。
李坤修 等
    2007 《臺東縣舊香蘭遺址搶救發掘計畫第二期價化期末報告》。委託單位：臺東縣政府文化局。執行單位：國立灣史前文化博物館。
余光弘、董森永
    1998 《臺灣原住民史·雅美族史篇》。臺灣省文獻委員會。
林熊祥 編
    1984 《蘭嶼入我版圖之沿革》。臺中：臺灣省文獻委員會(1958初版)
徐韶英
    2004 〈達悟族的玻璃珠〉，2004年蘭嶼研究群研討會。

張光直

　　1977　〈「濁大計劃」與民國六一～六三年度濁大流域考古調查〉，張光直編，
　　　　　《臺灣省濁水溪與大肚溪流域考古調查報告》，頁1-26。中央研究院歷史
　　　　　語言研究所專刊70。

黃叔璥

　　1736　《台海使槎錄》「南路鳳山瑯嶠十八社三」(1736年)康熙61年(乾隆元
　　　　　年)。1983年，臺北成文出版社出版。

鹿野忠雄

　　1941a　〈紅頭嶼發見の甕棺〉，《人類學雜誌》56(3)：117-135.

　　1941b　〈フイリツピン諸島、紅頭嶼並に臺灣原住民族に於ける金文化。人類學
　　　　　雜誌56(9):465-478.

　　1942a　〈臺灣東海岸の火燒島に於ける先史學的豫察〉，人類學雜誌57(1)：
　　　　　10-34。

　　1942b　〈紅頭嶼の石器とヤミ族〉，《人類學雜誌》57(2)：85-98。

　　1944　〈臺灣先史時代の文化層〉，《學海》1(6)

　　1946a　〈紅頭嶼とバタン諸島の交涉と其の杜絕〉，收錄於《東南亞細亞民族學
　　　　　先史學研究》(第一卷)，頁35-55。東京：矢島書局。

　　1946b　〈火燒島に於ける先史學豫察〉，《東南亞細亞民族學先史學研究》第I
　　　　　卷，頁398-424。東京：矢島書房。

　　1946c　《東南亞細亞民族學先史學研究》第I卷。東京：矢島書房。

　　1952a　《東南亞細亞民族學先史學研究》第II卷。東京：矢島書房。

　　1952b　〈バタン島人民族學聽書〉，收錄於《東南亞細亞民族學先史學研究》第
　　　　　II卷，頁57-75。東京：矢島書房。

鹿野忠雄 著、宋文薰譯

　　1955　《臺灣考古學民族學概觀》。臺北：臺灣省文獻委員會。

移川子之藏

　　1931　〈紅頭嶼ヤミ族と南方に列なる比律賓バタン島々。口碑傳承と事實〉，
　　　　　《南方土俗》1(1)：15-37。

淺井惠倫

　　1939　〈バタンとヤミの比較、その土俗品について〉，《南方土俗》5(3/4)：

　　　　1-5。

陳仲玉 等

　　1989 《蘭嶼考古學初步調查報告》。內政部委託,中華民國自然生態保育協會
　　　　調查。

臧振華

　　1995 《臺灣考古》。臺北:文建會。

　　2005 〈從考古資料看蘭嶼雅美人的祖源問題〉,《南島研究學報》1(1):
　　　　135-151。

臧振華、葉美珍

　　2000 《台閩地區遺址普查(四):臺東縣、澎湖縣》。內政部委託,中研院史語
　　　　所、國立史前文化博物館籌備處執行。

劉益昌

　　1996 《臺灣的史前文化與遺址》。南投:臺灣省文獻委員會/臺灣史蹟源流研
　　　　究會。

　　2003 〈臺灣玉器流行年代及其相關問題〉,《中央研究院第三屆國際漢學會議
　　　　論文》,頁1-29

　　2005 〈臺灣玉器製造技術與研究方法的初步討論〉,收錄於許倬雲、張忠培主
　　　　編《新世紀的考古學——文化、區為、生態的多元互動》,頁471-496。
　　　　北京:紫禁城出版社。

　　2006 〈存在的未知——臺灣史前文化與當代人群〉,正修科大通識教育中心「傳
　　　　統與現代的對話」講座系列。

　　2008 〈臺東地區史前文化的詮釋與檢討〉,第八屆新臺灣史研習營。

劉益昌、邱敏勇

　　1995 《綠島史前文化調查研究報告》。交通部觀光局東部海岸國家風景區管理
　　　　處 委託,中研院史語所執行。

劉益昌、顏廷伃

　　2000 《臺東縣史前遺址內涵及範圍研究——山脈東側與綠島》。臺東縣政府委
　　　　託,中洋研究院歷史語言研究所執行。

劉益昌 等

　　2002 《臺東縣史前遺址內涵及範圍研究——臺東平原以南與蘭嶼》。臺東縣政

府委託，中洋研究院歷史語言研究所執行。

Allen, M. S.

  2006 "New ideas about late Holocene climate variability in the central Pacific," *Current Anthropology* 47（3）: 521-535.

Anderson, A.

  2005 "Crossing the Luzon Strait: archaeological chronology in the Batanes Islands, Philippines and the regional sequence of Neolithic dispersal," *Journal of Austronesian Studies* 1（2）: 25-46.

Anderson, A. & S. O'Connor

  2008 "Indo-Pacific migration and colonization- Introduction," *Asian Perspectives* 47（1）: 2-12.

Bahn, P. & Flenley, J.

  1992 *Easter Island, Earth Island: A message from our past for the future of our planet*. London: Thames & Hudson.

Bedford, S. & M. Spriggs

  2008 "Northern Vanuatu as a Pacific crossroads: the archaeology of discovery, interaction, and the emergence of the 'ethnographic present'," *Asian Perspectives* 47（1）: 95-120.

Bellwood, P. & E. Dizon

  2005 "The Batanes archaeological project and the 'Out of Taiwan' hypothesis for Austronesian dispersal," *Journal of Austronesian Studies* 1（1）: 1-34.

Clark, G.

  2003 "The pattern of Lapita settlement in Fiji," *Archaeology in Oceania* 36（2）: 77-88.

de Beauclair, Inez

  1958 "Fightings and weapons of the Yami of Botel Tobago. Bulletin of the Institute of Ethnology," *Academia Sinica* 5: 87-114.

  1959a "Three genealogical stories from Botel Tobago," *Bulletin of the Institute of Ethnology, Academia Sinica* 7: 105-140.

  1959b "Display of wealth, gift exchange and food distribution on Botel Tobago.

Bulletin of the Institute of Ethnology," *Academia Sinica* 8: 185-210.

1972 "Jar burial on Botel Tobago Island," *Asian Perspectives* 15: 167-176.

Diamond, J.

1995 "Easter's end," *Discover Magzine* 1995.8.1.

Dizon, E. Z. et al.

1997 "Report on he archaeological activities in Ivuhus and Sabtang Islands from February to March 1996," *Ivatan Studies Journal*（1995-1997）vol.2,3,4: 30-63.

Evans, J. D.

1973 "Islands as laboratories for the studyof culture process," in Renfew（ed.）, *The Explanation of Culture Change*, pp. 517-520.

1977 "Island archaeology in the Mediterranean: problems and opportunities," *World Archaeology* 9(1): 12-26.

Fitzpatrick, S.M.（ed.）

2004 *Voyages of Discovery: the Archaeology of Islands*. Westport, Conn.: Praeger.

Flenley, J. & P. Bahn

2003 *The Enigmas of Easter Island*. Oxford: Oxford University Press.

Giovas, C. M. & M. J. LeFebvre

2006 "My island, your island, our islands: considerations for island archaeozoology as a disciplinary community," A presentation of the 2006 ICAZ Conference, Landscape Zooarchaeology Symposuim.

Golson, J. & D.S. Gardner

1990 "Agriculture and sociopolitical organization in New Guinea Highlands prehistory," *Annual Review of Anthropology* 19: 395-417.

Hau'ofa, E

1975 "Anthropology and Pacific islanders," *Oceania* 45(4): 283-289.

1993 "Our sea of islands," in Waddell ed., pp. 2-25.

Hung, H-C.

2005 "Neolithic interaction between Taiwan and Northern Luzon: the pottery and jade evidences from the Cagayan valley," *Journal of Austronesian Studies*

1(1): 109-134.

Izuka, Y. & H-C Hung

    2005 "Archaeomineralogy of Taiwan Nephrite: sourcing study of Nephrite artifacts from the Philippines," *Journal of Austronesian Studies* 1(1): 35-82.

Izuka, Y. *et al*.

    2005 "A non-destructive mineralogical study of Nephritic artifacts from Itbayat Island, Batanes, Northern Philippines," *Journal of Austronesian Studies* 1(1): 83-109.

Kano, T. & Kokichi Segawa

    1956 *An Illustrated Ethnography of Formosan Aborignes*. Vol. 1, *The Yami*. Tokyo: Maruzen Company, Ltd..

Kirch, P. V.

    1997a "Microcosmic histories: island perspectives on 'global' change," *American Anthropologist* 99(1): 30-42.

    1997b :Introduction: the environmental history of Oceanic islands," in Kirch & Hunt (eds.) *Historical Ecology in the Pacific Islands*, pp. 1-21.

    2000 *On the Road of the Winds: An Archaeological History of the Pacific Islands Before European Contact*. Berkeley: University of California Press.

Kirch, P. & T. Hunt (eds.)

    1997 *Historical Ecology in the Pacific Islands*. New Haven & London: Yale University Press.

Kuklick, H.

    1996 "Islands in the Pacific: Darwinian biogeography and British anthropology,". *American Ethnologist* 23(3): 611-638.

McNiven, I. J.

    2003 "Saltwater people: spiritscapes, maritime rituals and the archaeology of Australian indigenous seascapes," *World Archaeology* 35(3): 329-349.

Rainbird, P.

    1999 "Islands out of time: towards a critique of island archaeology," *Journal of Mediterranean Archaeology* 12(2): 216-234.

2002　"A message for our future? The Rapa Nui（Easter Island）ecodisaster and Pacific island environments," *World Archaeology* 33（3）: 436-451.

Renfrew, C.

1973　*The Explanation of Culture Change: Models in Prehistory*. London: Duckworth.

2004　"Islands out of time? Towards an analytical framework," in Fitzpatrick 2004, pp. 275-294.

Ross, M.

2005　"The Batanic languages in relation to the early history of the Malayo-Polynesian subgroup of Austronesian," *Journal of Austronesian Studies* 1（2）: 1-24.

Sheppard, P. and Walter, R.

2008　"The sea is not land: comments on the archaeology of islands in the western Solomons," in Conolly, J. and Campbell, M.（eds.）, *Comparative Island Archaeologies*, pp. 167-178. Oxford: BAR International Series 1829.

Terrell, J. E., Hunt, T. L., and Gosden, C

1997　"The dimensions of social life in the Pacific: human diversity and the myth of the primitive isolate," *Current Anthropology* 38（2）: 155-175.

Tsang, C-H.

1992　*Archaeology of the Peng-hu Islands*. Taipei: Institute of History and Philology, Academia Sinica.

Waddell, E.（ed.）

1993　*A New Oceania: rediscovering our sea of islands*. Suva, Fiji: The University of the South Pacific.

附

錄

東帝汶地區史前防禦性聚落型態與聖嬰現象

趙金勇[*]

一、前言

　　在考古學研究上，戰爭鮮少留下實質的考古證據(如骨骸或武器等)，而堡壘或防禦性遺址等特殊的聚落型態，則可說是將戰爭事件具體化的間接證據(Arkush and Allen 2006；Maschner and Reedy-Maschner 1998: 25-27)。本文將戰爭定義為社群之間有組織性的武力衝突，依其性質、面向與規模的差別而不同。初級社會中的武力衝突常以奇襲掠劫(raiding)的形態，其特徵是投入之武力人數規模小，講求行動迅捷，速戰速決，以掠劫敵對團體的財貨和俘虜奴隸(Arkush and Allen 2006)，或著提高本身的威望地位為目的(Kirch 2000)，但對於社會的影響絕不下於複雜社會中大規模的戰爭(LeBlanc 2006)。島嶼東南亞的人口分布多為散居，生態條件不利於人口集中形成都市(Miksic 1999)，戰爭泰半屬於此類小規模的奇襲掠劫，而以擴充疆域為目的大規模戰事則極為罕見(Junker 1999；Reid 1988: 122 -123)。

* 中央研究院歷史語言研究所助研究員。

　　若反映在聚落型態上，面對此類來自社群之外、小規模、週期性但難以預料的奇襲掠劫，典型的防衛策略是以小型工事或巧藉地形優勢的防禦性聚落，並形成群集式的聚落模式。類似的考古學例證在北美洲西南部或是南美馬雅地區，歷歷可見（Elliott 2005）。山頂聚落的地形優勢，可充分展現在對小規模奇襲掠劫的防禦上，山坡能暴露並遲滯敵人之行動，大幅減低敵襲的奇襲效果，而群集的聚落分布型態則有利於彼此相互支援。

　　但是，到底是什麼驅使人們願意承擔風險而一再地啟動戰端？社會因素和自然環境的壓力，孰輕孰重？這是人類歷史上無解的古典問題。我們應該說，社會層面與自然環境因素是無法截然區分開來，因為文化對於何謂環境劇變是主動的認知判斷，而非單純的受體。更具體的說，人類並非直接與自然環境互動，而是與我們對於自然現象的認知作互動；換言之，自然界的危機實際上是屬於社會性的範疇（van der Leeuw and Redman 2002: 601）。所謂環境改變是文化根據「當地現況」來界定。降雨量減少對於完全倚賴農業之社會的衝擊，遠大於倚賴程度較輕的社會；些微的降雨改變對於半乾燥環境的農業社會，可能已經構成「劇變」，但對於年雨量達2000公釐的地區則未必如此。人類社會對於環境變化的應對之道，是經過層層的文化決策，傳統知識對於過往天候模式的認識，將影響對於當前、甚至未來環境變遷的判讀與預期（Lilley 2008）。

　　Field and Lape（2010）綜合整理太平洋和島嶼東南亞地區的防禦工事聚落（fortified settlement），結果發現多數該類型的遺址興起於1100-1700之間。他們認為時間上符合全新世晚期「聖嬰─南方濤動」（El Niño－Southern Oscillation, ENSO，下文稱「恩索現象」）現象暖期的高峰，顯示兩者之間可能存有因果的關係。Nunn（2000、2007）提出「1300年事件」的假說，認為快速變化的氣候以及海水面驟降，大幅度改變了太平洋史前文化的聚落型態，中止了長距離的遷徙與交換。即使各地的歷史發展差異極大，但是若在如此廣大的地理範圍中同時出現類似的文化變遷，顯示可能存在更為普同性的外在變因，而這個宏觀的作用力極可能就是聖嬰現象所造成的氣候改變。

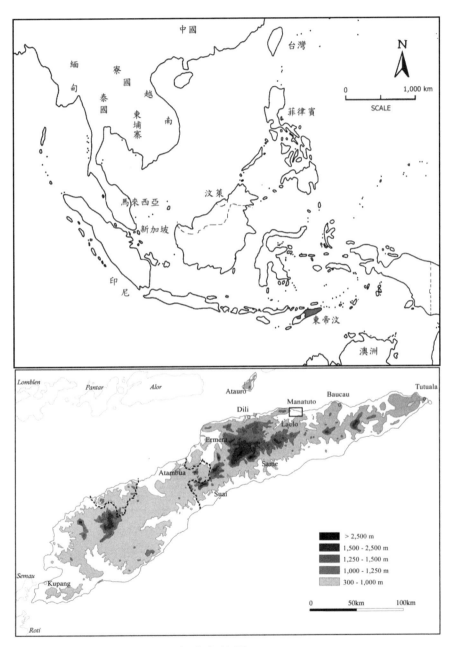

圖1　島嶼東南亞與帝汶島位置（下圖方框處標示本文研究範圍）

　　本文主旨包括兩個部分：首先，從考古證據上確認Manatuto的山頂遺址實為特殊的防禦性聚落型態，以抵禦區域內部加劇的武力衝突。其次，筆者提出一演化生態學的模型，解釋該聚落型態應是對氣候劇變的文化適應，特別是針對聖嬰現象的高峰期。

二、東帝汶簡史與Manatuto考古學

　　帝汶島（Timor）位於印尼小巽它群島（Lesser Sunda Islands）的東端，其早期歷史可說是與南海檀香木貿易劃上了等號。帝汶最早出現在宋趙汝适的《諸番志》，名為「底勿」。元汪大淵著《島夷志略》，改稱為「古里地悶」，無疑是早期描述帝汶社會最重要的文獻。16世紀初，西歐的海上勢力開始進入東南亞，帝汶成為葡萄牙的勢力範圍。19世紀初葡萄牙與荷蘭將帝汶島一分為二，分佔東、西帝汶，實質的殖民統治大約始於此。二次大戰後，西帝汶連同其他的荷蘭殖民島嶼，一起併入新成立的印度尼西亞共和國；東帝汶則繼續由葡萄牙統治，直到1974年放棄殖民政權。印尼隨即將東帝汶納入Nusa Tenggara Timur省。1999年底，東帝汶透過公投成為20世紀最新也是最後一個民主國家——Timor Léste（或Timor Lorosa'e）。上述東帝汶小史其實過度簡化了各地不同的歷史發展，以Manatuto地區而言，「歷史時代」大致不早於18世紀。

　　迄今，東帝汶地區的考古工作仍相當有限。早期殖民時代以零星的民族學/考古學/語言學綜合性考察為主（如Almeida 1961, 1967；Correa and Augusto 1956），1960年代晚期始在Baucau地區進行有系統的發掘（Glover 1986）。此後考古研究停宕多年。1999年東帝汶獨立之後，澳洲國立大學考古隊方於Lautem和Tutuala地區重新展開長期的研究計畫。大體上，考古工作以發掘石灰岩洞遺址為主，最早的石器文化層可達距今約四萬二千年前，原始陶器據信出現在約三千五百到三千年前之間（O'Connor 2007；O'Connor *et al.* 2002）。Manatuto地區位於東帝汶的北海岸，透過系統性考古調查首次建立

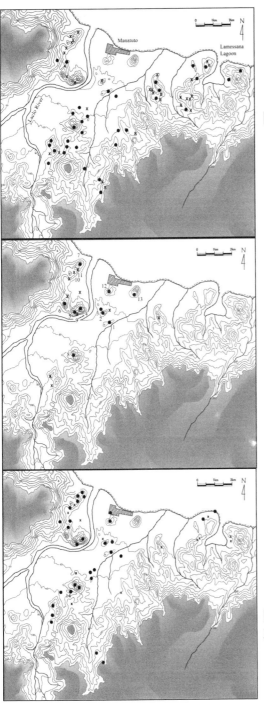

圖2a　Manatuto地區先陶時期遺址分布

1. 過網部分為高於海拔200公尺山區
　　（20公尺等高線）
2. ●：遺址
3. X：遺物點

圖2b、Manatuto地區史前晚期遺址分布

遺址名稱：
1: LPR　2: Soraha　3: Soraha Barat
4: Bukit Aiteas　5: Malarahun Lama #1
6: Malarahun Lama #4　7: Hataro #5
8: LURI　9: Malarahun Lama #2
10: Hataro #2　11: Hataro #3
12: Saututo　13: Dumi Huhun

**圖2c　Manatuto地區歷史時代早期遺址
或舊社分布**

遺址名稱：
14: Hahiwen

本地的考古文化層序，粗分為三個階段(Chao 2008；本文圖2)：

一、先陶時代：以燧石小型石器為代表，年代至少在距今三千年前以上，並且可能早到四萬年前，約從三千至一千年前逐漸消失。遺址範圍一般不大，分布高位海蝕台地、山頂與山坡，較少發現於低地。

二、史前時代晚期：年代在距今1000-250年前。出土遺物主要是素面紅陶與拋光黑褐色陶，紋飾以幾何形刺點紋為主，並見少量紅色彩繪；石器甚少，伴隨輸入的金屬器以及貿易陶瓷器。大量的家畜骨骸與稻米遺留反映出定居的農業生計。聚落遺址均出現在山頂或高丘之巔，緊鄰當地唯一的常流河川——Laclo河。這種獨特的聚落選擇模式，是本文討論的焦點。

三、歷史時代早期：年代上相當於18世紀初以後，大致上相當於葡萄牙殖民政府實質統治東帝汶的階段。歷史時期遺址或舊社一般範圍大，分布在沖積平原邊緣與山腳地帶，現代聚落則均位在低平的沖積平原與河階地。

史前時代晚期到歷史時期的考古遺址，規模稍大，長度一般在150-200公尺之間。聚落內部的布局頗為一致，呈現相當具體的規劃。在聚落中央或最高點位置，常見類似小型廣場的長方形堆土平台，在平台的角落有時會設計出由壘石牆圍成的廊道，用以引導登入廣場，顯示堆土平台可能是做為集會活動或儀式的場所。遺址最典型的特徵是一道道平行於等高線的壘石牆，石牆圈圍出的階梯狀平台層層疊疊，宛如梯田(圖3-下)。壘石牆的高度不等，一般從0.5公尺到2公尺之間，視地表坡度變化而定，部分壘石牆經過不斷的維修和加高。多數雙層壘建的石牆結構其走向垂直於等高線，明顯是區隔院落空間之用。從一系列鑽探和試掘的層位資料來看，主要的文化層應是在石牆修建之後才逐漸堆積出來。再者，山頂上缺少灌溉農作

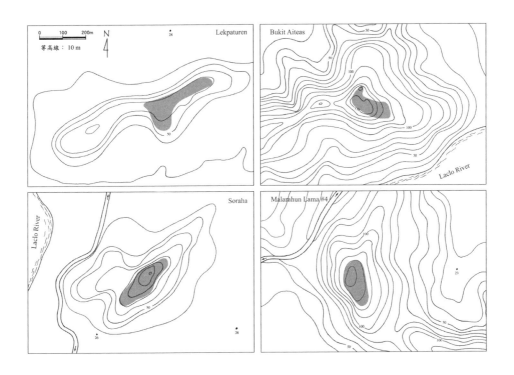

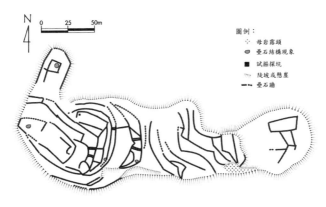

Bukit Aiteas 遺址平面圖

圖3　Manatuto山頂遺址等高線圖與Bukit Aiteas遺址平面圖

的水源，階狀平台顯非農耕梯田之用。簡言之，壘建石牆固然著眼於阻擋土石流失，但階狀平台顯然不是農作梯田；石牆的功能應在於圍出階狀平台作為建屋居住的基礎，故在階狀平台常留下厚實的文化堆積與火塘或貝塚等生活遺跡(Chao 2008)。

　　早期先陶時代的石器遺址和晚近歷史時代的舊社遺址，均普遍散布在各類地形區位，唯有史前時代晚期的遺址集聚在濱河的孤丘和山頭之巔，聚落位置的選擇強調緊臨陡峭地形之所(圖2)。這個針對性點明了這些山頂遺址作為防禦性聚落的功能。當然，山頂遺址作為一種防禦性聚落，並非不證自明。山頂遺址的防禦功能何在？這些遺址是否為長期定居之所，或者僅是臨時的避難地？防禦性聚落和武力衝突之間的關係又是如何？以下我透過2004-2006年三季的考古調查與發掘資料，來說明Manatuto地區史前時代晚期山頂遺址的防禦性質和作為長期居址的證據。

(一)山頂遺址的防禦性質

　　如前所述，山頂遺址大量的壘石牆並非防禦工事，但是，山頂遺址本身卻具備相當明確的防禦性功能。

　　屬於這個時期的遺址迄今共發現有11處，其中有10處位於山頂，且多數攀登不易(見表1)。LURI、Bukit Aiteas(BA)兩遺址與Malarahu Lama(ML)遺址群的海拔高均在150公尺上下，Soraha高近百公尺，聳立在沖積平原上，尤其陡峻難以攀登(各別遺址地形見圖3)，當地人也甚少上到山頭活動。Lekpaturen(LPR)遺址雖然高度較低，丘頂狹長，兩端向平原延伸處坡度較緩，較易於進出，但其兩側邊仍是陡峭的崖壁。相反地，低緩的山坡或山腳則罕見居址的跡象。可以說陡峭的地形條件，是構成當時聚落的要件。雖非所有山頭皆有考古遺址，但唯有屬於這個時期的聚落均位於山頭或高丘之巔，可以肯定此一通則並非調查誤差所致，應是當時在選擇聚落地點上有強烈的針對性。

表1　Manatuto地區史前時代晚期遺址地貌特徵

遺址名稱[1]	LPR	SRH	BA	ML1	ML4	LURI	ML2	HT2[5]	HT3[5]	ST[5]	DH[5]
遺址編號	1	2	4	5	6	8	9	10	11	12	13
海拔高(m)	65-80	75-95	130-155	115-135	130-140	150-160	65-80	80	80	85	140-150
高差[2]	45	55	130	120	100	95	40	60	60	70	125
攀登難度[3]	O/X	X	X	X	X	X	V	O	O	X	X
台階數量	20	15	30	4	7	5	>5	>1	>2	NA	NA
遺址範圍[4]（長x寬）	240x50	300x50	250x75	100x50	150x75	150x50	NA	NA	NA	NA	NA

註1：遺址名稱縮寫：ML-Malarahu Lama, HT- Hataro, ST- Saututo, DH- Dumi Huhun, SRH-Soraha。遺址編號對照圖二遺址分布位置。

註2：高差指從山頂相對於鄰近平地的高度差。

註3：攀登難度估算以坡度陡度為主，輔以實際田野調查的觀察，概略分為三級：X表困難，O表中等，V表容易攀登。難易估算的結果大致與本地人使用丘頂的頻率成反比。

註4：以壘石牆分布為基準，而非地表遺物的分布範圍，後者普遍大於前者甚多。

註5：遺址的地表結構受近代擾動嚴重，紀錄較為殘缺不全。

　　出現大量先陶時代遺物的海階臺地，到了這個時期生活聚落的痕跡極為有限。另一方面，調查顯示為數頗多的歷史時代舊社散布於山腳或沖積平原的邊緣，但同樣也沒有發現屬於史前時代晚期的遺址。Lamessan潟湖提供了當地天然的食鹽和大量的淡水鹹水資源，向來是人群活動密集之處；Hahiwen是一處大型的歷史早期舊社遺址，位於山腳近河處的小山凹，附近有穩定的泉水，傳說中飲用和小規模灌溉用水均來自該處水源。然而，在這兩處地點都沒有發現屬於史前時代晚期的遺留。在Manatuto地區超過三千年以上的人群活動中，唯有史前時代晚期的聚落型態表現出此一特殊的針對性。我們不禁要問何以史前時期晚期的聚落型態迴異於其他階段？

　　我們不難想像居住在攀爬困難的山頂，日常生活上委實多所不便，日常飲水等各項生計活動都必須上下高坡，何況海岸漁撈是在當時生業中相當重要的一環。不過，山頂聚落具備良好的展望視野，有助於及早發現敵人來襲，陡坡也可以暴露並遲滯敵人之行動，特別是針對人數武力有限的小規模奇襲掠劫（raiding）之際，山頂或高地聚落的地形優勢尤其顯著。故，即使沒有高牆或渠溝等實質的防禦工事，Manatuto地區群集的山頂遺址實為一種低成本但效率高的防禦策略。

(二)長期定居聚落

　　早期規模較小的聚落在面對外來攻擊之際，常採取暫時退守避難的策略。Manatuto地區缺少防禦工事的山頂遺址是否可能屬於此類性質的避難之所？換言之，這些山頂遺址是否僅是臨時性的聚落？從目前的考古資料來看，應非如此，種種證據指向山頂遺址作為長期定居的聚落。

　　首先，考古試掘顯示除Soraha遺址外，各遺址的文化層堆積一般頗深且無間斷，LPR的五個探坑深度在80-145公分之間，ML4遺址有80公分，BA遺址的最深處則可達160公分。層位中發掘出土大量的陶器、貿易陶瓷器和獸、貝類遺留，密集的木炭遺跡，成層堆積。BA遺址可見30處以上的梯田狀台階，Soraha遺址雖然缺乏完整的文化層堆積，但壘石牆和梯田狀台階等「半永久性」結構物也是為數龐大。兼之，各遺址內部的布局齊整且一致，顯然經過事前完整的社區規劃。種種人力成本投資頗大的結構物說明山頂遺址應非臨時避難之所。

　　另一方面，文化層出土大量的海、河貝類遺留，種屬複雜(BA遺址出土超過85個種屬)，層位上沒有明顯的間斷，顯示當時山頂居民長期且穩定地採集海河口的自然資源。承李匡悌先生協助檢送六件自於LPR遺址的貝類樣本，委託臺灣師範大學地球科學系碳氧同位素分析實驗室進行分析，從貝殼殼體碳氧同位素反映當時採貝活動的季節性。結果顯示，一件樣本所含氧十八同位素的變化波動不顯著，無法判讀，兩件發生在夏季(雨季，*musin panas*或*musin hujan*)，一件屬冬季(乾季，*musin kering*或*musin dingin*)，以及兩件在夏秋之交(雨季過渡到乾季)。說明當時山頂的居民採貝不分季節，河口海岸到山頂的通道幾乎終年都維持暢通，間接支持山頂遺址屬於終年性的定居聚落(Chao 2008: 212)。

　　綜合上述證據，可以肯定Manatuto地區史前時代晚期的山頂遺址，是終年性、長期定居的防禦性聚落。我們合理的認為,在戰爭威脅的陰霾揮之不去的大環境下,人們對於防禦功能的考量將凌越日常生活的諸多不便,山頂防禦性聚落的文化通則於焉產生。

三、聖嬰現象與恩索現象

聖嬰現象(El Niño)一名源自南美洲的秘魯海岸的特殊現象,偶發的海水昇溫導致氣候暖溼,為這裡的海岸沙漠地區帶來「神奇」的暴雨。由於氣候異常現象多半發生在聖誕節過後到隔年初,故被視為上帝的禮物而稱之為聖嬰現象。聖嬰現象的成因相當複雜,但基本上是太平洋上空冷熱空氣的環流系統與表層洋流系統的耦合所致。簡單的說,全球日照在赤道地區最為強烈,熱空氣上升造成赤道太平洋上空形成低壓中心,而高緯度地區空氣湧入遞補,上升的熱空氣在南北緯30度左右地區沉降形成高壓中心,此即「哈得利環流」(Hadley Circulation)。從亞熱帶匯入的氣流受到地球自轉的影響而偏轉,在低緯區形成古來賴以航海的穩定西向信風(東風帶)。受到信風的吹動,南太平洋東岸的祕魯寒流自東南向西北流動,導至近岸湧升流帶起深海低溫海水以為增補。這種洋流運動,造成赤道太平洋東西兩端的表層海水溫差高達攝氏10度左右。位於西端印尼群島東側的「暖池」(warm pool),熱空氣上升,信風則從東方帶來較冷的空氣於下層補充,上層空氣則由西向東反向流動,最後在東太平洋冷水域上空沉降。如此形成一個在經度–高度剖面上的循環,稱之為「沃克環流」(Walker Circulation)。沃克環流把太平洋東西兩端的氣候變化緊密地綁在一起:西側暖池水域的空氣對流強,雲雨籠照,而在東側沉降的氣流則帶來乾燥晴朗的天氣(劉雅章1998)。正因為大氣高層「沃克環流」的這個特性,我們可以將太平洋東岸聖嬰現象的資料對比到東印尼地區。

1960年代,Jacob Bjerknes才明確地指出南太平洋東西兩端的氣壓差異(南方濤動指數,SOI),與海表溫度(SST)的波動,實是一為二、二為一的現象，遂合稱為「聖嬰—南方濤動」，簡稱恩索現象（ENSO）。此一大氣和海洋的耦合，形成一個相互增強的「正反饋」系統。上述西邊雨東邊旱的氣象，即是一般的「正常」情況。一旦系統偏離常態，往恩索現象的暖端趨近，即會發生聖嬰現象（亦即正SST、負SOI）。具體的說，這時太平洋西端的氣壓相對異常的高，而東端反而氣壓低（亦即東西的氣壓差下降，負SOI），將導致西向的信風和洋流尚失動力而減弱。西向洋流（秘魯洋流）減弱，意味著湧升自深海的冷水也隨之銳減，導致東太平洋水溫上升（正SST），造成原本位於印尼東側的太平洋暖池，向東移至太平洋中部甚至東部。其結果是：沃克環流的上升支流的中心向東移，使得這裡的氣候變成多雲多雨，而西太平洋及印尼一帶反而嚴重乾旱，這正是典型的聖嬰年「異常」天候。

四、東帝汶北岸氣候與聖嬰現象

東帝汶島位於南緯8-9度、東經125-127度之間，屬於典型的赤道型氣候，氣溫變化有限，但高海拔的山區在冬季仍然嚴寒。北部地區的氣候分為明顯的乾、雨兩季，但南部受季風影響，每年有兩次雨季。在首都帝力（Dili）和Manatuto等北海岸低地，年雨量不足600-800公釐，但有超過90%集中在11月下旬到次年四月的雨季（Durand 2002）。

近年的氣象記錄顯示恩索現象對於東帝汶北部的影響極為顯著，特別在聖嬰年中，相當幅度的改變了降雨的時機以及雨季的降雨量（BMRC 2003）。某些地區在聖嬰年的降雨量銳減達50%（但局部地區略有增加），同時，由於雨季延遲的約2-3個月，部分地區的雨季降雨只有正常時期的1/4左右（Barnett 2003: 18）。由於降雨是主宰當地農業生產最主要的因素，農耕活動的季節性完全取決於雨季的降水，乖離的降雨模式對當地脆弱的生態環境造成巨大的影響。以1997/98強烈的聖嬰現象為例，印尼受創最深的地區是東印尼面積較大的島嶼，尤其是松巴（Sumba）、弗洛勒斯（Flores）、索洛（Solor）以及帝汶等。上述地區的玉米收成損失平均超過50%以上（Fox 2000），局部地區甚至更為嚴重，導致重大的糧食危機。可以想見，在缺乏大規模灌溉系統的史前時代，降雨模式也將同樣地限制該地區的農業活動，降雨量減少將大幅削弱生態環境的負載能力。類似的氣候劇變所造成的農作短缺危機，無疑也將造成史前社會的嚴重失衡，進而衍生一系列的文化調適和變遷。

五、氣候型聚落選擇模型

氣候環境改變對於人類社會的影響當然非如電源開關，一觸即發。從演化生態學的角度來看，氣候改變所引發的環境變遷，必須考慮氣候對於各種資源不同程度的影響、資源空間分布的歧異程度、以及發生的時機和變化速率(劇變或漸變)。聖嬰現象所導致的降雨改變對於東帝汶的生態環境而言，影響不僅在於降雨量減少而導致水資源匱乏，更關鍵性的是降雨的時機、頻率和模式改變，而與當地認知之間產生嚴重落差，使得原本穩定的熱帶雨季變成難以預期，造成農業生產嚴重失調。

(一)資源匱乏和分布歧異度

所謂發生匱乏的自然資源指涉的是在空間上有固定分布的有限資源。考古資料顯示防禦工事遺址多半出現在農業社會，其中一項重要的因素即在於土地制度限制了耕地的自由擴增，亦即，可耕地為空間上定著的有限資源(Ferguson 2006)。若防禦性遺址出現在非農業社會中，也多半與密集且量大的關鍵資源有關。譬如，北美西北岸地區出現在河口及島嶼上的避難遺址或防禦性遺址，即與鮭魚的分布息息相關(Schaepe 2006；Maschner and Reedy-Maschner 1998)。

一區域內特定自然資源的空間分布絕少是均質的，而是依照地形變化等因素變動。再者，某些資源遠較其他資源更容易受到氣候變化的影響。東帝汶北岸的農業活動完全仰賴於雨水，但海岸地區降雨量的波動遠比山區劇烈，局部乾旱發生的機會也較高。亦即，就雨水資源而言，海岸比山區更加脆弱。以1997/98聖嬰現象在印尼的影響為例,所受衝擊最深的就是極度倚賴雨季降水的單一作物區,特別是帝汶等較大島嶼北岸以玉米為主食的地方,當季收成大幅減產一半以上(Fox 2000)。同一時期,即使在聖嬰現象的最高峰,山區由於地形陡升,攔截部分上升的溼氣,故仍能獲得局部的間歇降雨,乾旱情形較為舒緩。

　　小區域內資源分布的歧異度越高,資源匱乏對於社群的衝擊越大,因為文化的選擇性將受到較多的限制。就Manatuto地區而言,在乾旱期間,Laclo河是區內唯一的穩定水資源,除了極有限的地下水源外,河谷以外乾枯一片。換言之,水資源的分布梯度極為緊密,資源「餘裕地帶」和「匱乏地帶」的界線直接落在緊鄰河岸之兩側(圖4)。反之,帝汶島東端山區的

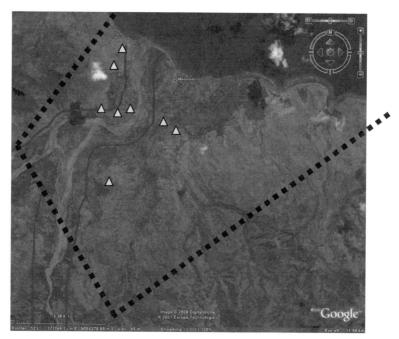

圖4　Manatuto地區山頂防禦性遺址與境內唯一之常流河—Laclo河
虛線區域標示調查範圍,三角形為本文討論之山頂防禦性遺址,Laclo河兩側實線標示乾旱時期水資源相對餘裕的狹長帶狀區。

Tutuala即使在乾旱期間仍能獲得間歇的雨水（圖5），降雨量隨等高線和石灰岩層的分布改變，整體上水資源的分布梯度遠不如在Manatuto緊密，「壞年」時Tutuala的文化適應所受的限制較少。後文我將比較這兩個地區對於聖嬰年氣候變化的文化反應，說明區域內資源分布的歧異程度不同，文化調適的策略也有所調整。

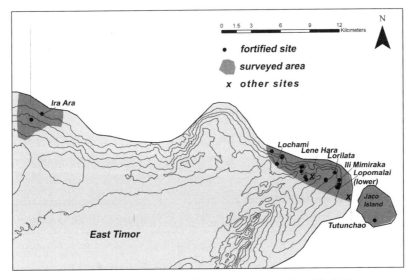

圖5　東帝汶Lautem與Tutuala地區的山城遺址
（等高線：100m；引自 Lape and Chao 2008, figure 4）

（二）環境變化的難以預期性

「預期」乃是基於傳統知識和記憶來預測未來的情況，為一不斷變動的文化因素。從演化生態學的角度來說，緩慢但持續惡化的氣候環境，對社會構成的壓力較輕，文化能以改變生計模式或增加貿易等配套措施逐步適應，但突發性的環境變化則可能超出文化的適應彈性，產生較為嚴重的衝擊。目前我們對於島嶼東南亞地區長期的氣候變化，所知極為有限，只能假設當乾旱發生之頻率增加到一定程度時，傳統知識和記憶中的「常態」將不復存在，氣候變遷於是成為「難以預料」的危機。

恩索現象影響熱帶東南亞地區最大的層面，即在於改變了降雨模式，不僅年降雨量大幅減少，更深遠的影響在於雨季的延遲。降雨的時機和間隔對於農業的重要性，可能還在累積總降雨量之上。2005年東帝汶發生報導中的「輕微」糧荒，聯合國以及其他人道救援組織運送大批的豆類糧食，以補本地糧食生產的不足。事實上，該年度的總降雨量僅略低於平均值，並不算是典型的乾旱年。然而，受到2004/05微弱聖嬰現象的影響，晚霖遲滯了整個耕作的流程，收成季節也跟著順延了月餘，導致在這段時間中出現糧食短缺。

由於地形的關係，當地的年雨量幾乎完全仰賴冬季季風帶來的濕氣，九成的降雨集中於11月下旬到隔年4月的雨季，然而這段時間卻正是恩索現象活動的高峰(圖6)。影響所至，東亞季風減弱，使得降雨的間隔和時機為

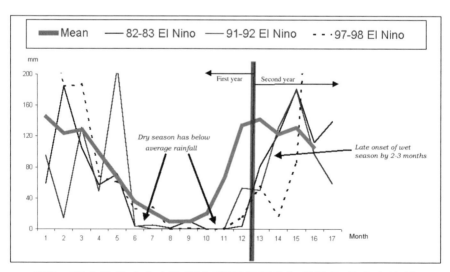

圖6　東帝汶首府帝力聖嬰年降雨與平均每月降雨分布之比較
粗線標示1952-1997年間的平均每月降雨量，相對於最近三次最強烈嚴重聖嬰年的降雨變化（改繪自 BMRC 2003），說明最顯著的變化在於雨季的延遲達2-3個月。

之混亂，造成農作大幅減產。東帝汶近年處於戰亂之後的嬰兒潮，人口結構嚴重失衡，削弱了土地的實質負載力，自然也是導致糧食短缺情況惡化的原因之一。更嚴重的問題出在一般家戶中的存糧普遍不足，遲雨導致的晚收（還不算是歉收）即足以造成糧食的短缺。現代東印尼地區（含東帝汶）普遍存有所謂「一般飢荒」（*lapar biasa*），發生在每年11月到隔年2月之間（Fox 2000: 182），也就是兩次農作收成季之交。不幸的，這段時間也正是恩索現象活動的高峰期（圖7）。一旦出現強烈的聖嬰現象，時間點上的同幅效應將「一般飢荒」擴大為「嚴重饑荒」（*lapar luar besar*, Fox 2000: 183），正如1982/83與1997/98兩次強烈聖嬰現象所導致的嚴重糧荒。

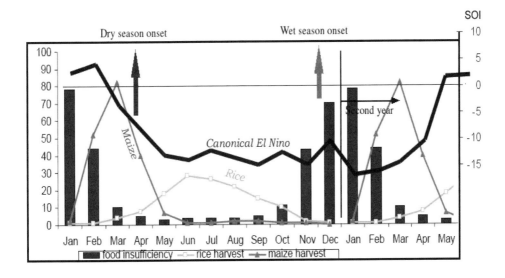

圖7　東帝汶農收季節、糧荒季節與恩索現象之關係

直條圖表示該月全國發生糧食不足縣份（*sucu* or district）的百分比；三角標示線條表示該月玉米收成的縣份；方格標示線條表該月稻米收成之縣份；粗線為1952-1997年間聖嬰現象發生時平均SOI變化（資料來自FAO Report 2003與BMRC 2003）。顯示聖嬰現象的高峰（SOI值最低）與糧食短缺的高峰期以及主要作物收成的空窗期，均出現在一月份前後。

　　歷年聖嬰現象對玉米收成的衝擊普遍大於水稻，導致大幅減產一半以上，遠遠超過水稻減產幅度（多數省份在4-10%之間）（Fox 2000）。何以水稻和玉米兩套農耕生計會有如此巨大的差異呢？筆者認為這要從當地的傳統農耕知識談起。玉米栽種固然對於貧瘠土壤具有顯著的適應優勢，但玉米農業在面對突發性、極度乖離的降雨模式卻是極為脆弱。正常的雨季期間降雨不斷，即使在海岸地區也能有月平均超過100公釐的降雨。但在聖嬰現象發生的年份，不穩定的降雨誤導農民栽種的時機，種子播下之後降水卻停了，特別是在玉米發穗時節最需要持續的雨水滋潤，一旦缺雨則整片作物盡數枯萎。若這種作物生長失敗情況重複超過兩次，農民的種子存量將消耗殆盡，即便後續降雨恢復了常態，農民卻已經陷入無籽可種的窘境（Fox 2000: 181-185）。過度倚賴玉米的生計傳統，使得社會在面對環境變化時的文化彈性和應變能力降低，也是聖嬰現象造成重創的因素之一。誠然，玉米栽種出現在印尼地區的年代相當晚近，但這個例子說明社群在適應氣候變遷的過程中，不但應變策略會因環境負載力下降而壓縮，自身的傳統知識也會限制文化的彈性。若強烈恩索現象的頻率過於密集，對於東帝汶北岸地區的農業文化將形成嚴峻的考驗，嚴重的糧食危機可能無法避免。

（三）氣候型聚落選擇模型（climate sensitive settlement choice model）

　　東帝汶防禦性聚落（或堡壘）的興起，與降雨在時間和空間上的分布有關：一、在時間上，出現在氣候變遷劇烈震盪，導致突發性的環境惡化時；二、在空間上，局部地區較能承受氣候變化，但鄰近地區對環境變化的承受能力較弱，亦即，防禦性聚落型態將出現在資源餘裕和匱乏區之交接地帶（Lape and Chao 2008）。在小區域內差異明顯的環境壓力之下，相對資源不足的社群預期會傾向於發動武力衝突，爭奪有限之資源。防禦性的聚落型態儘管投資成本較高（建造與使用維修），但在武力衝突頻繁的大環境中，卻具有明確的適應優勢。

　　此一模型特別強調防禦性聚落「興起」的時機和地點。一旦防禦性聚落型態成為文化通則，對於適應將產生本質上的改變（M. W. Allen 2006；Chao 2008；Ferguson 2006）。Manatuto地區在15至18世紀之間持續使用山頂防禦遺址，就與社群盟約和海上貿易有關。我們認為：在西元1100-1400年間的聖嬰現象高峰期，數百年間持續震盪的異常氣象，在東帝汶北岸地區造成嚴重的生態資源失衡，特別是水資源的匱乏，導致武力衝突加劇，促使了防禦性聚落型態的興起。以下，我綜合古氣象資料和考古學證據，說明Manatuto地區所見山頂防禦性遺址，無論在時間和空間的分布上均符合上述模型之預期。

六、模型驗證

以Manatuto的考古材料驗證上述模型，先決條件必須能滿足下列三項假設：

一、當地值得保護的經濟資源，其分布要具備明確的地域性（Kennett and Clifford 2004）；
二、該項資源對於氣候變化的反應極為敏感，一旦氣候驟變，資源分布將難以預期；
三、當氣候環境急遽惡化時，資源在空間上的梯度變化愈加顯著；資源餘裕地帶愈是緊鄰資源不足地帶，愈能產生強烈的差異對比，激化地區性的競爭與衝突。

Manatuto史前時代晚期的社會相當倚賴農業當作主要生計。當地農業耕作的成敗取決於水資源的供給，水資源無疑是「經濟上值得保護」之重要資源。在當地乾溼季分明的氣候環境下，水資源的分布無論在空間上或時間上都相當不均勻，地域性十分顯著（滿足條件一）。水資源多寡取決於雨季的降雨，雨季受季風活動支配，而恩索現象會干擾季風的強度和時機，改變當地的降雨模式，造成難以預測的降雨(滿足條件二)。在一般乾季之中，唯有主要河川Laclo河及緊鄰河道週邊地區方能取得終年不絕的水資源，僅僅百公尺以外的地區，若非依靠現代化的灌溉系統也是乾枯一片。可以想像，一旦乾旱發生於史前時期，水資源(含地下水)的分布梯度將更為顯著，資源「餘裕地帶」和「匱乏不足地帶」無疑將更加緊鄰(滿足條件三)。

(一)過去千年間的恩索現象

　　拜全球暖化議題之賜，聖嬰現象的相關研究正是蓬勃發展，但是我們對於百年以前恩索現象活動的瞭解仍然不夠完整。重建古代恩索現象活動的方法大致有兩大類，一是藉由近代儀器紀錄的氣象資料(instrumental record)，而以電腦模擬古代氣候變化的模型。雖然，我們對於洋流、水溫及氣象變化等的知識逐漸累積，這方面的發展也日新月異，但最終仍需要實際的「指標型資料」(proxy record)加以印證。最直接的指標型資料當屬化石珊瑚保存的氧同位素訊號，因其反映海表水溫(SST)的變化，可說是直接對應到恩索現象的活動。其優點是以季為單位的精細紀錄，但缺點則在一般珊瑚化石所能紀錄的時間長度有限，如Palmyra珊瑚化石的例子是極為罕見的(Felis and Patzold 2004)。

　　古沉積物則屬於另外一類的指標型資料，包括湖泊淤土沉積、近海底部沉積物、微石屑沈積，以及如尼羅河水位刻度與年輪等「歷史」紀錄。基本的假設是聖嬰現象在樣本區引發突發性的暴雨洪水，導致沉積速率暴增或粗顆粒沉積物增加等相應之現象。換言之，指標型資料並不直接指向海表水溫的變化(恩索現象的訊號)，而是反映聖嬰年的降雨變化。

　　儘管現代恩索現象的研究相當強調監測東印尼海域表層的水溫變化，但島嶼東南亞地區的古氣候資料卻十分欠缺。少數的年輪樣本可資參考(如D'Arrigo et al. 1994)，可惜並未能涵蓋本文討論的時段，所以必須套用其他地區的古氣象資料，特別是太平洋中部以及南美西海岸。此一這個不得不然爾的作法，是根據著氣象學者對現代聖嬰現象的觀察。首先，東印尼島嶼大體上位於聖嬰年異常氣象的乾旱區（Gagan *et al.* 2004），區域內的微地理差異對於氣候的影響較不顯著。這一點與中太平洋地區大不相同，由於該區正處旱－澇區的交界，島與島之間即可能出現顯著的差異（M. S. Allen 2006）。其次，恩索現象基本上是海洋和大氣聯繫的耦合現象，透過高空的沃克環流，將太平洋盆地東西兩端的大氣變化緊密地連繫起來。故，南美西岸恩索現象的紀錄應可套用到島嶼東南亞地區。

整體來說，過去千年間的恩索現象活動存在兩段高峰期（M. S. Allen 2006: 526）。最為強烈也最為普遍的高峰期，出現在17世紀的小冰期。太平洋Palmyra和澳洲大堡礁的珊瑚礁資料，清楚紀錄在這個時期赤道地區的恩索現象異常頻繁（Cobb *et al.* 2003；Hendy *et al.* 2002）。對於恩索現象與小冰期氣候之間的關聯尚未完全明瞭，可能是全球氣溫冷化激化恩索現象的活動所致（Sherwood and Craig 2004）

第二段恩索現象活動的高峰期，則出現在西元1200-1400年間全球氣候快速變遷的轉捩點，亦即從中世紀暖期轉變到小冰期的過渡階段。近期的古氣候研究也支持此一過渡期可能伴隨著異常活躍的恩索現象活動（Cobb *et al.* 2003；Moy *et al.* 2002）。秘魯外海的沉積物研究則顯示，頻繁的恩索現象活動出現在1250年前後，並可能與異常的火山噴發活動有關（Crowley 2000；Mann *et al.* 2005；Rein *et al.* 2004）。

厄瓜多爾安地斯山上高山湖泊Laguna Pallcacocha出土的湖底沉積物蕊心樣本，是少數代表千年以上尺度的古氣候資料，最能精細地描繪這個時期恩索現象活動的情況。研究者認為在長達9米的湖底沉積物蕊心中，出現上百道淡色、無機的岩屑薄層（相對於深色而富含有機質淤泥沉積），代表一次次聖嬰現象暴雨所沖刷下來的突發性沉積物（Rodbell *et al.* 1999）。Graham（2004: 437）將長達12,000年的Pallcacocha資料，與前述Palmyra化石珊瑚的氧十八同位素紀錄進行比對，結果二者之間存在中度到高度不等的統計相關，顯見前者資料具有普同性，可類比到其它地區。

Laguna Pallcacocha的資料說明，在過去一萬年中恩索現象的活動大體上逐步增強，而最頻繁也最強烈的恩索現象訊號出現在西元700-800年前後。此後，恩索現象活動沈寂了約二、三百年，然後再次於西元1100-1400年間出現遠高於現代標準的波動，並在西元1200-1300年達到高峰（Moy *et al.* 2002a；本文圖9-a）。這裡必須特別指出，各地紀錄所呈現的恩索現象活動未盡全然相同。Pallcacocha湖底沉積物所反映的中世紀暖期與小冰期氣候變化，似乎迥異於其他資料（Graham 2007: 274-275），而Nunn氏所依據的尼羅河水位紀錄，則顯示聖嬰現象的高峰期出現在西元1300-1650年間（Anderson 1992；Nunn 2000）。各地古氣象資料的歧異，正突顯了重建東南亞古氣候的迫切性。

（二）Manatuto山頂防禦性遺址的年代

　　一系列放射性碳十四定年的結果顯示，Manatuto山頂遺址的主要佔居年代當在15世紀中期到18世紀之間（表2和圖9），這個年代可以得到貿易陶瓷器風格排隊的支持（表3和圖9）。Manatuto地區所見的貿易陶瓷器可區分成五個時期，跨越15、16世紀直到19世紀，其中代表16世紀中葉到18世紀初的製品（第II與第III期），比例約佔七成（表3），從探坑中出土的陶瓷器更加集中於這150年之間。定年標本多數採自探坑的底層，層位上相當於或略深於貿易陶瓷器的層位，顯見碳十四定年與貿易陶瓷所代表的年代大體上能配合（趙金勇 2007）。

　　2006年筆者赴Manatuto進行第三季的考古試掘，新的考古證據卻指向山頂防禦性聚落型態出現的年代，可能要提早到11到14世紀之間，換言之，正是恩索現象活動的高峰時期。其中，出土於BA遺址TP1探坑的三件年代須要進一步討論。BA遺址的堆積大體上沿著坡度變化從東南向西北傾斜，這一點在底層的堆積尤其明顯（圖8）。陶器與獸骨等遺留從底部到頂部出土密集，沒有明顯的間斷，但貿易陶瓷器自第六層才開始出現，數量逐漸增加。該層的年代校正後約在AD 1430-1630之間（NTU-4669），頗符合貿易陶瓷器的風格年代。然而，TP1探坑底部（第七層）的年代則顯然較早。

表2 Manatuto地區山頂遺址出土碳十四年代

實驗室編號	定年材料	遺址/坑號	標本/文化層深度(cm)[1]	碳十四年代	校正後年代(2 sigma)[2]
NTU-4546	木碳	LPR Unit02	97–99/ 125	1290± 60 BP	AD 650-880
NTU-4756	貝[3]	LPR Unit02	97–99/ 125	970± 50 BP	AD 1310-1460
Beta-196470	木碳	LPR TP1	55–72/ 80	310 ± 40 BP	AD 1460-1660
NTU-4533	木碳	LPR Unit03	65–66/ 140	< 200 BP	
NTU-4475	木碳	LPR Unit03	120–124/ 140	300 ± 55 BP	AD 1450-1670(97%)
NTU-4746	木碳	LPR Unit04	30–37/ 105	250 ± 55 BP	AD 1470-1690(67.5%)
					AD 1730-1810(25.1%)
Beta-232525	碳化米	LPR Unit04	30–37/ 105	360 ± 40 BP	AD 1440-1640
NTU-4674	木碳	ML4 TP2	70–80/ 90	410 ± 60 BP	AD 1420-1530(63.5%)
					AD 1540-1640(36.5%)
NTU-4669	木碳	BA TP1	115–125/ 150	410 ± 40 BP	AD 1430-1520(75.8%)
					AD 1560-1,630(24.2%)
NTU-4729	貝[3]	BA TP1	125–135/ 150	1310 ± 40 BP	AD 1020-1200
NTU-4656	木碳	BA TP1	135–145/ 150	780 ± 55 BP	AD 1150-1300(97.6%)

註1：標本/文化層深度指地表下的標本深度及文化層底部深度。

註2：碳十四年代校正參考Intcal04.14c 或 Marine04.14c(Hughen *et al.* 2004)，並四捨五入至十位數；括號內為分布機率。

註3：NTU-4756 標本為紅嬌鳳凰螺（*Strombus luhuanus*），NTU-4729 為刻紋海蜷（*Terebralia sulcata*）。

表3 Manatuto地區貿易陶瓷器的風格年代分期

分期	跨年時距	數量	%	%*
I	15th – mid/late 16th c.	18	2.7	3.9
II	mid 16th – mid 17th c.	280	42.6	60.6
III	mid 17th – early 18th c.	72	10.9	15.6
IV	18th – mid 19th c.	64	9.7	13.9
V	post mid 19th c	28	4.3	6.1
不明		196	29.8	---
總計		658	100.0	100.0

*：扣除不明標本後各分期比例

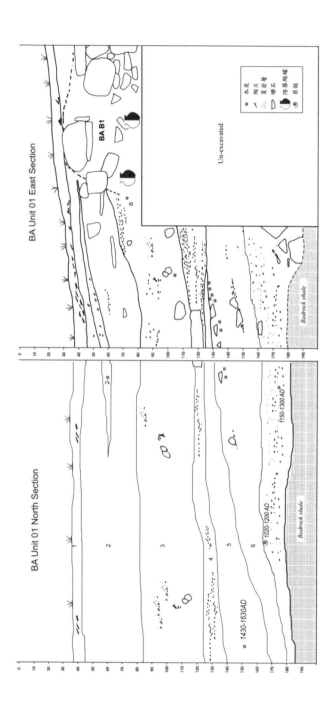

圖8　Bukit Aiteas 遺址 TP1 探坑剖面圖

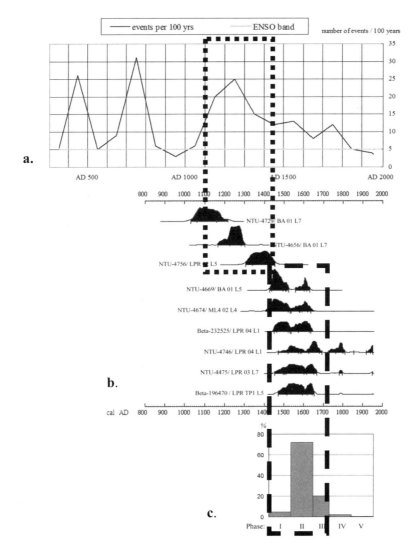

圖9 a　一千五百年來恩索現象活動變化（依據Moy *et al.* 2002b 資料重繪）

　　b　Manatuto地區山頂遺址碳十四年代機率分布

　　c　Manatuto地區貿易陶瓷器分期數量百分比

細虛線方框標示貿易陶瓷器之前早期階段，粗虛線方框標示伴隨貿易陶瓷器的晚期階段，顯示早期階段與1100-1400年間的恩索現象高鋒期吻合。

　　一般來說，無論是以木炭或是海生貝類進行放射線碳素定年，其結果都具備程度上的不確定性。木炭標本定年最常見的問題，在於標本本身可能是年代較早的「老木」。這正是筆者排除編號NTU-4546之年代的原因（採自LPR 02探坑，表2）。疊壓在該件木炭標本之上層位所出土的貿易陶瓷，均屬於16世紀以後的製品，說明校正後AD 650-880的年代明顯偏早。筆者重新定年同一層位的海生貝類，校正後為AD 1310-1460（NTU-4756），應該是比較可靠的年代。

　　同理，BA TP1的底層年代校正後為AD 1150-1300（NTU-4656），也是因為該件木炭樣本為老木嗎？為了檢查此一可能性，筆者檢送相同層位出土的刻紋海蜷（*Terebralia sulcata*）進行碳十四年代測定（NTU-4729）。貝類碳十四年代測定同樣也有其不確定的因素，只是性質不同。首先，刻紋海蜷的原生棲地可能在海邊，但也可能見於紅樹林區等的半鹹水環境，故所含的海洋性多寡就成為年代校正過程中一項重要的變數。該件標本的 δ^{13}C 值測得為0.9±0.1，而Manatuto地區海水貝類的 δ^{13}C 值範圍經測在4.1至-0.2之間（N=5），顯見該件刻紋海蜷應生長於海水環境，故在校正時以百分之百的海洋性為計算依據。

　　海貝定年的另一個問題在於海水的碳十四庫存效應（marine reservoir effect）。Struiver 等（1998）以400年來校正全球性普遍的海水庫存效應，但受到湧升流和表層洋流的影響，地區性的校正值（ΔR）依然必要。Southon 等（2002）估計爪哇島至西澳洲的校正值為67。Fairbanks（2005）依照全球洋流的模型（Butzin *et al.* 2005；Cao *et al.* 2007），模擬全球各地的海水庫存效應，推估東帝汶北岸的海水庫存效應值約為317。使用地區性校正值進行年代校正的潛在問題在於，假設校正值於時間軸線上維持恆定。此一假設顯非放諸四海皆準（Kennettet *et al.* 1997）。東印尼到澳洲北岸之間的定年資料顯示，地區性校正值與放射性碳素年代之間呈現顯著的正相關（Reimer *et al.* 2004）。若擷取該地區年代在500-700BP間的數據，加權平均後求得校正值為94±34。以此數值代入計算，NTU-4729標本校正後的年代為AD1066-1285，與未考慮地區校正值的AD1020-1200相近，顯示後者應為可接受的年代。基於此一海貝標本所測得的年代，筆者認為可以排除NTU-4656木炭樣本為老木樣本的可能性。

上述討論肯定了BA遺址出土定年資料的序列。配合考古遺物的層位，TP1探坑的底層當屬陶瓷器貿易之前的堆積，然後逐漸過渡到16世紀伴隨貿易陶瓷器的層位。如此一來，Manatuto山頂防禦性聚落型態出現的年代，提早到11至14世紀之間。換言之，正是恩索現象活動的高峰時期，顯示二者在發生的時間上相當一致（圖9）。

（三）比較討論

Manatuto地區農業生計的成敗取決於水資源的供給，在乾溼季分明的環境中，水資源在空間分布上的梯度極為緊密（圖4），餘裕區和匱乏區直接交接在Laclo河岸，幾乎沒有緩衝的過渡地帶。本文的氣候型聚落選擇模型預期，在此一資源壓力大的環境中，脆弱的生態將壓縮文化適應氣候變化的選擇。隨著11到14世紀恩索現象異常頻繁的活動，聖嬰年難以預期的降雨模式，大幅削弱了當地的環境負載，導致資源嚴重短缺，武力衝突遽增。反映在文化適應上，防禦性山頂聚落應運而生。

我要強調此一現象這並非是無可避免的因果關係。帝汶東端Tutuala山區山城遺址（mountaintop fortified sites）的位置雖然也與水資源的分布有關，然而其出現的時間落在15至19世紀之間，Lautem地區近海的Ira Ara遺址，碳十四定年也顯示類似的年代（Lape 2006）。這個年代比中世紀暖期末恩索現象活動的高峰期晚了二、三百年，甚至可以說完全落在這段高峰期之後。帝汶東部絕非不受聖嬰現象影響的地區，相反地，Lautem地區在1997/98聖嬰年中，是受創最嚴重的地區之一。什麼因素造成兩地防禦性聚落出現的時間迥然不同？或者說，為何兩地文化對於恩索現象的反應截然不同？

筆者認為，聖嬰現象在東部Lautem的山區地形產生不同於Manatuto海岸地區的降雨模式，造成各自不同的環境壓力。即使是在嚴重的乾旱時期，

Lautem的迎風坡面仍能截獲少量來自海洋的溼氣，獲得少許的降雨。換言之，更具體地說，在Tutuala和Lautem地區，水資源在空間上的分布梯度是沿著等高線「漸變」。這種餘裕給予Tutuala地區史前社會在面對氣候劇變時，能保有較多的選擇可能。當地口傳歷史所紀錄氏族分批從海岸向山區遷移的過程，可能正是因應頻繁聖嬰現象的適應策略(Lape 2006: 292)。反之，位於海岸地區的Manatuto，則完全沒有這種餘裕，河谷以外地區一片乾枯。這裡水資源的分布只有兩種選擇：有，或沒有。從Tutuala與Manatuto兩例的比較中不難看出，不同的社會對於氣候變遷的文化反應不盡相同，端視該氣候變遷影響的層面與程度，以及文化對其之解讀。

參考書目

王紹武、龔道溢
　　1999　〈近百年來的ENSO事件及其強度〉，《氣象》25(1)：9-14。
趙金勇
　　2007　〈初探東帝汶的古代貿易考古──以Manatuto地區為例〉，《田野考古》11(1/2)：27-60。
劉雅章
　　1998　〈厄爾尼諾：太平洋之子〉，《二十一世紀雙月刊》46：101-111。
Almeida, A.
　　1961　"Contribution a l'etude du neolithique du Timor Portugais," Paper presented at *The 5th International Congress of Prehistoric and Protohistoric Sciences*, Hamburg.
　　1967　"Contribution to the study of the prehistory of Portuguese Timor -- lithic

industries," in *Archaeology at the Eleventh Pacific Science Congress: Papers presented at the XI Pacific Congress, Tokyo, August-September, 1966*, edited by W. G. Solheim II, pp. 55-67. Asian and Pacific archaeology series, no. 1. Social Science Research Institute, University of Hawaii, Honolulu.

Allen, M. S.
    2006   "New ideas about Late Holocene climate variability in the central Pacific," *Current Anthropology* 47(3): 521-535.

Allen, M. W.
    2006   "Transformation in Maori warfare: Toa, Pa and Pu," in *The Archaeology of Warfare*, edited by E. Arkush and M. W. Allen, pp. 184-213. University Press of Florida, Gainesville.

Anderson, R. Y.
    1992   "Long-term changes in the frequency of occurrence of El Niño events," in *El Niño : Historical And Paleoclimate Aspects Of The Southern Oscillation*, edited by H. F. Diaz and V. Markgraf, pp. 193-200. Cambridge University Press, New York.

Arkush, E. and M. W. Allen(editors)
    2006   *The Archaeology of Warfare : Prehistories of Raiding and Conquest*. University Press of Florida, Gainesville.

Barnett, J.
    2003   "Climate change in Timor Léste," in *Proceedings from the 1st National Workshop on Climate Change*, pp. 17-22. Dili, 19 November 2003.

Barnett, J. and N. Adger
    2005   "Security and climate change: towards an im-proved understanding," in paper presented to the *International Workshop on Human Security and Climate Change*, Holmen fjordhotell.(http://www.cicero.uio.no/humsec/)

BMRC
    2003   *Effect of El Niño on East Timor rainfall(Dili)*. Bureau of Meteorology Research Center, Commonwealth of Australia. http://www.bom.gov.au/bmrc/clfor/cfstaff/jmb/east_timor_5.html(2008/1/14)

Butzin, M., M. Prange and G. Lohmann

2005 "Radiocarbon simulations for the glacial ocean: the effects of wind stress, southern ocean sea ice and Heinrich events," *Earth and Planet Science Letters* 235(45-61).

Chao, C. Y.

2008 "A Microregional Approach to the Social Dynamics in the Late Prehistoric Manatuto, East Timor, Eleventh – Eighteenth Century." PhD Dissertation. Department of Anthropology, University of Washington, Seattle.

Cobb, K. M., C. D. Charles, H. Cheng and R. L. Edwards

2003 "El Niño/Southern Oscillation and tropical Pacific climate during the last millennium," *Nature* 424(6946): 271-276.

Correa, M. and A. Augusto

1956 "Nouvelles Stations Lithiques Du Timor Portugais Et La Prehistoire De L'indonesie Orientale," in *Actas De La Iv Sesion, Madrid 1954: Congresos Internacionales De Ciencias Prehistoricas Y Protohistoricas (4th International Congress of Prehistoric and Protohistoric Sciences)*, edited by A. Beltran, pp. 259-300. Libreria General, Zaragoza.

Crowley, T. J.

2000 "Causes of climate change over the past 1000 years," *Science*(289): 270-277.

Durand, F.

2002 *Timor Lorosa'e, Pays au carrefour de l'Asie et du Pacifique : un atlas géo-historique*. IRASEC, Bangkok.

Ellen, R. F.

1987 "Environmental perturbation, inter-island trade, and the relocation of production along the Banda Arc; or, why central places remain central," in *Human Ecology of Health and Survival in Asia and the South Pacific*, edited by T. Suzuki and R. Ohtsuka, pp. 35-40. University of Tokyo Press, Tokyo.

Elliott, M.

2005 "Evaluating evidence for warfare and environmental stress in settlement pattern data from the Malpaso valley, Zacatecas, Mexico," *Journal of Anthropological*

  Archaeology 24(4): 297-315.

Fairbanks, R. G., R. A. Mortlock, T. C. Chiu, L. Cao, A. Kaplan, T. P. Guilderson, T. W. Fairbanks, A. L. Bloom, P. M. Grootes and M. J. Nadeau

  2005 "Radiocarbon calibration curve spanning 0 to 50,000 years BP based on paired 230Th/234U/238U and 14C dates on pristine corals," *Quaternary Science Reviews* 24(16-17): 1781-1796. 定年程式見：http://radiocarbon.ldeo.columbia. Edu/ research/resage.htm（2008/1/14）

Felis, T. and J. Pätzold

  2004 "Climate reconstructions from annually banded corals," iIn *Global Environmental Change in the Ocean and on Land*, edited by M. Shiyomi, H. Kawahata, H. Koizumi, A. Tsuda and Y. Awaya, pp. 205-227. Terrapub, Tokyo.

Ferguson, R. B.

  2006 "Archaeology, cultural anthropology, and the origins and intesifications of war," in *The Archaeology of Warfare: Prehistories of Raiding and Conquest*, edited by E. Arkush and M. W. Allen, pp. 469-524. University Press of Florida, Gainesville.

Field, J. and P. V. Lape.

  2010 "Paleoclimates and the emergence of fortifications in the tropical Pacific islands," *Journal of Anthropological Archaeology* 29: 113-124.

Food and Agriculture Organization（FAO）

  2003 *Timor Léste, Food Insecurity: Overview*. United Nation World Food Programme. http://www.wfp.org/country_brief/indexcountry.asp?country=62 （97/07/28）

Fox, J. J.

  2000 "The impact of the 1997-98 El Niño on Indonesia," in *El Niño: History and Crisis*, edited by E. R. H. Grove and J. Chappell, pp. 171-189. The White Horse Press, Isle of Harris, UK.

Gagana, M. K., E. J. Hendya, S. G. Haberleb and W. S. Hantoro

  2004 "Post-glacial evolution of the Indo-Pacific Warm Pool and El Niño-Southern oscillation," *Quaternary International*（118-119）: 127-143.

Glover, I. C.

　1986　*Archaeology in Eastern Timor, 1966-67*. Terra Australis 11. Research School of Pacific Studies, Australia National University, Canberra.

Graham, N. E.

　2004　"Late-Holocene teleconnections between tropical pacific climatic variability and precipitation in the western USA: evidence from proxy records," *The Holocene* 14(3): 436-447.

Graham, N. E., M. K. Hughes, C. M. Ammann, K. M. Cobb, M. P. Hoerling, D. J. Kennett, J. P. Kennett, B. Rein, L. Stott, P. E. Wigand and T. Xu

　2007　"Tropical Pacific-mid-latitude teleconnections in medieval times," *Climatic Change* 83:241-285.

Halstead, P. and J. O'Shea

　1989　*Bad Year Economics: Cultural Responses to Risk and Uncertainty*. Cambridge University Press, Cambridge.

Hendy, E.J., M.K. Gagan, C.A. Alibert, M.T. McCulloch, J.M. Lough and P.J. Isdale

　2002　"Abrupt decrease in tropical Pacific sea surface salinity at end of Little Ice Age," *Science* 295(5559): 1511-1514.

Junker, L. L.

　1999　*Raiding, Trading, and Feasting: the Political Economy of Philippine Chiefdoms*. University of Hawai'i Press, Honolulu.

Kennett, D. J. and R. Clifford

　2004　"Flexible strategies for resource defense on the Northern Channel Islands of California: an agent-based model," in *The Archaeology of Insularity: Examining the Past in Island Environments*, edited by S. Fitzpatrick, pp. 21-50. Greenwood Press, West Port, CT.

Kennett, D. J., B. L. Ingram, J. M. Erlandson and P. Walker

　1997　"Evidence for temporal fluctuations in marine radiocarbon reservoir ages in the Santa Barbara Channel, Southern California," *Journal of Archaeological Science* 24: 1051-1059.

Kirch, P. V.

2000   *On the Road of Wind.* University of California Press, Berkeley.

2006   "Chronology of Fortified Settlements in East Timor," *The Journal of Island and Coastal Archaeology* 1: 285-297.

Lape, P. V.

2006   "Chronology of fortified settlements in East Timor," *Journal of Island and Coastal Archaeology* 1(2): 285-298.

Lape, P. V. and C. Y. Chao

2008   Links between climate change and fortification building in East Timor. *Archaeology in Oceania* 43: 11-21.

LeBlanc, S. A.

2006   "Warfare and the development of social complexity: Some demographic and environmental factors," in *The Archaeology of Warfare*, edited by E. Arkush and M. W. Allen, pp. 437-468. University Press of Florida, Gainesville.

Lilley, I.

2007   "Apocalypse new(and avoid the rush): Human dimensions of climate change in the Indo-Pacific," *Archaeology in Oceania* 43: 1-10.

Mann, M. E., M. A. Cane, S. E. Zebiak and A. Clement

2005   "Volcanic and solar forcing of the tropical Pacific over the past 1000 years," *Journal of Climate* 18: 447-456.

Maschner, H. D. G. and K. L. Reedy-Maschner

1998   "Raid, retreat, defend(repeat): the archaeology and ethnohistory of warfare on the north Pacific Rim," *Journal of Anthropological Archaeology* 17(1): 19-51.

Miksic, J.

1999   "Water, urbanization and disease in ancient Indonesia," in *Complex Polities in the Ancient Tropical World*, edited by E. Bacus and L. Lucero. American Anthropological Association, Arlington, Va.

Moy, C. M., G. O. Seltzer, D. T. Rodbell and D. M. Anderson

2002a   "Variability of El Niño/Southern Oscillation activity at millennial timescales during the Holocene epoch," *Nature* 420: 161-165.

2002b *Laguna Pollcacocha Sediment Color Intensity Data*. IGBP PAGES/World Data Center for Paleoclimatology Data Contribution Series #2002-76. NOAA/NCDC Paleoclimatology Program, Boulder, CO.

Nunn, P. D.

2000 "Environmental catastrophe in the Pacific Islands around A.D. 1300," *Geoarchaeology* 15(7): 715-740.

2007 "The AD 1300 event in the Pacific basin," *The Geographical Review* 97(1): 1-23.

O,Connor, S.

2007 "New evidence from East Timor contributes to our understanding of earliest modern human colonisation east of the Sunda Shelf," *Antiquity* 81(313): 523-535.

O'Connor, S., M. Spriggs and P. Veth

2002 "Excavation at Lene Hara Cave establishes occupation in East Timor at least 30,000-35,000 years ago," *Antiquity* 76(291): 45-50.

Reid, A.

1988 *Southeast Asia in the Age of Commerce, 1450-1680*, Vol. 1, *The Lands Below the Winds*. Yale University Press, New Haven.

Reimer, P. J. *et al.*

2004 "IntCal04 Terrestrial radiocarbon age calibration, 26 - 0 ka BP," *Radiocarbon* 46:1029-1058.(http://radiocarbon.pa.qub.ac.uk/marine/)

Rein, B., A. Lückge and F. Sirocko

2004 "A major Holocene ENSO anomaly during the Medieval period," *Geophysical Research Letters* 31(L17211).

Rodbell, D. T., G. O. Seltzer, D. M. Anderson, M. B. Abbott, D. B. Enfield and J. H. Newman

1999 "An ~15,000-year record of El Niño-driven alluviation in Southwestern Ecuador," *Science* 283(5401): 516-520.

Schaepe, D. M.

2006 "Rock fortifications: archaeological insights into pre-contact warfare and sociopolitical organization among the Stólo of the lower Fraser River Canyon, B.C.," *American Antiquity* 71(4): 671-705.

Sherwood, K. and I. Craig

    2004   "More problems for the Mann *et al.* temperature record," *CO2 Science* 7(50): 15.

Southon, J., M. Kashgarian, M. Fontugne, B. Metivier and W. W.-S. Yim

    2002   "Marine reservoir corrections for the Indian Ocean and Southeast Asia," *Radiocarbon* 44: 167-180.

Struiver, M., P. J. Reimer, E. Bard, J. W. Beck, G. S. Burr, K. A. Hughen, B. Kromer, G. McCormac, J. van der Plicht and M. Spurk

    1998   "INTCAL98 Radiocarbon age calibration, 24000-0 cal BP," *Radiocarbon* 40: 1041-1083.

van der Leeuw, S. and C. L. Redman

    2002   "Placing archaeology at the center of socio-natural studies," *American Antiquity* 67(4): 597-605.

從Lapita陶器紋飾研究探討創造
與維繫史前社群認同感的物質表現

邱斯嘉[*]

一、前言

　　三千五百年前，當南島語族的先祖們抵達巴布亞新幾內亞俾斯麥群島時，他們所帶來的物質文化、動物、植物、技術、社會文化及生業方式永遠改變了太平洋的面貌。這些新石器時代的人群如何憑藉有限的航海技術，在廣闊的大洋中發現這些無人居住的島嶼，又如何在陸地面積有限、資源貧乏而海洋資源豐盛的地方，面對生態環境的壓力生存下來，進而開始建立聚落，成功地定居在此長達千年之久，並且還能夠維持社群彼此之間的聯繫？他們的社會、政治、經濟、及環境因素如何彼此互相影響，進而形成現在的族群及其獨特的社會組織和文化制度？這段遷移史，及其後數千年來大洋洲文化的形成、擴張和演進的過程，一直是大洋洲考古學家研究的重點。

＊　中央研究院歷史語言研究所副研究員。

筆者在研究Lapita陶器的時候，便希望能夠透過這些陶器所顯示出來的製作者與使用者之間的社會關係（Wright 1993: 245），著重於探究陶器本身的社會與經濟方面的意義，而不單是描述及分類陶器本身的特徵[1]。例如：當一群人的週遭環境被富有特殊意涵的Lapita陶器所充滿的時候，這樣的物質文化如何規範他們的行為與思想、限制他們活動與想像的空間，從而塑造並傳承這個文化的本體？當兩種不同的文化的群體開始分享並共同創造出一種新的物質文化表徵時，「我群」與「他群」的界線又是如何維持的呢（Costin 1998; Dobres and Hoffman 1999）？

陶器的製作過程始於製作此一物品的社會需求，因此製陶者所處的社會環境及文化上的偏好，將不可避免的影響到他在製作陶器時，對於質地、器型、紋飾與製作工藝等各方面的不同要素的選擇（Costin 1998）。人群之間所共通的製陶技術，很可能與這些人群共享的文化意識取向相關；而一特定的社群也可能會透過使用或排除某種特定的製陶技術，來建立與他們處於競爭狀態下的人群的不同之處（Reina and Hill 1978），就此而言，選擇特定技術來製陶也可以被視為是一個社群想要建立或維持它與眾不同的社群意識、建構社會意義的結果。由上述的的討論來看，文化意識取向對於社群製陶技術的選擇，有著一定的影響力，所以，在筆者的研究中即透過不同的分析及統計方法的運用、質化各地Lapita陶器之特徵之後，進一步探究各地文化、環境及科技因素對陶器所產生的限制，研究陶器如何被賦予「傳遞文化訊息」的功能，再進一步著手來釐清南太平洋各地區Lapita文化間可

1　在本文中，筆者相當程度的引用了筆者博士論文中所提出之Lapita陶器與古代大洋洲家屋假說、2005年在《臺灣人類學刊》第三卷第一期所發表之文章 "Meanings of a Lapita face: materialized social memory in ancient house societies" 當中所提及的家屋理念、在2006年所舉辦的「2005年臺灣考古工作會報」中所宣讀之論文〈西南太平洋史前Lapita陶器研究：以索羅門群島及法屬新喀里多尼亞為例〉當中的陶器研究理念部分，以及2007年東加Lapita國際會議論文集 *Oceanic Explorations: Lapita and Western Pacific Settlement* 當中所發表的文章 "Detailed analysis of Lapita Face Motifs: Case Studies from Reef/Santa Cruz Lapita Sites and New Caledonia Lapita Site 13A" 當中的研究結果部分，加以翻譯並改寫而成。

能存在的文化承傳相關性，或提供各地區之間往來的證據。

二、Lapita陶器研究：背景簡介

自從1909年Lapita陶器在巴布亞新幾內亞北方的Watom小島上被發現以來，考古學家便公認這些陶器為理解Lapita文化叢（Lapita Cultural Complex）的重要線索（Green 1979）。這個「由考古證據所建構出來的文化叢」（Kirch 1997），出現在橫跨太平洋西南區由巴布亞新幾內亞北方俾斯麥島群直到薩摩亞群島的各個島嶼遺址當中，時間從距今三千六百至三千三百年前一直延續到大約兩千五百年前（圖1），其物質文化以帶有梳點壓印紋的Lapita陶器

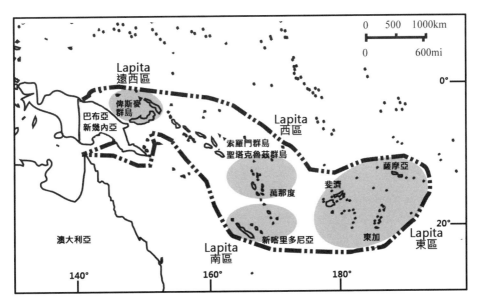

圖1　Lapita文化叢遺址的分布範圍

圖中以點線所包含的地區是Lapita文化叢遺址的分布範圍。巴布亞新幾內亞北部海岸只有在地表採集到兩小片帶有Lapita梳點壓印紋的陶片，當地是否有Lapita文化叢的遺址仍屬未知，因此點線範圍留有一缺口，並未排除或是包含巴布亞新幾內亞北部海岸地區為Lapita文化叢遺址的分布範圍（修改自Kirch 1997, Summerhayes 2000, David *et al.* 2011）。

為特色，並由一系列的石器和貝器、貝類裝飾和貴重器物（prestige goods）所構成（Kirch 1984: 45）。Lapita文化最早期人群所食用的植物種類與島嶼東南亞同時期的重要植物種類非常相近（Gosden 1992; Kirch 1989），使用的陶器、石器、魚鉤、貝器和貝製裝飾品也都與島嶼東南亞同時期的產品形制相似（Kirch 1997）。據推論，當時Lapita人的生業型態應屬於一種適應海洋而發展的經濟型態，同時也極有可能包含以農業為基礎的生活方式（Green 1991; Kirch 1997: 11-2; Spriggs 1997）。

　　考古的眾多證據顯示出，早在距今一萬多年前近大洋洲島嶼群內，出現黑曜石、植物和動物在不同島嶼之間輸送的情形。隨著南島語族群體大規模移入太平洋，那些既存的交換網絡中進而包含了Lapita梳點壓印紋陶器和其他由西方島嶼傳進來的物質，並隨著人群擴散到遠大洋洲的島嶼群（例見Kirch 1997; Spriggs 1997）[2]。有關於Lapita人的遷徙，Green 和Kirch根據巴布亞新幾內亞北部俾斯麥群島的穆埽島（Mussau）、東南索羅門群島的聖塔克魯茲群島（Reef/Santa Cruz Islands）、斐濟的拉客巴島（Lakeba）和玻里尼西亞的紐托普他普島（Niuatoputapu）（Best 1984: 628; Green 1996; Kirch 1988b, 1991, 1997）等地的考古案例所做的研究，提出了以下的假說：他們認為當Lapita人遷移到未有人居住之新島嶼時，會在殖民初期保持與原鄉之間的「生命線」（lifeline）（Green 1987, 1997: 29; Kirch 1988b, 1991; Sheppard 1993）。此假說假設了首批抵

2　基於人文、基因、語言、生物、及地理環境上顯著的不同，Roger Green在1991年提出將太平洋地區依照人類進入此一地區的時間順序劃分為遠近兩大洋洲的觀念，來取代原先分為美拉尼西亞、波里尼西亞，和密克羅尼西亞的分法。近大洋洲代表了從更新世晚期以來就有人類活動的島嶼，擁有近四萬年人類居住活動的歷史，包含了自臺灣、菲律賓一直到巴布亞新幾內亞及北索羅門群島一帶。說著分屬南島語族和巴布亞語族兩大不同語言的人群在此互相影響交流長達數千年之久，造成了人種、膚色、語言、文化各方面的複雜變異現象。而遠大洋洲則代表了太平洋當中其他在更新世晚期到全新世早期從未有人居住過的地方，涵蓋了索羅門群島南部、萬那度、新喀里多尼亞、整個玻里尼西亞及密克羅尼西亞。這個整塊遠大洋洲區域的人類歷史最早可追溯至距今約三千六百年前在新幾內亞北邊的俾斯麥群島的新石器時代Lapita文化（見Green 1991; Kirch 1997, 2000）。

達遠大洋洲的Lapita人群,在定居初期仍維持與原鄉的長距離交換網絡,以保證他們能獲得新居地所沒有的資源(例如黑曜石、陶器、動植物和婚配對象等),增加他們成功地殖民這個新居地的機率。經過一段時間的社群在地化發展,與原鄉維繫「生命線」的需要隨著對本地資源的開發使用而降低,定居初期所建立的交換網絡逐漸分解,同時,「形成一個當地且獨立的社會單位」的需求則逐漸增加,某些社群甚至會故意切斷他們與其他島嶼社群的聯繫(Green and Kirch 1997: 29);而這些與時俱進的社會環境轉變,也理應自陶器的型制與紋飾上之變化表現出來。

關於Lapita陶器在此一殖民社會文化中所可能扮演的角色,可謂眾說紛紜。在製作技法方面,Lapita陶器通常用海沙、河沙、或是磨碎的貝殼及含鈣質的微粒為摻和料,主要以土片成型法(slab building)——將片狀陶土相連,再用敲打棒與圓卵石夾擊器壁(paddle and anvil)使之牢固的方式——製成,趁陶土半乾時施加梳點壓印紋或是其他紋飾,最後以露天低溫燒成(Bellwood 1978: 258; Golson 1971; Hunt 1988)。這些帶有梳點壓印紋的Lapita陶器在文化發展初期便呈現出最為複雜及多樣化的器型和裝飾紋路,其型制與當時在島嶼東南亞所流行的陶器類似,裝飾紋的製作手法也很相近,但是裝飾紋路的結構卻是在島嶼東南亞前所未見的,因此考古學家大多認為這套成熟的陶器製作手法及技巧是奠基於島嶼東南亞長期發展出來的陶器製作傳統,至於其裝飾紋路的設計理念來源,是否是南島語族群體抵達新幾內亞的俾斯麥群島之後才創造出來的(Green 1978; Kirch 1997; Spriggs 1993),則仍需要進一步的研究才能確定。

由於絕大多數大洋洲島嶼地處溼熱的亞熱帶及熱帶,考古遺址多半位於離海不過數十公尺的沙灘地帶,風蝕情況嚴重,且出土的大多為難以判定原有器型的細碎陶片,因此對於Lapita陶器的象徵性或是實用功能,大多是由其上的裝飾紋路下手(Anson 1986; Donovan 1973; Mead 1975b),再進一步配合器型、製作工藝,及摻和料來源地方面的線索來加以討論(Chiu 2003b; Summerhayes 1996)。裝飾紋路方面的研究,又以較易辨識的臉面紋飾為主。

在眾多試圖了解Lapita臉面意義的早期研究當中（Kirch 1997; Newton
1988; Sand 1999: 53-55; Spriggs 1990, 1993, 2000），Spriggs將臉面紋飾分成「雙
臉式」和「單臉式」兩種，並將它們放入時間空間的脈絡中加以討論，奠
定了往後其他學者更進一步探討Lapita臉面紋飾的基礎（Best 2002; Chiu 2005,
2007; Ishimura 2002）。根據Spriggs的歸納，除了位於巴布亞新幾內亞北邊俾
斯麥群島的Watom島之外，其他地區所出土的雙臉式紋飾絕大多數是屬於早
期的設計（800BP），單臉式紋飾則在晚期脈絡中才出現（Spriggs 1993: 13-14）。
Spriggs據此指出這些臉面紋飾的改變可以形成臉面紋飾在時間與空間上
「合理的排序」（logical sequence）。他假設Lapita臉面紋飾的變化不只有時間
順序上的價值，更代表了人們在定居後快速改變或創新紋飾。根據當時可
用的考古資料和陶片出土地層的年代資訊，Spriggs認為臉面裝飾在Lapita裝
飾傳統中經過相當長時間的轉化，「至少長達一千年」（Spriggs 1993: 9），並
且呈現出兩種變化的趨向：第一，隨著時間轉移，紋飾設計從複雜變化成
簡單。因而在整個Lapita文化叢的分布範圍當中，以遠西區開始出現Lapita
陶器的年代最早，紋飾最為複雜；西區次之，南區再次之，而在出現Lapita
陶器年代最晚的東區，紋飾設計最為簡單。第二，從較自然取向的寫實主
義轉變成以抽象為主的幾何圖案。而且在比較Mead（1975a）、Donovan（1973）
和Anson（1983）所整理的紋飾類別之後，Spriggs認為「絕大部分的Lapita紋飾」
應該是轉化過的臉面裝飾，用以表達氏族群體的認同感（Spriggs 1993: 13）。

　　Spriggs後來根據對於歐洲後羅馬時期政治理念的研究——戰士菁英採
用動物形象「作為一個顯然公開的脈絡，描述他們象徵北歐宇宙觀和德國
身分的共同符號」以創造「一個具有共同經驗的宇宙」（Hedeager 2000:
51）——對於Lapita裝飾紋所可能代表的社會意義，提出了新的想法。他認
為Lapita文化「代表一個西太平洋嶄新的族群身分，鑄造出新的特權語言（現
在定義為原南島語），為來自各地和擁有不同基因的人使用。這個新語言以
樹立強而有力的起源傳說來統一這些背景歧異的群體。而Lapita陶器的紋飾
設計從一開始就在彰顯群體身分的儀式表演中有重要地位」（Spriggs 2003:

205)。這樣的論述，雖然指出了人類運用語言及物質文化來凝聚異文化族群及維持新社群認同感的可能方式，然而在簡短的論述當中，Spriggs並沒有進一步說明他的論點，沒有解釋是什麼樣的期望或是力量統一了整個Lapita文化中散落在各個島嶼的人群，為什麼來自各地的人們會在短期內需要學習並且使用一種新的語言，也沒有說明在新語言和傳說剛產生的時候，因為哪些原因促使來自各地的人們都同意使用同一種象徵符號來表達他們的身分，更沒有闡述Lapita陶器是在什麼樣的儀式中使用，又為何被選擇用來而創造這個新身分（Chiu 2005: 12）。

　　Best則利用從斐濟挖掘到的Lapita陶器遺留歸納出：「Lapita東區普遍擁有頗複雜的臉面紋飾……這些裝飾紋是在遺址最底層被發現，而且其風格確實發生過變異。」這樣的發現，使得過去認為Lapita東區只出現簡單幾何紋飾的看法受到挑戰而必須加以修正。同時他承認「很難以目前遺址的材料來針對晚期設計風格的產生時間做出排序」（Best 2002: 43），因為精緻和高度簡化的臉面紋飾很明顯地同時在Lapita人短暫停留過的Naigani遺址的同一文化層中出現。這樣的證據使得Spriggs當初所提之臉面紋飾在時間與空間上「合理的排序」也必須再次修正。針對紋飾的功能，Best引用了關於伊斯蘭婦女紡織品圖樣設計及其背後所代表的理念方面的研究，建議較複雜的Lapita紋飾（包含臉面紋飾）可以被看成是一種宇宙觀的象徵：「與某種中央集權社會系統有關，而且此一宇宙觀從西邊原鄉開始（直到往東流傳的過程中）都沒什麼巨大的改變」（Best 2002: 44）。隨著時間的進展，由於Lapita社群不斷在地化和分化，「從中央集權階序社會轉變成為一個比較鬆散和沒有結構性的社會，甚至到最後陶器（器物本身及其上的Lapita紋飾）在西玻里尼西亞完全消失」（Best 2002: 63），換句話說，紋飾原本所承載的意義逐漸消失，因此紋飾本身也簡化、進而完全消失。但是Best的論點沒有說明，為何在其他紋飾大多已轉變成為簡單幾何圖形的同時，繁複與簡單臉面紋飾之間的關係卻不是依照Spriggs所提之「合理的排序」，反而是在同一文化層出現；也沒有說明何為「中央集權階序社會」可能的結構，或者透過何種機制在廣大的大洋洲地區內控制符號的生產和創造。

Terrell和Schechter在最近發表的文章當中提出了對於Lapita臉面紋飾的另一種解釋，認為某些臉型紋飾，可能是代表巴布亞新幾內亞北部Sepik海岸地區根據「騎著海龜的祖靈」的傳說而建構出來的符號(Terrell and Schechter 2007)。在文章中他們試圖從當地的Nyapin(2000-1500BP)、Sumalo(1400-1200BP)、Aiser(1000-1500AD)、Wain(尚不知其年代，但推論為最晚近的史前文化)等各考古文化之陶器，及博物館所收藏之民族學文物上所帶有的臉面紋飾之轉變，來討論Lapita臉面紋飾的意涵。然而由於在Sepik海岸地區至今只在地表採集到兩小片帶有梳點壓印紋的Lapita陶片，若要根據兩片地表採集所得的陶片來推論三千多年前曾有Lapita社群在當地活動，是非常缺乏證據的，且不論是根據文化傳承、器型、紋飾結構，或是圖案本身的相似性推論，從Nyapin以降、彼此之間並不連續的各陶器製作傳統與Lapita文化間的差異性極大，若是單就臉面紋飾來推測Lapita與當地各文化間的傳承關係，也是很危險的。雖然在文章中他們還是嘗試著將Lapita臉面某些紋飾結構與海龜的體態與背甲紋路相提並論，並且引用民族誌當中大洋洲居民對於海龜可以穿越海陸界線而有的傳說及信仰，進而推論海龜對於當代人以及三千年前Lapita人的重要性；但由於Terrell和Schechter所蒐集的材料不足以支撐他們的論點，因此在文中他們也承認，很可能根本沒有任何Lapita臉面紋飾是跟海龜有關係的(Terrell and Schechter 2007: 77)，他們對於Lapita臉面紋飾的解釋也並未得到大多數太平洋考古學家的認同。

至於Lapita臉面紋飾被施予之器型，以及其所暗示的功能，也是太平洋考古學家熱衷討論的議題。從地區和時間上的差異來說，巴布亞新幾內亞的俾斯麥群島所出現的最早期Lapita陶器，以一種繁複的三角形雙臉面的紋飾為特徵，通常出現在「圓筒臺座」和「帶有環狀底座的侈口碗盤」這些屬於「最適合用以展示或盛菜，而不是拿來儲存或煮食」的陶器器型上(Kirch 1997: 139-40)；到了當地Lapita文化的後期，單面長鼻臉紋飾出現在侈口平底盤，也可能在蓋子上(Spriggs 2002: 53)，然而再小一點的碗或圓型大甕，則從來沒有臉面紋飾出現過（Summerhayes 2000）。而在代表著Lapita文化中期（距今約3200-3100年前）的萬那度中部伊法特島Teouma遺址，臉面紋飾也是出現在圓筒臺座、帶有環狀底座的侈口平底盤上（Bedford 2007: 211）。但是在法屬新喀里多尼亞及斐濟，相對於俾斯麥群島而言屬於比較晚近的Lapita文化中，臉面紋飾則比較常出現在圓型大甕而不是平底盤上（FoxNews 2008; Sand 2000, 2001: 圖7; USPNews 2008）。

2003年底起，在萬那度伊法特島Teouma遺址所進行的發掘，則是提供了帶有臉面紋飾的Lapita陶器用作陪葬品的直接證據。在該遺址出土的墓葬中，有一件帶有梳點壓印紋的陶罐中放置了人類頭骨，頭骨下襯墊有芋螺貝環，整件陶罐並以一件倒置、帶有三角形與長鼻混合臉面的平底盤覆蓋。除此之外，還出土了三件帶有各式的臉面紋飾圓筒臺座，其中一個圓筒臺座還帶有兩種不同的臉面紋飾（Bedford 2007: 211）。前述帶有三角形與長鼻混合臉面的平底盤底部有明顯的環狀凹槽痕跡，據推測它原本很可能與圓筒臺座相連，在進行埋葬時才被分開。在此遺址所出土的陶器器型多樣，且某些特定的陶器型制則只出現在墓葬區當中，清楚顯示出陪葬用具與日常生活器具的不同。紋飾方面則是與整個Lapita文化叢較早期的俾斯麥群島及索羅門群島的聖塔克魯茲群島等地的遺址較為相近。在此出土的考古材料，證實經過仔細埋葬的人類骨骸與Lapita帶臉面紋飾陶器彼此之間關係密切。而這樣的關係或將容許我們進一步推測Lapita人很可能使用臉面紋飾來彰顯其社會關係。

2008年四月在斐濟Viti Levu 島南邊Bourewa沙灘遺址所發現的「Lapita珠寶盒」（Lapita jewelry box），則是隱約指出帶有臉面紋飾的陶器與其他傳家寶或是代表與財富相關的物質文化相關。此遺址的年代約在距今三千年前，屬於整個Lapita文化東區最早期的遺址之一。在當地的考古發掘過程中，在三對錐形貝螺（cone shells）的中間找到一個向下覆蓋的陶盆。這個陶盆覆蓋在9個不同大小的貝環、4個貝飾，以及6個直條狀且帶穿孔的貝片上，南太平洋大學的Nunn教授指出此一陶盆很可能是刻意埋藏，用來保護貝製珍寶的器具。在同一個遺址也出土帶有梳點壓印紋、外敷石灰，其上裝飾著典型長鼻臉面紋飾的巨大陶甕（FoxNews 2008; USPNews 2008）。由於當地陶器的整理尚在進行之中，更進一步的研究及討論必須留待日後有更多線索之後再談。

　　關於Lapita臉面紋飾是否有集中出現於某些器型的情形以及其可能的使用脈絡，由於絕大多數Lapita文化遺址都位於溼熱的亞熱帶及熱帶島嶼離海不過數十公尺的沙灘地帶，一般陶器器體破碎嚴重，陶片保存狀況也甚差，只有少數的狀況下能復原出完整的器型，因此這方面的討論仍待日後學者的努力。而筆者的研究則主要針對臉面紋飾本身在時間與空間分布方面的變異進行討論。由於精緻和高度簡化的臉面紋飾同時存在於同一遺址的同一文化層內的情形不單出現在斐濟的Naigani遺址，也出現在新幾內亞的Makekur遺址（FOH）（Phelan 1997: 139）、索羅門群島聖塔克魯茲群島的Nenumbo（SE-RF-2）遺址、萬那度伊法特島Teouma遺址（Bedford 2007: 211），與新喀里多尼亞13A遺址的「埋葬陶器坑洞」（Sand 2000: 26）當中，而且Phelan（1997）、Sand（2000: 26）和Best（2002: 43-44）都指出，精緻擬真的和幾何抽象的兩種臉面紋飾甚至會並存於同一陶器上。因此筆者的研究一方面針對「臉面設計隨著時間增長而愈加抽象」（Spriggs 2002: 52-53）的理論加以檢驗，另一方面則透過整理民族誌、考古和語言學材料試圖提出一個新的假設來評估Lapita陶器紋飾的潛在意義。如此便可探究Lapita臉面紋飾可能的社會經濟意義，進一步推測這些紋飾在各家屋社會建立本身社會組織的過程中，所具有的社會與經濟功能。

三、Lapita陶器研究與「家屋社會」模型

　　本文所使用的「家屋」概念泛指一個社群的組成是「透過共同居住、飲食、生產方式、起源、儀式行動或超物質本質等所建構而成的；所傳承的是一個家屋對於所有權的付出，也可說是此一社會團體的物質表徵」

（Gillespie 2000a）。家屋涉及的不僅是建築物本身及土地等不動產，也包括了各式動產，也就是家傳寶物或具有歷史意義的物質符號。家屋更控管了無形的財產：「具有使用資源、特權和稱謂的權利……特別是在關係到祖先與家屋起源的時候，擁有取得及使用神話及超自然靈力的權利」（Waterson 1990: 50）。

　　相較於傳統上所使用的「世族血緣」（kinship units)解釋模型，家屋社會模型是以「行為」而非「被文化定規」的角度，從共同活動與行為模式而非文化要素的外在表現來解釋社會關係，而且能夠跨越不同的社會組織型態，針對促成社會變革的過程與行為進行研究（Gillespie 2007: 34, 38）。這樣的概念相對來說是較為寬鬆的，其可包含的對象並不限定社群的大小、社會的複雜程度，也不嚴格限制特定血緣傳承關係：對於居住法則或是婚姻制度也沒有加以任何的限制（Gillespie 2007: 38）。而種種圍繞著穩固家屋永續存在所做的行為，較諸血緣關係，也更容易在考古材料當中，找到確切的證據。例如以家屋的建築物為中心的建築群、家屋成員的骨骸、起源傳說中所指涉的區域範圍，及其地景地貌、傳家寶或是珍貴的外來物品等與一個家屋的財富相關的物質文化（Beck 2007: 6）。因此利用家屋社會模型，考古學家便能夠在時間的架構下，同時探究社會組織變遷的過程與其中的推手（agent）（Gillespie 2007: 31）。

　　家屋不單同時是社會轉化(social transformation)的機制與結果，同時又摻雜了豐富的歷史意涵與時間深度。一個家屋的歷史記錄了家屋建築本身的生命史、個別家屋群體生活的歲時遞序、歷代家屋成員所經歷的變遷與延續下來的傳統，以及家屋成員代代相傳的理念。共同的家屋祖源歷史記憶，也常藉由傳家珍寶呈現出來，傳家寶物是一個家屋「歷史、地位和重要性」的物質表徵（McKinnon 2000: 172），也是家屋得以名正言順的表達其與外界（Others）之間關係的符號（Helms 1998: 165-7）；而製作、交換和展現這些珍貴的物品，則是不同家屋間用以建立關係、聲望，並將家屋成員根據共同歷史在不同人際脈絡中給予定位的主要策略。隨著時間及歷史脈絡的轉變，同一個傳家寶的社會意義也就會跟著流轉，考古學家的研究旨趣除了辨識「何為傳家寶」？也應更進一步去探究「一個物品是如何變成傳家寶的」（Beck 2007: 9-10）？

　　自Lapita文化叢研究開展以來，學者便試圖根據語言學、人類學和考古學的啟發來重建Lapita的社會結構（Green 2002），而從語言和考古等各項研究皆顯示出Lapita社會曾以「家屋社會」（house society）的方式組織而成（Kirch 1984; Kirch and Green 1987; Kirch and Green 2001）：重建出來的原大洋洲語中的原馬來玻里尼西亞語（Green and Pawley 1999: 81; Ross 1998）字彙，包括*rumaq（用以指稱「家屋、居地、世系和祭祀群」）（Blust 1980; Fox 1993: 10）與*banua（用以指稱「居住領域，包括土地範圍以及人群、居地、動植物生命和其他對於維持社群向心力有影響之元素」）（Blust 1987: 94-5, 99-100; Green and Pawley 1999: 72）；另外還有關於起源的語詞為「『樹、樹幹、基礎和起源』、『祖先、主人、第二代血親』和『生長』」（Fox 1996:6-7, 摘自Kirch and Green 2001）。這些語言學材料顯示Lapita人可能自視為家屋成員之一，並且認為他們的祖先是家屋的「根基」，當代同區域人群也有同樣的表達方式。Per Hage是首位明確地從社會人類學角度觀看Lapita文化叢的學者，他重建古語言中親屬稱謂可能使用的字詞和概念，指出東南亞人概念中的 *rumaq指的是大洋洲南島語族的家屋形式，用以指涉房屋本身以及其間所牽涉的人群與鄰近的土地資源（Hage 1999）。

　　然而對照語言學所重建出來的古南島語字詞，去搜尋可以與其相配對之考古遺跡的成功案例並不多，例如Blust（1995: 485-7）已經透過語言學的證據提出關於島嶼東南亞古代家屋社會組織的描述，但在Lapita研究中，因考古發掘所得的Lapita建築遺跡仍屬少數，對於一個家屋的居住領域及相關領地範圍等還沒有足夠的考古材料能對此加以證實（Kirch and Green 2001: 205）。儘管Green已經成功的利用聖塔克魯茲群島SE-RF-2遺址的遺跡和考古證據來闡釋Lapita文化人家屋和廢墟的物質層面，並且將Lapita建築遺跡與大洋洲祖型住屋型式*rumaq之間的關連性明確地表達出來（Green and Pawley

1998)，但是像這樣明確的考古案例並不多見。

　　究竟Lapita文化是否適用家屋社會的模型逕行解釋？在許多大洋洲的社會（絕大多數為家屋社會）當中，都會運用一種「標記歷史的符號」（signs of history）來顯示、表彰一個家屋的祖先及其歷史地位，並宣稱其對於領地和財產的合法性。在新不列顛島（屬於巴布亞新幾內亞俾斯麥群島）西南邊的Rauto社會當中，「標記歷史的符號」是一種名為 "alul" 的東西，代表著祖先的歷史，「是祖先眼睛的記憶」（Maschio 1994: 131）；在Trobriand島，土地、名稱、帶有神力的文字、身體與屋舍的裝飾是用來標記歷史的符號（Weiner 1992: 26）。同樣的現象在玻里尼西亞也可以看得見。「標記歷史的符號」在東加及薩摩亞是個別具有特殊名字的細緻草蓆（在東加統稱為kie hingoa，在薩摩亞則稱為toga）（Kaeppler 1999: 168; Mauss 1925(1954): 6）；對紐西蘭的毛利人而言，儀式用的綠石錛（toki poutangata），是他們用以標記歷史的重要物品（Riley 1994）。這些代表家屋歷史的物件都屬於 "taonga"（Best 1912），其語詞的祖源來自原玻里尼西亞語的*ta(a)qonga，用以指稱「珍貴的所有物」（treasured possessions）（Kirch and Green 2001: 165）。在毛利、大溪地、東加，以及芒阿雷瓦等各個玻里尼西亞社會當中，這些「taonga承載著歷史，並且將其顯明給這世代的人看；它們代表著過去從古至今的典範」（Salmond 1984: 118）。

　　由於大洋洲的社會當中，都有運用「標記歷史的符號」，來顯示家屋集體記憶並宣示其財產權力的現象，因此，筆者認為可以考量由另外的一條路徑，即經由家屋社會之物質符號傳承的層面－傳家寶物－來進一步檢驗「Lapita為一家屋社會」的假設。此種研究趨向強調以家屋為單位的群體如何透過實用物品的象徵性意義，凝聚此一群體的共同相關利益、透過控制實用物品的製作及流通方式建立與其他社群之間的關係，進而在跨世代的歷史進程中創造、操弄和再創造他們社會身分的一種過程（Carsten and Hugh-Jones 1995; Gillespie 2000a, 2000b; Joyce 2000, 1990; Waterson 1995, 2000）。由於最近幾年在萬那度及斐濟相繼出土了更為豐富的考古材料，其出土脈絡

清晰地指出帶有中央複雜母題（包括臉面紋飾在內）的Lapita陶器用於陪葬
（Bedford 2007: 211）或保存貝製珍寶（FoxNews 2008; USPNews 2008）的功用，也
進一步暗示了Lapita陶器具有「對先祖的尊重」及「寶貴」的意義，再加上
根據語言學的重建與民族誌資料總結而來的推論（Chiu 2003b），證明將Lapita
文化的討論放入家屋社會的脈絡當中，要比放入其他不同的社會組織內來
討論，是更為合理的（Green 2000）。

　　至於Lapita陶器如何與家屋社會的模型相結合？Kirch觀察到南島家屋
社會有個基本特徵是「崇拜或儀式表彰祖先。祖先肖像時常以臉面為中心
的擬人形（anthromorphic）象徵符號表現出來」（Kirch 1997: 144），而在眾多Lapita
遺址中也都出現裝飾結構高度相似的臉面紋飾Lapita陶器，及許多創新的臉
面裝飾紋。因此，筆者歷年的研究要論證的是：帶有臉面紋飾的Lapita陶器
非常有可能被當做是一種「標記歷史的符號」，用以顯示各個家屋透過利
用特定符號表彰祖先及其歷史地位，來宣稱其對於領地及財產的合法性。
Lapita陶器上由梳點壓印紋所製作出來的臉面紋飾被假設為一種絕不輕易
與人分享的傳家寶，是一種「不可分離的財產」（inalienable possession）（Weiner
1992），此種財產最主要的效用在於標記一家屋與其起源祖先以及鄰居之間
的社會關係遠近。Lapita臉面紋飾可用以區別不同的家屋、區分主屋及次屋
的社會地位，也可用於象徵各家屋之間、或整個社群內的融合與團結。不
單是紋飾符號，陶器製作技術方面的流傳可能也是一種不同群體間傳承與
融合的方式。廣義來說，一個社群如果持續擴張且極度依賴交換網絡以希
望在新居留地致富和生存，這種帶有特殊裝飾紋路的陶器就會成為維持社
會運作的樞紐。

　　除此之外，Lapita陶器紋飾的多變，是否可以代表Lapita人遷移到遠大
洋洲之後維持與原鄉群體交換網絡的成果，或者其在定居後用以標記他們
自己歷史的一種物質文化表現方式，也是筆者關注的重點。根據民族誌材
料記載，在大洋洲各島嶼間的交換行為或是遷徙活動直到現在仍持續不斷
的進行著，這些交換系統不只給特定在地社群注入更多的變異性（例如Allen

1984; Green and Kirch 1997)，陸續幾波在原鄉和新居留地之間的移動人群、散播的物品和理念也成為新社會建立階序(hierarchy)的豐厚基礎。各個以家屋為基礎所形成的社群積極建立他們的社會階級(rank)，透過遷徙到新領土以爭取更多經濟資源，吸引更多跨區域的交換夥伴以確保人與物供給來源的穩定性，同時也在某種程度上試圖控制交換網絡中物品、理念和人群的流動。這種建構社會階級的過程「經過相對於『他們』而建構出來的『我們』，本質上是無可避免且必須要彼此有互動、頗有歧異性和充滿爆發力的」(例如Barth 1969; Bentley 1987; Cohen 1994; De Vos 1995; Eriksen 1992; Gosselain 2000; Hall 1996; Poutignat and Streiff-Fenart 1995)。當某個家屋擁有愈多資源，其社會地位愈高，也更容易吸引到長距離的交換對象(例如婚配對象和珍貴物資方面的交換)，然後又醞釀出更多財富、名聲及領袖聲望。透過取得土地、頭銜、權利和享用資源等特權的成功與否，各個家屋便能夠努力經營建造其社會地位。家屋內部或家屋之間競爭愈激烈，則愈複雜的象徵性儀式行為和符號就更有可能會被採用或是創造出來因應時勢所需。而Lapita人在三千年前，是否如同現今的大洋洲人一樣，透過相同的機制運作其社會與經濟關係，則是筆者亟欲探討的。因此筆者的研究重點便放在「富有象徵意義的帶有梳點壓印紋的Lapita陶器及其所表彰出來的特殊紋飾符號，在形成Lapita社會的過程中所具有的功能為何」這方面的議題上，特別著墨於陳述為何Lapita陶器可以代表Lapita人遷移到遠大洋洲之後，要維持他們與原鄉群體交換網絡的成果，以及在定居後如何標記他們自己歷史的一種物質文化表現方式(Green 1987: 246; Green and Kirch 1997; Kirch 1988a, 1991, 1997; Sheppard 1993)。

筆者在歷年研究中著重於論證各種Lapita陶器梳點壓印紋臉面紋飾是這些以家屋為單位的群體用以表達當時所累積的財富、地位和名聲的表徵，每一個家屋透過創造新符號或修飾既存紋飾元素，來凸顯對於此一家屋群體對名下所有之土地資源繼承的權利和特權，並彰顯社會身分和區分社會階級，或是表達此一家屋在社群中擁有統一不同家屋資源的權力。筆者並透過多方面的途徑來研究各遺址所出土的陶器，其上的裝飾紋路、質地、器型和裝飾部位之間的關係，以量化的方式來描述文化的傳承與變遷如何從陶器的質地、器型、紋飾與製作工藝方面表現出來。依據由此得出的成果，再放入根據臺灣、東南亞與大洋洲的民族誌證據所建構出來的家屋社會對於傳家寶的運用脈絡中加以解讀，企圖建立一個具參考價值的分析框架，進而探討繁複的Lapita紋飾演變的過程，進一步來理解南島家屋社會如何從沒有分層的社會制度，轉化到一個「以貴族為中心」（Fox 1993: 9）的分層社會背後的物質文化機制（Chiu 2005; Chiu and Sand 2005）。

從目前有關Lapita紋飾方面分析的成果可知，所有已知的紋飾主題中，大部分紋飾確實從早期的比較自然、複雜圖案轉換為後期較幾何與簡單的圖案，不過紋飾上的轉變不只是從「不同時間點」這個單一因素上顯現出來，在不同空間上的距離也同樣顯示出偏好不同紋飾的傾向（Summerhayes 2000）；然而即使時空是研究紋飾變化時應當考慮的因素，「不同時空點出現不同裝飾紋路取向」這樣的論述並不能解釋到底是哪些因素造成了考古學家所觀察到的差異。整個Lapita區域的紋飾變異度與延續性應該仍有摻雜其他的因素。而本文則試圖透過索羅門群島東南的聖塔克魯茲群島的三個遺址和法屬新喀里多尼亞島13A遺址所出土的Lapita陶器材料，來檢視到底有哪些可能的因素會造成紋飾的延續與變異。

四、材料分析：索羅門群島東南的聖塔克魯茲群島的三個遺址和法屬新喀里多尼亞島13A遺址

本文中筆者利用的材料為索羅門群島東南的聖塔克魯茲群島的SE-RF-2、SE-RF-6及SE-SZ-8等三個遺址和法屬新喀里多尼亞島13A遺址所出土的Lapita陶器。之所以選定這些遺址進行研究，是因為筆者在進行博士論文研究時，根據當時所有的文獻資料所整理出來的紋飾分布圖像當中，發現這些遺址出土的Lapita陶器所具有的紋飾顯現出高度的共通性（Chiu

2003b: 229，表6-1)。本文主要欲檢視在大部分的紋飾相同的狀況下，這兩區遺址之間的臉面紋飾是否也呈現出高度的相似性。

代表Lapita文化西區的聖塔克魯茲群島Nenumbo-Reefs(SE-RF-2)遺址，位於南島語族的人群離開近大洋洲、真正踏入之前無人居住島群的第一站，從約距今三千一百年就開始就有人定居，之後也只延續了五十到至多一百年的時間(Green 2006: 35; Green and Pawley 1999: 77; Jones *et al.* 2007)。Roger Green教授在1971年及1976年分別在聖塔克魯茲群島進行了重要的大範圍聚落考古調查發掘(Green 1976; Green and Cresswell 1976; Green and Yen 1970)，其中Nenumbo-Reefs(SE-RF-2)遺址在1971年的地表調查範圍廣達676平方公尺，所得的陶片約有一萬片；實際發掘面積則為72平方公尺，出土的陶片約有二萬五千片。其他伴隨出土的器物包含遠自兩千公里以外新幾內亞俾斯麥群島中新不列顛島的泰拉西亞(Talasea)所產的黑曜石、當地所製造的石器、貝器，也有雞、豬、老鼠、魚類、貝類及鳥類遺骸在灰坑內出土。1976年選定的探坑位置則正是整個遺址的中心，緊鄰1971年的探坑群，所發掘的面積則為73.5平方公尺，出土陶片的密度較高，其中所得的陶片約有三萬五千片。遺址的中心北邊出土一房屋遺留，火坑及煮食之處則多半位於發掘探坑的南方(Sheppard and Green 1991)。SE-RF-6以及SE-SZ-8兩個遺址則未做大面積發掘。就年代上而言，SE-SZ-8大約比SE-RF-2早上一百年(距今約3200到2900年前)(Green, Jones, and Sheppard 2008)，而SE-RF-6則可能比SE-RF-2晚上兩三百年(Jones *et al.* 2007)。

另一方面，代表Lapita文化南區的新喀里多尼亞13A遺址，在距今三千一百到三千年前開始、直到約距今兩千八百到兩千七百五十年為止的這段期間內有Lapita人定居在此(Sand 1998: 9)。就現有的資料來看，當地所出土的陶器並沒有使用特定陶類製作特定器型或施以特定裝飾紋的趨勢。在化學分析及陶片切片分析方面，13A遺址出土的陶器，據現今的證據看來都是在當地製造的，所使用的摻和料或能從方圓5到10英哩內蒐集齊全，因此在討論紋飾的傳承上，以往的研究也假設這些偏好是由當地的陶匠反映在他們所製作出來的陶器上(Chiu 2003a)。此區的Lapita陶器器型在Lapita文化分布區中可謂復原得最完整,從平底盤、豆、鼓狀缽、罐、到巨大的陶甕皆有出土,其上的花紋裝飾與索羅門東南邊的聖塔克魯茲群島上出現的紋飾相近,但卻有將近800種新式的紋路出現,這種陶器裝飾紋路豐富多變之情形,顯示出Lapita文化人移民各地後快速發展出地域性獨特風格的趨勢(Chiu 2003a, 2005, 2007)。從裝飾紋的製作方式看來,在13A遺址有多達十九樣不同的手法被用來裝飾陶器。裝飾技術隨時間的演進而增多,表示陶匠在這方面的彈性自主空間也越來越寬鬆(Chiu 2003a)。

在裝飾紋的製作手法上,由這些遺址的材料可以看出各式裝飾紋大多可以用刻劃紋、點刺紋、壓印紋、貝印紋與梳點壓印紋彼此摻雜相間地來製作,也都可以被用來製作同一型制的裝飾紋,但臉面裝飾紋在這兩個島群當中只會以梳點壓印紋來製作。而且在這兩區遺址所出土之臉面裝飾紋陶器都由當地陶土所製作出來,未出現任何由外地陶土所製作的臉面裝飾紋陶器。

在此次的分析當中,筆者利用了在SE-RF-2、SE-RF-6,以及SE-SZ-8三個在索羅門聖塔克魯茲群島的遺址所出土的材料,而其中又以SE-RF-2為主要的研究對象。13A遺址的部分,其歷經多次發掘,此次分析所使用的材料只使用了1992、1994及1996年的田野和地表採集所得的、帶有臉面紋飾的陶片。

根據整理出來的臉面紋飾數量及種類(表1及圖2)[3],筆者觀察到以下的幾種情形。首先是被Spriggs假設會在時間序列中很早就出現的三角形臉面、中期的長鼻臉面與晚期的幾何臉面,在兩地遺址中都有在同一文化層中共伴出土的情形,正如同Phelan(1997)、Bedford(2007: 211)和Best(2002: 43-44)在巴布亞新幾內亞、萬那度及斐濟的遺址所觀察到的現象一樣。因此這些

3　為行文方便,表格中所有數字皆為臉面紋飾五大項分類之可能相應的陶器總件數。細項臉面紋飾之變動模式以及陶片基礎資料,請見筆者先前之出版文章及論文。

共伴出土的不同臉面紋飾不能歸因為「由複雜到簡單臉型紋飾的長時間演變結果」。這種因時間增長而自然產生變化的理由並不成立。

表1　各式臉面紋飾在四個遺址中的數量

臉面紋飾 遺址	三角形臉面 (T)	長鼻臉面 (L)	幾何臉面 (S)	三角形與長鼻混合臉面(AI)	屬於臉面紋飾之頭飾部分(HD)	總計
SE-SZ-8	1	8	2	0	4	15
SE-RF-6	3	0	0	0	2	5
SE-RF-2	15	43	4	0	23	85
SITE 13A	11	9	236	1	10	267

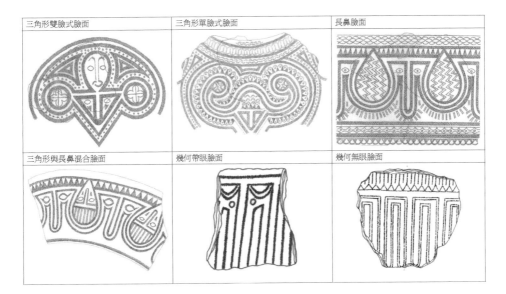

三角形雙臉式臉面　　三角形單臉式臉面　　長鼻臉面

三角形與長鼻混合臉面　　幾何帶眼臉面　　幾何無眼臉面

圖2　各式臉面裝飾圖文示意

　　第二、根據合理的預測，若一地的紋飾彼此之間全然相同，那麼無論陶片數量增加多少，臉面紋飾種類都不會有所改變（如圖3左上方的A線）；而若一地每個陶器上的紋飾必須截然不同，被考古學家發掘出來的陶片數量越多，其上所帶有之紋飾種類也將急劇增多，直到所有可能性全然用盡為止（如圖3左上方的B線）；而若在臉面紋飾種類有限、但要在陶器上施予何種臉面紋飾種類是可以隨意且重複使用的，則陶片數量與其上紋飾的種類之間的比例，應當會呈現出一等比例正向相關的線性關係（如圖3左上方的C線）。

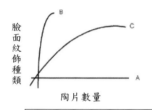

其中A線走向代表只有固定一種紋飾時，無論陶片數量增加多少，臉面紋飾種類都不會有所改變；B線走向代表臉面紋飾種類不受限制時，陶片數量越多，臉面紋飾種類也隨之急劇增加，直到所有可能性全然用盡為止；C線走向則代表在陶器上所施予的臉面紋飾種類是可以被重複使用時，陶片數量與臉面紋飾種類之間的比例會呈現出一等比例正向相關的線性關係。

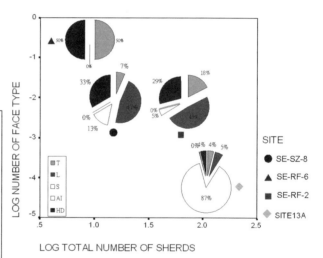

圖3　臉面紋飾陶片種類與數量線性迴歸分析

左方為線性迴歸示意圖，右方為各遺址帶有臉面紋飾陶片的數量與臉面紋飾種類的線性迴歸分析圖，以及各種臉面紋飾在單個遺址中的百分比圖。

從圖上可以看出，13A遺址所含臉面紋飾種類與其餘遺址有很大的不同，且陶片數量與臉面紋飾種類間並未呈現出預期之正向相關的線性關係，代表各遺址所使用之臉面紋飾種類並非是可以隨意且重複使用的。

　　然而，當筆者將兩區所出現的臉面紋飾種類與帶有臉面紋飾的陶片數量進行線性分析之後，卻發現帶有臉面紋飾的陶片數量最多的13A所擁有的臉面紋飾種類，相對而言，比帶有臉面紋飾的陶片數量較少的SE-RF-2所擁有的臉面紋飾種類還要少。而SE-RF-2與SE-SZ-8兩地所出土帶有臉面紋飾的陶片數量雖然不同，但是臉面紋飾種類的比例卻是近乎相同；相對於SE-RF-6，它們也顯示出帶有臉面紋飾的陶片數量增多而臉面紋飾種類並沒有隨之增加的情形。由上述的情形可看出，在各遺址中臉面紋飾的種類非常有可能是固定、有限的幾種，而不是可以任意創作製造的。這樣的現象符合了筆者稍早的研究結果，即「Lapita主要裝飾母題的種類其實是有限的」（Chiu and Sand 2005: 134）。

　　第三、在聖塔克魯茲群島，尤其是SE-SZ-8與SE-RF-2遺址帶有臉面紋飾的陶片中，以長鼻臉面紋飾為大宗，只有極少量的簡單臉面紋飾；但是在13A遺址，88%的臉面紋飾為幾何線條較多的簡單形式（圖2）（Chiu 2007）。從chi-square的檢定結果看來，哪種臉面紋飾在哪個遺址中被大量使用，確實在統計上顯出顯著的差異，普遍使用的臉面紋飾種類的確有因遺址而不同的現象，應當是文化偏好所造成的結果（表2）。

　　第四、若檢驗兩地所有紋飾的種類與數量，就會發現這兩處島嶼群體相較於其他地區的Lapita遺址而言，共享了大多數的Lapita紋飾，比其他Lapita分區的遺址之間具有更為相似的關係；然而兩地在臉面紋飾的運用模式上，卻出現了歧異（Chiu 2007: 244, Fig. 2）。

　　因此，根據所觀察到的結果，筆者做出以下的推論：由於兩地遺址皆有不同種類的臉面紋飾在同一文化層中共伴出現的現象，很可能代表著這些不同的臉面紋飾都被當時的人所知所用。另外，兩地出現的陶片數量增多，但是臉面紋飾種類不會隨之增加的現象，代表著這些臉面紋飾的種類有限，不是可以隨意改動、任意製作的，而是有既定的種類，只能從中去選擇要施予的類型。而處在兩個不同島嶼的人群，即使在其他紋飾的運用上大致相似，卻各自堅持使用不同大類的臉面紋飾，這現象很可能代表著兩地的人群都透過臉面裝飾的運用來標示自己與眾不同之處，也意味著臉面紋飾所具有的社會意義與其他紋飾並不相同。上述推論挑戰了原本太平洋史前考古學中對於Lapita陶器裝飾紋路——包括臉面裝飾紋路——都是呈線性地由東向西、由早至晚期而由繁入簡的說法，同時繼筆者2003年的研究之後，再次反映出在同一時期活動於此二島群區域內的人群，確實各自選用特殊的結構規律來製作陶器臉面裝飾花紋，以保持他們各自獨立的社群認同感（Chiu 2007）。

表2　針對四個遺址的臉面紋飾所做的卡方檢驗結果

site * type Crosstabulation

			type					Total
			T	AI	L	HD	S	
site	SZ8	Count	1	0	8	4	2	15
		% within site	6.7%	.0%	53.3%	26.7%	13.3%	100.0%
		% within type	3.3%	.0%	13.3%	10.3%	.8%	4.0%
	RL6	Count	3	0	0	2	0	5
		% within site	60.0%	.0%	.0%	40.0%	.0%	100.0%
	RL2	Count	15	0	43	23	4	85
		% within site	17.6%	.0%	50.6%	27.1%	4.7%	100.0%
		% within type	50.0%	.0%	71.7%	59.0%	1.7%	22.8%
	13A	Count	11	1	9	10	236	267
		% within site	4.1%	.4%	3.4%	3.7%	88.4%	100.0%
		% within type	36.7%	100.0%	15.0%	25.6%	97.5%	71.8%
Total		Count	30	1	60	39	242	372
		% within site	8.1%	.3%	16.1%	10.5%	65.1%	100.0%
		% within type	100.0%	100.0%	100.0%	100.0%	100.0%	100.0%

Chi-Square Tests

	Value	df	Asymp. Sig. (2-sided)
Pearson Chi-Square	256.282[a]	12	.000
Likelihood Ratio	263.493	12	.000
Linear-by-Linear Association	59.280	1	.000
N of Valid Cases	372		

a. 11 cells (55.0%) have expected count less than 5. The minimum
   expected count is .01.

Symmetric Measures

		Value	Approx. Sig.
Nominal by Nominal	Contingency Coefficient	.639	.000
N of Valid Cases		372	

a. Not assuming the null hypothesis.

b. Using the asymptotic standard error assuming the null hypothesis.

五、討論與結論

在本文當中,筆者嘗試以家屋社會的模型為本,並以索羅門群島東南的聖塔克魯茲群島的三個遺址和法屬新喀里多尼亞島13A遺址的材料分析為例,探討Lapita陶器臉面紋飾變遷的機制。總體而言,在索羅門群島聖塔克魯茲群島的SE-RF-2遺址與新喀里多尼亞13A遺址兩地,帶有臉面紋飾的陶片在臉面紋飾的種類上呈現歧異,而其差異性並非是樣本數量大小影響了所能找到的紋飾種類數目的結果,乃是反映了兩地人群有意識地自主選擇要採取的紋飾。這種對於臉面紋飾的不同偏好,應當被視作是在兩地的Lapita人為了彰顯他們本身的身分而刻意選擇的結果。同時他們也很有可能意識到其他島嶼群體所偏好使用的紋飾圖案,並且希望透過使用不同的臉面紋飾將「我群」與「他群」(Costin 1998; Dobres and Hoffman 1999)的社會身分做出區分。另外,由於此二地之四個遺址皆有簡單與複雜的臉面紋飾共伴出土的情形,因此前人所提出有關Lapita臉面紋飾的變遷乃依循一「合理的順序」(logical sequence)之說法,其實並不成立。

在家屋社會的模型之下,那些擁有「不可分離的財產」(Weiner 1985)的家屋群體,不論是在同社群或者鄰近社群當中,透過各種方法捍衛他們生產這種具標誌性符號的權力,並運用這些符號建立及維持自身社群內部的階序(Harrison 2000: 664)。由於現今太平洋考古學界將Lapita文化視為由南島語族文化傳統所發展出來的考古文化叢,且與現在的大洋洲南島語族社會有著強烈的歷史延續;而現今南島語族的社會組織又大多為家屋社會,筆者因此進而將家屋社會的模型借用至Lapita社會組織的討論中,歷年來的研究已嘗試從Lapita陶器紋飾的變遷過程來推論Lapita人持續建構的社會身分與階序(Chiu 2003b; Chiu and Sand 2005)的方式。由於在多個島群都發現Lapita陶器上的中央複雜母題紋飾紋路的種類有限(約只有10-15大類),不單在各島群有其偏好之某幾大類中央複雜母題紋飾紋路,且會一方面維持各大類的基本構圖組織，另一方面則變動各大類其中的細節部分。這樣的趨勢很可能代表Lapita陶器上的裝飾紋路一方面被用來昭示家屋群體中的個體，以及每個家屋在所屬的大社群中的階序位置。若某個家屋群體在其社群中達到巨大的影響地位，他們就可以擁有創造新紋飾的權力以區別自己與他人，而創造的方式可能是融合既有紋飾或重新創造具有區別意義的紋飾；因此新紋飾產生的過程至少有兩種推動的力量：一是在一個社會團體中標誌自己的不同，不論是以家屋、宗族(clan)或地方社區為單位；另外反而是要表達融合，尤其是要凸顯地方首領的經濟政治力量(Chiu and Sand 2005)。

至於眾多紋飾類形之中最為特殊的臉面紋飾，筆者認為其乃一種將過去與現在連結在一起的「標記歷史的符號」(Parmentier 1987)，最主要的用意是在向外人宣稱一個家屋群體在當地社群中的身分和權力，以及其對於經濟資源的繼承權，而有意識地創新臉面紋飾則是操作和重寫歷史的方式。Lapita臉面紋飾應被視為一種既能代表家屋群體的社會身分，也能宣示各家屋對於這些圖案本身以及祖先、家屋、地域等之繼承權或其他專權的特殊符號(Chiu and Sand 2005)。而從俾斯麥群島直到斐濟、東加、薩摩亞的大範圍區域裡面，皆可觀察到以固定的建構原則使用Lapita臉面紋飾的現象，且時間長達五、六百年之久，據此推論，有一強烈的社會控制機制維繫了臉面紋飾的建構原則。至於此社會控制機制之形式，筆者認為，並非如Best所言的「與某種中央集權社會系統有關」(Best 2002: 44)，而是由各個家屋群體為了維繫其在當地社群中的身分和權力而產生的。以家屋為單位的社會控制機制的假設，也正可以進一步闡明，整個Lapita文化中，擁有不同基因背景、散落在各個島嶼的人群，是經由運用同一種理念來生產及傳承陶器上的紋飾，以至於這些陶器及其上的裝飾紋路可以「代表一個西太平洋嶄新的族群身分」(Spriggs 2003: 205)，即現今所說之Lapita人。

筆者推測紋飾從複雜轉化到簡單並不是如Best所言，純粹是因為Lapita人群逐漸不再需要複雜紋飾所表彰的意義，反而是要聯繫起新殖民者社會身分與祖居地母群之間的連續性。紋飾圖案可能產生變化，但是其承載的意義仍然相同。Mead的研究提供一個很好的例子（Mead 1975a: 21）。紋飾當中複雜的中央表帶（Central band）象徵的通常是代表社會地位的重要符號，用於裝飾中央表帶的簡單圖案則因為經常與這些代表社會地位或身分的複雜符號相連結，在經過一段長時間後，也逐漸被賦予了相同的意義：看到這些簡單圖案就能聯想到沒有畫出來的複雜中央表帶。因此當Lapita人移民到新喀里多尼亞和Lapita東區（斐濟、東加與薩摩亞），某些簡單圖案就開始取代複雜中央表帶而變成陶器上的主要裝飾紋路。然而對於Lapita東區的陶匠而言，在初期殖民的階段，複雜的裝飾紋還是要持續製作的。所以在Lapita東區最早被殖民的地區、斐濟遺址文化層的最底層，所挖掘到的Lapita陶片群當中，也還是普遍擁有頗複雜的臉面紋飾（Best 2002: 43）。精緻和高度簡化的臉面紋飾，很明顯地同時在Lapita人短暫停留過的斐濟Naigani遺址的同一文化層中出現。這樣的狀況說明了精緻和高度簡化的臉面紋飾不是經過時間或是空間距離的增長而自然演變的；它們是被當地殖民群體反覆創造及運用的符號，用以表達這些新移民與母群體之間不可分割的社會關係。

臉面紋飾除了表述一家屋群體的身分與權力之外的另一種功能，則是在交易網路的背景之下，臉面紋飾可能用於建立交換夥伴之間的階序（hierarchy），並且能用以確認或維持好幾代不同團體之間的交易關係，類似Welsch和Terrell所說的「繼承而來的友伴關係」（inherited friendship）（Welsch and Terrell 1998）。帶有特定的紋飾的陶器作為象徵物件，使他們到別的島嶼時也有表達身分的依據，據此獲得所需要的協助及確認交換的對象，進一步保證交易環境的安全可靠。

正如Linnekin和Poyer（1990: 8）表示：「在大洋洲的社會裡，身分是透過行為和展演持續地展現出來的」，行為建構出身分。若用相似的邏輯來理解Lapita的社會，新加入的居民得採用既存的符號（物質抑或語言），以便在既存Lapita社會框架中找到自己生存位置，最終也在社群中提升到具有影響力的地位，且可以散播到其他島嶼（Chiu 2007）。如果要獲得某一團體的認同，例如鄰近地區的貿易夥伴的認可，這些居民可能需要實踐這個團體所認同的一些必要「行為特徵」，例如居住地、語言、服裝和參與交換貿易，才能讓願望得到滿足(Linnekin and Poyer 1990: 9)。而製作及使用固定型制及紋飾的陶器便很有可能是其中的一種「合宜的行為方式」。這些Lapita居民與他們的後代，很有可能同時享有多重身分認同；一個人可以操著雙語甚至多種通用的語言，在生活中使用著從不同文化群體學習或是交換得來的物品，並透過不斷的將舊有文化要素加以重組、更新而保持其與眾不同的特質(Harrison 2000: 673)。

Lapita陶器與其在Lapita社會中所扮演的角色是歷史的結果，也推動著歷史的形成。透過以同樣的技術製作同樣的裝飾紋飾，不同背景的人們得以經由特定的行為和展演來取得認同、建立新的身分。同時，藉由製作並使用這些具深厚意義的紋飾，並對圖案的創新與生產嚴加管制，Lapita人在社會經濟網絡中建立起社會的階序，同時也轉化了整個象徵系統，以及他們自身。

【致謝】本文的研究結果是來自於中央研究院人文社會科學研究中心考古學研究專題中心以及國家科學委員會的經費支持(NSC96-2628-H-001-043)，並且得到紐西蘭奧克蘭大學 Roger Green 教授及新喀里多尼亞考古部門主任 Christophe Sand 博士的許可，使用他們所發掘的考古材料及田野筆記來進行研究。本文撰寫過程中承蒙陳思如小姐及沈宜靜小姐幫忙整理龐雜的資料及進行統計運算，陳瑞鳳小姐幫忙繪圖，謹此一併致謝。最後，感謝兩位匿名評審人對於本文的諸多建議與指教。

引用書目

Allen, J. C.

    1984   "Pots and poor princes: a multidimensional approach to the role of pottery trading in coastal Papua," in *The Many Dimensions of Pottery: Ceramics in Archaeology and Anthropology*. Edited by S.E. van der Leeuw and A. Pritchard, pp. 407-463. Amsterdam: Inst. Prae- Protohist.

Anson, D.

    1983   "Lapita pottery of the Bismarck archipelago and its affinities." PhD thesis, University of Sydney.

    1986   "Lapita pottery of the Bismarck Archipelago and its affinities," *Archaeology in Oceania* 21: 157-165.

Barth, F.

    1969   "Introduction," in *Ethnic Groups and Boundaries. The Social Organization of Culture Difference*. Edited by F. Barth, pp. 9-38. London: Allen & Unwin.

Beck, R. A. J.

    2007   "The durable house: material, metaphor, and structure," in *The durable house: house society models in archaeology*. Edited by e. R.A.J. Beck, pp. 3-24: Carbondale: Center for Archaeological Investigations, Southern Illinois University.

Bedford, S.

    2007   "Crucial first steps into Remote Oceania: Lapita in the Vanuatu archipelago," in *From Southeast Asia to the Pacific: Archaeological perspectives on the Austronesian expansion and the Lapita Cultural Complex*, vol. 185-213, Serial of Archaeological Studies. Edited by S. Chiu and C. Sand. Taipei: Academia Sinica.

Bellwood, P. S.

    1978   *Man's Conquest of the Pacific--The Prehistory of Southeast Asia and Oceania*. Auckland: Collins.

Bentley, G. C.

1987　"Ethnicity and practice," *Comparative Studies in Society and History* 29: 24-55.

Best, E.

1912　"The Stone Implements of the Maori," *Dominion Museum Bulletin* 4. Willington: Governement Printer.

Best, S. B.

1984　"Lakeba: the prehistory of a Fijian Island," PhD thesis, University of Auckland.

2002　*Lapita: A View From The East*. New Zealand Archaeological Association monograph 24. Auckland: New Zealand Archaeological Association.

Blust, R. A.

1980　"Early Austronesian social organization: The evidence of language," *Current Anthropology* 21: 205-247.

1987　"Lexical reconstruction and semantic reconstruction: the case of Austronesian 'house' words," *Diachronica* 41-279-106.

1995　"The prehistory of the Austronesian-speaking peoples: a view from language," *Journal of World Prehistory* 9: 453-510.

Carsten, J., and S. Hugh-Jones.

1995　*About the house: Lévi-Strauss and beyond*. Cambridge; New York: Cambridge University Press.

Chiu, S.

2003a　"Social and economic meanings of Lapita pottery: a New Caledonian case," in Pacific Archaeology: assessments and prospects: Proceedings of the International Conference for the 50th anniversary of the first Lapita excavation. Koné-Nouméa 2002, Les Cahiers de l'Archéologie en Nouvelle-Calédonie 15. Edited by C. Sand, pp. 159-182. Nouméa, New Caledonia: Département Archéologie, Service des Musées et du Patrimoine de Nouvelle-Calédonie.

2003b　"The Socio-economic Functions of Lapita Ceramic Production and Exchange: A Case Study from Site WKO013A, Koné, New Caledonia." Ph. D., University of California.

2005　"Meanings of a Lapita face: materialized social memory in ancient house societies," *Taiwan Journal of Anthropology*（臺灣人類學刊）3:1-47.

2007 "Detailed analysis of Lapita Face Motifs: Case Studies from Reef/Santa Cruz Lapita Sites and New Caledonia Lapita Site 13A," in *Oceanic Explorations: Lapita and Western Pacific Settlement*, *Terra Australis* 26. Edited by S. Bedford, C. Sand, and S. P. Connaughton, pp. 241-264. Canberra: ANU EPress.

Chiu, S., and C. Sand.

2005 "Recording of the Lapita motifs: Proposal for a complete recording method," *Archaeology in New Zealand* 48: 133-150.

Cohen, A. P.

1994 *Self Consciousness: An Alternative Anthropology of Identity*. New York: Routledge.

Costin, C. L.

1998 "Introduction: Craft and social identity," in *Craft and Social Identity*, *Archaeological Papers of the American Anthropological Association*, No. 8. Edited by C. L. Costin and R. P. Wright, pp. 3-16. Arlington, Virginia: American Anthropological Association.

De Vos, G. A.

1995 "Ethnic pluralism: Conflict and accommodation," in *Ethnic Identity. Creation, Conflict, and Accommodation*, 3rd edition. Edited by L. Romanucci-Ross and G. A. De Vos, pp. 15-47. London: AltaMira Press.

Dobres, M.-A., and C. R. Hoffman. Editors.

1999 *The Social Dynamics of Technology: Practice, Politics, and World Views*. Washington D. C. and London: Smithsonian Institution Press.

Donovan, L. J.

1973 *A study of the decorative system of the Lapita potters in Reefs and Santa Cruz Islands*. Unpublished MA thesis, University of Auckland.

Eriksen, T. H.

1992 *Us and Them in Modern Societies. Ethnicity and Nationalism in Mauritius, Trinidad and Beyond*. London: Scandinavian University Press.

Fox, J. J.

1993 "Comparative perspectives on Austronesian houses: an introductory essay," in *Inside Austronesian Houses: Perspectives on Domestic Designs for Living*. Edited by J. J. Fox, pp. 1-29. Canberra: Published by the Dept. of Anthropology in association with the Comparative Austronesian Project Research School of Pacific Studies, Australian National University.

1996 "Introduction," in *Origins, Ancestry and Alliance: Explorations in Austronesian Ethnography*. Edited by J. J. Fox and C. Sather, pp. 1-17. Canberra: Australian National University.

FoxNews.

2008 "Elaborate 3000-year-old Jewelry Found in Fiji," Associated Press.

Gillespie, S. D.

2000a "Beyond Kinship: An Introduction," in *Beyond Kinship: Social and Material Reproduction in House Societies*. Edited by R. A. Joyce and S. D. Gillespie, pp. 1-21. Philadelphia: University of Pennsylvania Press.

2000b "Maya 'Nested Houses': The Ritual Construction of Place," in *Beyond Kinship: Social and Material Reproduction in House Societies*. Edited by R. A. Joyce and S. D. Gillespie, pp. 135-160. Philadelphia: University of Pennsylvania Press.

2007 "When is a House?," in *The durable house: house society models in archaeology*. Edited by e. R.A.J. Beck, pp. 25-50: Carbondale: Center for Archaeological Investigations, Southern Illinois University.

Golson, J.

1971 "Lapita ware and its transformations," in *Studies in Oceanic Culture History*, vol. 2, *Pacific Anthropological Records* 12. Edited by R. C. Green and M. Kelly, pp. 67-76. Honolulu: Bernice P. Bishop Museum of Polynesian Ethnology and Natural History, Department of Anthropology.

Gosden, C.

1992 "Production systems and the colonization of the Western Pacific," *World Archaeology* 24: 55-69.

Gosselain, O. P.

2000 "Materializing Identities: An African Perspective," *Journal of Archaeological Method and Theory* 7: 187-217.

Green, R. C.

1978 "New Sites with Lapita Pottery and Their Implications for Understanding the Settlement of the Western Pacific." Vol. 51. Working Papers in Anthropology, Archaeology, Linguistics, and Maori Studies. Auckland: University of Auckland.

1979 "Lapita," in *The Prehistory of Polynesia*. Edited by J. Jennings, pp. 27-60. Cambridge: Harvard University Press.

1987 "Obsidian results from the Lapita sites of the Reef/Santa Cruz Islands," in *Archaeometry: Further Australasian Studies*. Edited by W. R. Ambrose and J. M. J. Mummery, pp. 239-249. Canberra: Australian National University.

1991 "The Lapita Cultural Complex: current evidence and proposed models," in *Indo-Pacific Prehistory 1990: Proceedings of the 14th Congress of the Indo-Pacific prehistory Association, Bulletin of the Indo-Pacific Prehistory Association 11*. Edited by P. Bellwood, pp. 295-305. Canberra: Indo-Pacific Prehistory Association.

1996 "Prehistoric transfers of portable items during the Lapita horizon in Remote Oceania: A Review," in *Indo-Pacific Prehistory: The Chiang Mai Papers*, vol. 2. Edited by I. C. Glover and B. Bellwood, pp. 119-130. Canberra: Australian National University.

2000 "An Introduction to Investigations on Watom Island, Papua New Guinea," *New Zealand Journal of Archaeology* 20(1998): 5-27.

2002 "Rediscovering the Social Aspects of Ancestral Oceanic Societies through Archaeology, Linguistics, and Ethnology," in *Fifty Years in the Field*. Essays in Honour and Celebration of Richard Shutler Jr's Archaeological Career, New Zealand Archaeological Association Monograph 25. Edited by S. Bedford, C. Sand, and D. Burley, pp. 21-35. Auckland: New Zealand Archaeological Association.

2006   "An evaluation of adequacy for motif analyses of decorated ceramic collections
        from three Reef/Santa Cruz Lapita sites in the Outer Eastern Islands of the
        Solomons." Auckland.

Green, R. C., M. Jones, and P. Sheppard.

2008   "The reconstructed environment and absolute dating of SE-SZ-8 Lapita site on
        Nendö, Santa Cruz, Solomon Islands," *Archaeology in Oceania* 43: 49-61.

Green, R. C., and P. V. Kirch.

1997   "Lapita exchange systems and their Polynesian transformations: Seeking
        explanatory models," in *Prehistoric Long-Distance Interaction in Oceania: An
        Interdisciplinary Approach*, New Zealand Archaeological Association
        Monograph 21. Edited by M. I. Weisler, pp. 19-37. Auckland: New Zealand
        Archaeological Association.

Green, R. C., and A. K. Pawley.

1998   "Architectural forms and settlement patterns," in *The Lexicon of Proto Oceanic:
        The Culture and Environment of Ancestral Oceanic Society*, vol. 1, Material
        Culture, *Pacific Linguistics C-152*. Edited by M. D. Ross, A. K. Pawley, and M.
        Osmond, pp. 37-65. Canberra: Australian National University.

1999   "Early Oceanic architectural forms and settlement patterns: Linguistic,
        archaeological and ethnological perspectives," in *Archaeology and Language
        III: Artefacts, languages and texts*, *One World Archaeology* 34. Edited by M.
        Spriggs and R. Blench, pp. 31-89. New York: Routledge.

Hage, P.

1999   "Reconstructing Ancestral Oceanic Society," *Asain Perspectives* 38: 200-228.

Hall, S.

1996   "Who needs identity?," in *Questions of Cultural Identity*. Edited by S. Hall and
        P. du Gay, pp. 1-17. London: Sage.

Harrison, S.

2000   "From Prestige Goods to Legacies: Property and the Objectification of Culture
        in Melanesia," *Comparative Studies in Society and History* 42: 662-679.

Hedeager, L.

2000   "Migration Period Europe: the formation of a political identity," in *Rituals of Power: From Late Antiquity to the Early Middle Ages*. Edited by F. Theuws and J. Nelson, pp. 15-57. Leiden: Brill.

Helms, M. W.

1998   *Access to Origins: Affines, Ancestors and Aristocrats*. Austin: University of Texas Press.

Hunt, T. L.

1988   "Lapita ceramic technological and composition studies: A critical review," in *Archaeology of the Lapita Cultural Complex: A Critical Review*, vol. No. 5, *Thomas Burke memorial Washington State Museum Research Report*. Edited by P. V. Kirch and T. L. Hunt, pp. 49-60. Seattle: The Burke Museum.

Ishimura, T.

2002   "In the Wake of Lapita: Transformation of Lapita Designs and Gradual Dispersal of the Lapita Peoples," *People and Culture in Oceania* 18: 77-97.

Jones, M., F. Petchey, R. C. Green, P. J. Sheppard, and M. Phelan.

2007   "The Marine ∆R for Nenumbo (Solomon Islands): A Case Study in Calculating Reservoir Offsets from Paired Sample Data.," *Radiocarbon* 49: 95-102.

Joyce, R. A.

2000   "Heirlooms and Houses: Materiality and Social Memory," in *Beyond Kinship: Social and Material Reproduction in House Societies*. Edited by R. A. Joyce and S. D. Gillespie, pp. 189-212. Philadelphia: University of Pennsylvania Press.

Kaeppler, A. L.

1999   "Kie hingoa: mats of power, rank, prestige and history," *Journal of Polynesian Society* 108: 168-232.

Kirch, P. V.

1984   *The Evolution of the Polynesian Chiefdoms*. Cambridge: Cambridge University Press.

1988a   "Long-distance exchange and island colonization: The Lapita case," *Norwegian*

Archaeological Review 21: 103-117.

1988b *Niuatoputapu: The Prehistory of a Polynesian Chiefdom.* Thomas Burke Memorial Washington State Museum Monograph No. 5. Seattle: Burke Museum.

1989 "Second millennium B. C. arboriculture in Melanesia: Archaeological evidence from the Mussau Islands," *Economic Botany* 43: 225-240.

1991 "Prehistoric exchange in Western Melanesia," *Annual Review of Anthropology* 20: 141-165.

1997 *The Lapita Peoples: Ancestors of the Oceanic World. The Peoples of South-East Asia and the Pacific.* Oxford: Blackwell Publishers.

2000 *On the Road of the Winds: An Archaeological History of the Pacific Islands before European Contact.* Berkeley: University of California Press.

Kirch, P. V., and R. C. Green.

1987 "History, Phylogeny and Evolution in Polynesia [and Comments and Reply]," *Current Anthropology* 28: 431-156.

2001 *Hawaiki, ancestral Polynesia: an essay in historical anthropology.* Cambridge; New York: Cambridge University Press.

Linnekin, J., and L. Poyer.

1990 "Introduction," in *Cultural Identity and Ethnicity in the Pacific.* Edited by J. Linnekin and L. Poyer, pp. 1-16. Honolulu: University of Hawaii Press.

Maschio, T.

1994 To Remember the Faces of the Dead: The Plenitude of Memory in Southwestern New Britain. *New Directions in Anthropological Writing: History, Poetics, Cultural Criticism.* Madison: University of Wisconsin Press.

Mauss, M.

1925 *The Gift.* Glencoe: Free Press(1954).

McKinnon, S.

2000 "The Tanimbarese Tavu: The Ideology of Growth and the Material Configurations of Houses and Hierarchy in an Indonesian Society," in *Beyond Kinship: Social and Material Reproduction in House Societies.* Edited by R.A.

Joyce and S.D. Gillespie, pp. 161-176. Philadelphia: University of Pennsylvania Press.

Mead, S. M.

1975a "The decorative system of the Lapita potters of Sigatoka, Fiji," in *The Lapita pottery style of Fiji and its associations*, vol. Memoir no. 38. Edited by S.M. Mead, L. Birks, H. Birks, and E. Shaw, pp. 19-43. Wellington: Polynesian Society.

1975b "The relationships of the decorative systems of Fiji," in *The Lapita pottery style of Fiji and its associations*, vol. Memoir no. 38. Edited by S.M. Mead, L. Birks, H. Birks, and E. Shaw, pp. 56-68. Wellington: Polynesian Society.

Newton, D.

1988 "Reflection in bronze. Lapita and Dong-Son art in the Western Pacific," in *Islands and Ancestors: Indigenous Styles of Southeast Asia*. Edited by J.P. Barbier and D. Newton, pp. 10-23. Oxford: Prestel.

Parmentier, R. J.

1987 *The Sacred Remains: Myth, History, and Polity in Belau*. Chicago and London: The University of Chicago Press.

Phelan, M.

1997 *Scratching the Surface. The Lapita Pottery of Mekekur, Papua New Guinea*. Unpublished M. A. thesis, La Trobe University.

Poutignat, P., and J. Streiff-Fenart.

1995 *Théories de l'Ethnicité*. Paris: Presses Universitaires de France.

Reina, R. E., and R. M. Hill, II.

1978 *The Traditional Pottery of Guatemala*. Austin: University of Texas Press.

Riley, M.

1994 *Jade Treasures of the Maori*. Paraparaumu, New Zealand: Viking Severnseas.

Ross, M. D.

1998 "Sequencing and Dating Linguistic Events in Oceania: The Linguistics/ Archaeology Interface," in *Archaeology and Language II: Archaeological Data and linguistic hypotheses, One World Archaeology No. 29*. Edited by M.

Spriggs and R. Blench, pp. 141-163. New York: Routledge.

Salmond, A.

1984　"Nga Huarahi O Te Ao Maori," in *Te Maori: Maori Art from New Zealand Collections*. Edited by S. M. Mead, pp. 109-137. New York: Harry N. Abrams.

Sand, C.

1998　"Archaeological Report on Localities WKO013A and WKO013B at the site of Lapita（Koné, New Caledonia）," *Journal of the Polynesian Society* 107:7-33.

1999　Lapita. The pottery collection from the site at Foué, New Caledonia. Les Cahiers de l'Archéologie en Nouvelle-Calédonie 7. Nouméa: Archaeology Department, Territorial Museums and Heritage Service.

2000　"The specificities of the 'Southern Lapita Province': The New Caledonian case," *Archaeology in Oceania* 35: 20-33.

2001　"Evolutions in the Lapita Cultural Complex: A view from the Southern Lapita Province," *Archaeology in Oceania* 36: 65-76.

Sheppard, P. J.

1993　"Lapita Lithics: Trade/exchange and Technology. A View from The Reefs/ Santa Cruz," *Archaeology in Oceania* 28: 121-137.

Spriggs, M.

1990　"The Changing Face of Lapita: transformation of a Design," in *Lapita Design, Form and Composition: Proceedings of the Lapita Design Workshop, Canberra, Australia - December 1988, Occasional Papers in Prehistory No 19*. Edited by M. Spriggs, pp. 83-122. Canberra: Department of Prehistory, Australian National University.

1993　"How much of the Lapita design system represents the human face?," in *Artistic Heritage in a Changing Pacific*. Edited by P. J. C. Dark and R. G. Rose, pp. 7-14. Honolulu: University of Hawaii Press.

1997　*The Island Melanesians. The Peoples of South-East Asia and the Pacific*. Cambridge, Massachusetts: Blackwell Publishers Inc.

2000　"The Solomon Islands as bridge and barrier in the settlement of the Pacific," in *Australian Archaeologist: Collected Papers in Honour of Jim Allen*. Edited by

A. Anderson and T. Murray, pp. 348-364. Canberra: Coombs Academic Publishing, Australian National University.

2002　"They've Grown Accustomed to Your Face," in *Fifty Years in the Field*. Essays in Honour and Celebration of Richard Shutler Jr's Archaeological Career, New Zealand Archaeological Association Monograph 25. Edited by S. Bedford, C. Sand, and D. Burley, pp. 51-57. Auckland: New Zealand Archaeological Association.

2003　"Post-Lapita evolutions in island Melanesia," in *Pacific Archaeology: assessments and prospects*. Proceedings of the International Conference for the 50th anniversary of the first Lapita excavation. Koné– Nouméa 2002, La Cahiers de l'Archéologie en Nouvelle-Calédonie 15. Edited by C. Sand, pp. 205-212. Nouméa, New Caledonia: Département Archéologie, Service des Musées et du Patrimoine de Nouvelle-Calédonie.

Summerhayes, G. R.

1996　*Interaction in Pacific Prehistory: An Approach based on the Production, Distribution and Use of Pottery*, Volume 1. Ph. D., La Trobe University.

2000　"Far Western, Western, and Eastern Lapita: A Re-Evaluation," *Asian Perspectives* 39: 109-138.

Terrell, J. E., and E. M. Schechter.

2007　"Deciphering the Lapita code: the Aitape ceramic sequence and the late survival of the 'Lapita face'," *Cambridge Archaeological Journal* 17: 59-85.

USPNews.

2008　"Incredible New Finds from Fiji's Earliest Settlement," University of the South Pacific.

Waterson, H. R.

1990　*The Living House: An Anthropology of Architecture in South-East Asia*. Oxford: Oxford University Press.

1995　"Houses and hierarchies in island Southeast Asia," in *About the House: Levi-Strauss and Beyond*. Edited by J. Carsten and S. Hugh-Jones, pp. 47-68. Cambridge: Cambridge University Press.

2000 "House, Place, and Memory in Tana Toraja（Indonesia），" in *Beyond Kinship: Social and Material Reproduction in House Societies*. Edited by R. A. Joyce and S. D. Gillespie, pp. 177-188. Philadelphia: University of Pennsylvania Press.

Weiner, A. B.

1985 "Inalienable Wealth," *American Ethnologist* 12: 210-227.

1992 *Inalienable Possessions: The Paradox of Keeping-While-Giving*. Berkeley: University of California Press.

Welsch, R. L., and J. E. Terrell.

1998 "Material Culture, social fields, and social boundaries on the Sepik coast of New Guinea, " in *The Archaeology of Social Boundaries*, *Smithsonian series in archaeological inquiry* Edited by M. T. Stark, pp. 50-77. Washington, D.C.: Smithsonian Institution Press.

Wright, R. P.

1993 "Technological Styles: Transforming a Natural Material into a Cultural Object, " in *History from Things: Essays on Material Culture*. Edited by S. D. Lubar and W. D. Kingery, pp. 242-269. Washington, D.C.: Smithsonian Institute Press.

Contents

中央研究院叢書
臺灣史前史專論

2015年12月初版　　　　　　　　　　　　　　　　定價：新臺幣650元
2019年9月初版第二刷
有著作權・翻印必究
Printed in Taiwan.

編　　　者	劉　益　昌
叢書主編	方　清　河
封面設計	翁　國　鈞
編輯主任	陳　逸　華

出　版　者	聯經出版事業股份有限公司	總　編　輯　胡　金　倫
地　　　址	新北市汐止區大同路一段369號1樓	總　經　理　陳　芝　宇
編輯部地址	新北市汐止區大同路一段369號1樓	社　　長　羅　國　俊
台北聯經書房	台北市新生南路三段94號	發　行　人　林　載　爵
電話	（ 0 2 ） 2 3 6 2 0 3 0 8
台中分公司	台中市北區崇德路一段198號
暨門市電話	（ 0 4 ） 2 2 3 1 2 0 2 3
台中電子信箱	e - m a i l：l i n k i n g 2＠m s 4 2 . h i n e t . n e t
郵政劃撥帳戶第	0 1 0 0 5 5 9 - 3 號
郵撥電話	（ 0 2 ） 2 3 6 2 0 3 0 8
印　刷　者	世和印製企業有限公司
總　經　銷	聯合發行股份有限公司
發　行　所	新北市新店區寶橋路235巷6弄6號2F
電話	（ 0 2 ） 2 9 1 7 8 0 2 2

行政院新聞局出版事業登記證局版臺業字第0130號

本書如有缺頁，破損，倒裝請寄回台北聯經書房更換。　　ISBN　978-986-04-6324-8 (精裝)
聯經網址 http://www.linkingbooks.com.tw
電子信箱 e-mail:linking@udngroup.com

國家圖書館出版品預行編目資料

臺灣史前史專論/劉益昌主編．初版．
新北市．中央研究院．聯經．2015年12月
（民104年）．480面．17×23公分．
（中央研究院叢書）
ISBN　978-986-04-6324-8（精裝）
[2019年9月初版第二刷]

1.臺灣史　2.史前史　3.史前文化

733.241　　　　　　　　　104022110